普通高等教育土建类专业系列教材

桥梁工程施工技术

（第2版）

王海良　主　编
董　鹏　副主编

人民交通出版社股份有限公司
北京

内 容 提 要

本书依托作者多年实际工程经验,结合最新技术进展,在第一版基础上进行了修订。全书共分十四章,主要内容包括:绪论,桥梁灌注桩基施工,桥梁深水基础施工,高墩施工,预应力混凝土施工工艺,预应力混凝土简支梁桥施工,支架现浇连续梁桥施工,悬臂浇筑连续梁桥施工,悬臂拼装连续梁桥施工,钢管混凝土拱桥施工,部分斜拉桥及无背索斜拉桥施工,钢桥施工,悬索桥施工,钢管混凝土空间桁架组合梁式桥施工。

本书主要作为土木工程专业桥梁工程方向、道桥及渡河工程专业用教材,也可供从事桥梁工程设计、施工和管理的工程技术人员参考使用。

图书在版编目(CIP)数据

桥梁工程施工技术 / 王海良主编. — 2版. — 北京:人民交通出版社股份有限公司,2020.9
ISBN 978-7-114-16348-7

Ⅰ. ①桥⋯ Ⅱ. ①王⋯ Ⅲ. ①桥梁施工—工程施工—教材 Ⅳ. ①U445.4

中国版本图书馆 CIP 数据核字(2020)第 030689 号

普通高等教育土建类专业系列教材
Qiaoliang Gongcheng Shigong Jishu

书　名:	桥梁工程施工技术(第2版)
著 作 者:	王海良
责任编辑:	李　娜
责任校对:	刘　芹
责任印制:	张　凯
出版发行:	人民交通出版社股份有限公司
地　　址:	(100011)北京市朝阳区安定门外外馆斜街 3 号
网　　址:	http://www.ccpcl.com.cn
销售电话:	(010)59757973
总 经 销:	人民交通出版社股份有限公司发行部
经　　销:	各地新华书店
印　　刷:	北京鑫正大印刷有限公司
开　　本:	787×1092　1/16
印　　张:	28.25
字　　数:	687 千
版　　次:	2013 年 7 月　第 1 版 2020 年 9 月　第 2 版
印　　次:	2021 年 7 月　第 2 版　第 2 次印刷　总第 6 次印刷
书　　号:	ISBN 978-7-114-16348-7
定　　价:	62.00 元

(有印刷、装订质量问题的图书由本公司负责调换)

第2版前言

本教材第1版于2013年出版,根据行业发展需求,第2版在第1版基础上进行了适当补充,第一章绪论部分补充了预制桥梁的内容,在第七章"支架现浇连续梁桥施工"中补充关于盘扣支架结构、计算、施工要求相关内容,删除原第十五章"桥梁施工过程控制原理及方法"内容;依据《公路桥涵施工技术规范》(JTG/T 3650—2020)要求,对所涉及内容进行了更新。

本书共分十四章,第一、二、五~十四章由天津城建大学王海良编写,第三、四章由天津城建大学董鹏编写,全书由王海良统稿;中铁二十三局集团有限公司总工程师、副总经理田宝华审阅了文稿。

本教材第2版得到了"道路桥梁与渡河工程"国家首批一流专业建设点、"道路桥梁施工技术"天津市首批一流课程建设项目、教育部新工科研究与实践项目:"绿色建筑"新工科专业建设探索与实践研究(土木、建筑、水利、海洋类项目群编号12)、天津市教育工作重点调研课题:"一带一路"背景下桥梁工程相关专业应用型转型途径及对策(JYDY-20191064)、天津城建大学教育教学改革与研究项目"桥梁工程相关专业工程能力培养途径及方法研究"(JG-YBF-1967)的支持。

由于水平有限,教材中不可避免有不当之处,敬请同行批评指正。

编　者

2020 年 4 月

第1版前言

  桥梁工程是交通工程的重要组成部分。近年来，我国铁路、公路、市政交通得到迅速发展，修建了大量桥梁工程，尤其是高速铁路工程，桥梁里程占到线路总里程的80%以上，其建设质量对我国交通运输安全运营具有十分重要的影响。与国内桥梁工程迅速发展不相适应的是，各土木工程院校在桥梁工程课程教学中大多偏重理论教学，忽视了桥梁工程施工的内容讲授，而且大多数院校没有设置此课程，目前也没有适合本科教学的教材，这种现状已经影响了我国土木工程专业桥梁工程方向、道桥及渡河工程专业毕业生的培养质量。

  国内目前推进的卓越工程师培养计划，其核心是要培养具有一定工程素质、实践能力的人才，因此加强学生工程能力的培养将成为今后工科院校的培养目标之一。"桥梁工程施工"课程是土木工程专业桥梁工程方向、道桥及渡河工程专业开展卓越工程师培养计划的良好课程平台，出版适应本科教学的《桥梁工程施工技术》教材，可为确保相关专业卓越工程师培养计划的推进、落实提供保障。

  本书结合作者多年实际工程经验，参阅了大量相关文献，充分体现最新技术进展，力图从桥梁工程各主要工序、桥型施工原理的介绍，结合实践教学环节，使学生在校期间能掌握一定的施工原理，具备一定的工程素养，并使学生能将本科教学中其他课程知识联系在一起，为今后学生尽快适应现场环境提供帮助。

  本书共分十五章，第一、七、八、九、十、十一、十三、十四章由王海良编写，第三、四章由董鹏编写，第五、六章由杨新磊编写，第二、十二章由任权昌编写，第十五章第一、二、三、四节由崔海编写，第十五章第五、六节由冯书珍编写，全书由王海良教授统稿，中铁大桥局集团有限公司总经理胡汉舟教授级高工审阅了书稿。本书编写过程中，天津第三市政公路工程有限公司总工贾明浩教授级高工、石家庄铁道大学关书清教授提出了许多宝贵建议，书中大部分图由研究生袁磊绘制，在此一并表示感谢。

  本书得到2012年天津城建大学教育教学改革与研究项目"道路桥梁工程施工组织与概论课程建设"（项目编号：JG-1182）、"结构实验课程实践教学改革研究"（项目编号：JG-1180）、2012年天津市普通高等学校本科教学质量与教学改革研究计划项目"道路桥梁施工技术"课程建设（项目编号：C05-0810）、"土建类专业实施卓越工程师教育培养计划的探索与实践"（项目编号：B01-0810）、"土木工程品牌专业建设的改革与实施"（项目编号：C03-0810）资助。

  由于水平有限，编写时间仓促，书中难免有不当之处，敬请批评指正。

编 者
2012年12月

目录 Contents

第一章　绪论 ·· 1
　第一节　桥梁工程施工方法概述 ·· 1
　第二节　桥梁工程施工重要性 ·· 2
　第三节　我国桥梁建设的成就 ·· 10
　第四节　桥梁工程施工存在的问题及发展方向 ·· 13

第二章　桥梁灌注桩基施工 ·· 15
　第一节　灌注桩基成孔方式 ·· 15
　第二节　水下混凝土灌注施工 ·· 34
　第三节　钻（挖）孔桩基混凝土质量检测 ·· 38

第三章　桥梁深水基础施工 ·· 58
　第一节　概述 ·· 58
　第二节　防水围堰 ·· 64
　第三节　深水桩基础施工平台 ·· 78
　第四节　承台钢吊箱施工 ·· 86
　第五节　沉井基础 ·· 99

第四章　高墩施工 ·· 116
　第一节　滑动模板 ·· 116
　第二节　液压爬模施工 ·· 124
　第三节　翻模施工 ·· 129

第五章　预应力混凝土施工工艺 ·· 137
　第一节　施加预应力原理及方法 ·· 137
　第二节　预应力混凝土结构分类 ·· 140
　第三节　桥梁结构采用的主要锚夹具、张拉设备 ·· 141
　第四节　千斤顶标定 ·· 150
　第五节　施加预应力工艺及要求 ·· 153
　第六节　孔道压浆及质量检测 ·· 162
　第七节　后张预应力锚下有效预应力检测 ·· 170

第六章　预应力混凝土简支梁桥施工 ·· 174
　第一节　先张法预制简支梁施工 ·· 174
　第二节　后张法预制简支梁施工 ·· 195

第三节	造桥机制造简支梁方法	197
第四节	高速铁路预制简支梁施工	207

第七章 支架现浇连续梁桥施工 …… 223

第一节	支架结构形式	223
第二节	支架现浇施工及质量控制	234
第三节	现浇支架设计实例	250

第八章 悬臂浇筑连续梁桥施工 …… 258

第一节	悬臂浇筑施工原理及步骤	258
第二节	0号块施工	259
第三节	挂篮结构	263
第四节	挂篮计算	272
第五节	挂篮安装	277
第六节	合龙段施工	283
第七节	连续刚构桥施工	285
第八节	悬臂浇筑施工质量及安全控制	289

第九章 悬臂拼装连续梁桥施工 …… 293

第一节	悬臂拼装连续梁施工原理及步骤	293
第二节	节段预制方法	294
第三节	节段拼装	302
第四节	长线、短线法预制节段比较	309
第五节	悬臂拼装、悬臂浇筑施工方法比较	309

第十章 钢管混凝土拱桥施工 …… 312

第一节	钢管混凝土拱桥分类	312
第二节	桥梁钢管混凝土拱肋材料	316
第三节	钢管混凝土拱桥施工步骤	324
第四节	钢管拱肋制作	325
第五节	钢管拱肋缆索吊装施工	327
第六节	钢管拱肋转体施工	331
第七节	少支架及满堂支架上拱肋安装施工	339
第八节	钢管混凝土对称顶升压注施工	340
第九节	拱桥吊杆张拉	344

第十一章 部分斜拉桥及无背索斜拉桥施工 …… 348

第一节	部分斜拉桥发展及结构特点	348
第二节	部分斜拉桥受力特点	355
第三节	PC部分斜拉桥设计特点	356
第四节	部分斜拉桥索鞍结构及试验	357
第五节	部分斜拉桥施工方法	364

| 第六节 | 无背索斜拉桥 | 372 |

第十二章 钢桥施工 … 375
- 第一节 概述 … 375
- 第二节 焊接工艺试验及评定 … 375
- 第三节 钢桥制造工艺 … 379
- 第四节 钢管结构焊接 … 391
- 第五节 钢结构涂装施工 … 394

第十三章 悬索桥施工 … 403
- 第一节 悬索桥结构形式及施工步骤 … 403
- 第二节 索鞍结构及安装施工 … 404
- 第三节 主缆架设前准备工作 … 408
- 第四节 主缆架设 … 412
- 第五节 加劲梁安装施工 … 415
- 第六节 主缆缠丝施工 … 419
- 第七节 自锚式悬索桥施工 … 422

第十四章 钢管混凝土空间桁架组合梁式桥施工 … 426
- 第一节 钢管混凝土空间桁架组合梁式桥结构 … 426
- 第二节 主桁节段制造及组拼施工 … 427
- 第三节 主桁安装施工 … 428

参考文献 … 442

第一章 绪 论

第一节 桥梁工程施工方法概述

桥梁工程包括上部结构和下部结构。上部结构、下部结构的施工方法除与结构形式及所处场地条件、地质情况、水文情况密切相关外,为控制成本,还应考虑施工单位已有设备及临时结构情况。对于同一工程,可能有多种可选的施工方法或工艺措施、方案。成功的施工方法首先应遵循设计文件、相关技术规程,并在确保工期、施工质量和安全的前提下,为施工单位实现经济效益最大化。

目前,桥梁下部结构基础形式大多采用混凝土桩基,其成孔施工方法可根据桥位场地地质、水位情况采用人工挖孔、正反循环钻进、旋挖钻进、冲击钻进、冲抓钻进等。在深水中桥位可采用双壁钢围堰、钢吊箱、沉井、钢板桩等配合以上成孔施工方法施工桩基。桩基混凝土灌注可根据水文条件采用干灌或灌注水下混凝土的施工方法。对于较高的混凝土桥梁墩柱,可采用翻模、滑模、爬模等方法施工。

桥梁上部结构形式多种多样,按所采用材料可分为钢筋混凝土桥、预应力混凝土桥、钢桥和钢混组合桥;按结构受力体系可分为梁式桥、拱式桥和悬索桥三大基本体系。所用材料和结构受力体系的组合又使桥梁上部结构形式种类更多,不同材料、不同结构受力体系的上部结构施工方法存在很大差异,相应施工工艺流程及规范要求也不尽相同。

对于混凝土简支梁桥,其施工方法主要采用现场预制,架设方法可采用汽车式起重机、架桥机架设或采用造桥机拼装。支架现浇混凝土连续梁采用的施工方法主要有满堂支架、墩梁支架两种。节段施工的混凝土连续梁、连续刚构常分别采用悬臂对称浇筑和悬臂对称拼装方法。对跨越河流、既有线路或山谷等场地的混凝土连续梁桥、连续刚构桥,除按以上方法原位施工外,也可在河流的两岸或适当位置利用地形搭设支架或采用挂篮浇筑上部结构,然后再将梁体平转到设计位置。

钢管混凝土拱桥中钢管拱肋可采用"以直代曲"或"煨弯"方式加工,拱肋吊装可采用满堂支架、少支架、缆索吊装、竖转、平转等方法。钢管内混凝土一般采用对称顶升的方法压注。

PC矮塔斜拉桥主梁施工方法多采用悬臂对称浇筑;斜拉索多采用平行钢绞线,采用分丝管贯通主塔方式锚固在主梁上,锚具采用群锚;斜拉索采用逐根挂设,先单根张拉,然后整体张拉的等值张拉方式。

对于地锚式悬索桥,一般先架设作为主缆安装、紧缆、吊杆安装等施工平台的猫道,采用AS或PPWS方法架设主缆,利用缆索起重机架设加劲梁。对于加劲梁架设,国内2012年建成通车的湖南矮寨大桥发明的索轨架设法,为悬索桥加劲梁架设提供了一种新型方法。对自锚式悬索桥,因主缆锚固在边跨加劲梁上,需先施工加劲梁,然后再安装主缆。自锚式悬索桥的加劲梁施工方法和连续梁的施工方法相同,可采用支架上现场浇筑(混凝土加劲梁)、支架上原位拼装、顶推、拖拉施工等(混凝土、钢结构加劲梁)。

钢管混凝土空间桁架连续梁主桁多采用预制场拼装、支架上安装或采用拖拉、顶推方式架设,待主桁合龙后,浇筑上、下弦钢管内混凝土及桥面板混凝土。

可见,不同结构形式,不同地质、水文条件的桥梁,其施工方法不尽相同,这决定了桥梁工程施工内容的丰富性,也对桥梁工程施工技术人员的素质提出了更高的要求。

第二节 桥梁工程施工重要性

桥梁工程在我国公路、铁路、市政交通中占有重要地位。一座独立桥梁(或某线路中的桥梁)的修建过程一般包含可行性研究、初步设计、施工图设计、现场施工等环节,现场施工环节是根据施工设计图修建桥梁的具体过程,是桥梁建设过程的重要环节。桥梁工程施工对桥梁工程质量、施工过程安全、运营期间安全及耐久性影响巨大。

1. 桥梁结构施工过程中受力状态较为不利

桥梁工程施工过程是将桥梁各杆件、构件形成整体的过程,在结构形成整体的过程中,结构刚度较小(钢管混凝土裸拱),结构未形成连续结构(悬臂浇筑、拼装施工),后续施工过程对已施工结构线形、内力影响显著(悬臂浇筑、拼装施工、悬索桥施工),不但结构受力复杂,结构受力也最不利,对施工技术有更高的要求。对节段施工的大跨连续梁、连续刚构桥,施工过程中会形成大悬臂结构,见图1-1;对缆索吊装的拱桥,施工过程中会形成由扣索反吊的悬臂结构,见图1-2;对于转体施工的桥梁,上部结构施工完毕、结构转体前后及转体过程结构也呈悬臂结构,见图1-3。这些未形成整体的大悬臂结构在外界荷载(如风荷载)作用下受力最不利,如施工不当将引起严重后果。图1-4为某结合梁施工过程中由于施工工艺不当发生的钢箱整体坠落事故。对于支架现浇的连续梁,混凝土在浇筑过程中呈流态,只能作为荷载,不能承担其他荷载作用,且由于其自身抗拉强度低,在混凝土硬化期间,对支架沉降控制有更高的要求。

a)   b)

图1-1 悬臂浇筑连续梁施工过程中的悬臂结构

2. 影响桥梁结构施工质量因素较多

桥梁上部结构按所用材料不同分为混凝土桥梁、钢桥及组合桥梁。对于混凝土桥梁,粗集料、细集料、水泥、外加剂、混凝土浇筑质量、养护条件等,都将对混凝土强度、耐久性等产生直接影响;对于钢结构桥梁,钢材原材料质量、现场杆件焊接质量、杆件加工精度、防腐处理等也会对桥梁结构承载能力及耐久性产生影响。目前,预应力技术普遍应用于桥梁建设,预应力钢束的张拉、压浆质量将对结构的受力性能及使用安全有直接影响。影响桥梁施工质量的众多因素都需要技术工人在现场具体实施,现场的环境及技术工人的技术水平、责任心也会影响桥梁结构的质量。图 1-5 为某钢管混凝土拱桥由于穿过拱肋吊杆导管的加工、焊接质量存在缺陷,造成在浇筑钢管内混凝土时导管弯曲变形,使得已穿的吊杆发生过大的弯曲变形,不得不更换。

图 1-6 为钢箱混凝土拱桥由于钢箱腹板对拉钢筋未按设计要求设置,造成灌注钢箱内混凝土时箱内钢筋断裂,使得钢箱发生过大的横向变形。

a)　　　　　　　　　　　　　　　　　b)

图 1-2　缆索吊装钢管混凝土拱桥施工过程中的悬臂结构

a)　　　　　　　　　　　　　　　　　b)

图 1-3　平转施工桥梁转体中的悬臂结构

a)　　　　　　　　　　　　　　　　　b)

图 1-4　某桥施工过程中钢箱梁坠落事故

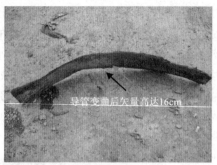 

a) 发生弯曲变形的部分导管　　　　　b) 发生弯曲变形的吊杆

图 1-5　某桥由于吊杆导管加工、焊接质量引起的质量事故

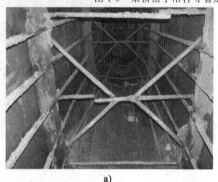 

a)　　　　　　　　　　　　　b)

图 1-6　对拉钢筋的断裂

3. 影响桥梁结构施工安全因素较多

影响桥梁结构施工质量的众多因素,对桥梁结构施工安全也是重大隐患。除原材料、施工技术质量等因素外,在桥梁施工过程中,需要大量的临时结构,如预制梁中需要专门台座,现浇梁中需要支架,悬臂浇筑施工中需要挂篮,悬臂拼装施工中需要起重机,转体施工中需要转盘,梁体架设需要架桥机、造桥机、塔式起重机,顶推、拖拉施工需要导梁等。这些临时结构往往需要施工单位根据具体情况进行设计、安装,临时结构设计、安装是桥梁结构施工过程中非常重要的环节之一,如果处理不当,将引起严重后果。

图 1-7 为某桥施工倾覆的事故,图 1-8 为某桥造桥机失稳事故,图 1-9、图 1-10 分别为某桥满堂支架整体垮塌、局部坍塌事故,图 1-11 为某桥现浇支架墩、梁支架失稳事故,图 1-12 为某桥架桥机失稳造成坠落事故。以上列出的这些由于临时结构造成的事故只是一小部分,这些事故对各自工程的经济、社会效益都产生了非常不利的影响。

图 1-7　桥梁倾覆事故　　　　　　　　图 1-8　造桥机失稳事故

图 1-9　现浇支架整体垮塌

图 1-10　现浇支架局部坍塌

a)　　　　　　　　　　　　　　b)

图 1-11　墩、梁支架中贝雷梁支架局部杆件失稳造成支架沉降

a)　　　　　　　　　　　　　　b)

图 1-12　某桥架桥机坠落事故

　　外界环境对桥梁结构施工过程安全的影响也不容忽视。我国幅员辽阔，北方地区气候干燥，冬季气温较低，冻胀作用明显；南方地区雨量充沛；西部地区气候干燥，温差较大，春、冬季风力较大。这些因素对施工中未形成整体结构的桥梁结构安全具有很大的影响，温差较大区域如养护不当可能造成混凝土在施工过程中开裂；基础冻胀可能造成支架上升，引起结构附加内力；在雨量充沛的环境中，如果基础排水不畅可能造成支架基础沉降等问题。

4. 桥梁结构施工质量对结构运营安全影响巨大

桥梁结构施工质量不但对施工期间结构质量、安全有直接影响,对桥梁结构运营安全、结构耐久性也将产生巨大影响。目前,国内运营的桥梁结构有些"带病工作",影响结构安全运营,需要维修、加固,造成这些结构"带病工作"的主要原因之一是施工质量较差,给桥梁结构的安全运营造成巨大隐患。图1-13为由于混凝土施工质量较差造成桥梁结构运营期间出现表面崩裂、开裂,图1-14为支座预埋钢板附近露筋、混凝土松散情况,图1-15为箱梁底板出现大面积露筋,图1-16为支座安装不平,图1-17为支座安装明显偏位,图1-18为支座顶部钢板锈蚀,

a)

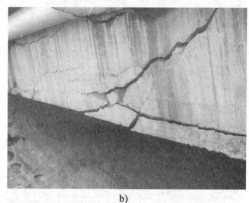
b)

图1-13 混凝土表面崩裂及表面裂缝

图1-14 支座上部露筋、混凝土松散

图1-15 箱梁底部露筋、混凝土松散

图1-16 支座安装不平

图1-17 支座滑出

图 1-19 为被火烧过的橡胶支座,图 1-20 为橡胶支座从设计位置滑出,图 1-21 为波纹管外露,图 1-22为橡胶支座破损、外鼓情况。

图 1-18　支座顶钢板锈蚀

图 1-19　橡胶支座表面被火烧过的痕迹

图 1-20　橡胶支座从设计位置滑出

图 1-21　波纹管外露

a)

b)

图 1-22　橡胶支座破损、外鼓情况

图 1-23 为某斜拉桥斜拉索未按设计要求采用镀锌钢丝,施工质量较差,加之养护不当使该桥斜拉索在使用过程中锈蚀严重、断丝、外保护 PE 管老化等情况;图 1-24 为某石拱桥拱肋腹拱横墙未严格按规范施工及基础不均匀沉陷造成竖向开裂,缝长 8000mm,缝宽达 20mm;

图 1-25 为某桥台护坡严重缺损、勾缝脱落情况;图 1-26 为某桥盖梁和墩柱间出现的环形裂缝;图 1-27 为某桥由于水冲刷造成桩基外露情况;图 1-28 为某空心板桥底部出现的混凝土松散情况;图 1-29 为某桥梁端部出现的混凝土风化现象。

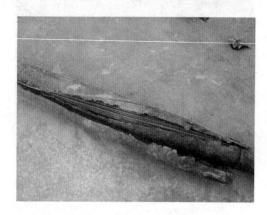
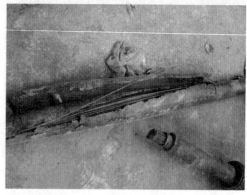

a) 斜拉索PE管老化情况

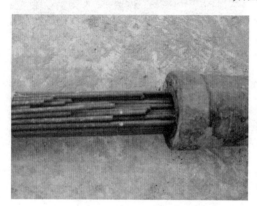
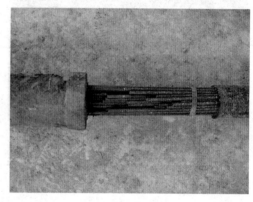

b) 斜拉索钢丝断丝情况

图 1-23 某斜拉桥斜拉索病害情况

图 1-24 某石拱桥拱肋裂缝　　　　　图 1-25 某桥桥台锥坡破损情况

图1-26 某桥盖梁和墩柱间环形裂缝

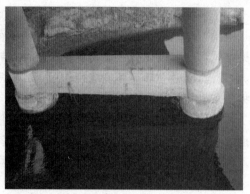
图1-27 由于水冲刷使桩基外露

图1-28 某空心板桥底部混凝土松散情况

图1-29 某桥混凝土梁端部风化情况

有文献报道,国内已建成通车的大跨连续刚构桥中普遍存在主跨跨中下挠过大、箱梁梁体产生裂缝两大病害。某桥跨径布置为66m+120m+66m,在运营6年后发现主跨跨中下挠达22cm,箱梁腹板出现大量斜裂缝,最大缝宽达到1.15mm。连续刚构跨中下挠会加剧箱梁开裂,而梁体裂缝的增多又使结构刚度降低,进一步加剧梁体跨中的下挠,形成二者相互影响的恶性循环,大大降低桥梁结构的安全性。引起连续刚构出现以上病害的原因之一是施工质量:早强剂的掺加虽然可尽早张拉纵向预应力束,但会造成混凝土后期徐变较大;纵向预应力束孔道偏差将改变预应力束偏心距,同时加大孔道摩阻力;孔道压浆质量不佳可能造成钢束锈蚀,降低纵向有效预应力,造成主梁下挠;竖向预应力钢筋施工质量的偏差则会降低梁体预压主应力,增大梁体腹板出现斜裂缝的可能性。

5.桥梁结构施工方案及施工质量对企业经济效益有直接影响

桥梁结构形式多种多样,所处地质环境、场地条件不同,每个施工企业具备的设备、物资情况也有差异。合理的施工技术方案、工艺措施可在确保施工质量的前提下加快施工进度,合理缩短工期;而不合理的施工技术方案、工艺措施不但会影响结构施工质量,给结构安全运营埋下隐患,也会延迟工期,从而降低企业的经济效益。在遵循设计文件、施工规范前提下采用哪种施工方案,充分发挥企业自身已具备的设备、物资条件,合理安排各施工工序,根据地质环境、场地条件制订相应的施工技术方案,对施工工期、施工质量有直接影响,也会对企业经济效益、社会声誉产生巨大的影响。

6. 桥梁结构受力特点对桥梁工程施工提出更高要求

桥梁工程结构在运营期间主要承受车辆荷载，车辆荷载会对桥梁结构产生冲击作用，因此桥梁结构对动力及疲劳性能要求较高；桥梁结构所处场地复杂，可能承受酸、碱腐蚀，紫外线照射，水浸泡，冻融循环等环境综合作用；动力、疲劳荷载及环境耦合作用的受力特点对其施工质量提出了更高的技术要求。

总之，桥梁工程施工不仅仅是按图施工的过程，还是涉及理论计算、试验及实践的综合技术，从事桥梁施工的技术人员，不但应有深厚的理论基础，还应具备一定的试验知识和丰富的现场实践经验。高质量的桥梁工程施工不但可创造经济效益，对交通事业及经济发展也具有一定的影响。

第三节 我国桥梁建设的成就

近二十年来，我国桥梁建设不论建设规模还是技术水平，均跻身世界领先行列。

在混凝土梁桥建设领域，我国在1997年已建成跨度达63m的混凝土简支梁（昆明南过境干道高架桥）；2001年建成的南京长江北汊河桥主跨为90m+3×165m+90m，是我国目前跨度最大的预应力混凝土连续梁桥，在同类桥梁中居亚洲第一；1997年建成的广东虎门辅航道桥为150m+270m+150m连续刚构桥（图1-30），位列世界第四。

在拱桥建设领域，我国1997年建成的重庆万州长江大桥为钢管混凝土劲性骨架钢筋混凝土拱桥（图1-31），主跨420m，为世界同类桥梁跨度第一；2003年建成的上海卢浦大桥为中承式系杆拱桥（图1-32），拱肋为全焊钢箱结构，主跨跨度为550m，是世界上跨径最大的钢箱拱桥；2005年建成的重庆巫山长江大桥为钢管混凝土拱桥（图1-33），主跨达到492m，为该类型桥梁世界第一；2009年建成通车的重庆朝天门大桥为中承式钢桁架拱桥（图1-34），主跨达552m，为世界上最大跨度的拱桥。

图1-30 广东虎门辅航道桥

图1-31 重庆万县长江大桥

在斜拉桥建设领域，据不完全统计，我国已建成斜拉桥超过100座，其中跨径超过400m的已达20余座；2008年建成的江苏苏通大桥主跨达到1088m（图1-35），为当时世界最大跨度斜拉桥。

在悬索桥建设领域，我国2007年建成的浙江西堠门大桥主跨1650m（图1-36），为世界跨度第二大悬索桥；2012年建成的湖南矮寨大桥主跨1176m（图1-37），与地面高差达330m，创四项世界第一，跨峡谷悬索桥最大跨度，首次采用塔、梁完全分离的结构形式，首次采用岩锚吊索结构，首次采用"轨索滑移法"架设钢桁梁，为悬索桥加劲梁安装施工做了开创性工作。

图1-32 上海卢浦大桥

图1-33 重庆巫山长江大桥

图1-34 重庆朝天门大桥

图1-35 苏通长江大桥

在钢管混凝土空间桁架连续梁建设领域，我国2012年建成通车的京昆高速干海子大桥为空间钢管桁架连续梁（图1-38），创最大联长1045m、最长钢管混凝土桁架连续梁、格构墩高110m（图1-39）等世界纪录，在场地极其复杂（图1-40）、结构呈"卵形"（图1-41）情况下，采用拖拉架设完成了主桁安装。

图1-36 浙江西堠门大桥

图1-37 湖南矮寨大桥

图 1-38　干海子大桥全景

图 1-39　干海子大桥格构墩

图 1-40　干海子大桥第一联主桁

图 1-41　干海子大桥主桁"卵形"曲线

近年,国内装配式桥梁得到迅速发展,出现了一批代表性工程,上海嘉闵高架北段二期4~6标,是国内首次大规模采用桥梁预制装配式施工的项目,其典型特点是桥梁墩柱、盖梁、梁部结构均采用预制,大大减少了对现场的干扰,如图1-42所示。

我国港珠澳大桥中,也大量采用了预制桥墩,图1-43为该桥采用的预制桥墩分段形式。

我国桥梁工程取得的以上成就,和各行业的技术进步密切相关,包含计算分析手段的发展,新材料的研发、应用,施工能力及技术水平的提高等。在每一个世界级水平桥梁建设的背后,都离不开施工技术人员的身影,可以说没有桥梁工程施工技术的进步,我国桥梁建设就不可能有今天的成就。

图 1-42　上海嘉闵高架北段预制盖梁

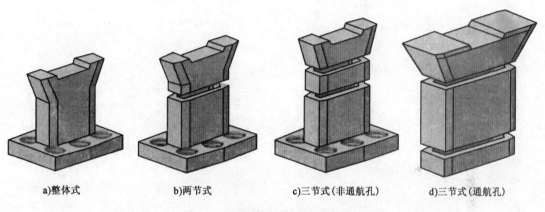

a)整体式　　　b)两节式　　　c)三节式(非通航孔)　　　d)三节式(通航孔)

图 1-43　港珠澳大桥预制桥墩分段形式

第四节　桥梁工程施工存在的问题及发展方向

我国道路工程建设中,桥梁占总价的 10%～20%;在我国高速铁路建设中,桥梁工程所占比例更高,京沪高速铁路中桥梁工程里程占到总里程的 80%。桥梁工程建设对我国交通、经济建设具有重要意义。桥梁工程施工是桥梁工程建设中非常重要的环节,其技术水平的提高对确保桥梁工程的安全运营及耐久性有直接影响。和桥梁工程施工重要地位不相适应的是,国内高校中对桥梁工程施工内容的教学并没有给予充分重视,即使"211、985"高校的毕业生对施工环节掌握也不够,造成目前设计和施工脱节;施工单位也缺乏具有一定理论知识和丰富实践经验的施工技术人才;已有施工技术人才的施工技术水平和现场桥梁施工技术发展不相适应。这些现象已严重影响我国桥梁工程健康发展。

在高等学校相关专业开展桥梁工程施工课程教学,能使学生掌握桥梁工程施工的原理,拓宽学生视野,加强已有施工技术人员尤其是青年技术人员的技术培训,为我国桥梁工程建设培养高素质的技术人才,对确保我国桥梁工程建设质量是十分必要的。本书正是着眼于行业这一需求而编写,也希望能真正起到这一作用。

2013年9月和10月,国家主席习近平分别提出建设"新丝绸之路经济带"和"21世纪海上丝绸之路"的合作倡议,构建"丝绸之路经济带"和"21世纪海上丝绸之路"的"一带一路"战略布局,国家"一带一路"倡议对我国桥梁工程建设者提出新要求,也对我国桥梁工程相关专业人才培养内涵提出新需求。

随着国家"一带一路"倡议的稳步推进,对我国桥梁工程等相关专业方向人才培养提出更高、更多要求。"桥梁工程施工技术"课程作为桥梁工程专业方向重要实践类课程之一,其教学质量将直接影响所培养人才工程素质、行业实践能力,必将对我国桥梁工程建设质量、安全产生长远影响。

第二章 桥梁灌注桩基施工

第一节 灌注桩基成孔方式

一、桥梁桩基结构形式

1. 按桩承载性状分类

可分为摩擦桩、端承桩。摩擦桩桩顶荷载主要由桩侧阻力承受,并考虑桩端阻力;端承桩桩顶荷载主要由桩端阻力承受,并考虑桩侧阻力。

2. 按成桩方法分类

可分为:

(1)非挤土桩:包括干作业法钻(挖)孔灌注桩、泥浆护壁法钻孔灌注桩、套管护壁法钻孔灌注桩。

(2)部分挤土桩:包括冲孔灌注桩、扩孔灌注桩、预钻孔沉桩、敞口预应力混凝土管桩等。

(3)挤土桩:包括沉桩(锤击、静压、振动沉入的预制桩及闭口预应力管桩)。

钻(挖)孔灌注桩适用于各类土层(包括碎石类土层和岩石层),但应注意:钻孔灌注桩用于淤泥及可能发生流沙的土层时,宜先做试桩;挖孔灌注桩宜用于无地下水或地下水量不多的地层;沉桩可用于黏性土、砂土以及碎石类土。在同一桩基中,除特殊设计外,不宜同时采用摩擦桩和端承桩,不宜采用直径不同、材料不同和桩端深度相差过大的桩。

二、人工挖孔灌注桩施工

人工挖孔灌注桩是采用人工逐段开挖形成桩孔的施工方法。

1. 人工挖孔灌注桩适应范围

人工挖孔灌注桩适用于无地下水或少量地下水,且较密实的土层或风化岩层;若孔内产生的空气污染物超过《环境空气质量标准》(GB 3095—2012)规定的三级标准浓度限值且无通风措施、有毒气体或浮尘超标,且无通风措施时,不得采用人工挖孔。桩径或最小边宽度小于1200mm 时,不得采用人工挖孔施工。

在丘陵等大型机械设备通行不便的区域,采用大面积的人工挖孔往往可加快成孔速度。

2. 人工挖孔灌注桩成孔施工

人工挖孔灌注桩施工流程:桩基定位→插打钢护筒→人工开挖→孔壁支护→孔径、中心检查→桩底检查、处理→灌注混凝土(水下混凝土)。

孔壁支护是人工挖孔桩成孔的关键,无论地质松紧和地下渗水情况如何均应设置孔壁支护,通常孔壁支护采用混凝土护壁。挖孔施工应根据地质和水文情况,因地制宜选择孔壁支护方案,并经过计算,确保施工安全并满足设计要求。

护壁厚度一般取受力最大处,即地下最深段护壁所承受的土压力及地下水的侧压力,由计算确定护壁厚度,设混凝土护壁厚度为 t,$t \geqslant KN/f_c$ 或 $t \geqslant KpD/(2f_c)$,计算简图见图 2-1。

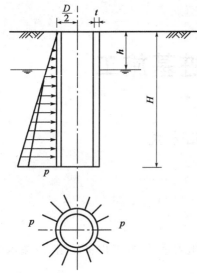

图 2-1 挖孔护壁计算简图

当挖孔无地下水时

$$p = \gamma H \tan^2\left(45° - \frac{\varphi}{2}\right) \quad (2-1)$$

当有地下水时

$$p = \gamma H \tan^2\left(45° - \frac{\varphi}{2}\right) + (\gamma - \gamma_w)(H-h) \cdot \tan^2\left(45° - \frac{\varphi}{2}\right) + (H-h)\gamma_w \quad (2-2)$$

式中:K——安全系数,一般取 1.65;

N——作用在护壁截面上的压力(N/m),$N=pD/2$;

p——土和地下水对护壁的最大总压力(Pa);

D——挖孔桩外直径(m);

γ——土的重度(kN/m³);

γ_w——水的重度(kN/m³);

H——挖孔桩护壁深度(m);

h——地面至地下水位深度(m);

f_c——混凝土的轴心抗压强度设计值(MPa);

φ——土的内摩擦角(°)。

护壁混凝土一般采用 C25~C30 混凝土,钢筋采用直径 6~10mm 光面钢筋,其厚度一般不小于 8cm,结构形式可为直壁或锯齿状(图 2-2),在地质情况稳定时,也可分段设置护壁。孔口处应设置高于地面不小于 300mm 的护圈,并应设置排水沟,防止地表水流入孔内。

3. 人工挖孔灌注桩成孔优缺点

人工挖孔灌注桩成孔具有以下优点:

(1)人工挖孔所需设备简单,只需潜水泵、手动葫芦、小型鼓风机、小型卷扬机等简易机具即可施工,在场地允许情况下,可组织多根桩同时施工,速度较快。

(2)人工挖土过程中,可清楚了解桩位处地层、地质变化,方便与设计地层、地质情况比较,如偏差较大,可及时进行设计变更。

(3)无噪声、振动、挤土等公害,施工成本较低。

人工挖孔缺点:

(1)人工挖孔在有流沙及砂、砾石强透水层,往往使混凝土护壁构筑困难,易造成桩孔塌孔。

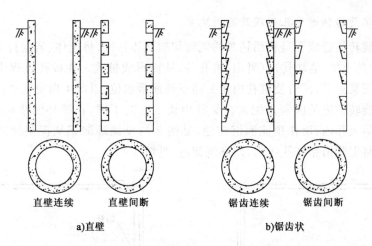

图 2-2 混凝土护壁形式

(2) 在涌水量较大的桥位采用人工挖孔,如果电线或其他电气设备绝缘不好,会造成施工人员触电。

(3) 在水位较高、涌水量较大的桥位,如果多根桩同时开挖,会造成周围区域地层水位下降,使周围结构物产生不均匀沉陷。

(4) 对地下有腐蚀性物质或有毒物质的桥位,采用人工挖孔灌注桩应慎重。

4. 人工挖孔灌注桩孔底处理

挖孔到设计深度后,应进行孔底处理,必须做到孔底表面无松渣、泥、沉淀物,如采用灌注水下混凝土,沉淀物厚度应符合规范要求;当孔底岩层倾斜时,应将其表面凿成水平或台阶,以防桩底承载力产生水平分力;如地层复杂,应探钎了解孔底以下地质情况是否满足设计要求。

5. 人工挖孔灌注桩混凝土浇筑

人工挖孔灌注桩混凝土的浇筑方法应根据桩孔内水量情况确定,按《公路桥涵施工技术规范》(JTG/T 3650—2020)规定,孔内无积水方可不采用水下灌注混凝土施工,孔内有积水且无法排净时,宜按水下混凝土灌注的要求施工。

采用常规方法浇筑混凝土时,应先排除孔内积水,检查孔底情况,如为嵌岩桩,则更需要对基底岩层情况进行复验,合格后再下放钢筋笼、浇筑混凝土。浇筑混凝土时,应采用导管将混凝土输送到孔内,以防混凝土离析;混凝土应分层浇筑,分层厚度控制在 30～50cm;采用插入式振捣棒振捣。

三、正、反循环旋转钻进成孔桩基施工

桥梁结构尤其是大跨桥梁结构要求桩基承载能力较大、沉降量较小甚至要求零沉降,虽然混凝土灌注桩施工速度不及打入桩,但在桥梁结构中仍然得到广泛应用,其施工流程如下:

施工平台搭设→桩位放样→埋设护筒→钻机就位→成孔→孔底清淤→钢筋笼安放→孔底清淤→灌注水下混凝土→凿桩头→质量检测。

各种机械成孔灌注桩施工工艺主要区别在于成孔工序,正、反循环旋转钻进成孔的灌注桩是桥梁结构中混凝土灌注桩的一种,在桥梁工程中得到广泛采用,几乎占到灌注桩的 90%,在桥梁桩基施工中具有较高地位。

1. 正、反循环旋转钻进成孔原理及适用地层

正、反循环旋转钻进成孔是利用钻具的旋转切削土体钻进,将土体、岩层打碎,利用泥浆循环将切削成颗粒的土体、岩块排出(吸出)桩孔外,从而形成桩孔。在成孔过程中,为保证桩孔不塌陷,应采用泥浆护壁,同时使桩孔内水头高于地面常水位,以产生向桩孔外的水压。

正、反循环旋转钻进的区别是泥浆在钻杆内流动方向不同,正循环泥浆从泥浆池进入钻杆,靠泥浆自重落入孔内,由孔顶流回沉淀池,见图2-3;反循环泥浆从泥浆池进入桩孔,在排浆设备作用下,将泥浆由钻杆孔吸出,回到沉淀池,见图2-4。

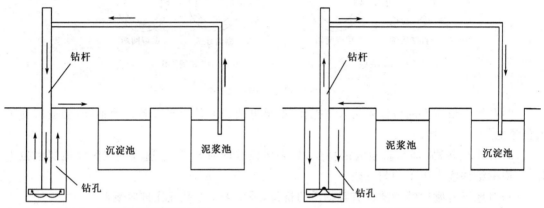

图 2-3　正循环钻进泥浆循环示意　　　　　图 2-4　反循环钻进泥浆循环示意

由于排浆方式的局限性,正循环旋转钻进适用于颗粒很细的粉砂、黏土,成孔深度30m左右,在饱和软土地区也有60m以上的实例。反循环旋转钻进成孔对土层的适应性很强,从软土直至砂卵石地层,在弱风化地层也可应用,反循环在桥梁结构中成孔深度已超过100m,国内桩径已达 3.5m,国外已达 4.5m。

2. 正、反循环旋转钻进成孔设备

正、反循环钻进成孔设备主要包括带有不同形式钻头的钻机,将土石颗粒、渣土排出桩孔外的排浆设备。

(1)钻机

目前国内有大量正、反循环钻机生产厂家,在选型时可根据桥位处的地质情况、设计要求及工程进度情况,确定满足工程要求、经济合理的机型。正、反循环的钻机,其动力一般设置在地面上,但有的钻机动力在桩孔底部内,如潜水钻机,其地面结构相对简单,潜水动力由潜水电机通过减速器传出,直接驱动钻头回转切削,钻杆旋转只起连接传递抗扭、输送泥浆作用。能用作反循环的钻机一般都能进行正循环成孔。表2-1列出了各类正、反循环钻机规格及性能,图2-5为常用的两种钻头结构形式。

正、反循环钻机规格性能　　　　表 2-1

生产厂家	型　号	钻孔方式	钻孔直径(mm)	钻孔深度(m)	扭矩(kN·m)	转速(r/min)	钻杆内径(mm)	加压方式	功率(kW)
上海探矿机械厂	GPS-10	正循环	400～1200	50	8.0	—	—	—	37
上海探矿机械厂	GPS-15	泵吸反循环	800～1500	50	17.7	13～42	150	—	30
上海探矿机械厂	SPJT-300	正、反循环	500	300		40～128			40

续上表

生产厂家	型号	钻孔方式	钻孔直径(mm)	钻孔深度(m)	扭矩(kN·m)	转速(r/min)	钻杆内径(mm)	加压方式	功率(kW)
衡阳探矿机械厂	GJ-15	反循环	500～1500	50	18.0	13～42	150	配重	30
郑州勘探机械厂	KT1500	正、反循环	600～1500	100	24.7	6.8～51	150	—	37
郑州勘探机械厂	KP2000	正、反循环	2000(岩土)、3000(土层)	100	43.8	10～63	150	配重	45
郑州勘探机械厂	KP3500	正、反循环	3500(岩土)、6000(土层)	130	210	0.24	275	液压	120
新河钻机厂	KQ800	正、反循环	450～800	80	1.9	86	—		22
新河钻机厂	KQ200	正、反循环	800～2000	80	13.72	30	—		44
大桥局桥机厂	KPG-3000	气举反循环	1500-6000(上层)、1500～3000(岩层)	130	200、100/200、80/100	0～3、0～7、0～14	301	液压	238
日本日立机	S-450	反循环	1000～4500(土层)、1000～2000(岩层)	100～250	80	18	250		75

（2）排浆设备

在反循环钻进中，排浆设备有两种形式：一种是气举法排浆，另一种为泵吸法排浆。气举法排浆利用空压机产生的高压空气从钻杆底部进入钻杆内，由于空气密度较小，在钻杆内上逸，将钻杆内的泥浆带出，此时钻杆内浆面低于杆外，形成压差，杆外泥浆会压入杆内，连续不断压入高压空气，泥浆将不断由钻杆排出。泵吸法排浆是利用设置在钻机上的砂石泵将泥浆从钻杆内吸出，吸出的泥浆中含有砂屑、石块和卵石，一般的泥浆泵无法满足要求。

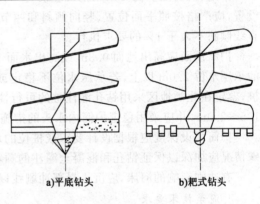

a) 平底钻头　　b) 耙式钻头

图 2-5　钻头结构示意

气举法排浆效率较高，百米以上的深孔，用气举法可将渣土顺利排出，而且只要排渣管道直径允许，小于该管径的大块土体、石块等均可排出孔外。气举法排渣钻孔深度可达100m以上，但如果井的深度小于7m，则用气举法无效。钻孔深度在40m左右采用泵吸法为好。

3. 施工平台及钢护筒

（1）施工平台

陆地上施工平台可用土找平，高出地面0.3m；场地为浅水时，宜采用筑岛法施工（图2-6），筑岛面积应按钻孔方法、机具大小等要求确定，高度应高出施工水位0.5～1.0m。

场地为深水时，可采用钢管桩施工平台（图2-7）、双壁钢围堰平台等固定式平台，也可采用浮式施工平台，平台须牢靠稳定，能承受工作时所有静、动荷载。

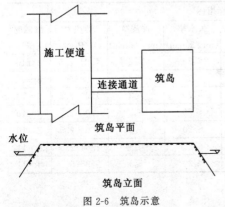

图 2-6　筑岛示意

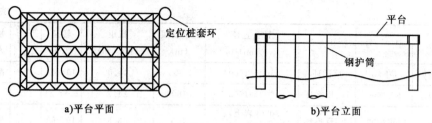

图 2-7 钢管桩施工平台结构示意

钢管桩施工平台施工质量要求：钢管桩倾斜率在 1% 以内；位置偏差在 300mm 以内；平台必须平整，各连接处应牢固，钢管桩周围需要抛沙包，并定期测量钢管桩周围河床面高程，冲刷是否超过允许程度；严禁船只碰撞，夜间开启平台首尾示警灯，设置救生圈以保证人身安全。

（2）钢护筒

护筒内径宜比桩径大 200~400mm，以考虑钻机钻锥在孔内摆动影响。

护筒中心竖直线应与桩中心线重合，除设计另有规定外，平面允许误差为 50mm，竖直线倾斜不大于 1%，干处可实测定位，水域可依靠导向架定位。

旱地、筑岛处护筒可采用挖坑埋设，护筒底部和四周所填黏质土必须分层夯实；水域护筒设置，应严格按照平面位置、竖向倾斜和两节护筒的连接质量符合平面允许误差为 50mm，竖直线倾斜不大于 1% 的要求执行。

护筒顶面应高出地面 0.3m 或高出水面 1.0~2.0m，当钻孔内有承压水时，应高出稳定后的承压水位 2.0m 以上，若承压水位不稳定或稳定后承压水位高出地下水位很多，应先做试桩，鉴定在此类地区采用钻孔灌注桩的可行性；当处于潮水影响地区时，应高出最高施工水位 1.5~2.0m，并应采用稳定护筒内水头的措施。

护筒埋设深度应根据设计要求或桩位的水文地质情况确定，一般情况埋深宜为 2~4m，特殊情况应加深以保证钻孔和混凝土灌注的顺利进行。

有冲刷影响的河床，应沉入局部冲刷线以下 1.0~1.5m。

4. 泥浆技术要求

泥浆的主要作用是增大孔内液体密度，增大其向桩孔外的压力，同时在孔壁形成一层致密的封闭层，钻孔泥浆一般由水、黏土（或膨润土）和添加剂按适当配合比配制而成，泥浆性能指标可按表 2-2 选用。

泥浆性能指标选择　　　　　　　　　　　表 2-2

钻孔方法	地层情况	泥浆性能指标						
		相对密度	黏度 (Pa·s)	含砂率 (%)	胶体率 (%)	失水率 (mL/30min)	泥皮厚 (mm/30min)	静切力 (Pa)	酸碱度 (pH)
正循环	一般地层	1.05~1.20	16~22	4~9	≥96	≤25	≤2	1.0~2.5	8~10
	易塌地层	1.20~1.45	19~28	4~9	≥96	≤15	≤2	3~5	8~10
反循环	一般地层	1.02~1.06	16~20	≤4	≥95	≤20	≤2	1.0~2.5	8~10
	易塌地层	1.06~1.10	18~28	≤4	≥95	≤20	≤2	1.0~2.5	8~10
	卵石土	1.10~1.15	20~35	≤4	≥95	≤20	≤2	1.0~2.5	8~10
旋挖	一般地层	1.02~1.10	18~22	≤4	≥95	≤20	≤2	1.0~2.5	8~11
冲击	易塌地层	1.20~1.40	22~30	≤4	≥95	≤20	≤3	3~5	8~11

注：1. 地下水位高或其流速大时，指标取高限，反之取低限。
2. 地质状态较好、孔径或孔深较小的取低限，反之取高限。

泥皮厚薄与失水量大小有关,泥浆失水量小者,泥皮薄而致密,有利于巩固孔壁;失水量大者易形成厚泥皮,在泥页岩地层易造成地层软化膨胀,产生缩颈或塌孔,因此表 2-2 中对泥皮厚度进行了限制。

直径大于 2.5m 的大直径钻孔灌注桩对泥浆的要求较高,在地质复杂、覆盖层厚、护筒下沉不到岩层的情况下,宜使用聚丙烯酰胺即 PHP 泥浆,此泥浆的特点是不分散、低固相、高黏度。PHP 泥浆的主要成分为:膨润土、碳酸钠、聚丙烯酰胺的水解物、锯木屑、稻草、水泥或有机纤维复合物,其配比应通过试验确定,参考配比如下:

膨润土为水质量的 6%～8%;碳酸钠为膨润土质量的 0.3%～0.5%;羧甲基纤维素(CMC)为膨润土质量的 0.5%～0.1%;聚丙烯酰胺(PHP)为泥浆质量的 0.003%。孔内有渗漏时,加锯木屑为水质量的 1%～2%,稻草末或水泥添加量为每立方米泥浆 17kg;孔内有承压水或地下水位高、渗漏严重时,加重晶粉、珍珠岩粉及方铝矿粉,添加量为每立方米水泥浆 17kg。

5. 正、反循环钻进技术要求

(1)成孔方法选择

一般正循环成孔适用于建筑物对沉降要求不高的摩擦桩,桩身不长,适用于软黏土、砂黏土、黏土、粉砂土以及含有粒径不超过 5mm、含量在 20%～30% 的砂砾等土层,钻孔直径宜在 1.0m 以下,最大不宜超过 1.5m。

反循环钻进成孔适用于长桩、端部承载要求较高的端承桩或摩擦端承桩,适用于砂层、砂卵石层及嵌岩桩。建筑物对沉降要求较高,桩径在 1.5m 以上必须采用反循环钻孔施工。

(2)钻头选择

合理选择钻头是保证正、反循环成孔效率的重要因素,在施工时,应根据桩的直径、长度、地层情况、工期等进行选择。

钻头直径应比设计桩径小 3～5cm。在砂土、夹杂少量石子或其他杂物土层、砂砾层地层中,可选用翼状或鱼尾状钻头,在黏性土地层中应选用多笼式钻头,对风化岩或岩石层应选用牙轮式钻头,对砂卵石层要配以筒式钻头(图 2-8)。

a)岩石旋转钻头

b)岩石筒式钻头

c)砂土筒式钻头

图 2-8　各种钻头结构形式

(3)泥浆配制

正循环成孔中泥浆起护壁和排渣作用,而反循环成孔中泥浆主要是护壁作用,不起排渣作用,因此在两种成孔施工中,泥浆配制应有所区别。反循环钻进泥浆相对密度等参数略低,具体可参见表2-2泥浆性能指标选择。

泥浆密度大,利于稳定孔壁,但也会降低泥浆流动速度,降低出泥效率,对清渣及灌注混凝土也不利;泥浆黏度过低,对稳定孔壁及挟带渣土不利,过高则影响钻进速度而且降低钢筋握裹力,增加水下混凝土灌注难度。

(4)钻进施工

在钻进过程中,钻机应平稳、不沉陷,不产生移位。无论采用何种方法钻孔,开孔位置必须准确,开钻时均应慢速钻进,待导向部位或钻头全部进入地层后,方可加速钻进。

钻进过程中,采用正、反循环钻孔(含潜水钻)均应采用减压钻进,如采用液压进钻的钻机,钻机施加压力应适度,不宜过大以免造成钻杆弯曲变形,使孔偏斜;如用磨盘转动钻杆及钻杆自动钻进时,则应使钻机的主钩始终要承受部分钻具的重量,孔底承受的钻压不应超过钻具重力之和的80%,提吊钻头的钢丝绳保持铅垂状态,切不可使钻杆发生晃动,避免造成孔身不直或扩孔过大,如果需要加大钻进速度,则以加重钻头或在钻头上部钻杆处加重,以保证钻孔垂直。

钻进过程中应根据出渣情况判断土层情况,调整钻进速度和泥浆稠度,并记录土层变化情况。钻进过程中应经常通过检孔器检孔,以保证成孔的直径及垂直度,检孔器用钢筋加工成钢筋笼,其外径等于设计孔径,长度等于孔径长度的4～6倍,每钻进4～6m或土层变化、更换钻锥前必须检孔,在检孔时应使检孔器自由活动,不得采用重压、冲击或强插检孔器的方式检孔,如检孔器不能自由达到钻进桩底时,应考虑可能发生斜孔、缩孔或斜孔等情况。

钻进过程中,应检查孔内水头、泥浆相对密度和黏度是否满足规定要求,以保证孔内有一定的向外水压及对孔壁的护壁作用。处理孔内事故或因故停钻时,必须将钻头提出孔外,以防出现埋钻事故。

6.清孔

清孔的目的是保证灌注水下混凝土时桩底不致有过厚的沉淀层,影响桩基承载能力。

(1)清孔应符合的规定

钻孔深度达到设计高程后,应先对孔深、孔径进行检查,符合要求后,方可进行清孔作业。

清孔方法应根据设计要求、钻孔方法、机具设备条件和地层情况决定,不论采用何种清孔方法,在清孔排渣时,必须保持孔内水头,防止坍孔。

清孔后,泥浆相对密度宜控制在1.03～1.10,对冲击成孔的桩可适当提高,但宜不超过1.15,黏度宜为17～20Pa·s,含砂率宜小于2%,胶体率宜大于98%。孔底沉淀厚度应不大于设计规定;设计未规定时,对桩径小于或等于1.5m的摩擦桩宜不大于200mm,对桩径大于1.5m或桩长大于40m以及土质较差的摩擦桩宜不大于300mm,对支撑桩宜不大于50mm。

在吊入钢筋骨架后,灌注水下混凝土前,应再次检查孔内泥浆性能指标和孔底沉淀厚度,如超出以上要求,应进行二次清孔,符合要求后方可灌注水下混凝土。

不得采用加深钻孔深度的方式代替清孔。

(2) 清孔方法

正循环成孔清孔方法有掏渣、空压机喷射、抽浆、换浆、砂浆置换等。掏渣法清孔是利用掏渣筒将孔内碎渣掏出,只能掏取粗粒钻渣,不能降低泥浆相对密度,故只能作为初步清孔;空压机喷射是利用空压机向孔底喷射高压空气、压注高压水使桩底沉淀翻腾,从而起到降低沉淀厚度的作用,使用高压水管插入孔底射清水时,射入水所需压力应稍大于清孔前泥浆的相对密度与钻孔深度的乘积,所需射水(射风)的压力应比孔底水(泥浆)压力大 0.05MPa,射水压力过大易引起塌孔,过小则水或风射不出来,或虽能射出来,但不能起到翻腾沉淀物的效果;抽浆法清孔是利用内风管吸泥机,将钢管伸入桩底,利用向外吸空气将桩底沉渣吸出;空压机喷射法只宜配合换浆法或抽浆法清孔后使用。

换浆清孔法(又称缓浆法)是利用正循环钻机,于钻孔完成后,不进尺继续循环换浆,利用泥浆胶体性的黏滞力,把桩孔中的冲渣或钻渣黏带着顺泥浆的流动排出桩孔,在此过程中定期测定泥浆的各项指标及孔底沉渣情况去判断清孔的效果。在施工过程中,泥浆相对密度是重要的指标,泥浆平衡不了土压力和水压力,孔壁易坍和渗水。同时相对密度小,黏力不足,悬浮能力差,土颗粒容易聚集和下沉,不能达到清孔的最佳效果;相对密度大,悬浮力强,但含土量高,杂质过多,泥浆流动性能差,达不到清孔的目的。如果是摩擦桩,由于厚泥浆必定造成厚泥皮,对桩摩阻力影响明显,而且在灌注的过程中容易出现意外。在清孔的过程中,如何把孔内的泥浆从较浓的状态下稀释到规定的浓度,时间就成了一个最为关键的因素。

砂浆换置清孔法适宜掏渣清孔后使用。该法按下述工序进行:

①用掏渣筒尽量清除钻渣。

②以高压水管插入孔底射水,降低泥浆相对密度。

③以活底箱在孔底灌注 0.6m 厚的以粉煤灰与水泥加水拌和并掺入缓凝剂的特殊砂浆,砂浆初凝时间应延长到 6~12h。

④插入比孔径稍小的搅拌器,慢速旋转,将孔底残渣搅入砂浆中。

⑤吊出搅拌器。

⑥吊入钢筋骨架。

⑦灌注水下混凝土,搅入残渣的砂浆被混凝土置换后,一直被顶托在混凝土面以上而被推到桩顶后,再予以清除;所用的特殊砂浆常用配合比为水泥∶粉煤灰∶砂∶加气剂=1∶0.4∶1.4∶0.007(质量比)。

反循环钻孔在停止钻进后再由泵吸或气举方式在很短时间内排渣,出口泥浆与井口入口泥浆相对密度相同时,即可终止清孔,其效率更高。

(3) 清孔过程注意事项

清孔质量不仅影响桩身混凝土质量和桩端部承载力,其过程也会影响成孔安全,处理不当会造成塌孔等事故,因此应注意:不论采用何种清孔方法,在清孔排渣时,必须注意保持孔内水头,以防塌孔;无论采用何种方法清孔,清孔后应从孔底提取泥浆试样,进行泥浆指标检测,并符合规范要求;不得采用加深钻孔深度的方式代替清孔;嵌岩桩应以抽浆法清孔,清孔后将一个铁盒吊至孔底,待灌注水下混凝土前取出,检查铁盒内沉淀渣土的厚度。

7. 正、反循环钻进事故及预防处理措施

表 2-3 列出了正、反循环钻进常见事故及预防处理措施。

正、反循环钻进常见事故及预防处理措施　　　　表 2-3

事故现象	事故原因	预防及处理措施
塌孔	土层中夹有砂卵石或砾石层，泥浆流失过快，补浆速度不足，使泥浆面降低过多，孔内水头不足	及时注浆液、在孔内抛入黄土，增加泥浆稠度，以填充卵石层、砾石层缝隙；如卵石层、砾石层厚度较大，也可采用长套管穿过此地层或加入重晶石，以改变泥浆组成
桩孔倾斜	遇不平整岩层、风化岩层或硬黏土层，或遇大块石、孤石，可能会迫使钻头倾斜	在倾斜面上浇筑一段水下混凝土，待混凝土初凝后继续钻进，直至穿越此硬斜面
反循环中排浆管不排浆或排浆量明显减少	钻杆底部管口被大块块或石块堵死；吸管漏气；吸程过大	在吸浆口放个滤网，其网孔应小于吸管内径；设置维修管道；选用吸程满足要求的泥浆泵
黏土地层中钻进缓慢，甚至没有进尺	钻头被泥包裹，黏钻	调整泥浆相对密度，往孔内投入碎石使孔内黏土改性
岩石中钻进缓慢	岩石强度高，钻压不够，钻头磨损，无法切削岩石	加大钻压或增大钻头配重，更换钻头，使钻头向下有足够压力

四、冲抓钻进成孔

1. 冲抓钻进成孔原理及适用地层

冲抓钻进成孔是利用冲抓钻头深入地层，然后将土、卵石等通过冲抓钻头抓斗挖出。目前国内使用的冲抓钻孔外形可分为两种：一种为圆桩、一种为方桩。在冲抓钻进施工中，可以利用大吨位液压机械将全钢护筒旋转向下压入并切割土层，以钢护筒作为钻孔导向及护壁，用锤式抓斗将护筒内的土、石进行挖掘，并在挖掘的同时旋转护筒使其下沉，从而形成桩孔，至要求深度后确定桩尖持力层，并清除钻渣，然后下钢筋笼至持力层，开始灌注混凝土，钢护筒在浇筑水下混凝土过程中与混凝土导管一起逐段拔除，此方法称为套管式钻机成孔。如果采用冲击式抓斗取土，则此方法称为贝诺特（Benoto）成孔法（图 2-9），此种桩孔一般为圆形。

在实际工程中，也有采用截面为矩形，不配置全长钢护筒的施工方法。此方法中，利用方形冲抓抓斗深入地层，然后靠液压收紧抓斗，提出地面后成孔，此方法类似连续墙的施工（图 2-10）。

冲抓钻进可在以下地质、地层情况下采用：软土层、坚硬土层、密实砂土层、含卵石土层、含孤石地层等。

2. 套管式钻机成孔施工关键技术

套管式钻机成孔深度一般在 50m 左右。

（1）套管钢护筒

套管钢护筒外径和设计成桩外径相同，采用厚度 24mm 左右的钢板加工而成，首节护筒下部设有刃口，便于护筒向下推入，护筒标准长度可采用 6m，另设 2m、3m 两种等调节段，第一节钢护筒压入前，应将桩位置处压实，然后再用钻机护筒夹具夹住钢护筒，启动液压系统将其缓慢推入土层内，在压入首节钢护筒时，应特别注意控制其平面位置及垂直度。

第二章 桥梁灌注桩基施工

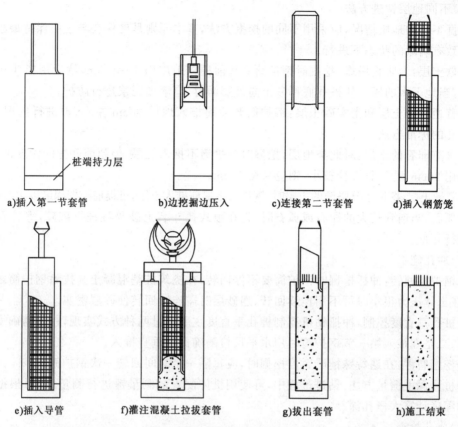

图 2-9 贝诺特成孔示意

图 2-10 方形抓斗成孔

钢护筒刃口与挖掘底面的关系应遵循如下原则：若挖掘底面为一般土质，入口可先行压进，刃口在与挖掘底面保持几乎同等深度的情况下掘进；在不易坍塌的土质中，若钢护筒压进困难，则桩孔内土体可适当超挖，以减小套管压进阻力；在漂石、卵石层中也应先进行超挖，但必须保证周围土层的松弛程度最小；套管连接可以采用螺栓，也可采用锁销。

25

(2) 不同地层钻进方法

根据不同的地质情况,应采用不同的挖掘方法,基本原则是确保在与土层保持最小摩擦力土体不致有坍塌的状态下进行。

①软土层:为防止坍塌,挖掘时钢护筒要超前插入地层中 1~1.5m,然后用抓斗在钢护筒内抓土,当地下水的压力使桩孔底部砂土向外膨涌时,应增加泥浆进行防护。

②普通稍硬土层和密实砂土层:钢护筒要超前推入地层 30cm 左右,再进行挖掘,此为该方法成孔的标准方法。

③含有卵石的土层:对此类地层,挖掘时钢护筒不推入土层,但超前开挖的深度不能太深,一般采用 20cm,若卵石直径较小,则应采用 15cm。

④坚硬土层:挖掘十分坚硬的土层时,钢护筒不提前推入土层,可提前挖掘深度以 100cm 为限。

⑤孤石:当遇到较大的卵石或孤石时,先在锤式抓斗装上破碎箍进行破碎,等碎石落到孔底时进行开挖。

(3) 冲孔施工

①钢护筒回转:冲抓挖掘时钢护筒要不停回转,在浇筑桩基混凝土并拔除钢护筒之前不能停止,在土体压力很小时可不用连续回转,遇砂层时需连续回转使砂层密实。

②桩孔垂直度控制:冲抓钻机控制桩孔垂直度主要通过两种方式实现,一是精确安装钢护筒套架;二是在推入第一节钢护筒时用水平尺检测确保其垂直推入。

③挖掘暂停:在遇特殊情况暂停挖掘时,应每隔一定时间回转一次钢护筒。

④桩孔深度测量方法:钻进过程中,可使用机体配置的测量锤进行测量,也可根据钢护筒埋入的深度计算大概孔深。

(4) 成孔检查

冲抓成孔施工采用全钢护筒跟进钻孔,钢护筒外径与设计孔径一致,不需要检查桩基直径;因钢护筒自身的质量可靠,刚度较大,在确保首节钢护筒精确就位和垂直推入的情况下可不进行桩孔垂直度的检测,主要检查桩孔深度。

3. 套管式钻机成孔施工技术优缺点

优点:机械化程度高,施工速度快;振动小、对环境影响小;先下钢管,挖土在钢护筒内进行,垂直度、孔径容易保证;孔壁坍塌的可能性较小,对土体挤压量较小,对周围建筑物影响不大,可在靠近建筑物的地段施工;桩底沉淀层、虚土较少。

缺点:设备投入较多,成本较高;国内设备较少,大多靠进口设备,施工费用上不占优势;在软黏土中成孔时,抓斗抓出的土不易卸下,有时需要用人工辅助作业,降低施工速度,比较适合该工艺的地层为砂性土;桩位对中比较麻烦;遇透水性砂层或水头较高的承压水时,常会造成底部涌砂、涌水。

4. 液压抓斗方桩成孔施工关键技术

在桥梁桩基施工中,有时会采用地下连续墙的施工方法,桩基设计为方形,成孔采用进行连续墙施工的液压抓斗,可选用意大利 BH-12 液压抓斗,施工过程中可根据方桩厚度、地层情况选用不同的抓斗,液压抓斗成孔是靠斗体自重进入土层,采用液压闭斗,抓取土体提出地面而成,在施工过程中不需要配置全长钢护筒。图 2-11、图 2-12 分别为履带式动力系统和意大利 BH-12 液压抓斗。

图 2-11 履带式动力系统

图 2-12 意大利 BH-12 液压抓斗

(1) 导墙

采用方桩施工时,需要砌筑导墙,其作用为:①保证方桩施工时平面位置的准确性;②分散和承受一部分施工机械的重力;③防止地表土层的坍塌,相当于圆形桩中钢护筒。

导墙采用砖混结构,底板和顶板采用 20cm 厚 C20 钢筋混凝土,中间砌筑 37cm 砖墙,两导墙内侧间距比方桩厚度大 4～6cm,导墙深 2～3m,以导墙底板座在原始地层为准,见图 2-13。

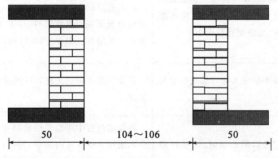
图 2-13 导墙结构示意(尺寸单位:cm)

导墙施工前,应先平整场地,用经过标定的全站仪测设出桩位中心及轴线,放出导墙开挖边线和导墙基坑开挖后,再精确测设出导墙内边线,导墙施工完毕后,在顶板上测设出桩位控制点及高程控制点,并以此控制桩基施工。

导墙沟槽开挖后,重新精确测设出导墙边线,然后浇筑底板混凝土,待底板混凝土具有一定强度后,砌筑导墙竖墙,然后将导墙后用土分层夯填至原地面高度,浇筑顶板混凝土。

(2) 冲抓成孔施工

为保证冲抓成孔时桩的尺寸及垂直度,施工时应随抓随测,并每抓 2～3 次将斗体旋转180°。在致密或板结的卵石地层,抓斗往往不能深入卵石层,抓取的渣土数量很少,影响施工进度,为加快施工进度,可先用旋转钻机将致密或板结卵石层搅松,然后再用抓斗将其取出。京承高速公路潮白河大桥主桥方桩施工时,在 -9～-0.5m 地层为致密的卵石板结层,质地极其坚硬,抓斗的出渣量很小。为了解决此问题,承建单位中铁十三局经研究讨论决定用旋挖钻配合抓斗,旋挖钻机配直径 0.8m 的螺旋钻头对卵石层先进行翻松,每次翻松厚度约 0.5m,然后提出钻头,用液压抓斗将已翻松的卵石挖出;液压抓斗将翻松的卵石挖出后,再用旋挖钻机翻松,然后液压抓斗再向外挖卵石,如此交替进行,直到预定的孔深,大大提高了成孔速度,为冲抓钻进穿过致密或板结卵石层成孔提供了很好的成功案例。

5.冲抓钻进事故及预防处理措施

冲抓钻进事故及预防处理措施见表2-4。

冲抓钻进事故及预防处理措施 表2-4

事故现象	事故原因	预防及处理措施
抓孔过程中坍孔	发生坍孔时,具体表现为孔内水位突然下降又回升,孔口冒细密水泡。坍孔多由泥浆性能不符合要求(不能在强透水层形成泥皮)、孔内水头未能保证、机具碰撞孔壁等原因造成	1.查明坍孔位置后进行处理,坍孔不严重时,可回填土到坍孔位以上,并采取改善泥浆性能、加高水头、深埋护筒等措施,继续钻进。 2.严重时应立即将钻孔全部用砂类土或砾石土回填并应等待数日方可采取改善措施后重钻。若坍孔部位不深时,可采用深埋护筒法,将护筒填土夯实,重新钻孔
偏孔、扩孔、缩孔	偏孔多是由地质松软不均、岩面倾斜、机械位移、安装未平或遇探头石等原因造成。扩孔多系孔壁小坍塌或抓斗摆动过大造成,缩孔常因地层中含遇水能膨胀的软塑土或泥质页岩造成,抓斗磨损过度,也能使孔径稍小	1.抓孔过程中,要每抓3~5斗将抓斗旋转180°,再继续抓孔,同时严格控制抓斗提升及下落速度,减小抓斗摆动幅度,防止发生偏孔、扩孔,如出现偏孔,可在偏斜处使用抓斗反复扫孔;偏斜、扩孔严重时,应回填黏质土到偏斜处顶面,待沉积密实后重新抓孔。 2.抓孔过程中,要经常测量抓斗尺寸,磨损严重时及时焊补,遇到软塑土或泥质页岩时,应采用失水率小的优质泥浆护壁,防止发生缩孔。如发生时,可用抓斗上下反复扫孔,扩大孔径
密实卵石层、致密板结层冲抓进尺过慢	抓斗不能深入卵石层或密实板结层	可采用旋转钻机先将卵石层或密实板结层搅松,然后再冲抓钻进
漏浆	穿过松散卵石层时,泥浆扩散到桩孔以外	在漏浆过程中可沿用防治坍孔方法,保证水头压力,回填部分黏土用斗体在孔内造浆,再用抓斗抓出黏土,如水位下降再回填黏土造浆,反复几次在漏浆处形成厚层泥皮直至水位保存不动方可继续开挖

五、旋挖钻进成孔

1.旋挖钻进成孔原理及适用地层

旋挖钻机是在回转斗钻机和全套管钻机基础上发展起来的,成孔时利用钻杆的旋转切削土体后进入地层,然后将钻杆提出孔外将钻杆内土体带出,从而形成桩孔,其施工过程见图2-14。旋挖钻进过程中不需使用泥浆,或是仅需要静压泥浆作护壁而不需要在孔中循环,泥浆在孔壁上不形成泥皮,此外由于钻头不断上下往复提钻卸土使孔壁变得粗糙,这些都使得成桩后桩与孔壁具有更大的摩擦力,从而提高其桩基的承载力。

理论上旋挖钻进成孔可适用于各种地层,但考虑到施工效率,在适用地层方面,旋挖钻进在土层、砂层及胶结较为松散、直径较小的卵砾石层钻进更能体现其高效性。在强度25MPa左右的岩层中钻进,旋挖钻进的时效与正反循环钻进已经基本相当;在卵砾石、软岩层以及强度25MPa岩层中,旋挖钻进的成本明显高于正反循环钻进。在适用孔深方面,从安全性及技术优势方面考虑,目前旋挖钻进适宜在 20～60m 的孔深范围内应用;在适用孔径方面,旋挖钻进适用的孔径范围为 1～2m,尤其以 1.5m 为最适宜;在施工场地方面,水上工程施工中,从经济性和安全性方面考虑,都不太适宜采用旋挖钻进,更适宜采用正、反循环钻进;而在施工场地比较狭窄以及高度空间受限制的一些工业与民用建筑工程中,旋挖钻机无法进入,只能采用正、反循环钻进方法;在环境保护方面,旋挖钻进产生的废浆量少,对环境的污染少,在城市施工以及其他对环保要求比较严格的工程中,更适宜采用旋挖钻进技术;正、反循环钻进成孔和旋挖钻进成孔对比见表 2-5。

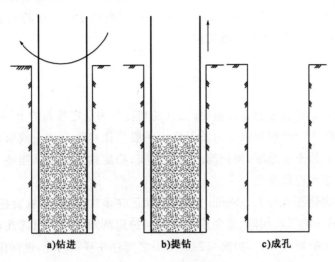

图 2-14 旋挖钻进示意

正、反循环成孔和旋挖钻进成孔两种方法的适用性　　　　表 2-5

适用条件	条件范围	旋挖钻进	正、反循环钻进
孔深	浅孔(<20m)	○	√
	中浅孔(20～60m)	√	○
	中深孔(60～90m)	○	√
	深孔(20m)	×	√
孔径	小直径(<1m)		
	中小直径(1～2m)	√	○
	大直径(>2m)	×	√
地层	砂层、土层	√	○
	卵砾石、软岩层	√	○
	硬岩层(>30MPa)	×	√
场地	水上工程	○	√
	狭窄场地	×	√
	环保要求严格	√	×

注:√-适宜地层,且能取得较好的效果;○-可以采用,但施工效果不是最好;×-不适宜采用。

对于钻孔深度较大,旋挖钻进无法满足要求的部分钻孔,可采用两种方法接力的方式,上部浅孔段用旋挖钻进,下部深孔段用正反循环钻进。两种方法的配合使用,既提高了钻进效率,又解决了旋挖钻进孔深的局限性,正反循环钻进在黏土层施工中产生的大量泥浆,还可以作为旋挖钻进的护壁浆液,节省了泥浆材料的费用。这种成孔方法的优选配合,在内蒙古某黄河大桥工程中得到了很好的运用。该工程中地层以土层、砂层为主,深度比较小的引桥桩孔,直接采用旋挖钻机施工;一些深度达90m左右的桩孔,采用旋挖钻机施工到70m左右,然后换正反循环钻机施工;部分主墩钻孔,考虑到水上施工平台的承载安全性,则直接采用正、反循环钻机施工。这样两种施工方法的配合,既保证了工期,又解决了施工中的难题,同时正、反循环钻进施工也为旋挖钻进造浆,降低了施工成本。

2. 旋挖钻进施工

(1)护筒埋设

旋挖钻进施工中钢护筒埋设非常重要,尤其是当孔口为稳定性差的土层、地下水埋藏较浅时,更要掌握其厚度、土层性质和水文地质条件。一般当孔口为杂填土或松散砂土时,护筒长度要超过杂填土层或砂土层厚度,使护筒坐落在坚实、稳定的土层上。当地下水埋藏较浅时,护筒长度应超过地下水埋藏深度。

护筒直径最好比钻孔直径大200mm左右,以保证在多次上提、下放旋挖钻头使钻头和护筒之间存在约100mm的环状间隙,避免旋挖钻头与护筒刮蹭、碰撞,引起孔口坍塌、埋钻等事故。护筒开口直径比护筒直径大,护筒与四周土层之间存在环状间隙,此间隙的回填材料宜选黏土或粉质黏土,并分层回填、夯实,这样既可以增大护筒的摩阻力,固定护筒,又可以避免送浆液从护筒周围渗进孔内;圆柱形钻头在提出泥浆液面时会使钻头下部局部空间产生真空,同时由于钻头提升时泥浆对护筒下部与孔口相交处孔壁的冲刷作用,很容易造成护筒底部孔壁坍塌。旋挖钻头护筒顶面应高出地面0.3m,长度一般为3~6m。

(2)旋挖成孔

旋挖钻机一般采用筒式钻头,孔内将钻头下降到预定深度后,旋转钻头并加压,旋入的土挤入钻筒内,泥土挤满钻筒后,反转钻头,钻头底部封闭并提出孔外,自动开启钻头底部开关,倒出弃土。

在钻进过程及将钻头提出孔外后,应及时向孔内注浆,泥浆液面不得低于护筒底部。成孔过程中,应严格按试钻确定的参数进行施工,并应有专人记录、控制各种参数。根据钻孔过程中地质情况控制进尺速度:由硬地层钻到软地层时,可适当加快钻进速度;当软地层变为硬地层时,要减速慢进;在易缩颈的地层中,应适当增加扫孔次数,防止缩颈;对硬塑层采用快转速钻进,以提高钻进效率;砂层则采用慢转速慢钻进并适当增加泥浆相对密度和黏度。须实时测试泥浆指标,发现超标及时调整。旋挖桩机在成孔施工过程中,带着高度约1.5m、直径为设计桩径的筒状钻头从孔底到地面往复不停,一般孔径和孔形控制较好。

3. 旋挖钻进施工事故处理及预防

旋挖钻进施工常见事故原因及预防处理措施见表2-6。

旋挖钻进施工事故原因及预防处理措施   表 2-6

事故现象	事故原因	预防及处理措施
钻杆折断	在较硬地层,操作人员不能掌握好压力,使钻杆压力过大,致使钻杆在较大压力作用下中部弯曲变形;钻杆运转时间过长,接头管壁磨损,连接件疲劳等使钻杆折断	操作人员随时检查、掌握钻杆及连接件的磨损程度,并根据地层情况调整钻进参数;如发生钻杆折断事故,可采取强提、水下爆破等方式将折断钻杆及钻头从孔中取出
卡钻	在较厚黏性较大黏土和粉沙交错构造地层,如泥浆不合理,孔内沉淀太快,极易造成缩颈,孔底易形成泥糊状沉淀,造成钻头阻力偏大	可采用水下爆破方式松动沉淀层,提出钻杆
掉钻头	在较硬地层成孔时,钻头销子和方接头受力较大,如钻头销子使用时间过长又没有及时更换,可能会造成销子和方接头一起开裂;钻杆压力过大,使钻杆发生弯曲变形,在回转时形成掰力,使钻头和钻杆连接件开裂	利用泥浆泵加大孔内泥浆循环,使钻头和孔底不能有沉淀产生,利用打捞工具将钻头取出

六、冲击钻进成孔

1. 冲击钻进成孔施工原理及适用地层

冲击钻进技术是采用冲击钻机或卷扬机通过钢丝绳带动冲击钻头达到一定高度后,利用冲击钻头下落的动能产生冲击作用,破碎岩土实现钻进的一种方法(图 2-15)。传统的冲击钻进技术与其他钻进技术相比存在着效率低的不足,主要原因是传统的冲击钻进技术采用掏渣筒捞取钻渣,钻进和捞渣交替进行。随着孔深的增加,捞渣将消耗大量的工作时间,由于不能连续捞渣,钻渣聚集于孔内,造成重复破碎并影响钻头在孔内的运动速度,降低了钻进效率。目前,冲击钻进中碎渣排除方式和正、反循环中出渣方式进行了结合,形成了冲击正循环、冲击反循环钻进方法。冲击正循环是利用卷扬机提升 2~8t 的钻头至 10m 以下的任意高度后,断开离合器使钻头自由落下冲击岩石,如此反复,实现钻进,利用泥浆浮力及黏附力排渣。冲击反循环是利用 4~8t 的钻头提升至 1~5m 高度后自由落下冲击岩石,实现钻进,同时泥浆泵通过钻头上的橡胶管,管口接水泵,将孔底沉渣及时抽到地面以上排入泥浆池,新鲜泥浆从孔口补充入孔,进行护壁。

冲击钻头以自由落体的方式冲击岩土,由于钻头质量大,冲击速度较高,可以产生较大的冲击力,所以能有效地破碎较硬的岩石,在钻进卵石层、漂石层和风化基岩层时,是一种经济有效的钻进方法。国内桥梁工程中主要在卵石层、漂石层、强风化岩层、弱风化岩层桩基成孔中采用冲击钻进成孔。

2. 冲击钻进施工

(1) 钻头选择

冲击钻头是冲击钻进的主要工具,其结构是否合理直接影响到钻进效率和钻孔质量,选择钻头应把握如下原则:选材要求其可焊性较好,便于修补,一般采用 25~35 号钢为宜;为确保钻进平稳和钻孔圆整,改善钻孔边缘破碎效果,应选择带圆弧副刃的四翼(十字)结构,副刃圆弧线总长不小于钻孔周长的 1/3;对于直径大于 2.0m 的钻孔,钻头底刃可考虑选择带圆弧副刃的六翼结构;钻头直径可比设计钻孔直径小 40~60mm,必要时通过补焊调整;钻头高度取值为钻头直径的 80%～90%，有利于适当下移钻头中心。冲击钻进常用钻头结构形式如图 2-16 所示。

a) 冲击钻进提钻　　　　　　　　b) 冲击钻进落钻

图 2-15　冲击钻进施工

a)　　　　　　　　b)　　　　　　　　c)

图 2-16　冲击钻进常用钻头结构示意

（2）不同地层冲击施工方法

在淤泥层冲击钻进时，宜采用"低锤密打"，即提锤高度为 1～3m，锤击频率宜加快，进尺速度以一个台班 1～3m 为宜；应注意造好泥浆，形成好的泥浆护壁；由于淤泥层具有易塌孔、易缩颈的特性，条件许可的情况下，最好能将护筒安放穿过淤泥层。

在砂层中冲击钻进时，由于冲击过程中的击实效果和旋转钻进相比更不宜塌孔，但也应注意保持孔内水头及泥浆指标，由于砂层泥浆中含渣量较多，泥浆泵和泥浆池应足够大。

在卵石层冲击钻进时，应特别注意控制泥浆指标，尤其是对于摩擦桩，泥浆黏度或泥皮厚度太小，会使孔内泥浆外漏，若漏浆严重，可能导致孔内水头剧降甚至发生塌孔。护壁过厚,则孔壁摩擦阻力难以保证,资料显示:如果孔壁泥皮过厚,可能使卵石层中的孔壁阻力甚至达不到设计规范要求的卵石层摩擦阻力的 1/2。可见,控制泥浆指标在卵石层施工中至关重要。

在强风化岩层中钻进时,如果遇到黏土桩强风化层,停钻时应提锤 1~5m,以免钻头陷入黏土层造成黏钻,引起钢丝绳断裂,发生掉钻事故。

在弱风化岩层中冲击钻进时,因钻进过程中钻头磨损严重,应经常检查钻头尺寸,发现孔径小于设计值时应加大钻头。钻头加焊后继续钻进时,应注意回填 1~2m 片石,这是因为钻头大而原来的孔径小,钻进时容易卡钻导致掉钻。

3. 冲击钻进成孔过程事故及预防处理措施

在不同地层条件下冲击钻进成孔事故原因不同,表 2-7 列出了冲击钻进成孔过程中常见的事故及预防处理措施。

冲击钻进成孔事故及预防处理措施 表 2-7

事故现象	事故原因	预防及处理措施
钻锥钢丝绳断落	钢丝绳缺油、老化、有折痕、意外有磨损	定期保养,用沾满机油的抹布浸泡钢丝绳,使钢丝绳内麻芯上机油得到补充,在钢丝绳表面涂抹黄油,避免岩石碎屑进入钢丝绳
排渣管脱落	控制排渣管升降的钢丝绳过松,导致排渣管在孔内倾斜,易被冲击钻头内的底内边缘击中,导致排渣管脱落;排渣管接箍内卡块磨损过度,导致公接箍从母接箍中脱落	控制排渣管的钢丝绳松紧适度,使排渣管距离孔底 0.3m 为宜;经常用游标卡尺检查接箍内的卡块,磨损不得超过 3mm
钻孔偏斜	岩面起伏大,石笋、溶沟发育,冲锤穿越土层进入基岩时顺倾斜岩面下滑;穿越较大溶洞时,因充填物强度低,冲击钻进时冲锤摆动较大	冲击钻进时,如果钢丝绳偏摆严重,说明孔底不平或软硬不均,钻头歪斜严重,应立即停钻,往孔内填坚硬的块石(块石尺寸 0.3m×0.3m)至开始倾斜的部位上 1m,适当控制钻压,慢慢穿过造斜地层。如冲至原位后钢丝绳仍偏摆严重,应继续填石纠偏直到钻进平稳;如遇多次抛填片石小冲程钻仍难纠时,需清孔后在孔斜段以水下混凝土灌注方式灌注高强度混凝土,待混凝土凝固后再进行冲击钻进
卡钻	孔壁存在探头石,岩石碎块掉入孔内导致锤头被卡;冲进溶洞后冲锤滑动,锤头被溶洞顶板卡住;岩面倾斜,溶洞顶板厚度不均易引起钻孔倾斜导致挤、卡钻;钻头磨损过大,钻头底小于钻头中、上部,提钻时摩擦力大于机械提升力,造成卡钻	定期修补锤头,保持锤头直径,保持孔壁光滑;在岩溶发育孔段采用小冲程冲击钻进;遇溶洞底板或基岩面时,向孔内抛入片石,以减少锤头倾斜;如遇卡钻可采用集中冲击钻机上所有冲击力强力提拔钻头,仍无效时则将炸药包放在冲击钻头底部,利用爆破瞬间产生向上的巨大冲击力托起被卡的钻头
埋钻	泥浆黏度不足、密度不够可能会造成孔壁坍塌,遇到溶洞时,泥浆面突然下降也可能引起孔壁坍塌,造成埋钻事故	如遇埋钻事故,可在泵吸反循环清干孔底沉渣前提下,强力起拔钻头;如不能奏效,在适合人工挖孔地层,立即用黄砂回填钻孔,人工挖孔至钻头底部后,将钻头吊出孔外;对不适合人工挖孔地层,采用管径和钻孔直径相同,长度大于原孔深 0.5m,将钢管振动沉入到钻头下部位置,将孔内及钻头周围的岩土清除后将钻头吊出孔外

33

第二节　水下混凝土灌注施工

一、水下混凝土灌注前检查及试验工作

1. 泥浆沉淀厚度检查

桩基水下混凝土灌注是桩基施工中非常重要的施工步骤,规范要求在桩基钢筋笼吊放前,应对桩径、孔深进行检查,合格后进行桩基清孔;在钢筋笼安装完毕后、浇筑水下混凝土前,应再次检查孔内泥浆性能指标及沉淀厚度,如超过规定应进行第二次清孔,符合要求后方可灌注水下混凝土,决不能采用加大钻孔深度的方式代替清孔。

2. 导管气密检查

灌注水下混凝土一般采用导管法,导管内径一般采用200~350mm。导管在使用前应进行水密承压和接头抗拉试验,严禁用压气试压。进行水密试验的水压不应小于孔内水深1.3倍的压力,也不应小于导管管壁和焊缝可能承受灌注混凝土时最大内压力 ρ 的1.3倍。ρ 值按式(2-3)取值:

$$\rho = \gamma_c h_c - \gamma_w H_w \tag{2-3}$$

式中:ρ——导管可能受到的最大内压力(kPa);

γ_c——混凝土拌和物的重度(kN/m^3),取 $24kN/m^3$;

h_c——导管内混凝土柱最大深度(m),以导管全长或预计的最大高度计;

γ_w——桩孔内水或泥浆的重度(kN/m^3);

H_w——桩孔内水或泥浆的深度(m)。

3. 水下混凝土配比试验

水下混凝土应具有良好的和易性,初凝时间应能满足施工要求,《公路桥涵施工技术规范》(JTG/T 3650—2020)要求如下:

(1)水泥品种

水下混凝土可采用火山灰水泥、粉煤灰水泥、普通硅酸盐水泥或硅酸盐水泥,使用矿渣水泥时应采取防离析措施。

(2)粗、细集料

水下混凝土粗集料首选卵石,如采用碎石宜适当增加配合比的砂率,以保证水下混凝土具有良好的和易性;粗集料的最大粒径不应大于导管内径的1/8~1/6和钢筋最小净距的1/4,同时不应大于37.5mm;细集料宜采用级配良好的中砂。

(3)其他要求

混凝土拌和物应具有良好的和易性,灌注时应能保持足够的流动度,坍落度宜为160~220mm,且应充分考虑气温、运距及施工时间的影响导致的坍落度损失。

二、水下混凝土灌注施工方法

1. 水下混凝土灌注原理

目前桥梁桩基水下混凝土的灌注一般采用导管法,导管内径和桩径关系见表2-8。导管

一般采用无缝钢管,2~4m 一节,接头处有密封圈,不应采用卷制钢管。

导管内径和桩径关系　　　　　　　　表 2-8

桩径(mm)	500~800	800~1200	1200 以上
导管内径(mm)	200	250	300

灌注水下混凝土时,先将经测试合格的导管安装在桩孔内,在导管上部安装盛混凝土的料斗,在料斗和导管连接处附近安装导管塞,导管塞可使用外缘有橡胶的木塞或混凝土塞,以保证料斗内混凝土不致漏浆。向料斗内灌注混凝土,直至满足首批浇筑混凝土数量要求后,剪除导管塞吊绳,使混凝土沿导管在自重作用下下落,下落的混凝土在落至桩底后上翻,上翻过程中会将桩底泥浆带出。首次浇筑的混凝土会使导管有一定埋深,然后继续从料斗内浇筑混凝土,后续浇筑的混凝土会向上继续顶已浇筑的混凝土,混凝土浇筑到一定深度后,向上提导管一定高度,然后继续浇筑混凝土。这样,首次浇筑带有泥浆、水灰比较大的混凝土会一直处在桩内混凝土上部,直至将其顶出地面以上。

灌注水下混凝土原理见图 2-17,水下混凝土灌注工艺流程见图 2-18。

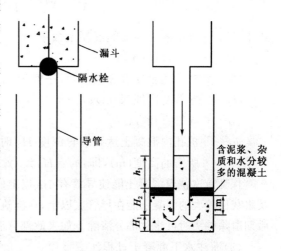

图 2-17　水下混凝土灌注原理及首批混凝土灌注

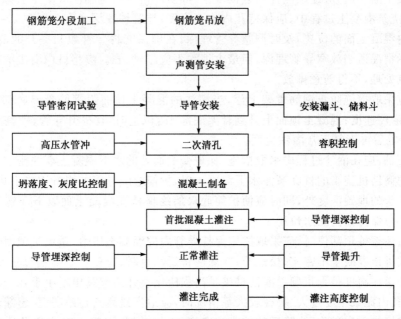

图 2-18　水下混凝土灌注工艺流程

2. 水下混凝土灌注施工要求

(1)灌注时间、均匀性、坍落度要求

水下混凝土的灌注时间不得超过首批混凝土的初凝时间;混凝土运至灌注地点时,应检查其均匀性和坍落度,不符合要求时不得使用。

(2)首次浇筑混凝土数量要求

首次浇筑混凝土的数量应能保证在剪开导管塞后下落的混凝土能将导管埋深 $\geqslant 1.0 \mathrm{m}$,且导管内也应有一定高度的混凝土,以克服桩孔内泥浆的压力。首次浇筑混凝土的数量可参考式(2-4)计算:

$$V \geqslant \frac{\pi D^2}{4}(H_1 + H_2) + \frac{\pi d^2}{4} h_1 \tag{2-4}$$

式中:V——首次灌注需要的混凝土数量(m^3);

D——钻孔直径(m);

H_1——桩孔底至导管底端间距,一般为 $0.3\sim0.4\mathrm{m}$;

H_2——导管初次埋深(m);

d——导管直径(m);

h_1——桩孔内混凝土达到埋置深度 H_2 时,导管内混凝土柱平衡导管外水(或泥浆)压力所需的高度(m),即:$h_1 = H_w \gamma_w / \gamma_c$。

保证首次浇筑混凝土能使导管有1m以上的埋深,可确保在浇筑首次混凝土时,桩底含泥浆及水灰比较大的混凝土能在导管底以上,在浇筑后续混凝土时此部分混凝土被顶至地面以上,在后期凿除桩头时可将此部分清除。如果此部分混凝土残留在桩底或进入导管内,可能造成断桩。

(3)灌注水下混凝土过程注意事项

首批混凝土灌注后,应连续灌注后续混凝土,以防停留时间过程使混凝土上翻困难或导管拔除困难;在浇筑混凝土过程中,应保持孔内水头高度;导管埋置深度宜控制在 $2\sim6\mathrm{m}$,并应随时探测桩孔内混凝土面的位置,及时调整导管埋深;在确保能将导管顺利提升的前提下,方可根据现场实际情况适当放宽导管埋深,但最大埋深不应超过9m。应将桩内溢出的水或泥浆引流至适当地点处理,不得随意排放。

灌注时应采取措施防止钢筋骨架上浮,当灌注的混凝土顶面距钢筋骨架底部以下 1m 左右时,宜降低灌注速度;混凝土顶面上升到骨架底部 4m 以上时,宜提升导管,使其底口高于骨架底部 2m 以上后再恢复正常灌注速度。

对变截面桩,应在灌注过程中采取措施,保证变截面处的水下混凝土灌注密实。

采用全护筒钻机施工的桩在灌注水下混凝土时,护筒应随导管的提升逐步上拔,上拔过程中除应保证导管的埋置深度外,同时应使护筒底口始终保持在混凝土面以下。施工时应边灌注、边排水,并应保持筒内的水位稳定。

混凝土灌注至桩顶部位时,应采取措施保持导管内的混凝土压力,避免桩顶泥浆密度过大而产生泥团或桩顶混凝土不密实、松散等;在灌注将近结束时,应核对混凝土的灌入数量,确定所测混凝土的灌注高度是否正确。灌注桩桩顶高程应比设计高程高出不小于 0.5m,当存在地质条件较差、孔内泥浆密度过大、桩径较大等情况时,应适当提高其超灌高度;超灌多余部分在承台施工前或接桩前应凿除,凿除后的桩头应密实、无松散层,混凝土应达到设计规定的强度等级,此称为凿桩头。在工程实践中,如何在不损伤桩基情况下提高凿桩头的速度,一直是施工单位关心的问题。在京沪高速铁路桥梁施工中,施工单位在桩基顶部钢筋上先安装PVC套管,使后期需要凿出的部分钢筋和混凝土隔开,以减小凿出桩顶时的工作量,然后在需要断开位置钻孔,插入分裂钢楔,打击四周钢楔使桩身和桩头断开,采用起重机将桩头整体移开,完成桩头的凿出工作,见图2-19。此工艺可大大减少对桩身的损坏,提高凿出桩头的工作效率。

a)安装桩头钢筋保护PE　　　　　　b)承台基坑开挖

c)桩头分离处钻孔并插入分裂楔子　　　d)击打楔子使桩头与桩身分裂

e)桩头起吊　　　　　　f)桩头破除后的桩顶

图2-19　凿出桩头过程

3.灌注水下混凝土桩事故及预防处理措施

灌注水下混凝土事故及预防处理措施见表2-9。

灌注水下混凝土桩事故及预防处理措施　　　　表2-9

事故现象	事故原因	预防及处理措施
钢筋笼上浮	在灌注笼以下导管深入混凝土过多,混凝土上浮力过大	在灌注钢筋笼以下混凝土时,适当控制灌注速度及导管埋深
导管不能拔出	导管埋置过深,浇筑停顿时间过长	连续灌注,并注意调整导管埋深
断桩	导管埋深不够或提出混凝土表面,泥浆或含泥浆混凝土留在桩内	随时测量混凝土灌注面,保证导管有足够的埋深
桩身夹泥	灌注混凝土时塌孔,泥块进入混凝土中或集料中存在泥块	保持水头及泥浆指标,加强集料检查
桩长不足	没有按规范要求多灌注混凝土0.5~1.0m,凿除桩头后桩顶高程不足	按规范要求留出凿桩头长度
灌注混凝土时导管内进水	导管接头密封不好或导管提出混凝土面,桩孔内水、泥浆进入导管内	如发生此事故,可能会造成断桩,应立即停止混凝土灌注,提出导管,重新钻孔或将已浇部分松散层清除后再重新灌注混凝土

第三节　钻(挖)孔桩基混凝土质量检测

一、钻(挖)孔桩基混凝土质量检测方法

桥梁钻(挖)孔桩基混凝土质量检测可包含以下内容:

1.桩基混凝土强度

按要求在浇筑桩基混凝土时制作足够数量的混凝土试件,按《公路桥涵施工技术规范》(JTG/T 3650—2020)要求,每桩的试件取样数、检验要求,均应按《公路工程质量检验评定标准　第一册　土建工程》(JTG F80/1—2017)。

2.桩身完整性

采用超声波对桩基混凝土完整性进行无损检测,检测数量根据设计要求进行,一般桥梁结构桩基100%要求进行超声波无损检测。设计有规定或对桩基质量有疑问时,常采用钻芯取样法对桩进行检测;当需要检验桩底沉淀与地层结合情况时,其芯样应钻至桩底0.5m以下。

3.单桩承载能力

如设计或合同有规定,可对钻(挖)孔灌注桩单桩承载能力进行检测,单桩承载能力检测一般采用自平衡法进行。

桩身混凝土检测和其他部位混凝土检测、评定方法相同,在此不再赘述。本节重点介绍超声波无损检测桩身完整性、钻芯法检测桩身混凝土强度、单桩承载能力测试原理及方法。

二、超声波检测桩身混凝土完整性

超声波检测桩身混凝土完整性可参见《建筑基桩检测技术规范》(JGJ 106—2014)。

第二章 桥梁灌注桩基施工

1. 一般规定

桥梁灌注桩基超声无损检测执行《建筑基桩检测技术规范》(JGJ 106—2014),也称为声波透射法,采用此方法检测的目的是检测灌注桩桩身缺陷及其位置,判定桩身完整性类别。采用此方法进行检测时,受检桩混凝土强度至少达到设计强度的70%,且不小于15MPa。桩身完整性检测应给出每根桩的完整性类别,桩身完整性类别应符合表2-10的规定。

桩身完整性分类　　　　　　　　　表2-10

桩身完整性类别	分类原则
Ⅰ类桩	桩身完整(优良)
Ⅱ类桩	桩身有轻微缺陷,不影响桩身结构承载能力的正常发挥(良好)
Ⅲ类桩	桩身有明显缺陷,对桩身结构承载能力有影响(合格)
Ⅳ类桩	桩身存在严重缺陷

注:Ⅳ类桩应进行工程处理。

2. 声测管埋设

为便于桩身混凝土完整性检测,在绑扎桩基钢筋时,应在钢筋骨架上固定声测管,声测管可以采用钢管,也可以采用塑料管,见图2-20。声测管内径宜为50~60mm,下端应封闭,上端加盖,管内应无异物,声测管连接处应光滑过渡,管口应高出桩顶100mm以上,各声测管管口高度宜一致。声测管应固定在钢筋骨架上,并应在成桩后相互平行。

声测管数量应符合以下要求:

$D \leqslant 800$mm,2根;800mm$< D \leqslant 2000$mm,不少于3根管;$D > 2000$mm,不少于4根管。D为受检桩设计桩径。

图2-20 桩身声测管

声测管只准绑在钢筋笼上,不得焊接,以防把声测管烧穿。声测管应沿桩截面外侧对称布置,按图2-21所示顺时针依次编号。

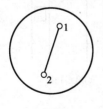
a) $D \leqslant 800$mm

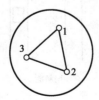
b) 800mm$< D \leqslant 2000$mm

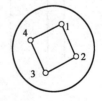
c) $D > 2000$mm

图2-21 声测管布置图

检测剖面编组分别为:1-2;1-2;1-3;2-3;1-2;1-3;1-4;2-3;2-4;3-4。

3. 仪器设备

进行声波测试的主要仪器设备是声波发射、接收换能器及声波检测仪,换能器性能参数应符合下述要求：

(1)圆柱状径向振动，沿径向无指向性。

(2)外径小于声测管内径，有效工作面轴向长度不大于150mm。

(3)谐振频率宜为30～50Hz。

(4)水密性满足1MPa水压不渗水。

声波检测仪性能应符合下述要求：

(1)具有实时显示和记录接收信号的时程曲线以及频率测量或频谱分析功能。

(2)声时测量分辨力优于或等于0.5μs，声波幅值测量相对误差小于5%，系统频带宽度为1～200kHz，系统最大动态范围不小于100dB。

(3)声波发射脉冲宜为阶跃或矩形脉冲，电压幅值为200～1000V。

4. 现场检测前准备工作

在进行现场检测前，应进行如下的准备工作：

(1)采用标定法确定仪器系统延迟时间。

(2)计算声测管及耦合水层声时修正值。

(3)在桩顶测量相应声测管外壁间净距。

(4)将各声测管内注满清水，检查声测管畅通情况；换能器应能在全程范围内升降顺畅。

5. 现场检测步骤

(1)将发射与接收声波换能器通过深度标志分别置于两根声测管中的测点处。

(2)发射与接收声波换能器应以相同高程或保持固定高度差同步升降(图2-22)，测点间距不宜大于250mm。

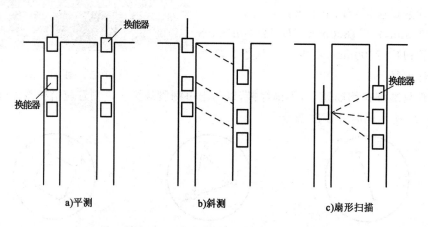

图2-22 平测、斜测、扇形扫描示意

(3)实时显示和记录接收信号的时程曲线，读取声时、首峰值和周期值，宜同时显示频谱曲线及主频值。

(4)将多根声测管以两根为一个检测剖面进行全组合，分别对所有检测剖面完成检测。

(5)在桩身质量可疑的测点周围，应采用加密测点，或采用斜测、扇形扫测进行复测，进一步确定桩身缺陷的位置和范围。

(6)在同一根桩的各检测剖面的检测过程中,声波发射电压和仪器设置参数应保持不变。

6.检测数据的分析与判定

(1)各测点的声时 t_c、声速 ν、波幅 A_P 及主频 f 应根据现场检测数据,按式(2-5)计算,并绘制声速—深度(ν-z)曲线和波幅—深度(A_P-z)曲线,需要时可绘制辅助的主频—深度(f-z)曲线:

$$\begin{cases} t_{ci} = t_i - t_0 - t' \\ \nu_i = \dfrac{l'}{t_{ci}} \\ A_{pi} = 20\lg \dfrac{a_i}{a_0} \\ f_i = \dfrac{1000}{T_i} \end{cases} \quad (2\text{-}5)$$

式中:t_{ci}——第 i 测点声时(μs);

t_i——第 i 测点声时测量值(μs);

t_0——仪器系统延迟时间(μs);

t'——声测管及耦合水层声时修正值(μs);

l'——每检测剖面相应两声测管的外壁间净距(mm);

ν_i——第 i 测点声速(km/s);

A_{pi}——第 i 测点波幅值(dB);

a_i——第 i 测点信号首波峰值(V);

a_0——零分贝信号幅值(V);

f_i——第 i 测点信号主频值(kHz),也可由信号频谱的主频求得;

T_i——第 i 测点信号周期(μs)。

(2)声速临界值应按下列步骤计算:

①将同一检测剖面各测点的声速值 ν_i 由大到小依次排序,即

$$\nu_1 \geqslant \nu_2 \geqslant \nu_3 \cdots \nu_i \cdots \geqslant \nu_{n-k} \cdots \geqslant \nu_{n-1} \geqslant \nu_n \quad (k = 0,1,2,\cdots) \quad (2\text{-}6)$$

式中:ν_i——按序排列后的第 i 个声速测量值;

n——检测剖面测点数;

k——从零开始逐一去掉上式 ν_i 序列尾部最小数值的数据个数。

②对从零开始逐一去掉 ν_i 序列中最小数值后对余下的数据进行统计计算。当去掉最小数值的数据个数为 k 时,对包括 ν_{n-k} 在内的余下数据 $\nu_1 \sim \nu_{n-k}$ 按下列公式进行统计计算:

$$\nu_0 = \nu_m - \lambda \cdot S_x \quad (2\text{-}7)$$

$$\nu_m = \frac{1}{n-k}\sum_{i=1}^{n-k}\nu_i \quad (2\text{-}8)$$

$$S_x = \sqrt{\frac{1}{n-k-1}\sum_{i=1}^{n-k}(\nu_i - \nu_m)^2} \quad (2\text{-}9)$$

式中：ν_0——异常判断值；

ν_m——$n-k$ 个数据的平均值；

S_x——$n-k$ 个数据的标准差；

λ——由表 2-11 查得的与 $n-k$ 相对应的系数。

统计数据个数 $n-k$ 与对应的 λ　　　　表 2-11

$n-k$	20	22	24	26	28	30	32	34	36	38
λ	1.64	1.69	1.73	1.77	1.80	1.83	1.86	1.89	1.91	1.94
$n-k$	40	42	44	46	48	50	52	54	56	58
λ	1.96	1.98	2.00	2.02	2.04	2.05	2.07	2.09	2.10	2.11
$n-k$	60	62	64	66	68	70	72	74	76	78
λ	2.13	2.14	2.15	2.17	2.18	2.19	2.20	2.21	2.22	2.23
$n-k$	80	82	84	86	88	90	92	94	96	98
λ	2.24	2.25	2.26	2.27	2.28	2.29	2.29	2.30	2.31	2.32
$n-k$	100	105	110	115	120	125	130	135	140	145
λ	2.33	2.34	2.36	2.38	2.39	2.41	2.42	2.43	2.45	2.46
$n-k$	150	160	170	180	190	200	220	240	260	280
λ	2.47	2.50	2.52	2.54	2.56	2.58	2.61	2.64	2.67	2.69

③将 ν_{n-k} 与异常判断值 ν_0 进行比较，当 $\nu_{n-k} \leqslant \nu_0$ 时，ν_{n-k} 及其以后的数据均异常，去掉 ν_{n-k} 及其以后的异常数据；再用数据 $\nu_1 \sim \nu_{n-k-1}$ 并重复式(2-7)～式(2-9)的计算步骤，直到 ν_i 序列中余下的全部数据满足：

$$\nu_i \sim \nu_0 \tag{2-10}$$

此时，ν_0 为声速的异常判断临界值 ν_c。

④声速异常时的临界值判据为：

$$\nu_i \leqslant \nu_c \tag{2-11}$$

当式(2-11)成立时，声速可判定为异常。

(3) 当检测剖面 n 个测点的声速值普遍偏低且离散性很小时，宜采用声速低限值判据：

$$\nu_i < \nu_L \tag{2-12}$$

式中：ν_i——第 i 测点声速(km/s)；

ν_L——声速低限值(km/s)，由预留同条件混凝土试件的抗压强度与声速对比试验结果，结合本地区实际经验确定。

当式(2-12)成立时，可直接判定为声速低于限值异常。

(4) 波幅异常时的临界值判据应按下列公式计算：

$$A_m = \frac{1}{n}\sum_{i=1}^{n} A_{pi} \tag{2-13}$$

$$A_{pi} < A_m - 6 \tag{2-14}$$

式中：A_m——波幅平均值(dB)；

n——检测剖面测点数。

当式(2-14)成立时，波幅可判断为异常。

(5) 当采用斜率法的 PSD 值作为辅助异常点判据时，PSD 值应按下列公式计算：

$$PSD = K \cdot \Delta t \tag{2-15}$$

$$K = \frac{t_{ci} - t_{ci-1}}{z_i - z_{i-1}} \tag{2-16}$$

$$\Delta t = t_{ci} - t_{ci-1} \tag{2-17}$$

式中：t_{ci}——第 i 测点声时（μs）；

t_{ci-1}——第 $i-1$ 测点声时（μs）；

z_i——第 i 测点深度（m）；

z_{i-1}——第 $i-1$ 测点深度（m）。

根据 PSD 值在某深度处的突变，结合波幅变化情况，进行异常点判断。

(6)当采用信号主频值作为辅助异常点判据时，主频-深度曲线上主频值明显降低可判定为异常。

(7)桩身完整性类别应结合桩身混凝土各声学参数临界值、PSD 值判据、混凝土声速低限值以及桩身质量可疑点加密测试（包括斜测或扇形扫描）后确定的缺陷范围，按表 2-10 和表 2-12 特征进行综合判定。

桩身完整性判定　　　　　　　　　　　　表 2-12

类　别	特　征
Ⅰ	各检测剖面的声学参数均无异常，无声速低于低限值异常
Ⅱ	某一检测剖面个别测点的声学参数出现异常，无声速低于低限值异常
Ⅲ	1. 某一检测剖面连续多个测点的声学参数出现异常； 2. 两个或两个以上检测剖面在同一深度测点的声学参数出现异常； 3. 局部混凝土声速出现低于低限值异常
Ⅳ	1. 某一检测剖面连续多个测点的声学参数出现异常； 2. 两个或两个以上检测剖面在同一深度测点的声学参数出现明显异常； 3. 桩身混凝土声速出现普遍低于低限值异常或无法检测首波或声波接收信号严重畸变

7. 检测报告应包含内容

(1)委托方名称，工程名称、地点，建设、勘察、设计、监理和施工单位，基础、结构形式，设计要求，检测目的，检测依据，检测数量，检测日期。

(2)地质条件描述。

(3)受检桩的桩号、桩位和相关施工记录。

(4)检测方法，检测仪器设备，检测过程叙述。

(5)受检桩的检测数据，实测与计算分析曲线、表格和汇总结果。

(6)与检测内容相应的检测结论。

(7)声测管布置图。

(8)受检桩每个检测剖面声速—深度曲线、波幅—深度曲线，并将相应判据临界值所对应的标志线绘制于同一个坐标系。

(9)当采用主频值或 PSD 值进行辅助分析判定时，绘制主频—深度曲线或 PSD 曲线。

(10)缺陷分布图。

三、钻芯法检测桩身混凝土完整性及强度

1. 一般规定

钻芯法适用于检测混凝土灌注桩的桩长、桩身混凝土强度、桩底沉渣厚度和桩身完整性，

判定或鉴别桩端持力层岩土性状。

钻取芯样宜采用液压操纵的钻机。钻机设备参数应符合以下规定：

(1)额定最高转速不低于790r/min。

(2)转速调节不少于4挡。

(3)额定配用压力不低于1.5MPa。

钻机应配备单动双管钻具以及相应的孔口管、扩孔器、卡簧、扶正稳定器和可捞取松软渣样的钻具。钻杆应顺直，直径宜为50mm。钻头应根据混凝土设计强度等级选用合适粒度、浓度、胎体硬度的金刚石钻头，且外径不宜小于100mm。钻头胎体不得有肉眼可见的裂纹、缺边、少角、倾斜及喇叭口变形。水泵排水量应为50~160L/min，泵压应为1.0~2.0MPa。锯切芯样试件用的锯切机应具有冷却系统和牢固夹紧芯样的装置，配套使用的金刚石圆锯片应有足够刚度。芯样试件端面的补平器和磨平机应满足芯样制作的要求。

2. 现场检测

(1)每根受检桩芯孔数和钻孔位置应符合以下要求：

①桩径小于1.2m的桩钻1孔，桩径1.2~1.6m的桩钻2孔，桩径大于1.6m的桩钻3孔。

②当钻芯孔为一个时，宜在距桩中心10~15cm的位置开孔；当钻芯孔为两个或两个以上时，开孔位置宜在距桩中心$0.15D$~$0.25D$内均匀对称布置。

③对桩端持力层的钻探，每根受检桩不应少于1孔，且钻探深度应满足设计要求。

(2)钻取芯样过程要求：

①钻机设备安装必须周正、稳固、底座水平。钻机立轴中心、天轮中心(天车前沿切点)与孔口中心必须在同一铅垂线上。应确保钻机在钻芯过程中不发生倾斜、移位，钻芯孔垂直度偏差不应大于0.5%。

②当桩顶面与钻机底座的距离较大时，应安装孔口管，孔口管应垂直且牢固。钻进过程中，钻孔内循环水流不得中断，应根据回水含砂量及颜色调整钻进速度。提钻卸取芯样时，应拧取钻头和扩孔器，严禁敲打卸芯。

③每回次进尺宜控制在1.5m内；钻至桩底时，宜采取适宜的钻芯方法和工艺钻取沉渣并测定沉渣厚度，并采用适宜的方法对桩端持力层岩土性状进行鉴别。钻取的芯样应由上而下按回次顺序放进芯样箱中，芯样侧面上应清晰标明回次数、块号、本回次总块数，并应按表2-13格式及时记录钻进情况和钻进异常情况，对芯样质量进行初步描述。钻芯过程中，应按表2-14格式对芯样混凝土、柱底沉渣以及桩端持力层详细记录。钻芯结束后，应对芯样和标有工程名称、桩号、钻芯孔号、芯样试件采取位置、桩长、孔深、检测单位名称的标示牌的全貌进行拍照。当单桩质量评价满足设计要求时，应采用0.5~1.0MPa压力，从钻芯孔孔底往上用水泥浆回灌封闭，否则应封存钻芯孔，留待处理。

钻芯法检测现场操作记录表 表2-13

桩号		孔号			工程名称		
时间		钻进(m)			芯样编号	残留长度(m)	残留芯样	芯样初步描述及异常情况记录
自	至	自	至	计				
检测日期：		机长：			记录：		页次：

钻芯法检测芯样编录表 表 2-14

工程名称			日期		
桩号/钻芯孔号		桩径		混凝土设计强度等级	
项目	分段(层)深度(m)	芯样描述		取样编号/取样深度	备注
桩身混凝土		混凝土钻进深度、芯样连续性、完整性、胶结情况、表面光滑情况、断口吻合程度、混凝土芯是否为柱状、集料大小分布情况,以及气孔、空洞、蜂窝麻面、沟槽、破碎、夹泥、松散情况			
柱底沉渣		桩端混凝土与持力层接触情况、沉渣厚度			
持力层		持力层钻进深度、岩土名称、芯样颜色、结构构造、裂隙发育度、坚硬风化程度;分层岩层应分层描述		(强风化岩层或土层的动力触探或标贯结果)	
检测单位:		记录人员:		检测人员:	

3.芯样试件截取与加工

(1)截取混凝土抗压芯样试件应符合以下规定:

①当桩长为10~30m时,每孔截取3组芯样;当桩长小于10m时,可取2组;当桩长大于30m时,不少于4组。

②上部芯样位置距桩顶设计高程不宜大于1倍桩径或1m,下部芯样位置距桩底不宜大于1倍桩径或1m,中间芯样宜等间距截取。

③缺陷位置能取样时,应截取一组芯样进行混凝土抗压强度试验。

④当同一基桩的钻芯孔数大于1个,其中一孔在某深度存在缺陷时,应在其他孔的该深度截取芯样进行混凝土抗压强度试验。

(2)当桩端持力层为中、微风化岩层且岩芯可制成试件时,应在接近桩底部截取一组岩石芯样;遇分层岩性时宜在各层取样。

(3)每组芯样应制作3个芯样抗压试件。芯样试件应按以下要求加工:

①应采用双面锯切机加工芯样试件。加工时应将芯样固定,锯切平面垂直于芯样轴线。锯切过程中应淋水冷却金刚石圆锯片。

②锯切后的芯样试件,当试件不能满足平整度及垂直度要求时,应选用以下方法进行端面加工:在磨平机上磨平;用水泥砂浆(或水泥净浆)或硫黄胶泥(或硫黄)等材料在专用补平装置上补平。水泥砂浆(或水泥净浆)补平厚度不宜大于5mm,硫黄胶泥(或硫黄)补平厚度不宜大于1.5mm。补平层应与芯样结合牢固,受压时补平层与芯样的结合面不得提前破坏。

③试验前,应对芯样试件的几何尺寸做下列测量:

平均直径:用游标卡尺测量芯样中部,在相互垂直的两个位置上,取其两次测量的算术均值,精确至0.5mm。

芯样高度:用钢卷尺或钢板尺进行测量,精确至1mm。

垂直度:用游标量角器测量两个端面与母线的夹角,精确至0.1°。

平整度:用钢板尺或角尺紧靠在芯样端面上,一面转动钢板尺,一面用塞尺测量与芯样端面之间的缝隙。

④试件有裂缝或有其他较大缺陷,芯样试件内含有钢筋以及试件尺寸偏差超过下列数值时,不得用作抗压强度试验:

a. 芯样试件高度小于 $0.95d$ 或大于 $1.05d$ 时(d 为芯样试件平均直径)。

b. 沿试件高度任一直径与平均直径相差达 2mm 以上时。

c. 试件端面的平面度在 100mm 长度内超过 0.1mm 时。

d. 试件端面与轴线的不垂直度超过 2°时。

e. 芯样试件平均直径小于 2 倍表观混凝土粗集料最大粒径时。

4. 芯样试件抗压强度试验

芯样试件制作完毕可立即进行抗压强度试验。混凝土芯样试件的抗压强度试验应按照现行国家标准《混凝土物理力学性能试验方法标准》(GB/T 50081)的有关规定执行。

抗压强度试验后,当发现芯样试件平均直径小于 2 倍试件内混凝土粗集料最大粒径,且强度值异常时,该试件强度值不得参与统计平均。

混凝土芯样试件抗压强度应按式(2-18)计算:

$$f_{cu} = \xi \cdot \frac{4P}{\pi d^2} \tag{2-18}$$

式中:f_{cu}——混凝土芯样试件抗压强度(MPa),精确至 0.1MPa;

P——芯样试件抗压试验测得的破坏荷载(N);

d——芯样试件的平均直径(mm);

ξ——混凝土芯样试件抗压强度折算系数,应考虑芯样尺寸效应、钻芯机械对芯样扰动和混凝土成型条件的影响,通过试验统计确定;当无试验统计资料时,宜取为 1.0。

5. 检测数据的分析与判定

(1)混凝土芯样试件抗压强度代表值应按一组三块试件强度值的平均值确定。同一受检桩同一深度部位有两组或两组以上芯样试件抗压强度代表值时,取其平均值为该桩深度处混凝土芯样试件抗压强度代表值。

(2)受检桩中不同深度位置的混凝土芯样试件抗压强度代表值中的最小值为该桩混凝土芯样试件抗压强度代表值。

(3)桩端持力层性状应根据芯样特征、岩石芯样单轴抗压强度试验、动力触探或标准贯入试验结果,综合判定桩端持力层岩土性状。

(4)桩身完整性类别应结合钻芯孔数、现场混凝土芯样特征、芯样单轴抗压强度试验结果,按表 2-10 和表 2-15 的特征进行综合判定。

(5)成桩质量评价应按单桩进行。当出现下列情况之一时,应判定该受检桩不满足设计要求:

①桩身完整性类别为Ⅳ类的桩。

②受检桩混凝土芯样试件抗压强度代表值小于混凝土设计强度等级的桩。

③桩长、桩底沉渣厚度不满足设计或规范要求的桩。

④桩端持力层岩土性状(强度)或厚度未达到设计或规范要求的桩。

(6)钻芯孔偏出桩外时,仅对钻取芯样部分进行评价。

桩身完整性判定 表 2-15

类 别	特 征
Ⅰ	混凝土芯样连续、完整、表面光滑、胶结好、集料分布均匀、呈长柱状、断口吻合,芯样侧面仅见少量气孔
Ⅱ	混凝土芯样连续、完整、胶结较好、集料分布基本均匀、呈柱状、断口基本吻合,芯样侧面局部见蜂窝麻面、沟槽
Ⅲ	大部分混凝土芯样胶结较好,无松散、夹泥或分层现象,但有下列情况之一: 1. 芯样局部破碎且破碎长度不大于 10cm; 2. 芯样集料分布不均匀; 3. 芯样多呈短柱状或块状; 4. 芯样侧面蜂窝麻面、沟槽连续
Ⅳ	1. 钻进很困难; 2. 芯样任一段松散、夹泥或分层; 3. 芯样局部破碎且破碎长度大于 10cm

6.检测报告应包括的内容

(1)委托方名称,工程名称、地点、建设、勘察、设计、监理和施工单位,基础、结构形式,设计要求,检测目的,检测依据,检测数量,检测日期。

(2)地质条件描述。

(3)受检桩的桩号、桩位和相关施工记录。

(4)检测方法、检测仪器设备、检测过程叙述。

(5)受检桩的检测数据,实测与计算分析曲线、表格和汇总结果。

(6)与检测内容相应的检测结论。

(7)钻芯设备情况。

(8)检测桩数、钻孔数量,架空、混凝土芯样进尺、岩芯进尺、总进尺,混凝土试件组数、岩石试件组数、动力触探或标准贯入试验结果。

(9)每孔检测现场记录和芯样编录应按表 2-13 及表 2-14 格式填写,柱状芯样综合柱状图按表 2-16 格式填写。

钻芯法检测芯样综合柱状图 表 2-16

桩号		混凝土设计强度等级		桩顶高程(m)		开孔时间	
施工桩长(m)		设计桩径(mm)		钻孔深度(m)		终孔时间	
层序号	层底高程(m)	层底深度(m)	分层厚度(m)	混凝土/岩土芯柱状图(比例尺)	桩身混凝土、持力层描述	芯样强度(MPa)	备注
						深度(m)	
编制:				校核:			

注:□代表芯样试件取样位置。

(10)芯样单轴抗压强度试验结果。
(11)芯样彩色照片。
(12)异常情况说明。

四、单桩竖向抗压静载试验

1. 适用范围

(1)本方法适用于检测单桩的竖向抗压承载力。

(2)当埋设有测量桩身应力、应变、桩底反力的传感器或位移杆时,可测定桩的分层侧阻力和端阻力或桩身截面的位移量。

(3)为设计提供依据的试验桩,应加载至破坏;当桩的承载力以桩身强度控制时,可按设计要求的加载量进行。

(4)对工程桩抽样检测时,加载量不应小于设计要求的单桩承载力特征值的 2.0 倍。

2. 设备仪器及其安装

(1)试验加载宜采用油压千斤顶,当采用两台及两台以上千斤顶加载时应并联同步工作,且应符合下列规定:采用的千斤顶型号、规格应相同;千斤顶的合力中心应与桩轴线重合。

(2)加载反力装置可根据现场条件选择锚桩横梁反力装置、压重平台反力装置、锚桩压重联合反力装置、地锚反力装置,并应符合下列规定:

①加载反力装置能提供的反力不得小于最大加载量的 1.2 倍。

②应对加载反力装置的全部构件进行强度和变形验算。

③应对锚桩抗拔力(地基土、抗拔钢筋、桩的接头)进行验算;采用工程桩作锚桩时,锚桩数量不应少于 4 根,并应监测锚桩上拔量。

④压重宜在检测前一次加足,并均匀稳固地放置于平台上。

⑤压重施加于地基的压应力不宜大于地基承载能力特征值的 1.5 倍,有条件时宜利用工程桩作为堆载支点。

(3)荷载测量可用放置在千斤顶上的荷重传感器直接测定;或采用并联于千斤顶油路的压力表或压力传感器测定油压,根据千斤顶率定曲线换算荷载。传感器的测量误差不应大于 1%,压力表精度应优于或等于 0.4 级。试验用压力表、油泵、油管在最大加载时的压力不应超过规定工作压力的 80%。

(4)沉降测量宜采用位移传感器或大量程百分表,并应符合下列规定:

①测量误差不大于 0.1%FS,分辨率优于或等于 0.01mm。

②直径或边宽大于 500mm 的桩,应在其两个方向对称安置 4 个位移测试仪表,直径或边宽小于等于 500mm 的桩可对称安置 2 个位移测试仪表。

③沉降测定平面宜在桩顶 200mm 以下位置,测点应牢固地固定于桩身;基准梁应具有一定的刚度,梁的一端应固定在基准桩上,另一端应简支于基准桩上。固定和支撑位移计(百分表)的夹具及基准梁应避免气温、振动及其他外界因素的影响。

(5)试桩、锚桩(压重平台支墩边)和基准桩之间的中心距离应符合表 2-17 的规定。

试桩、锚桩(或压重平台支墩边)和基准桩之间的中心距离　　　　表 2-17

反力装置距离	试桩中心与锚桩中心 (或压重平台支墩边)	试桩中心与基准桩中心	基准桩中心与锚桩中心 (或压重平台支墩边)
锚桩横梁	≥4(3)D 且>2.0m	≥4(3)D 且>2.0m	≥4(3)D 且>2.0m
压重平台	≥4D 且>2.0m	≥4(3)D 且>2.0m	≥4D 且>2.0m
地锚装置	≥4D 且>2.0m	≥4(3)D 且>2.0m	≥4D 且>2.0m

注：1. D 为试桩、锚桩或地锚的设计直径或边宽，取其较大者。
2. 如试桩或锚桩为扩底桩或多支盘桩时，试桩与锚桩的中心距尚不应小于 2 倍扩大端直径。
3. 括号内数值可用于工程桩验收检测时多排桩设计中心距小于 4D 的情况。
4. 软土场地堆载重量较大时，宜增加支墩边与基准桩中心和试桩中心之间的距离，并在试验过程中观测基准桩的竖向位移。

3. 现场检测

(1)试桩的成桩工艺和质量控制标准应与工程桩一致。

(2)桩顶部宜高出试坑底面，试坑底面宜与桩承台底高程一致。混凝土桩头加固按以下方法进行：混凝土桩应先凿掉桩顶部的破碎层和软弱混凝土；桩头顶面应平整，桩头中轴线与桩身上部的中轴线应重合；桩头主筋应全部直通至桩顶混凝土保护层之下，各主筋应在同一高度上；距桩顶 1 倍桩径范围内，宜用厚度为 3～5mm 的钢板围裹或距桩顶 1.5 倍桩径范围内设置箍筋，间距不宜大于 100mm。桩顶应设置钢筋网片 2～3 层，间距 60～100mm。桩头混凝土强度等级宜比桩身混凝土提高 1～2 倍，且不得低于 C30；高应变检测的桩头测点处截面尺寸应与原桩身截面尺寸相同。

(3)对作为锚桩用的灌注桩和有接头的混凝土预制桩，检测前宜对其桩身完整性进行检测。

(4)试验加卸载方式应符合下列规定：

①加载应分级进行，采用逐级等量加载；分级荷载宜为最大加载量或预估极限承载力的 1/10，其中第一级可取分级荷载的 2 倍。

②卸载应分级进行，每级卸载量取加载时分级荷载的 2 倍，逐级等量卸载。

③加、卸载时应使荷载传递均匀、连续、无冲击，每级荷载在维持过程中的变化幅度不得超过分级荷载的±10%。

(5)为设计提供依据的竖向抗压静载试验应采用慢速维持荷载法。

(6)慢速维持荷载法试验步骤应符合下列规定：

①每级荷载施加后按第 5min、15min、30min、45min、60min 测读桩顶沉降量，以后每隔 30min 测读一次。

②试桩沉降相对稳定标准：每小时内的桩顶沉降量不超过 0.1mm，并连续出现两次(从分级荷载施加第 30min 开始，按 1.5h 连续三次每 30min 的沉降观测值计算)。

③当桩顶沉降速率达到相对稳定标准时，再施加下一级荷载。

④卸载时，每级荷载维持 1h，按第 15min、30min、60min 测读桩顶沉降量后，即可卸下一级荷载。卸载至零后，应测读桩顶残余沉降量，维持时间为 3h，测读时间为第 15min、30min，以

后每隔30min测读一次。

(7)施工后的工程桩验收检测宜采用慢速维持荷载法。当有成熟的地区经验时,也可采用快速维持荷载法。快速维持荷载法的每级荷载维持时间至少为1h,是否延长维持荷载时间应根据桩顶沉降收敛情况确定。

(8)当出现下列情况之一时,可终止加载:

①某级荷载作用下,桩顶沉降量大于前一级荷载作用下沉降量的5倍(当桩顶沉降能相对稳定且总沉降量小于40mm时,宜加载至桩顶总沉降量超过40mm)。

②某级荷载作用下,桩顶沉降量大于前一级荷载作用下沉降量的2倍,且经24h尚未达到相对稳定标准。

③已达到设计要求的最大加载量。

④当工程桩作锚桩时,锚桩上拔量达到允许值。

⑤当荷载—沉降曲线呈缓变型时,可加载至桩顶总沉降量60～80mm;在特殊情况下,可根据具体要求加载至桩顶累计沉降量超过80mm。

(9)检测数据宜按表2-18格式记录。

单桩竖向抗压静载试验记录表 表2-18

加载级	油压(MPa)	荷载(kN)	测读时间	位移计(百分表)读数				本级沉降(mm)	累计沉降(mm)	备注
				1号	2号	3号	4号			

工程名称： 桩号： 日期：

检测单位： 校核： 记录：

(10)测试桩侧阻力和桩端阻力时,测试数据的测读时间宜符合(6)的规定。

4.检测数据的分析与判定

(1)检测数据的整理应符合下列规定:

①确定单桩竖向抗压承载力时,应绘制竖向荷载—沉降(Q-s)、沉降—时间对数(s-$\lg t$)曲线,需要时也可绘制其他辅助分析所需曲线。

②当进行桩身应力、应变和桩底反力测定时,应整理出有关数据的记录表,并按《建筑基桩检测技术规范》(JGJ 106—2014)附录A方法绘制桩身轴力分布图,计算不同土层的分层侧摩阻力和端阻力值。

(2)单桩竖向抗压极限承载力Q_u可按下列方法综合分析确定:

①根据沉降随荷载变化的特征确定:对于陡降型Q-s曲线,取其发生明显陡降的起始点对应的荷载值。

②根据沉降随时间变化的特征确定:取s-$\lg t$曲线尾部出现明显向下弯曲的前一级荷载值。

③某级荷载作用下,桩顶沉降量大于前一级荷载作用下沉降量的5倍时,取前一级荷载值。

④对于缓变型Q-s曲线可根据沉降量确定,宜取$s=40$mm对应的荷载值;当桩长大于

40m时,宜考虑桩身弹性压缩量;对直径大于或等于800mm的桩,可取 $s=0.05D$(D 为桩端直径)对应的荷载值(当按上述四款判定桩的抗压承载能力未达到极限时,桩的竖向抗压承载能力应取最大试验荷载值)。

(3)单桩竖向抗压极限承载能力统计值的确定应符合下列规定:

①参加统计的试桩结果,当满足其极差不超过平均值的30%时,取其平均值为单桩竖向抗压极限承载力。

②当极差超过平均值的30%时,应分析极差过大的原因,结合工程具体情况综合确定,必要时可增加试桩数量。

③对桩数为3根或3根以下的柱下承台,或工程桩抽检数量少于3根时,应取低值。

(4)单位工程同一条件下的单桩竖向抗压承载能力特征值 R_a 应按单桩竖向抗压极限承载力统计值的一半取值。

(5)检测报告应包括:

①委托方名称,工程名称,地点,建设、勘察、设计、监理和施工单位,基础、结构形式,设计要求,检测目的,检测依据,检测数量,检测日期。

②地质条件描述。

③受检桩的桩号、桩位和相关施工记录。

④检测方法,检测仪器设备,检测过程叙述。

⑤受检桩的检测数据,实测与计算分析曲线、表格和汇总结果。

⑥与检测内容相应的检测结论。

⑦受检桩桩位对应的地质柱状图。

⑧受检桩及锚桩的尺寸、材料强度、锚桩数量、配筋情况。

⑨加载反力种类,堆载法应指明堆载重量,锚桩法应有反力梁布置平面图。

⑩加卸载方法,荷载分级。

⑪绘制的曲线及对应的数据表。

⑫承载力判定依据。

⑬当进行分层摩阻力测试时,还应有传感器类型、安装位置,轴力计算方法,各级荷载下桩身轴力变化曲线,各土层的桩侧极限摩阻力和桩端阻力。

五、基桩静载试验(自平衡法)

基桩定义为桩基础中的单桩。自平衡法是将荷载箱置于桩身某位置,此处上段桩身自重及桩侧极限摩阻力之和与下段桩桩侧极限摩阻力及极限桩端阻力之和基本相等,此位置称为平衡点,通过试验数据绘制上、下段桩的荷载-位移曲线,从而得到试桩极限承载能力。

1.试验原理

自平衡法检测桩基承载能力不同于在地面以上利用锚桩、堆载等方式,其原理接近于竖向抗压抗拔桩的实际工作条件的试验方法,由东南大学土木工程学院龚维明发明。在浇筑桩基混凝土时,把一种特制的加载装置——荷载箱预先放置在桩身指定位置,将荷载箱的高压油管和位移杆引到地面(平台),由高压油泵在地面(平台)向荷载箱充油加载,荷载箱将力传递到桩身,其上部桩侧阻力及自重与下部桩测极限摩阻力相平衡来维持加载,从而获得桩的承载力,测试原理见图2-23。

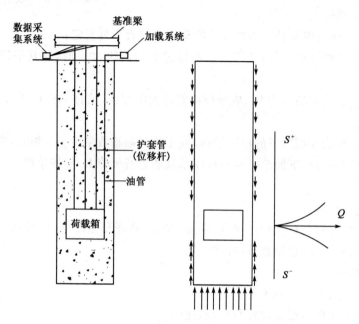

图2-23 自平衡法检测桩基承载能力测试设备布置及原理

2.试验要求

(1)试桩数量

工程总桩数在50根以内时不宜少于2根,其他条件下不宜少于3根。

(2)试桩位置

试桩位置应符合设计要求,设计无要求时,宜选择在有代表性地质的地方,并尽量靠近钻探孔或静力触探孔,其间距不宜大于5m。

(3)试桩加载值

为设计提供依据的试桩,应加载至破坏。最大双向加载值可取按地质报告计算的单桩极限承载力的1.2~1.5倍。

对工程桩抽样检测时,最大双向加载值不应小于设计要求的单桩极限承载力。

若在工程桩上进行试验,试验完成后应在荷载箱处进行高压注浆,确保桩基安全。

(4)检测开始时间要求

检测前混凝土强度应达到设计强度的70%以上或按该强度算得的桩身承载力大于单向最大加载值的1.5倍;检测前土体的休止时间应满足:砂土7d,粉土10d,非饱和黏土15d,饱和黏土25d。

3.试验方法

(1)仪器设备

①荷载箱。荷载箱的生产和标定应遵守以下规定:

组成荷载箱的千斤顶应经法定检测单位标定,荷载箱出厂前应试压,试压值不得小于额定加载值,且应维持2h以上。荷载箱额定加载值对应的油压值不宜大于45MPa,最大单向加载值对应的油压值不宜大于55MPa。

荷载箱在工厂试压和现场试验应采用同一型号的油压表。荷载采用连于荷载箱的油压表测定油压,根据荷载箱率定曲线换算荷载。油压表应经法定计量部门标定,且在规定的有效期内使用。

②位移传感器。位移传感器一般采用电子百分表或电子千分表,分辨率大于或等于0.01mm。

每根试桩应布置两组(每组两个,对称布置)位移传感器,分别用于测定荷载箱处的向上、向下位移,桩径较大时应增加传感器数量。每根试桩桩顶应布置一组位移传感器,用来测定桩顶位移。固定和支承位移传感器的夹具和基准梁在构造上应确保不受气温、振动及其他外界因素的影响,以防止发生竖向变位。位移传感器应经法定计量部门标定,且在规定的有效期内使用。

③钢筋计。钢筋计用于测试桩身内力,并由桩身内力推算各土层的抗压或抗拔侧摩阻力。常用的钢筋计有钢弦式和应变式两种。钢筋计宜放在两种不同土层的界面处,距桩底、桩顶和荷载箱的距离不宜小于1倍桩径。同一断面处可对称设置2~4个。钢弦式钢筋计的直径应与主筋相同,宜焊接在主筋上。应变式钢筋计(包括其连接电缆)应有可靠的防潮绝缘保护措施。

④数据采集系统。数据采集系统包含数据采集仪、计算机、稳压电源、不间断电源等。

(2)仪器设备安装

①荷载箱的埋设位置。极限桩端阻力小于桩侧极限摩阻力时,荷载箱置于平衡点处,使上、下段桩的极限承载力基本相等,以维持加载。极限桩端阻力大于桩侧极限摩阻力时,荷载箱置于桩端,根据桩的长径比、地质情况采取以下措施:桩顶提供一定量的配重;用小直径桩模拟,先测出极限桩端承载力,再根据实际尺寸换算总的桩端阻力值。

②试桩为抗拔桩时,荷载箱直接置于桩端。

③有特殊需要时,可采用双荷载箱或多荷载箱,以分别测试桩的极限桩端阻力和各段桩的极限测摩阻力。荷载箱的埋设位置则根据特殊需要确定。

④荷载箱的连接。荷载箱应平放于桩的中心,其位移方向与桩身轴线夹角不应大于5°。

对于灌注桩,荷载箱的上下板分别与上下钢筋笼的钢筋焊接。钢筋笼之间设置喇叭筋,喇叭筋的一端与主筋焊接,一端焊在环形荷载箱板内圆边缘处,其数量和直径同主筋。喇叭筋与荷载箱的夹角应大于60°。对于管桩,采用荷载箱与上、下段桩焊接。

⑤位移杆与护套管。位移杆把荷载箱处的位移传递到地面(平台),应具有一定的刚度。桩长小于或等于40m,可用直径25~30mm的钢管作为位移杆;桩长大于40m时,则宜用位移钢丝代替位移杆。保护位移杆的护套管,应与荷载箱顶盖焊接,焊缝应满足强度要求,并确保护套管不渗漏水泥浆。在保证位移传递达到足够精度的前提下,也可采用其他形式的位移传递系统。

⑥基准桩和基准梁。基准桩与试桩之间的中心距离应大于或等于3倍试桩直径或不小于4.0m;基准桩应具有充分的稳定性,打入地面或河(海)床面以下足够的深度,陆上一般不小于

1m。基准桩和基准梁都应有一定的刚度,基准梁的截面高度不应小于其跨度的1/40,基准桩的线刚度不应小于基准梁线刚度3倍。基准梁的一端应固定在基准桩上,另一端应简支在基准桩上(能沿其轴线方向自由移动)。

(3)现场检测

①加、卸载。加载应分级进行,每级加载量为预估最大加载量的1/15～1/10,当桩端为巨粒土、粗粒土或坚硬黏质土时,第一级可按两倍分级荷载加载。卸载也应分级进行,每级卸载量为2～3加载级的荷载值。加、卸载应均匀连续,每级荷载在维持过程中的变化幅度不得超过分级荷载的10%。

②位移观测和稳定标准。

位移观测:采用慢速维持荷载法。每级加(卸)载后第1h内第5min、10min、30min、45min、60min测读位移,以后每隔30min测读一次荷载,卸载到零后应至少观测2h,测读时间间隔同加载。

稳定标准:每级加(卸)载的向上、向下位移量在下列时间内均不应大于0.1mm;桩端为巨粒土、粗粒土或坚硬黏质土,最后30min;桩端为半坚硬黏质土或细粒土,最后1h。

③终止加载条件及极限加载值。向上、向下两个方向应分别判定和取值,平衡状态下两个方向都应达到终止加载条件再终止加载;每个方向的加载终止条件和相应的极限加载值的取值按以下规定:总位移量大于或等于40mm,且本级荷载加上24h后未达稳定,加载即可终止,取此终止时荷载小一级的荷载为极限加载值。巨粒土、密实砂类土以及坚硬的黏质土中,总位移量小于40mm,但荷载已大于或等于设计荷载乘以设计规定的安全系数,加载即可终止,取此时的荷载为极限加载值。

施工过程中的检验性试验,一般加载应持续到两倍的设计荷载为止。如果桩的总位移量不超过40mm,以及最后一级加载引起的位移不超过前一级加载引起的位移的5倍,则该桩可予以检验。

极限荷载难以确定时,应绘制荷载—位移曲线(Q-s 曲线)、位移—时间曲线(s-t 曲线)确定,必要时还应绘制 s-$\lg t$ 曲线、s-$\lg Q$ 曲线(单对数法)、s-[1-Q/Q_{max}]曲线(百分率法)等综合比较,确定比较合理的极限荷载取值。

4. 数据处理

(1)原始数据记录表和汇总表。将实测的原始数据汇编成表,格式见表2-19、表2-20。

单桩竖向静载试验记录表　　　　　　　　　　表2-19

试桩编号		试桩类型			桩径(mm)					桩长(m)			
桩端持力层		成桩日期			测试日期					加载方法			
荷载编号	荷载值(kN)	记录时间		间隔(min)	各表读数(mm)						位移(mm)		温度(℃)
		(h)	(min)		1	2	3	4	5	6	下沉	上拔	桩顶	

试验:　　　　　　　　　　资料整理:　　　　　　　　　　校核:

单桩竖向静载试验结果汇总表　　表 2-20

试桩名称				工程地点			
建设单位				施工单位			
桩型	桩径(mm)			桩长(m)		桩顶高程(m)	
成桩日期		测试日期		加载方法			
荷载编号	加载值(kN)	加载历时(min)		向上位移(mm)		向下位移(mm)		桩顶位移(mm)	
		本级	累计	本级	累计	本级	累计	本级	累计
试验：			资料整理：			校核：			

(2) 相关曲线。根据实测的原始数据绘制 $Q\text{-}s$、$s\text{-lg}t$、$s\text{-lg}Q$ 等曲线，一般数据采集仪器根据采集的检测数据自动绘制。

(3) 等效转换曲线。等效转换曲线是将自平衡法测得的上、下两段 $Q\text{-}s$ 曲线，等效转换为常规方法桩顶加载的一条 $P\text{-}s$ 曲线，转换方法见《基桩静载试验 自平衡法》(JT/T 738—2009) 附录 B。

(4) 桩身轴力图和各岩土层摩阻力图。当进行分层摩阻力测试时，还应绘制各级荷载下桩身轴力变化曲线及各土层相应的侧摩阻力图。

5. 承载力确定

(1) 试桩的极限承载力

根据试桩的加载极限值，可按式 (2-19)、式 (2-20) 确定试桩 i 的极限承载力：

抗压
$$P_{ui} = \frac{Q_{uui} - W_i}{\gamma_i} + Q_{lui} \tag{2-19}$$

抗拔
$$P_{ui} = Q_{uui} \tag{2-20}$$

式中：P_{ui}——试桩 i 的单桩极限承载力 (kN)；

Q_{uui}——试桩 i 上段桩的加载极限值 (kN)；

Q_{lui}——试桩 i 下段桩的加载极限值 (kN)；

W_i——试桩 i 荷载箱上部桩自重 (kN)，若荷载箱处于透水层，取浮自重；

γ_i——试桩 i 的修正系数，根据荷载箱上部土的类型确定。黏性土、粉土 $\gamma_i = 0.8$；砂土 $\gamma_i = 0.7$；岩石 $\gamma_i = 1$；若上部有不同类型的土层，γ_i 取加权平均值。

(2) 单桩竖向极限承载力标准值

单桩竖向极限承载力标准值应根据试桩位置、实际地质条件、施工情况等综合确定。当各试桩条件基本相同时，单桩竖向极限承载力标准值可按下列步骤与方法确定。

①计算试桩极限承载力平均值 P_{um}：

$$P_{um} = \frac{1}{n}\sum_{i=1}^{n} P_{ui} \tag{2-21}$$

②计算试桩 i 的极限承载力与平均值之比 α_i：

$$\alpha_i = \frac{P_{ui}}{P_{um}} \tag{2-22}$$

下标 i 根据 Q_{ui} 值由小到大的顺序确定。

③计算 α_i 的标准差 S_n：

$$S_n = \sqrt{\sum_{i=1}^{n}\frac{(\alpha_i-1)^2}{(n-1)}} \tag{2-23}$$

④确定单桩竖向极限承载力标准值 P_{uk}：

当 $S_n \leq 0.15$ 时

$$P_{uk} = P_{um} \tag{2-24}$$

当 $S_n > 0.15$ 时

$$P_{uk} = \lambda P_{um} \tag{2-25}$$

(3) 折减系数 λ

当试桩数 $n=2、3$ 时，λ 分别按表2-21、表2-22确定。

折减系数 λ ($n=2$)　　　　　　　　表 2-21

$\alpha_2-\alpha_1$	0.21	0.24	0.27	0.3	0.33	0.36	0.39	0.42	0.45	0.48	0.51
λ	1	0.99	0.97	0.96	0.94	0.93	0.91	0.9	0.88	0.87	0.85

折减系数 λ ($n=3$)　　　　　　　　表 2-22

α_2	$\alpha_3-\alpha_1$							
	0.30	0.33	0.36	0.39	0.42	0.45	0.48	0.51
0.84	—	—	—	—	—	—	0.93	0.92
0.92	0.99	0.98	0.98	0.97	0.96	0.95	0.94	0.93
1.00	1.00	0.99	0.98	0.97	0.96	0.95	0.93	0.92
1.08	0.98	0.97	0.95	0.94	0.93	0.91	0.90	0.88
1.16	—	—	—	—	—	—	0.86	0.84

试桩数大于 4 时，按式(2-26)计算：

$$A_0 + A_1\lambda + A_2\lambda^2 + A_3\lambda^3 + A_4\lambda^4 = 0 \tag{2-26}$$

其中：

$$\begin{cases} A_0 = \sum_{i=1}^{n-m}\alpha_i^2 + \frac{1}{m}(\sum_{i=1}^{2n}\alpha_i)^2 \\ A_1 = -\frac{2n}{m}\sum_{i=1}^{n-m}\alpha_i \\ A_2 = 0.127 - 1.127n + \frac{n^2}{m} \\ A_3 = 0.147 \times (n-1) \\ A_4 = -0.042 \times (n-1) \end{cases} \tag{2-27}$$

取 $m=1,2,\cdots,n$，满足式(2-26)的 λ 值即为所求。

(4) 单桩竖向极限承载力容许值

单桩竖向极限承载力容许值按式(2-28)计算：

$$[P_k] = \frac{P_{uk}}{2} \tag{2-28}$$

6.检测报告

检测报告应包含的内容主要有:

(1)工程名称、地点,建设、勘察、设计、监理和施工单位,检测目的、依据、数量和检测日期。

(2)地质条件描述,土的力学指标,试桩平面位置图和相应的地质剖面图或柱状图。

(3)试桩的施工记录。

(4)检测方法、检测仪器设备和检测过程描述。

(5)原始数据记录表、汇总表和相应的 $Q\text{-}s$、$s\text{-}\lg t$、$s\text{-}\lg Q$ 等曲线。

(6)转换为桩顶加载的等效转换数据表和等效转换 $P\text{-}s$ 曲线。

(7)若布置桩身应力传感器,还应绘制桩身内力图和各岩土层摩阻力图。

(8)与检测内容相应的检测结论。

第三章 桥梁深水基础施工

第一节 概 述

桥梁基础是桥梁下部结构与地基接触的部分,其作用是把桥梁自重以及作用于桥梁上的各种荷载传至地基。它和桥墩、桥台统称为桥梁下部结构。桥梁基础根据埋深分为浅基础和深基础。工程中一般将埋置深度较浅(一般在几米之内),且施工简单的基础称为浅基础;将由于浅层土质不良,需将基础置于较深的良好土层上,且施工较复杂的基础称为深基础。

根据一般传统的土力学地基及基础所介绍的水中围堰概念:工程中一般将水深在5~6m以上,不能采用一般的土围堰、木板桩围堰等防水技术施工的桥梁基础,称之为桥梁深水基础。桥梁深水基础起源于美国,至今已有100多年的历史。

目前国内外已建成的桥梁深水基础类型主要有:桩基础(包括打入桩基础和钻孔桩基础)、管柱基础、沉井基础、组合基础(包括沉井加管柱基础和沉井加钻孔桩基础)和特殊基础(包括双承台管柱基础、锁口钢管柱基础、多柱基础、连续墙基础、沉箱基础和设置基础),桥梁深水基础类型详见表3-1。

桥梁深水基础主要类型 表3-1

基础类型	分 类			
	按材料分	按传力方式分	按承台分	按施工方法分
桩基础	1.钢筋混凝土桩基础; 2.预应力钢筋混凝土桩基础; 3.钢桩基础	1.摩擦桩基础; 2.端承桩基础	1.水上高承台桩基础; 2.水下高承台桩基础; 3.低承台桩基础; 4.高低双层承台桩基础	1.预制打入桩; 2.就地成孔灌注桩
管柱基础	预应力钢筋混凝土管柱基础;钢管柱基础			
沉井基础	沉井基础			
组合基础	沉井加管柱基础;沉井加钻孔桩基础			
特殊基础	双承台管柱基础;锁口钢管桩基础;多柱式基础;连续墙基础;沉箱基础;设置基础			

桥梁深水基础,不仅深水环境对它产生许多直接作用,而且深水对其设计理论和施工技术都会提出一些特殊问题。无论是基础类型选择、基础埋深确定、外荷载或作用力的计算还是地基承载力与沉降量确定等问题,均与水深有关,桥梁深水基础的主要特点有:

①基础所受的水平力,如水流冲击力、船舶碰撞力、水压力、动水压力等,要比陆上或浅水基础大得多。

②深水基础的稳定性与安全度，一般常受水文条件控制，所以对桥梁深水基础，水文条件与地质条件具有同等重要的地位。

③深水基础除了需考虑环境水的侵蚀外，还需要考虑潮汐、洪水以及流水所夹沙石与流冰的直接碰撞、磨损等问题。

④深水基础类型选择一定要认真考虑，并作全面的可行性分析，因为它不仅关系到基础造价高低，还直接影响到桥梁工程的寿命、质量和工期。

⑤深水基础应具有高抗自然灾害能力，这就要求其勘测设计时做大量、细致的勘测，而深水基础的地基勘测均需在水下进行原位勘测，工作条件差，要取得真实可靠数据难度大，这就要求其勘测手段更先进、可靠。

⑥深水基础属于水下隐蔽工程，其设计与施工时必须将水的流速、深度等因素及由深水所引起的其他约束条件联系起来综合分析，并采取相应措施。

⑦对于海湾、海峡和近海岛屿间的近海桥梁深水基础，更应考虑海洋环境产生的荷载力，如由台风、巨浪、大潮所产生的巨大水平力，应成为其设计和施工中必须考虑的重要控制条件。

⑧深水基础的施工，直接受到深水环境的影响，并且随着水深的增加，未知及可变的技术因素也相应增加，其设计和施工的技术难度也大幅增加。

1. 桩基础

(1) 桩基础的特点

桩基础是以桩体外壁与其周围土壤的摩擦力或桩顶的承载力来传力的基础。这种基础由承台和桩群组成。承台是连接桩群和桥墩的平台，多用钢筋混凝土建造，是一个变形较小的刚性板或梁。桩群是若干根埋入地基的桩。桥梁深水桩基础是桥梁深水基础形式中最为经济的基础形式之一。桥梁深水桩基础的形式，按承台位置可分为：水上高承台桩基础、水下高承台桩基础、低承台桩基础、高低双层承台桩基础。按照成桩方法分为可打入桩（包括振入、压入、旋入）、钻孔灌注桩及钻孔埋设预制桩三大类型。桩基础与其他形式的深基础相比，具有以下优点：

①桩基础通过桩的侧面和土接触，将荷载传递给桩周土体，或深层岩层、砂层或坚硬的黏土层，从而获得很大的承载能力。

②桩基础具有很大的竖向刚度，因而采用桩基础的桥梁，沉降比较小，而且比较均匀，可以满足对沉降要求特别高的上部桥梁结构的安全需要和使用要求。

③桩具有很大的侧向刚度和抗拔能力，能抵抗台风引起的巨大水平力、上拔力和倾覆力矩，并能抵抗水流冲击力和改善桥梁结构的抗震性能。

④水上施工时设备需求相对较小，桩基础施工精度更易得到保证。

(2) 桩基础选型

①钻孔灌注桩桩基础。钻孔灌注桩桩径、桩长可根据设计需要确定，适用范围广，其水上施工技术成熟，无需大型起重设备。施工用钢护筒作用主要有：定位导向；保持钻孔过程中的内外水头差，防止坍孔；深水特别是潮汐影响的水流环境中保持静态的作业环境，保证成桩质量等。一般情况下不提倡钢护筒在施工过程中参与承力，因为钢护筒作为临时结构，打入土的深度有限。钻孔桩通过改善混凝土性能、增大钢筋保护层厚度、保留施工用的钢护筒等措施可满足结构耐久性要求，但是当钻孔桩选用较大的桩径时，就摩擦桩而言，难以充分发挥桩身的

材料强度,也增加了桩身自重,增大了基础负荷。钻孔桩同打入桩相比,是取土后成桩,没有挤土效应,相同土层所提供的桩侧摩阻力偏小。

②预应力混凝土管桩基础。预应力混凝土管桩具有高强、施工迅速等优点,目前已广泛应用于房屋建筑、码头和桥梁等工程。由于受各种条件的限制,国内目前所能投入应用的最大桩径为1200mm。预应力混凝土管桩为后张法制造的薄壁结构,大直径管桩普通钢筋的保护层很难得到保证,结构防腐难度大。另外,沉桩过程必须确保桩身混凝土不致开裂损伤,对施工技术要求非常高。因此,预应力混凝土管桩用于海洋环境下的大型桥梁工程能否保证100年的使用寿命,技术上还存有疑虑。

③钢管桩(柱)基础。钢管桩基础具有以下优点:耐打性好,穿透硬土层的能力强,能有效地打入坚硬的桩端持力层,因此可期待获得相当大的竖向承载力;水平承载力大,抗弯能力强,能够作为受地震作用、波浪力等水平力的基础形式;外径和壁厚的种类多,便于选用合适桩的尺寸;从施工角度看,按桩端持力层不等,容易变更桩长,现场焊接的可靠性高,桩基础与上部结构连接容易;重量轻,刚性好,装卸运输方便,不易破损。在国内现有施工条件下,钢管桩直径可达1400mm,更有利于抵抗水平荷载作用;同时,钢管桩亦可做成不同斜率的斜桩,这将大大地增强基础抵抗水平荷载的能力。钢管桩吊装和运输方便,抗锤击能力强,沉桩容易,施工速度快,完全可适应桥址区域气象、水文、地质条件。钢管桩防腐技术成熟,可根据不同部位的腐蚀特点采取相应的防腐措施,如预留腐蚀量、涂装防腐、阴极保护防腐等,均能保证钢管桩在使用期的正常使用。

直径较大的空心圆形桩称为管柱,用管柱修建的桩基础,又称管柱基础。管柱基础是我国于1953年修建武汉长江大桥时所首创的一种新的基础形式,一般适用于深水、无覆盖层、厚覆盖层、岩面起伏等桥址条件。管柱可以穿越各种土质覆盖层或溶洞,支承于较密实的土上或新鲜岩面上。一般采用预应力混凝土管柱或钢管柱。管柱基础主要由三部分组成:承台座板、管柱柱身与嵌岩柱塞。

钢筋混凝土承台座板一般简称"承台",其作用是:将管柱顶连接为一个整体;通过它将上部结构传来的荷载分配传递到每根管柱上;将柱顶锚固在承台内,以抵抗外力矩。

管柱柱身是由若干节管柱拼接而成,而管柱节有钢筋混凝土管节、单壁钢管节、双壁钢管节等;另外,在管柱内常需增加钢筋笼和填充混凝土。

管柱基础的特点之一就是在柱底钻孔嵌岩,柱塞底混凝土应与管柱内的填充混凝土同时灌注。柱塞内的钢筋,其下端应插至孔底,上端应伸入管柱内一定长度(按计算)。这样,嵌岩柱塞就将预制管柱和岩层结合在一起,形成一个压弯构件。

管柱基础还按其承台座板的高低分为低承台管柱基础、漫水高承台基础、出水高承台基础(即日本常采用的多柱式基础)三种。

2. 沉井基础

沉井基础是用开口沉井或气压沉箱施工法建造的桥梁基础,是和近代桥梁同时发展的一种承重基础结构,已有百余年的使用经验。尽管钻孔桩等形式基础施工较为方便,但是由于沉井基础整体性好、刚度大、传力可靠,可承受竖向荷载和较大的船撞水平力;并且施工工艺成熟、单一、工程进度容易控制,对保证工期有利,因此在长大跨度和深水地区修桥仍被采用。随着科学进步和施工工艺的不断改进、提高,沉井适应了极其复杂的自然情况。图3-1为沉井施工现场。

a)

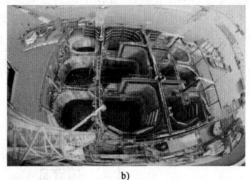
b)

图 3-1 沉井

开口沉井是一个井筒，最下一节的下端设有钢制或钢筋混凝土刃脚，其平面形状可根据墩台外形做成矩形、圆形、圆端形等，中间加隔墙，成为双孔或多孔式。建造材料可用木、钢、混凝土、钢筋混凝土等。开口沉井在浅水地区可在墩位就地筑岛制造，深水地区可在岸边预制，然后以浮运等办法运到墩位。沉井基础施工程序一般是在井壁内挖土，井筒靠自重或加压逐渐下沉，一节井筒将沉入土中时再接一节，直至最后一节下沉到设计高程；然后将井底土清理干净，灌注一层水下混凝土把井底封住；再抽水并在井内填充混凝土或沙石，或做成空心沉井；最后在顶上灌注钢筋混凝土盖板，并在其上修筑墩台。在施工过程中，为了减少井筒下沉时井壁与土间的摩擦力，可在筒壁内预埋钢管并压入高压水、泥浆或高压气流辅助下沉。沉井基础刚度大，能承受对基础作用的较大弯矩，且沉井基础有较大的承载面积。当桥梁的上部荷载较大，基础需要埋设较深时，沉井基础也是常用的基础类型之一。

沉井基础作为桥梁深水基础的另一特点是，在其下沉过程中，可以自身防水，避免了桩和管柱基础中的防水围堰。深水浮运沉井的类型有：带临时井底的沉井、双壁浮运（空体自浮）沉井、带钢气筒的浮运沉井等。沉井施工工艺流程见图 3-2。

图 3-2 沉井施工工艺流程

3. 组合基础

在水深很大且有非常厚的覆盖层或地质条件很复杂的情况下，当施工技术无法将单一形式的基础下沉到达预期深度时，可以采用两种不同形式的基础，以接力的方法来修筑桥梁深水基础，通常称这种形式的基础为组合基础。组合基础所说的组合，指的是在外形结构上的组合，而不是指两种基础作用与性质上的组合。

例如，南京长江大桥正桥 2 号、3 号墩要通过约 30m 深水、约 40m 厚的覆盖层，按当时的技术条件修建单一的管柱基础或沉井基础，在设计上和施工上都缺少经验、存在困难。因此，经多方研究和论证，最后采用了钢沉井加管柱的组合基础，其结构如图 3-3 所示。

基础由钢沉井、管柱、封底及封顶混凝土、承台组成。沉井穿过覆盖层约 22m，井布置成长方形,其平面尺寸为16.19m×25.01m,井内分成15个方格,内插13根直径3m的预应力钢筋混凝土管柱,间距4.6m。管柱下沉到岩面后钻孔,孔径2.4m,孔深7～9m,钻孔内放置钢筋骨架,然后在钻孔内灌注水下混凝土,一直填充至管柱顶面。管柱的下端嵌固在基岩内,上端嵌固在承台混凝土中。沉井的封底、封顶混凝土将管柱群连接成整体。

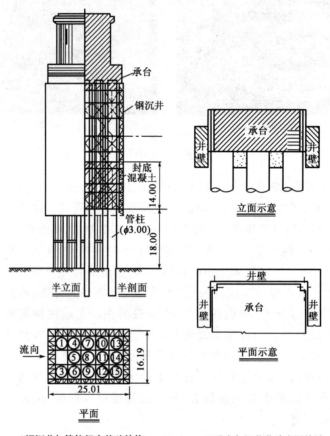

图3-3　南京长江大桥正桥2号、3号墩沉井加管柱组合基础结构示意图(尺寸单位:m)

承台与沉井井壁间仅以水平链杆连接,这样承台及其以上的荷重,可以直接传至管柱,而承台所受的水平力,则通过水平链杆由管柱与沉井共同承受。当河床冲刷至一定深度后,沉井的自重及沉井上的水平力通过封底、封顶混凝土传至管柱。

钢沉井的作用是减少管柱所要穿过的覆盖层厚度,兼作下沉管柱时的导向架,灌注上下封底、封顶混凝土及承台混凝土时的防水围堰,它代替钢板桩围堰的作用,但它又是永久结构的组成部分,增强了桥墩基础的刚度。封顶混凝土以下的井壁上安装了8根直径75mm的连通钢管,使沉井内外的水压平衡,防止密封在井筒内的水体,在温度变化及江水涨落时,对沉井产生不利的影响。

采用组合基础的好处是:用浮式钢沉井代替管桩基础中常用的钢板桩围堰,以解决围堰过高、钢板桩太长、抽水太深和管柱长细比不当、桥墩位移超限等问题;用管柱代替部分沉井、嵌进岩层,减小沉井高度,以解决缺乏较深深井施工手段,难以纠正偏斜位移,不易保证岩面与井底密贴等问题。这种组合基础的最大优点,就是能充分发挥沉井和管柱的各自特点。

4. 特殊基础

随着桥梁跨度不断增大，基础入水深度不断增加，尤其是近年来国外海湾、海峡大桥不断兴建，针对一些特殊的复杂自然条件，采用了一些特殊基础形式和技术，值得我们学习和借鉴。例如：

(1) 双承台钢管基础。针对水深、覆盖层浅及岩性复杂的情况，我国首创了"双承台钢管基础"，其特点是将结构主体与施工设施密切结合，使施工辅助工程大幅压缩而形成的一种施工上直接一体化的桥梁深水基础结构。这种基础在修建武汉长江大桥、广茂线肇庆西江大桥4号墩基础工程时首先采用，见图3-4。

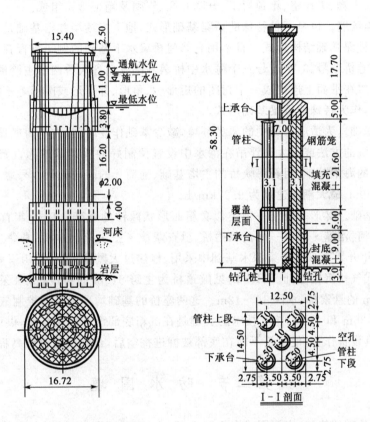

a) 武汉长江大桥水中基础比较方案　　b) 西江桥4号墩双承台钢管柱基础

图3-4　双承台钢管柱基础(尺寸单位：m)

双承台钢管柱基础结构的外形与高承台管柱基础基本相似，差别在于基底增添了下承台及建造的方法不同。西江桥上承台厚5m，顶面露出最低水位以上承托墩身。自上承台底面至岩面的基础全高为35.6m，分别由长26.6m的4根管柱及岩面以上厚度9m的下承台两部分组成。桩径3.1m，在下部长5m的一段柱径放大至3.5m。在下承台的底面，对应上部柱心钻制直径2.5m、深3.0m的孔伸入到岩盘，以支承桥墩的全部荷载，不考虑下承台本身起承重的作用。下承台的设置，是为了减短柱的自由长度以满足结构的侧向刚度，并不使基底钻孔遭受弯矩以避开岩性在构造上的不足。下承台具有替代被冲刷的覆盖层，对基础结构发挥更为有效的嵌固作用。

(2) 多柱基础。其技术特点是采用更加大桩柱的直径，使每一桩柱完成后就像一座独立的基础,能承受海浪急潮的推力,并将承台提高到水面以上。多柱完成后,柱头予以割除,进行承台施工。这种基础适合海洋深水、潮急及厚覆盖层时采用,如日本大鸣门桥主墩设计就采用 $\phi 4m$ 柱 16 根和 $\phi 7m$ 柱 2 根的多柱基础;横滨湾大桥为主跨 460m 的斜拉桥,桥位处水深 8~12m,覆盖层厚达 50~60m,主墩基础采用深达 82m 的多柱基础。

(3)沉箱基础。就是将沉井底节做成一个有顶盖的施工作业工作室,然后在顶盖板上装设井管及气闸,也称为气压沉箱。当桥梁深水基础需修建在透水性很大的土层中且含有难于处理的障碍物,或基底需要经过特殊处理的情况下,沉井无法下沉时,可采用沉箱基础。沉箱基础主要由顶盖、刃脚、工作室、箱顶圬工、升降井孔、气闸及箱顶管路组成。

(4)地下连续墙。也是一种特殊的桥梁基础形式,地下连续墙井箱基础是一种与沉箱基础颇为相似的一种深基础结构形式。日本用它修建桥梁水下基础的例子有青森大桥的两个主塔墩基础和北浦港桥 2 号、3 号、4 号三个海水中桥墩基础及白鸟大桥两个主跨侧墩基础,将墙体用"接头"的形式在平面上连接成一个封闭的矩形、八角形、井字形或圆形等不同结构形式的地下连续墙基础,作为特殊的桥梁基础形式。

(5)设置基础。为适应海域中的恶劣环境,减少基础作业时间,先将海底爆破取平,然后采用浮运沉井下沉的方法或以大型浮吊在深水中设置预制好的桥梁基础称设置基础。日本北、南备赞濑户桥的海中基础、明石海峡桥的主塔基础、葡萄牙的萨拉扎桥 3 号墩基础均采用此法修建,水深达 50m,最大潮流速度为 9.27km/h。

(6)钟形基础。钟形基础是一种类似套箱而形状像钟的基础。1939 年首创于美国,先后修建了波托玛河桥、圣·玛铁—海瓦尔德桥、里查蒙德·圣·莱弗尔桥、奇萨皮克海湾桥和俄勒岗桥;1973 年开始在日本桥梁深水基础中采用,修建过大黑埠头桥、荒川岸海湾桥等。

(7)自控式气压沉箱基础。日本鹤见航道桥为主跨 510m 的斜拉桥,水深 12m;东京湾大桥为主跨 570m 的悬索桥,水深 10~12m。这两座桥的基础均采用自动控制气压沉箱,水下基础深度分别为 36m 和 41m。施工技术的关键是在沉箱底部设有较大空间,供可自动化操纵的掘进、倒运机具设备作业,使沉箱不断在底部被掘进掏空后,最终沉至设计高程。

第二节 防 水 围 堰

桥梁深水基础的修建,主要困难在于防水、防土,有时还要防止冲刷、滑坡等。除沉井、沉箱基础本身具有防水功能外,管柱、桩基础的施工,常需配以防水围堰。另外,在桥梁深水基础中,有时即便采用沉井、沉箱基础,为把基础修在水面以下,仍需在沉井、沉箱之上加设临时性防水围堰,以便沉井、沉箱以上和水面以下的部分建筑施工。所以,防水围堰虽是临时结构,但在桥梁深水基础施工中所占的地位是很重要的。用围堰配合施工的目的,就是在堰内施工和修筑基础时,使堰外的水和土不至于大量涌进堰内,而待基础、墩台修筑出水面后即可将其拆除,以免堵塞水流或航道,所以它是一种施工用临时性结构。当然,在个别特殊情况下,为保护基底土免受冲刷而将围堰留在水中,此时的围堰就变成基础的一个组成部分。

在水深流急的大江大河或潮涌浪高的近浅海中采用围堰法修建大型桥梁深水基础时,由于桥渡处的水文、地质、气象、航道等条件的不同,不可能有一种适合于所有桥梁基础修建的围堰结构形式和施工方法。目前,桥梁深水基础修建中采用的防水围堰包括钢板桩围堰、双壁钢围堰、钢吊箱围堰等。本节主要对钢板桩围堰、双壁钢围堰这两类着床型围堰的结构形式和施工方法予以介绍。

一、钢板桩围堰

钢板桩本身强度大,防水性能好,打入时穿透能力强,因此钢板桩围堰的适用范围相当广。从我国桥梁基础施工的实践来看,10~20m深的围堰,用钢板桩是适宜的。在特殊情况下,30m深的围堰也使用过钢板桩。钢板桩不但能穿过砾、卵石层,也能切入软岩层内。

钢板桩围堰主要由钢板桩和钢围笼(也有称"钢围圈")组成,钢板桩起防水、挡土及水下封底混凝土模板的作用;钢围笼作为下沉管柱的悬挂和导向结构,同时用作钢板桩的支撑,其顶层又作为施工平台,它是一种临时辅助结构,待墩身修出水面后全部拆除,见图3-5。

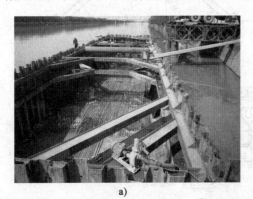

图3-5 钢板桩围堰

从图3-5也可看到,钢板桩围堰的构件除钢板桩外还包括:导环、支撑、外导环。其中,导环为一水平板梁环或桁梁环,其作用是把钢板桩上所受的外力传至支撑上,当围堰为圆形时也称圆环;支撑为一受压构件,常设计成对撑式带有水平及立面联结系的空间桁架结构;而外导环则为一与上述导环在同一平面上,并且互相平衡的外环,作用是限制钢板桩倾斜的导向结构,一般最少有两层。

1. 钢板桩的构造形式

钢板桩是碾压成型的,断面形式多种多样。图3-6~图3-8和表3-2~表3-6给出了几种常用钢板桩的截面形式和特性。我国常用的是拉森型钢板桩,其断面如图3-6所示。钢板桩的成品长度有几种规格,最大为20m,还可根据需要接长。钢板桩之间的连接采用锁口形式,这种锁口既能加强连接,又能防渗,还可以作适当的转动,以适应弧形围堰的需要。矩形钢板桩围堰的转角处要使用一块特制的角桩,其构造如图3-7所示。

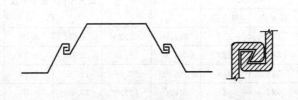
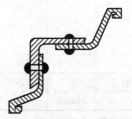

图3-6 拉森型钢板桩截面形式　　图3-7 矩形围堰的角桩

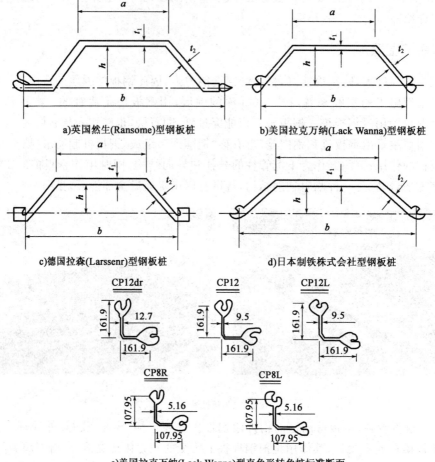

图 3-8 钢板桩断面形式(尺寸单位:mm)

英国然生(Ransome)型钢板桩   表 3-2

型号	质量		断面模量(cm⁴)			尺寸(mm)				面积
			1根	1m宽				最大厚度	最小厚度	
	kg/m	kg/m^2	对a边	对a边	对b边	b	h	t_1	t_2	$(m^2/1000kg)$
UL	40.5	113.98	80	221	221	361.9	68.25	8.00	8.00	8.773
U	46.5	130.98	119	328	328	361.9	79.37	9.53	9.53	7.635
S	49.5	139.54	126	348	348	361.9	80.96	12.70	7.94	7.166
H	53.0	146.00	226	622	622	360.0	125.0	13.00	8.00	6.849

注:断面模量对 a 边指对上边,对 b 边指对连接轴线。

美国拉克万纳(Lack Wanna)型钢板桩

表 3-3

型号	质量 kg/m	质量 kg/m²	断面模量(cm⁴) 1根 对a边	断面模量(cm⁴) 1m宽 对a边	断面模量(cm⁴) 1m宽 对b边	尺寸(mm) b	尺寸(mm) h	最大厚度 t_1	最小厚度 t_2	面积 (m²/1000kg)
SPS	21.9	101.3	18	83	83	215.9		5.16	5.16	9.87
SP8a	26.5	122.6	18	83	83	215.9		9.53	9.53	8.16
SP12	55.4	170.9	66	203	203	323.8		9.53	9.53	5.85
SP121	60.9	188.0	66	203	203	323.8		12.70	12.70	5.32
SP15	57.1	149.9	65	170	170	381.0		9.53	9.53	6.67
AP14	60.8	170.9	124	350	400	355.6	46.8	9.53	9.53	5.85
AP15	86.5	227.0	294	510	635	381.0	52.4	14.29	14.29	4.40
AP16	43.6	107.4	80	196	196	406.4	63.5	9.53	9.53	9.31
DP165	49.6	122.0	220	541	1160	406.4	127.0	9.53	7.94	8.20
DP166	63.4	155.0	332	818	1780	406.4	152.4	12.70	9.53	6.41

德国拉森(Larssenr)型钢板桩

表 3-4

型号	质量 kg/m	质量 kg/m²	断面模量(cm⁴) 1根 对a边	断面模量(cm⁴) 1m宽 对a边	断面模量(cm⁴) 1m宽 对b边	尺寸(mm) b	尺寸(mm) h	最大厚度 t_1	最小厚度 t_2	面积 (m²/1000kg)
Ⅰb	27.4	76.0	44.8	125	250	360	50	6.5	6.0	13.158
Ⅰa	33.0	82.0	65.6	164	380	400	65	7.0	6.0	12.195
Ⅰ	38.0	96.0	89.6	224	500	400	75	8.0	7.0	10.417
Ⅱa	49.0	122.0	152.4	381	849	400	100	10.5	8.0	8.197
Ⅱ	45.6	114.0	229.6	575	970	400	135	8.0	7.0	8.772
Ⅲ	62.0	155.0	203.2	508	1363	400	123.5	14.5	3.0	6.452
Ⅲa	57.0	143.0	322.0	805	1400	400	145	11.0	8.0	6.993
Ⅳb	69.0	172.0	387.7	936	2000	400	180	13.0	9.0	5.184
Ⅳ	75.0	187.0	315.2	788	2037	400	155	15.5	9.0	5.348
Ⅴ	100.0	238.0	402.8	1007	2962	420	172	22.0	11.0	4.202

日本制铁株式会社型钢板桩

表 3-5

型号	质量 kg/m	质量 kg/m²	断面模量(cm⁴) 1根 对a边	断面模量(cm⁴) 1m宽 对a边	断面模量(cm⁴) 1m宽 对b边	尺寸(mm) b	尺寸(mm) h	最大厚度 t_1	最小厚度 t_2	面积 (m²/1000kg)
Ⅰ	36.6	91.24	66.4	166	509	400	75	8.0	6.0	10.94
Ⅱ	48.01	120.03	120.6	301	869	400	100	105	6.5	8.33
Ⅲ	61.00	149.97	196.2	491	1309	400	125	13.0	7.5	6.67
Ⅳ	76.44	191.09	299.4	749	2072	400	155	15.5	8.5	5.23
Ⅴ	105.03	250.08	421.3	1003	3130	420	175	22.0	10.0	4.00

苏 联 钢 板 桩　　　　　　　　　表3-6

类型	号码	截面积 (cm^2)	质量 (kg/m)	对重心轴 x-x 的惯性矩 (cm^3)	对钢板桩边缘最小断面模量 (cm^4)	钢板桩尺寸(mm)				
						b	H	d	t	r
平形	шл-1	82	64	308	73	400	103		10	42
	шл-2	39	30	80	28	200	71		8	29
槽形	шк-1	64	50	730	114	400	75	10	10	62.5
	шк-2	74	58	2243	560	400	125	10	t0	86.5
Z形	шл-1	78	61	7600	630	400	240	10	9	120
	шл-2	119	93	20100	1256	400	320	14	12	160

注：表中 шл-1 型锁口处的极限拉力均为2000kN/m。

2. 钢板桩围堰的结构布置

(1) 围堰结构平面布置

一般钢板桩围堰常作为管桩施工的辅助设施，钢板桩围堰结构的平面布置应与管柱的布置相互配合，以求得基础管柱布置合理和围堰结构比较简单。例如南京长江大桥9号墩的管柱基础，其围堰结构平面布置如图3-9所示，围堰内部支撑采用方格形，共有12个方格，实际需要插打10根管柱，空出2格，以作补插管柱时的备用。由于支撑为方格形，围堰平面体系的稳定是靠导环的刚性来保证。

(2) 围堰结构的立面布置

围堰结构的立面布置，应根据施工水位、河床情况、围堰结构材料和钢板桩的类型确定。一般来说，在进行围堰结构立面布置时，应作如下考虑：

①围笼底层导环应尽量放低，以相应地降低封底混凝土底面高程，这样可以减小管柱的自由长度，增加整个基础的刚度。

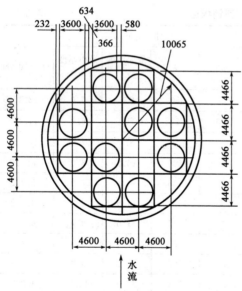

图3-9　钢板桩围堰平面布置示意图(尺寸单位：mm)

②抽水水位确定后，钢板桩顶面高程应高出此水位1m，以防抽水时波浪打入。围笼的顶层平面，一般还要作为下沉管柱作业的工作平台，因此其高程应高出一般的高水位。

③封底混凝土的底面，原则上是越低越好，但当围笼底层导环的高程确定以后，就受到钢板桩允许最大吸泥深度的控制，有时还要受到灌注封底混凝土时产生的对钢板桩的侧压力的控制。

④每层导环作为钢板桩的支撑，抽水时，钢板桩受弯，导环受压。导环的间距须使钢板桩的受弯应力不超过容许值，而各层导环受力要比较均匀，且不致受力过大而使导环截面难以设计，但也要照顾到围笼支撑结构设计的简单化。

(3) 内部支撑的布置

内部支撑的布置，要考虑灌注承台墩身时内部支撑的拆除，因此设计时，在静水压作用下不考虑内部支撑的作用,而钢板桩所受的水压力均由导环承受。这样,内部支撑除了下部埋入水下混凝土部分外,其余均可在修筑承台及墩身时拆除,而留下导环及外圈联结系。考虑到灌注混凝土时需要工作平台,承台墩身轮廓以外部分构件不予拆除,作为灌注平台。作用在围堰上的水流冲击力在内部支撑拆除后,则由外围联结系来承受。

3. 钢板桩围堰计算

根据不同的施工条件以及施工过程中不同的工况,下面介绍钢板桩围堰的几种可能的受力状态及其相应的计算图式和计算方法,在计算板桩时均取 1 延米板桩墙来进行分析。

(1) 水不深,覆盖层较厚,基础底面位于土层上

如图 3-10a)所示的围堰,施工期间明水深 3.5m,开挖深度达到 6m。采用钢板桩围堰。因钢板桩抗弯能力大,故有可能只在河床面以上布置支承,简化施工程序,避免在开挖过程中增设支承。当基坑开挖至设计高程,堰内未排水时,钢板桩可近似地认为只受到土压力。它与木板桩围堰的受力不同之处仅在于计算土压力时要扣除水对土的浮力。钢板桩的计算图式如图 3-10b)所示。

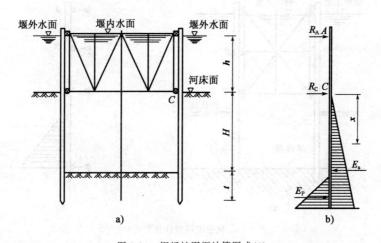

图 3-10 钢板桩围堰计算图式(1)

钢板桩围堰封底之后,排干堰内积水时,钢板桩的受力状态如图 3-11 所示。此时,钢板桩下端可当作支承于封底混凝土表面。钢板桩受到的荷载就是外侧的水压力和土压力。考虑到钢板桩防水的严密性,故土压力计算式中,土的重度 γ 用浸水重度 γ',同时计算静水压力。

检算上述两种受力情况,以判定哪一个控制钢板桩强度。

(2) 基础底面为岩层的情况

如图 3-12 所示围堰,基础就砌筑在岩层上。此时,应尽量将板桩下端击入岩层,以使其下端形成铰支承。

板桩围图支承的底层 C 可以设在河床面之上。如岩层坚硬,无法保证桩底铰支承状态的实现,且覆盖层又很厚,则底层支承需延伸至河床以下,以减少下端的悬臂长度。这就需要在开挖一定深度后,将围图再下沉一次,如图 3-13a)所示。当基坑开挖到设计高程时,钢板桩围堰的受力状态如图 3-13b)所示。此时,钢板桩下段处于悬臂状态,某些支点可能出现负反力,设计时应注意在 A 点和 C 点设置外导环,以承受负反力。

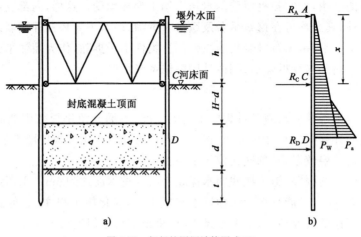

图 3-11 钢板桩围堰计算图式(2)

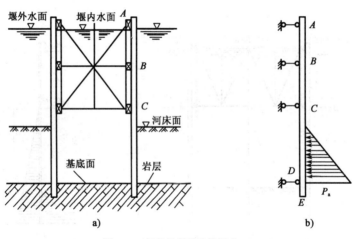

图 3-12 钢板桩围堰计算图式(3)

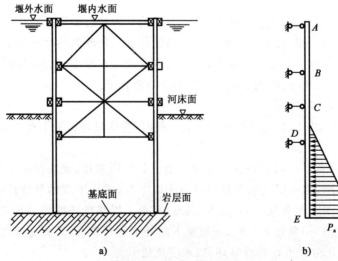

图 3-13 钢板桩围堰计算图式(4)

(3) 无覆盖层的情况

在没有覆盖层的情况下,一般不宜使用钢板桩围堰。不得已要采用钢板桩围堰时,应注意在灌注水下封底混凝土时,下段钢板桩有向外弯曲的危险,如图 3-14a)所示,新灌注的混凝土作用于钢板桩上的侧压力[图 3-14b)]就是使钢板桩向外弯的作用力。对于这种情况除在围堰内设置内支承(围囹)以外,通常应设置外导环作为反向的支承,还应在封底混凝土灌注之前在外侧抛投片石,作为钢板桩下端的支承点。钢板桩的检算应分两种受力情况考虑:一种是刚灌注水下混凝土时的受力图式[图 3-14b)];另一种是堰内抽水以后的受力图式[图 3-14c)]。在图 3-14b)中,p 为水下混凝土的冲击影响,一般可取为 $200kN/m$;H 为混凝土初凝时间 t_0 内的封底混凝土上升高度;p' 为新灌注的混凝土的侧压力,它在 H 范围内与高度呈线性增长,其值为 $p'=700H$。在 H 深度以下,即为先灌注已凝结的水下混凝土,由于钢板桩的挠曲变形不能恢复,混凝土侧压力 $p+p'$ 仍起作用,而不应考虑卸载。

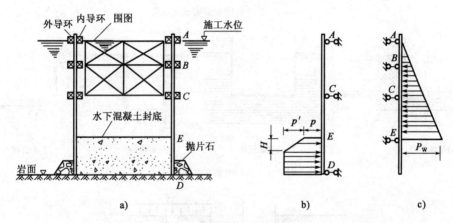

图 3-14 钢板桩围堰计算图式(5)

4. 钢板桩及支承的计算

通常将钢板桩视作连续梁进行内力分析。为了充分发挥钢板桩的强度,支承的间距按钢板桩"等弯矩"的原则布置。这样,支承的间距将是自上而下逐段变小,如图 3-15b)所示。按此种等弯矩原则布置,各层支承受力不相等,愈往下愈大,使支承构造复杂,不便于制造。若支承体系采用常备式构件,也可按支承"等反力"的原则布置。让各层支承所承受的轴向压力相等。按此种"等反力"的原则布置时,上下两层支承的间距如图 3-15a)所示,图中 h 值可按板桩截面的容许弯矩确定。工程实践中为了施工的简便,往往采用等间距布置,如图 3-15c)所示。

5. 围堰内基底土层稳定性检算

当围堰内抽水和基底挖深时,由于水压和土压作用,有可能使基底发生挤高隆起如图 3-16a)、图 3-16b)所示。若再加上渗流作用更有可能引起翻砂、涌水或管涌,如图 3-16c)、图3-16d)所示。因此,对围堰内基底土层稳定性验算是非常必要的。

(1)用地基极限承载力理论验算软黏土层基底的稳定性

验算原理是把围堰内挖土视作地基承受的负荷载,并认为当堰外土层所形成的超载 P_v 等于堰内地基土极限承载力 q_f 时,围堰内基底就已处于被超载反向压入挤高的临界状态,见图 3-17。因此,可将此时的超载视为地基承受负压时的极限承载力。

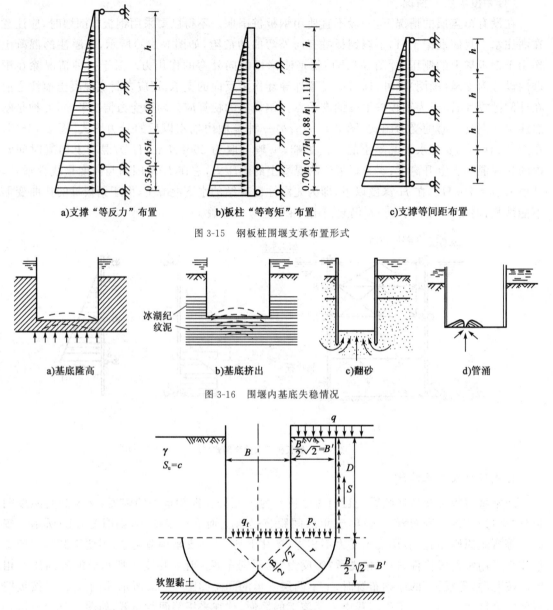

图 3-15 钢板桩围堰支承布置形式

图 3-16 围堰内基底失稳情况

图 3-17 用地基极限承载力理论来检算围堰基底稳定性的计算图式

(2) 用渗流理论来验算砂性土层基底的稳定性

当围堰基底为砂性土层时,即可用围堰内外的水头差和土面高差来验算基底土层的稳定性。由于抽水使围堰内外水头差加大和挖土使渗流途径减小的双重作用,将会使围堰内外水力梯度 h/L 大为增加,如图 3-18a)所示。当围堰内外水力梯度大到一定程度后,围堰底就会引起涌水和翻砂,不仅堰底地基土遭到破坏,甚至整个围堰也会因此而倒塌。图 3-18a)中,钢板桩打入土中深度为 D,堰内挖深为 D_c,板桩有效深度为 D_1,抽水后的内外水头差为 h,则围堰内外水力梯度 $i=h/D_c+2D_1$。为使围堰内水能抽干,钢板桩须有足够的有效入土深度 D_1。建议的 D_1 值列入表 3-7。图 3-18b)所示为钢板桩穿过黏土层又进入砂层,当堰内外水压力差

为 h_w 时,安全系数应大于 1.25,即

$$F = \frac{\gamma_s h_s}{\gamma_w h_w} > 1.25 \tag{3-1}$$

式中:γ_s——堰内基底土饱和重度(kN/m³);
$\quad h_s$——堰内基底土厚度(m);
$\quad \gamma_w$——水重度(kN/m³);
$\quad h_w$——水头差(m)。

由式(3-1)可知,增加围堰基底土层的稳定的有效措施,除增加板桩的有效入土深度外,在基底加一碎石压重层也是有效的。

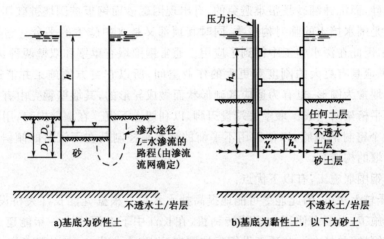

图 3-18 考虑渗流力对基底稳定影响图示

围堰板桩最小有效打入深度(D_1)安全系数=1.5   表 3-7

图示							
				基坑宽度			
地基情况		$8D_c$	$4D_c$	$2D_c$	D_c	$\frac{1}{2}D_c$	$\frac{1}{4}D_c$
1.无限厚的均匀砂层	松散	$0.7D_c$	$0.8D_c$	$0.9D_c$	$1.0D_c$	$1.2D_c$	$1.4D_c$
	密实	$0.4D_c$	$0.5D_c$	$0.6D_c$	$0.8D_c$	$1.0D_c$	$1.3D_c$
2.均匀砂层下有不透水的黏土层(密实)	$H_1/D_c=1$		$0.4D_c$	$0.4D_c$	$0.6D_c$	$0.8D_c$	$0.9D_c$
	$H_1/D_c=2$		$0.4D_c$	$0.5D_c$	$0.8D_c$	$1.1D_c$	$1.3D_c$
3.粉细砂层下为粗砂砾砂层	粗砂层低于板桩底的深度>基坑宽度	采用情况1的数值					
	粗砂层在基坑底面以下的深度<基坑宽度	用渗流网图计算					
	粗砂层面已达基坑底面	采用情况1的数值(偏于安全)					

二、双壁钢围堰

1. 双壁钢围堰的特点

钢板桩围堰的施工有它的局限性。首先是它能承受的抽水水头,即围堰抽水时的内外水头差有限,也就是抽水水位不能太高。即使受力情况较合理的圆形围堰,虽曾达 20m 的抽水水头,但是围堰支撑结构庞杂,质量已超过 320t,设计和施工都比较困难。同时,钢板桩长度超过 30m,吊插都有一定的困难。另外,钢板桩围堰主要是承受径向的向内的压力,而承受向外张力的能力是很差的。因此,渡洪时钢板桩顶面一般不准过水。同时,安装在沉井顶上的围堰要求沉井下沉时避免翻砂,而沉井翻砂是很难避免的,有出现因翻砂而钢板桩围堰被破坏的情况。

钢围堰既是围水挡土的临时构造物,同时其顶部又是水中施工的平台。它具有良好的刚度和水密性能,因此在深水施工中得到了应用。通常钢围堰有单壁和双壁两种,与单壁钢围堰相比,双壁钢围堰具有更大的刚度和更大的作业空间,所以它更方便施工并能适应更大的水深。双壁钢围堰常为圆形,也有为适应基础形状而做成异形的,其堰壁钢壳由有加劲肋的内外壁板和多层水平桁架所组成。堰壁底端设刃脚,以利切土下沉。在堰壁内腔,用隔舱板将其对称地分为若干个密封的隔舱,以便利用不平衡的灌水来控制其在下沉时的倾斜,图 3-19 为一典型双壁钢围堰的构造。

采用双壁钢围堰施工,有以下优点:

(1)能承受较大水压,因此能尽可能地提高抽水水位。根据九江长江大桥设计抽水水位,基本上能全年施工,再配合使用大型旋转钻机,在长江中下游河流中一年能建成一个深水基础。而钢板桩围堰(包括在沉井顶面设钢板桩围堰)允许水头小,一般均按历年枯水期中偏高水位作为设计抽水水位。这样,这一年围堰浮运下沉,要到次年枯水期抽水,工期受到限制。当钻机钻孔效率提高后,还可能出现钻孔提前完成而水位还没有降下来,此时仍不能抽水,只能停工。

(2)双壁钢围堰结构刚性大,能承受向内或向外的压力。因此,不怕洪水淹没围堰,也不怕下沉时翻砂,施工十分安全可靠。特别在长江上游河段,一过枯水期水位便猛涨,流速也很大,因基础工程大,一个枯水期不能完成,一般只好在洪水期停工,待水位下降后继续施工。在此期间还必须保证已经施工的工程的安全,而采用双壁钢围堰,只要及时在围堰内封底,就能安全渡洪。

(3)双壁钢围堰工序单一、施工简便,围堰在水中是以灌水下沉,主要工作就是拼装围堰钢壳。同时,围堰内没有支撑,吸泥下沉和清基都比较方便。这样,能及早封底,使围堰尽早达到稳定状态。

(4)双壁钢围堰顶部的施工平台,能承受较大的施工荷载。同时,在围堰范围内平台下设有支撑,适宜于使用大型旋转式钻机,因此双壁钢围堰钻孔桩基础已成为我国目前桥梁深水基础较为广泛采用的基础形式。

(5)双壁钢围堰结构简单、设计快、制造方便。

双壁钢围堰也有存在的问题,就是它仅作为临时施工设施,其上部在基础工程完成及墩身筑出水面后即拆除,可倒换使用,但下部不能取出。

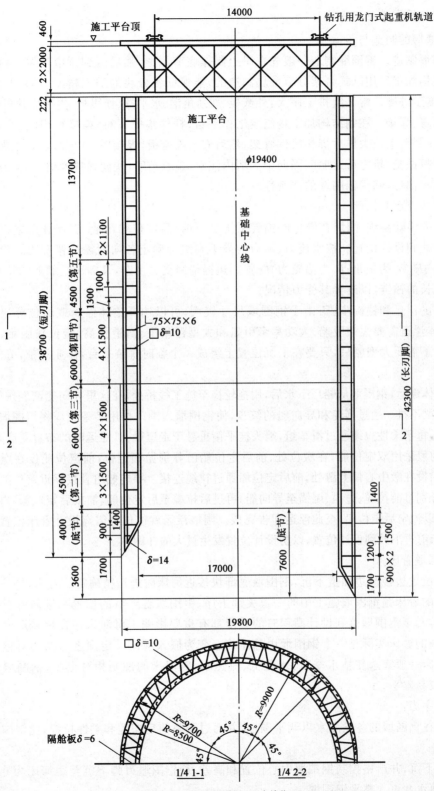

图 3-19 双壁钢围堰(尺寸单位:mm)

2. 双壁钢围堰的施工方法

(1) 钢围堰的制造与浮运

① 钢围堰制造。钢围堰制造一般先在岸上制作底节围堰,然后运到桥墩位置。钢围堰一般是在钢结构加工厂用卧式台架分节分块制造的,能保证各分块的加工精度,拼装方便,减少仰焊,加快施工进度。常见组拼工序为:外壁板、加劲角钢、水平撑、横隔板、内壁加劲角钢、内壁板、脱模、翻身、焊接。在钢结构加工场组装工作平台,杆件集中下料,连接角钢(法兰)对拼点焊后钻孔,在平台上放大样后焊接块件骨架,然后安装隔舱板,焊接内、外壁板。钢围堰加工完后要进行试拼试验,拼完后逐舱间隔向钢围堰内注水,检查节间、块间接缝及舱板是否漏水,并及时处理漏水部位,确保钢围堰的严密性。

② 钢围堰浮运和锚碇。

a. 围堰的锚碇系统:围堰在墩位的锚碇系统是由前、后定位船组成,以保证双壁钢围堰下沉时能准确达到设计位置。按水流力、风力的最不利组合确定各向所需的锚碇力。设计锚重采用 $W=2.5R$(W 为锚重;R 为锚碇力)配置。边锚锚绳受力复杂,又需满足靠船的特别要求,因此采用较长的锚链,以改善其受力情况。

b. 围堰的浮运和锚碇步骤:由于钢围堰尺寸较大,可以选择整体浮运或原位分块分节浮拼,其中整体浮运需要大型驳船、大功率牵引船和大型浮吊配合,造价高,定位较困难;原位分块分节浮拼不需要大型船只,只要在下沉位置上组成一个临时拼装平台,作业简单,造价低,定位容易。

对于整体浮运,钢围堰从船厂下水后,用拖轮拖至施工栈桥处,在这里导向船已经拼好,只留上游侧走道梁不拼。通过拖轮和导向船的绞盘,使钢围堰入围。再用多条拉缆将钢围堰限位于导向船中间,每条柔性拉缆通过滑车组,端头挂平衡重悬于走道梁上,浮运时的布置要合理;另一方面,潮汐河段采用双定位船,在墩位处,前后定位船已分别抛锚定位,前定位船设在墩中心上游,后定位船设在墩中心偏上游处,前后定位船通过拉缆连接。导向船组直接靠近定位船并与之临时系结,分别过前拉缆、边锚、尾锚至导向船,再过后拉缆至后定位船,溜放后定位船,再抛设多个临时小锚以泊定后定位船,至此浮运即告完成。围堰浮运就位位置需离设计着床位置有一定距离,待着床前再下放到设计位置,以防设计位置发生过大的冲刷。

(2) 钢围堰着床

在桥墩位置边接高边加重下沉,钢围堰底部快接近河床时进行精确定位着床。

钢围堰的着床是钢围堰施工中的一道关键工序,钢围堰着床后的位置和倾斜率对钢围堰以后的下沉,乃至钢围堰落到设计高程时的质量都有重要影响。对河床存在覆盖层的钢围堰来说,钢围堰的着床实际是一个围堰由悬浮状态变为嵌入河床一定深度后的相对稳定状态的过程。着床一般宜选在枯水季节,水位低、流速小,对河床的冲刷相对也小,钢围堰容易控制,河床也较易整平。

施工工序为:

① 通过在钢围堰的各舱灌水以调平围堰,并通过调整前后兜缆和柔性拉缆,使钢围堰处于设计位置。

② 灌水下沉,并严格控制钢围堰中心位置和高差,待钢围堰刃脚下沉至距河床为 0.5m 左右时,停止灌水并再次整平钢围堰。

③各舱内同时加水,使钢围堰快速平稳下沉,使刃脚部分切入河床,并控制着落河床的范围。若钢围堰倾斜过大,应该向着床的部位进行注水纠偏。

(3)钢围堰下沉

钢围堰在覆盖层中吸泥下沉同时进行接高,直至沉到设计高程为止。

下沉主要设备为吸泥机和与之配套的压风机。钢围堰精密定位着床后,钢围堰继续接高并且吸泥下沉。在钢围堰两边往中心均匀清除覆盖层,可使钢围堰均匀下沉。此时,由于钢围堰部分已经嵌入覆盖层里,钢围堰相对稳定,而且变化有规律,采用多次测量和系统比较的方法来确定钢围堰的下沉情况,同样测定节段基准点的坐标,求得钢围堰顶中心偏移及高程、底中心偏移、刃脚高程、扭角、倾斜等钢围堰观测资料,指导钢围堰接高下沉和纠偏的实施。

常用的纠偏方法有三种:

①围堰内偏挖。在刃脚较高的一侧多挖土,在围堰下沉的同时把倾斜纠正过来。

②偏心压重。在围堰顶面较高的一侧压重,可利用钢轨进行悬吊压重,以纠正其倾斜。

③井外挖土或填土。在薄壁混凝土围堰较高的一侧挖土,以减小摩擦力;在低的一侧填土,以增加其摩擦力,使堰恢复到设计位置。

(4)钢围堰清基与封底

钢围堰下沉到位着岩后,必须清除干净钢围堰内基底,暴露成片的基岩面。一般而言,钢围堰下沉距岩面约 1m 左右时,即需要按下述步骤清基:

①用高压射水管和吸泥机在钢围堰中心范围彻底清除钢围堰内泥沙、黏土、卵石以及强风化带,直至排出清水为止。靠近钢围堰内壁一定范围内(3～5m)暂不吸泥。

②在靠近岩面较高处的钢围堰内壁处吸泥,使刃脚在岩面高处先着岩并继续进行钢围堰下沉施工。

③随着已着岩处刃脚的下沉,逐渐将吸泥射水的范围沿内壁向一侧扩移,然后采用水下探测扫描仪器检查岩面情况和刃脚的外露情况,若符合设计要求则结束清基施工。

封底施工质量是保证抽水后干施工的关键。

在钢围堰基本稳定后,浇筑封底混凝土前,必须精密测定钢围堰的位置,即包括测定钢围堰顶中心位置及高程,并重新推算钢围堰的偏移、倾斜、扭角和刃脚高程,确定钢围堰的竣工位置,作为钻孔桩施工放样的依据,为桥墩基础施工提供基础位置。一切准确后,需采取必要的水平和竖向临时定位锁定措施,然后再开始封底混凝土施工。

封底混凝土浇筑采用的导管,根据钢围堰的底面积与每根导管的作用半径布置。浇筑封底时每个钢围堰设导管装置,每套导管装置包括导管及带阀门的储料漏斗。每根导管首批混凝土的储存数量需要经过计算,应满足导管初次埋深。储料斗采用相应的容量。混凝土封底时,在钢围堰内设多个测点,浇筑过程中随时用测量工具,如测绳进行测量,以此来掌握混凝土的流动情况,控制导管埋深及封底混凝土顶面高程。

对于封底混凝土宜采用低强度的水下混凝土,首批混凝土坍落度不宜过大,避免因落下的混凝土不能形成一定的坡度造成导管底口脱空。后期适当增大混凝土的坍落度,使混凝土形成较平坦的顶面,一般可将封底混凝土浇筑到比设计高程略高的位置。

第三节　深水桩基础施工平台

深水基础钻孔桩一般为大直径桩,施工时受洪水、通航、大流速潮汐等冲刷的影响,为排除施工干扰、精确定位,必须在桩位设置临时施工工作平台。

在水深流急的江河中施工,在墩位处设置围堰施工平台,使堰内基本成为静水,再在围堰内进行钻孔桩基的施工。特别在北方的河流上,冬春之交常有凌汛(流冰)威胁。凌汛时上游冰块沿河漂流而下,相互撞击,产生很大的冲击力。围堰本身很坚固,打入河床后各块互相扣合形成整体,有强大的抵抗力,抵抗水流冲刷和冰块撞击。在地质条件较好的情况下,一般采用钢板桩围堰施工平台。但在有些桥位的水域中,是裸露的基岩且流速很大,需在基岩中钻孔,钢护筒在水中难以稳定,便出现了钢筋混凝土薄壳沉井施工平台,将几个桩孔一起圈在沉井内,以便逐个钻孔,代替单个安设护筒的做法。由于沉井体积大,所以比较稳定,适合在水深流急的河流上使用。当承台底面距河床面较高,或承台以下为较厚的软弱土层,且水深流急时,目前多采用钢吊箱围堰加钢支架施工平台的施工方法,或者采用钢吊箱围堰既作为防水措施进行承台施工,又作为施工平台来为桩基沉桩导向定位。

施工平台是钢护筒下沉定位的导向辅助平台;是桩基础钻孔、水下混凝土灌注的作业平台;是基础施工机具、材料临时堆放的场地;是双壁钢围堰施工拼装、下沉的支承平台。由于桥梁深水桩基础水中施工的特殊环境,使得施工平台成为其施工中必不可少且极为重要的一个部分。

一、施工平台的类型

目前我国大跨度桥梁的深水基础多采用钻孔灌注桩基础。从施工方面来看,钻孔灌注桩基础的施工分为先下钢围堰后成桩和先成桩后下钢围堰两种施工方案。先下钢围堰后施工钻孔桩方案具有以下优点:钢护筒厚度及长度减少,易于准确定位;节省钻孔平台钢管桩钢材也可节省加工焊接及施工桩的费用;节省钻孔平台的稳定措施费等。所以,若无覆盖层或覆盖层很浅时宜采用先下钢围堰后施工钻孔桩方案。先成桩后施工钢围堰方案具有以下优点:施工快,从施工钻孔平台钢管桩、架设平台至开钻时间短;可降低钢围堰高度,节省工期,降低造价;减少双壁钢围堰夹壁混凝土量;避免岩面高低不平时钢围堰不规律的高低刃脚着岩难度;清除钻渣难度减小;封底混凝土量可减少等。故该方案常被用于覆盖层较厚,且覆盖层较软、承载力较小,工期和造价有要求的工程中。

如前所述,先下钢围堰后成桩方案是采用的钢围堰施工平台,先成桩后下钢围堰方案则是采用支架施工平台或者浮动施工平台。由于钢围堰施工平台的重要功能之一是防水并作为承台施工的模板,一般将其归为单独一类,进而在此基础上发展了钢吊箱围堰施工结构。

总的来说,深水桩基施工平台分为浮动施工平台和固定施工平台两大类型。

浮动施工平台是深水中完成钻孔桩基础施工的一种简便而有效的方法,它是指利用水上设备(民用船舶或工程浮箱)以及军用器材等搭设作业平台进行钻孔桩施工的方法,适用于水流较平稳、波浪小、流速不大、通航压力小的河流中深水钻孔桩基础施工。按构造形式分为浮船、六七式标准舟节、浮箱等。浮动施工平台的优点为：结构简单、架设较为简单；可充分利用制式器材，方案灵活性大；投入施工快，显著缩短工期；容易改装成套箱拼装下沉用平台，能节省大量时间；受潮汐水位变化的影响小，抗洪能力强。平台可随水位上浮下沉，在涨水时能继续在平台上进行其他相关操作，有利于保证施工进度。缺点为：占用较多水上设备和器材；占用较多河道，一定程度上影响通航，在河道通航繁忙、流速较大的河流中实施比较困难；定位需要较庞大的锚锭系统；钻机施工过程晃动大，钻进效率低，且不能适应大扭矩、大功率的回旋钻机。

固定施工平台按构造形式分为支架施工平台和围堰施工平台。支架施工平台按支承桩材料可分为木桩施工平台、钢筋混凝土桩施工平台或型钢、钢管桩施工平台等；按组成平台的构造可分为型钢平台、桁架平台和型钢与桁架组合平台；按平台的受力方式可分为钢管桩单独承力、钢护筒单独承力、钢管桩与钢护筒同时承力（统称钢护筒施工平台）三种类型。围堰施工平台包括钢套箱围堰施工平台、钢板桩围堰施工平台、浮运薄壳沉井施工平台。固定施工平台的优点为：结构简单，相对固定，在成孔过程中对成孔质量有保证。缺点为：周转材料使用多，周期长，平台构架和定位桩的拆装比较费事；且因其平台构架均在施工水位以上，桩的自由长度较长，刚度较差，有头重脚轻之弊；当平台受到较大水平力，如风力、水流冲击力或冲刷较大时，平台容易失稳。

各种钻孔平台的对比及适用条件见表3-8。

各种钻孔平台对比及适用条件　　　　　　表3-8

平台形式	优　点	缺　点	适用条件
浮式平台	无需钢管桩，节省临时材料；对河床扰动相对较小；平台周转方便快捷	平台需要足够的锚碇系统定位；现场定位难度大，成本高；平台稳定性差，影响护筒、桩基精度；施工受水文条件影响大	水深较深，覆盖层较薄或无覆盖层，及卵砾石河床
钢管桩平台	钢管桩是临时结构，精度要求低，平台搭设难度小。钢护筒在临时平台上打设精度高，施工安全、方便。钢护筒在施工过程中不受竖向荷载作业影响	施工体系转换过程中必须反复插打、拔除大量临时钢管，水上工作量大。平台稳定性差，刚度小	水深不超过35m，覆盖层厚度5m以上
钢护筒平台	施工体系转换过程中无需反复插打、拔除临时钢管，减小了水上工作量，节省工期；耗费材料相对较少，经济性好；平台范围内不插打钢管桩也减少了对墩位处河床的扰动，有利于基础受力和抗冲刷；平台自身刚度、稳定性、安全性显著提高	插打钢护筒定位难度大，精度较难保证；设备要求高，机械使用费用高；平台搭设有一定难度	具有一定规模的深水群桩基础，水深15m以上，覆盖层厚度5m以上
钢围堰平台	不需要庞大的水上固定式钻孔平台，节约材料，对航道影响较小；桩基施工到承台施工的体系转换方便快捷，只需拆除平台、设备、牛腿后继续加水下沉至设计高程，悬挂于护筒即可浇筑封底	吊箱定位难度大，需要有强大的锚碇系统以实现前期定位；吊箱前期加工耗时长，影响工期；阻水面积大，冲刷严重	具备围堰加工、浮运就位条件的施工区位

二、施工平台的结构和功能要求

1. 施工平台的结构

施工平台的结构依其类型不同而不同,浮动施工平台构造较为简单,支架施工平台的组成部分相对较多,而围堰施工平台与钢吊箱相似,将在下一节中叙述。

(1)浮动施工平台

浮动施工平台用船只拼成,常在流速不大、风浪较小的河流中使用。船只大小根据水流情况、施工平台尺寸和需要的承载质量决定。图3-20是在两只各载重300kN的木船上横置6根长约10m的27号工字钢构成的浮船施工平台。按钻架和钻孔的操作要求定出两只船的间距后,用钢丝绳绕过船底与工字钢捆扎在一起,把两船连成整体。

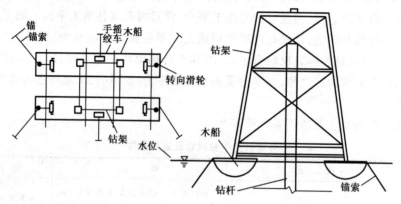

图3-20 浮船施工平台

图3-21是另一种浮船施工平台布置。在相距3.5m的两只各1200kN钢驳船上,用两根36号工字钢焊牢连接,船下面用两根10号槽钢焊接到压水筋上。然后把用10号槽钢做成的一个方框焊牢于上述两对型钢上。方框四边的中点各设一个活动螺栓,则竖直槽钢可在方框内前后方向移动,作为护筒的定位导向用。图3-21的自来水管以电焊与竖直槽钢连接组成滑道,以便于护筒竖直地沉入土中。

浮船施工平台要在前后左右四个方向抛锚定位。在流速较大和有风浪的河流中,上游方向应增设两道主锚,以免船受水流影响而移位。锚碇可用铁丝笼装片石,或直接利用铁锚。拉锚的钢丝绳最好用单根的,每一根锚绳都由安置在船上的手摇绞车控制,可使浮船较易移动定位。锚碇位置用视距法或前方交会法测定,应选择在平潮(在有潮汐的河流上)和无船筏通行时间时定位。先抛设主锚再抛设其他锚,用仪器观测逐步定位。钻船就位后,每天应有专人负责检查其位置。在有潮汐和通航的河流上,还应根据潮汐和航船的影响,随时检查校核船位。

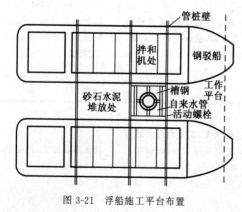

图3-21 浮船施工平台布置

(2)支架施工平台

①钢管桩支架施工平台。钢管桩施工平台通常为梁柱组合式结构,由下部钢管桩、钢管桩平联(剪刀撑)、钢管桩顶纵横梁以及平台面板组成,如图3-22所示。按组成平台梁系的构造可分为型钢平台、桁架平台和型钢与桁架组合平台。常用桁架有万能杆件、贝雷架或六四军用桁架,可根据钻机设备大小和已有设备情况选用。桁架与型钢组合形式是以桁架作为纵梁,型钢作为横梁应用最为广泛。

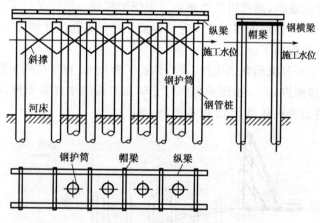

图3-22 支架施工平台结构

②钢管桩和钢护筒共同承力施工平台。钢管桩和钢护筒共同承力施工平台,是将深水桩基的钢护筒也作为施工平台的基础与钢管桩同时施打,逐步连接成平台整体。一般采用梁柱组合式结构,由下部钢管桩和钢护筒、钢管桩与钢护筒间的平联系统、钢管桩与钢护筒顶部的分配梁和平台面板几部分组成。

2.施工平台的功能要求

水上施工需考虑河床地貌、地层、汛情、涨落潮、气象、航道等情况,桩基施工平台作为一种水上"人工地面",在功能上必须满足以下几个功能要求:

(1)满足钻机成孔工艺与设备布置的要求。

(2)必须保证清孔、水下混凝土灌注等成桩工艺与设备布置的要求。

(3)保证套箱、承台顺利施工。

(4)保证作业人员良好的工作环境与活动场地。

(5)平台不受一般汛情、涨落潮和气象的影响,以确保安全施工,不影响施工进度。

(6)平台的使用期限一般不长,为临时施工结构,因此要求平台便于安装、拆卸与迁移,可重复利用。

3.施工平台的施工工艺

施工平台的类型多样,不同结构形式的平台施工工艺也不尽相同,主要与施工平台的构造选型、功能布置、施工机械等因素有关。一般来说,对于支架施工平台,搭设的施工过程主要包括:钢管桩施工(包括钢管桩的制作、运输、定位、沉设等)、平台搭设(包括平联施工、护筒间连接、平台上部结构搭设、起重机安装、靠船桩施工等)、平台上使用设施设备安装、平台防撞措施等内容;而钢护筒一般在钢管桩平台形成后才进行安装,若采用钢护筒平台,则需要先搭设起始平台。下面结合苏通大桥南塔墩钢护筒施工平台的施工工艺和施工技术对平台形成过程进行介绍。

苏通大桥南塔墩钻孔施工平台设计采用梁柱组合式结构,平台设计顶高程+7.30m,钻孔平台长168.15m、宽56.90m,由钢管桩、钢护筒基础以及分配梁和面板组成。

钻孔平台根据使用功能划分为三个区域:上游部分为集中造浆、供电、施工人员办公与休息区,中间部分为钻孔施工区,下游部分为混凝土拌和站布置区。钻孔平台上的主要起重设备采用4台移动式动臂起重机,起重机轨道梁布置于钢护筒顶。钻孔平台采用钢护筒平台方案,即利用基础桩施工的135根钢护筒直接作定位和依托进行钻孔灌注桩施工工作平台搭设的施工方法。其施工工艺流程如下:

①步骤一:海桩8号打桩船抛锚定位;进行钻孔区首批60根定位钢护筒插打,自下游至上游逐排插打;平联焊接跟进,第一排钢护筒插打完毕及时施工平联及斜撑,增强其稳定性。平联施工优先施工动臂起重机轨道下12根钢护筒,见图3-23。

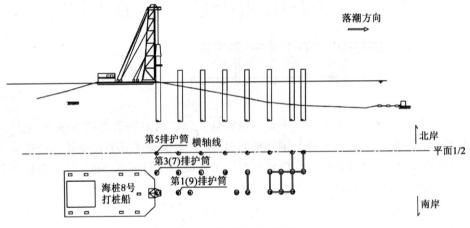

图3-23 施工流程示意图(1)

②步骤二:继续进行首批钢护筒插打及平联焊接。海桩8号进行护筒插打时,在空间允许的情况下,建基1501号打桩船进行拌和区平台钢管桩插打,见图3-24。

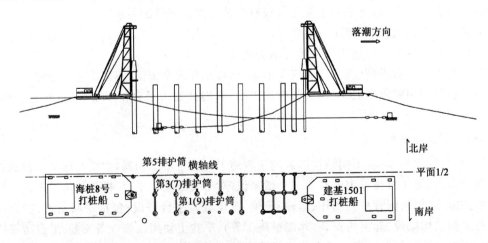

图3-24 施工流程示意图(2)

③步骤三：动臂起重机轨道下钢护筒焊接临时斜撑（HN600×200型钢）；在护筒顶铺设动臂起重机轨道梁及轨道，安装动臂起重机；使用振动沉桩机打设8根靠船桩及6根辅助钢管桩；拌和区平台钢管桩平联施工及主次梁安装，见图3-25。

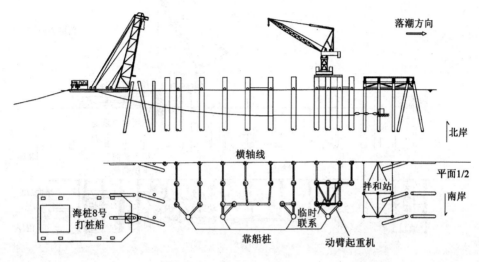

图3-25 施工流程示意图（3）

④步骤四：利用海桩8号打桩船已打设的首批钢护筒作为支撑，安装振动沉桩机打设钢护筒用导向架。以相邻的4根钢护筒形成局部平台，为增大平台的整体刚度，将钢护筒与周边相邻护筒进行连接。在钢护筒顶面安装定位梁形成顶层定位系统，见图3-26。

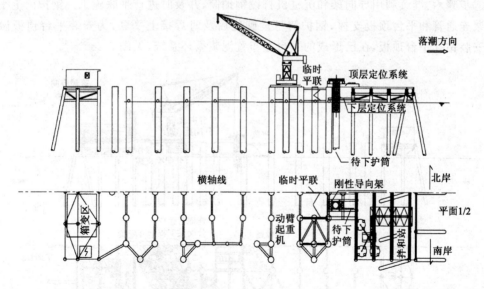

图3-26 施工流程示意图（4）

以护筒平联为基础，在护筒下层平联上安装定位井字架形成下层定位系统。利用已精确定位的上下两层定位系统，起吊安装钢护筒导向架。安装上游供电设施及下游混凝土拌和站。

⑤步骤五:以导向架定位,使用振动沉桩机下沉第二批(打桩船未插打完的钢护筒)钢护筒,见图3-27。

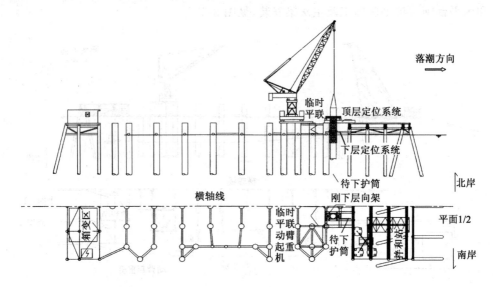

图3-27 施工流程示意图(5)

采用动臂起重机吊装首节钢护筒(长36m),放置于已精确定位的导向架内。吊放振动沉桩机于首节钢护筒顶,振动下沉钢护筒。首节插打到位后对接次节钢护筒(长27.4m),利用振动沉桩机再次打设就位。

⑥步骤六:继续利用导向架和沉桩机打设钢护筒,并及时进行平联施工。钢护筒上平联兼作泥浆连通管和平台顶板支撑,钢护筒打设到位后及时焊接上平联,为安装平台顶板做好准备。安装钻孔平台顶板,在已形成的平台上布置泥浆循环系统,见图3-28。

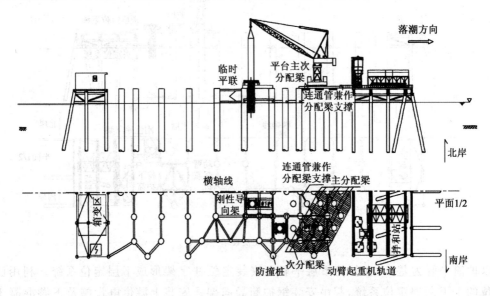

图3-28 施工流程示意图(6)

⑦步骤七：钻孔平台局部区域开钻。平台主、次分配梁安装固结到一定区域后，具备局部开钻的条件，利用动臂起重机作为钻孔施工的主要吊装设备，布设 2 台钻机，下游局部区域开始钻孔施工，见图 3-29。

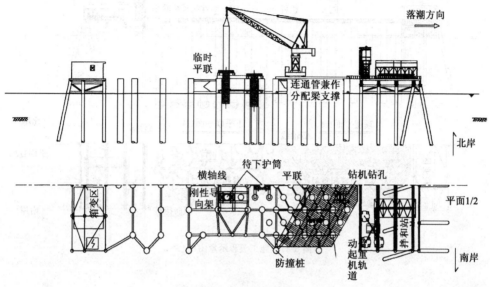

图 3-29 施工流程示意图（7）

钻孔区继续下沉钢护筒。继续焊接平台上平联泥浆连通管和下平联。继续安装平台主次分配梁。在已形成的钻孔平台上，安装护栏等安全设施。

⑧步骤八：根据河床监测结果进行河床防护施工，继续平台施工及钻孔施工，见图 3-30。

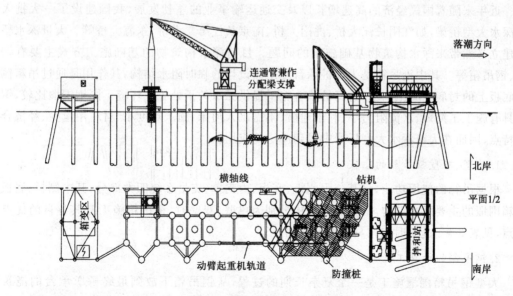

图 3-30 施工流程示意图（8）

⑨步骤九：完成钻孔区施工平台的搭设，继续完成所有钻孔桩的施工，共配置 4 台动臂起重机、8 台钻机进行钻孔施工。钻孔桩施工完毕，及时检测并进行桩底注浆，见图 3-31。

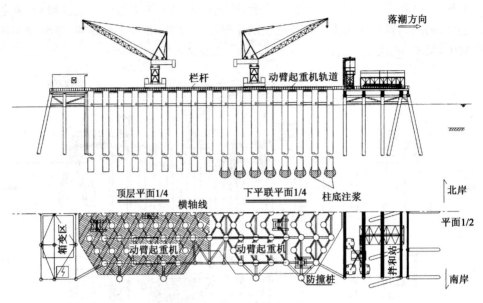

图 3-31 施工流程示意图(9)

第四节 承台钢吊箱施工

一、概述

近年来随着国民经济的高速增长以及交通运输事业的蓬勃发展,我国建设了一大批大跨度深水大型桥梁,如江阴长江大桥、虎门大桥、南京长江第二大桥、东海大桥等。大量深水桥梁的建立必然带来深水构筑物基础施工的问题。目前深水构筑物的基础施工方式主要有钢围堰、钢吊箱等。其中钢吊箱是为高桩承台施工而设计的临时阻水结构,其作用是通过吊箱侧板和底板上的封底混凝土围水,为高桩承台施工提供无水的干处施工环境。同钢围堰比较,钢吊箱具有施工工期短、水流阻力小、利于通航、不需沉入河床、施工难度小、材料用量少、经济合理等特点,因而在大跨深水大型桥梁中得到广泛的应用。

1. 单壁、双壁钢吊箱的比较

根据吊箱的使用功能,将其分为侧板、底板、内支撑、支吊系统四大部分,其中侧板、底板是吊箱围堰的主要阻水结构,吊箱侧板结构分别为单壁、双壁时,钢吊箱施工有其各自的优点和缺点,见表3-9。施工时应按具体情况选用。

2. 钢吊箱的计算工况

大型钢吊箱围堰施工是一个复杂长期的过程,从钢吊箱下放到最终桥墩承台的浇筑完成,往往历经数月,在这段时间里钢吊箱的支承条件、水位高低都在变化。如何合理确定钢吊箱的施工工况,以得到最为不利工况下钢吊箱的应力、位移,是进行钢吊箱力学特性分析的基础。

双壁钢吊箱与单壁钢吊箱的比较　　　　　　表 3-9

类型	单壁钢吊箱	双壁钢吊箱
优点	1.材料用量少； 2.加工、拼装方便，质量容易控制； 3.下沉工艺简单，节省时间； 4.缩短工期，节省资金； 5.适用于小型承台的浇筑施工	1.吊箱拼装、下沉可充分利用水的浮力，易于调整和定位； 2.侧板刚度大、隔水性好、内支撑材料用量少； 3.下沉不用大型起吊设备； 4.双壁结构的钢围堰可兼作承台防撞结构； 5.更能适应深水、流速大、大尺寸承台的施工要求
缺点	1.定位调整困难； 2.侧板刚度小，内支撑材料用量多； 3.下沉时需用大型起吊设备； 4.不适于墩位处水深较深、流速大、承台尺寸大的情况	1.材料用量多，加工难度大； 2.拼装工序复杂； 3.下沉工艺复杂，工期长

根据一般的经验，钢吊箱的计算工况一般分为钢吊箱起吊下放工况、钢吊箱下沉到位工况、钢吊箱浇筑封底混凝土阶段工况和钢吊箱内抽水阶段工况，如浇筑第一层承台需割除吊内支撑则该工况也需要验算。钢吊箱起吊下放工况，指钢吊箱由浮吊起吊以后未套入钢护筒时，该工况下主要验算钢吊箱的应力、变形情况和起吊钢缆的受力情况。对于大型特别是巨型钢吊箱，下放钢缆的受力情况对于确定下放千斤顶的工作状态，保证下放过程的安全有重大的意义。钢吊箱下沉到位工况，指钢吊箱下放入水下沉到预定高程，此时钢吊箱夹壁内充入一定量的水，侧壁板受到夹壁内外所形成的水头差的作用产生应力和变形，该工况下侧壁板的应力往往是整个钢吊箱施工过程中最高的。钢吊箱浇筑封底混凝土阶段，吊箱底板受到刚刚浇筑的封底混凝土的压力，因此该工况主要验算吊箱底板和底板梁的受力及位移。钢吊箱抽水阶段是指钢吊箱内封底混凝土已浇筑完毕，为了进一步进行承台施工将吊箱内水抽去。该工况下，吊箱夹壁结构受到箱体内外水头差影响，同时由于箱内水被抽空，吊箱将受到巨大的浮力。该浮力必须同箱体和封底混凝土重力以及封底混凝土所提供的握裹力相等。因此，该工况主要验算夹壁结构应力和封底混凝土是否能提供足够的握裹力来保证吊箱在抽水工况下的稳定。如吊箱在承台施工时必须割除部分和全部内支撑，则有必要对钢吊箱结构进行应力和位移分析。

以下是大型钢吊箱围堰各计算工况的荷载：

(1)钢吊箱第一节起吊时，荷载考虑：风荷载和自重荷载。

(2)钢吊箱下沉到位工况，荷载考虑：波浪荷载、风荷载、侧壁板内外侧水压差以及结构自重。

(3)钢吊箱浇筑封底混凝土施工阶段，荷载考虑：波浪荷载、风荷载、侧壁板内外侧水压差、结构自重和封底混凝土施工时对底板和侧壁的压力。

(4)钢吊箱在高水位下抽水，荷载考虑：波浪荷载、风荷载、侧壁板内外侧水压差、底板所受水压力和结构自重。

(5)在低水位浇筑第一层承台，荷载考虑：同上一工况。

(6)第三层承台浇筑后，钢吊箱内加二次撑，内钢管支撑拆除时整体结构计算。

3.钢吊箱设计简介

钢吊箱围堰是深水高桩承台施工的先行结构,其质量的好坏直接关系到桥梁基础的质量,对桥梁施工进度有重要影响。但由于其为临时结构,存在时间短,钢吊箱围堰并没有引起足够的重视。长期以来,对于钢吊箱围堰的设计,设计单位往往忽略其空间效应,将钢吊箱围堰分解成底板和壁板分别进行受力分析。钢吊箱围堰所受荷载通常按照《海港水文规范》(JTS 145-2—2013)和《港口工程荷载规范》(JTS 144-1—2010)选取,吊箱围堰所受水流力和波浪力均按静力荷载施加。结构分析往往只进行静力分析,并不能很好地反映钢吊箱围堰的实际受力情况。

国内钢吊箱围堰的设计计算,主要遵循以下设计思路进行:

(1)荷载取值依据

由《公路桥涵设计通用规范》(JTG D60—2015)考虑钢吊箱围堰设计荷载组合。

水平荷载:静水压力+流水压力+风力+其他。

竖直荷载:吊箱静载+封底混凝土恒载+浮力+其他。

(2)主要计算工况和内容

①吊箱拼装起吊(包括滑移入水、浮运)下沉计算。

②吊箱结构设计计算。

③封底混凝土施工阶段计算。

④抽水后吊箱抗浮计算。

(3)计算分析

综合工况条件分析和计算内容,对钢吊箱各部分取最不利工况进行计算。

①底板主要承受封底混凝土恒载和吊箱静载。底板受力以竖向荷载为主,其最不利受力工况应为封底混凝土浇筑阶段,此时底板受荷载组合取封底混凝土恒载+吊箱静载+浮力+施工荷载进行验算。此外还要对首节吊箱滑移入水及整体起吊下沉等阶段底板受力情况进行复核。

②侧板以承受水平荷载为主,其最不利受力工况为抽水阶段,取此工况受力荷载组合进行侧板计算。侧板计算包括竖楞、水平加劲肋、面板、接缝螺栓及侧板焊缝等物件的内力、变形及应力计算,其传力路径如下:水压力→围堰侧板→侧板角钢加劲肋→桁架。

侧板强度检算:沿钢围堰高度将侧板取出单位水平环体进行受力分析,侧板可以看作是由加劲肋角钢支撑的多跨连续梁,其荷载为均布水压力 q;若按弹性分析,则钢板在跨中的弯矩为 $ql^2/24$(l 为加劲肋间距),支点弯矩为 $ql^2/12$。若考虑塑性发展,可按极限状态分析,则跨中及支点处的弯矩均为 $ql^2/16$。在钢板厚度一定的情况下,由此计算即可确定出加劲肋间距是否合适。

③内支撑系统与吊箱侧板计算相关,所以在侧板验算的同时完成内支撑的验算。

④吊箱支吊系统和底板一样,以承受竖向荷载为主,受力验算亦与底板计算一起完成。

⑤吊箱滑移入水阶段除验算吊箱底板及侧板外,还要通过计算结果确定滑移设备,并对不良地基进行加固处理。

⑥吊箱浮运主要与流水压力、风力、波浪及靠船力等因素有关,同样以水平荷载为主。设计计算以此几种荷载组合为最不利的情况下进行计算控制,并且还要对吊箱浮运稳定性进行

验算。

⑦吊箱拼装下沉阶段主要与吊箱静载有关,以竖向荷载为主,以整体起吊下沉为最不利进行计算控制,并依据计算结果设计吊点、吊具,选择安装设备。

⑧抗浮计算分两个阶段:一个阶段是吊箱内抽完水后浇筑承台混凝土前;另一个阶段是浇筑完承台混凝土后承台混凝土初凝前。分别计算封底混凝土与钢护筒间黏结力及吊箱围堰的上浮力,使其满足下式要求:

  a. 吊箱自重＋封底混凝土自重＋黏结力＞浮力。

  b. 吊箱自重＋承台混凝土重＋封底混凝土自重＜黏结力＋浮力。

⑨封底混凝土强度验算:封底混凝土主要承受吊箱、封底混凝土浮力,以竖向荷载为主。验算分两阶段进行,阶段划分同抗浮计算,选取最不利荷载组合进行控制,验算封底混凝土的拉应力和剪应力。

以上的传统设计计算方法较适用于尺寸较小的钢吊箱设计。传统计算模式通常将钢吊箱围堰分成底板和壁板分别单独计算其在各工况下的应力和变形,忽略了钢吊箱围堰作为一个空间结构所产生的空间效应,虽然其结果偏于安全,但其分析效果同实际情况差异较大,如在大型钢吊箱中采用该方法,容易造成材料浪费。因为传统计算模式不是基于空间结构分析而是将底板和壁板分开分析,所以缺乏底板与壁板连接处的应力数据。传统计算模式对于底板和壁板的连接方式通常采用构造措施加以保证,这点在大型钢吊箱的设计中是不足取的,容易造成结构应力集中。针对传统钢吊箱计算模式的这些特点,宜将有限元数值解法引入钢吊箱结构计算中。有限元法是最近几十年来迅速发展起来的一种数值方法,在工程计算分析中得到了广泛的应用。采用有限元法分析钢吊箱围堰可以完全考虑钢吊箱围堰的空间效应,并得到整个结构各处的应力分布情况,可以很好弥补传统设计方法的不足,保证结构的安全可靠。

二、钢吊箱主要施工方法

钢吊箱的施工工序主要包括加工拼装、下沉就位、堵漏、封底混凝土浇筑、承台施工等。根据具体操作时内容的不同,目前钢吊箱围堰的施工技术主要有以下几种。

1. 工厂制作,现场吊放

施工工艺流程见图3-32。

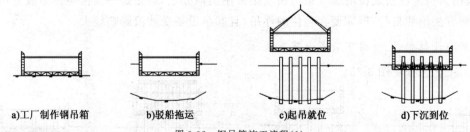

a)工厂制作钢吊箱 b)驳船拖运 c)起吊就位 d)下沉到位

图3-32 钢吊箱施工流程(1)

钢吊箱围堰在工厂制作好以后拖运至施工现场,然后由驳船运至桥墩位置水域处,再利用浮吊直接起吊钢吊箱下沉就位,将钢吊箱吊挂于钢护筒顶部所设钢牛腿上。这种施工方法钢吊箱的制作质量最好,但一般只适用于中小型钢吊箱。

2. 水上散拼,分节吊装

施工工艺流程见图 3-33。

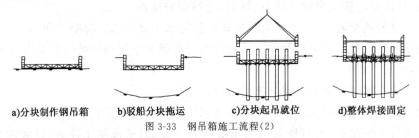

图 3-33 钢吊箱施工流程(2)

钢吊箱分节分块制作,将完成的分块吊箱拼成两半,分别用一艘驳船装载下水,之后在水上合龙成整节,拖运至桥墩位置水域,用浮吊吊装钢吊箱下水自浮,接高钢吊箱后定位、固定,如武汉白沙洲大桥钢吊箱施工即采用此法。这种施工方法需要在水下焊接、拼装钢吊箱,所以钢吊箱质量不易保证。

3. 现场制作,浮运到位后吊放

施工工艺流程见图 3-34。

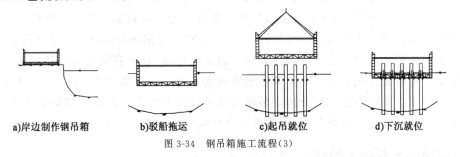

图 3-34 钢吊箱施工流程(3)

在岸边组拼钢吊箱,气囊顶升后牵引下水,或在岸边滑道上拼装钢吊箱,拼装完毕,借助滑移设备滑移入水。用推轮将钢吊箱推至浮吊作业区,然后用浮吊起吊钢吊箱下沉就位。为了便于钢吊箱浮运,在钢吊箱底板加工时,钢护筒及吊杆的孔洞暂不开孔。钢吊箱就位前再根据现场测量结果在钢吊箱底板上开孔。这种方法在钢吊箱的施工中应用较多,钢吊箱可以分节吊装,下水以后再接高,也可以一次整体吊装。如南京长江二桥采用类似方法分节吊装后再接高,而润扬大桥南汊桥北桥塔施工钢吊箱也是采用类似办法,但是是一次性整体吊装到位。

这种方法简便易行,但需要大吨位的浮吊,且起吊设备受波浪影响较大。

4. 现场原位制作,整体下放或逐节下放

施工工艺流程见图 3-35。

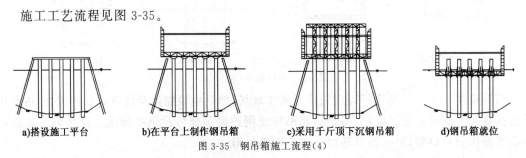

图 3-35 钢吊箱施工流程(4)

在墩位处现场拼装钢吊箱,然后由钢护筒上方的固定吊点下沉钢吊箱就位,钢吊箱可以整体下放,也可以逐节下放后接高。根据拼装钢吊箱时下方支撑形式的不同,这种钢吊箱下沉方式又有如下两种形式。

(1)利用现有墩位钻孔平台作为拼装钢吊箱时的支撑。在墩位平台上拼装钢吊箱,接高钻孔灌注桩钢护筒,在其顶面设起吊分配梁,再由起吊系统滑车组起吊钢吊箱。并将钢吊箱临时吊挂于钢护筒支撑牛腿上。拆除墩位平台,解除临时吊挂,由起吊滑车组将钢吊箱缓缓下沉就位。然后转换吊点,由多根吊杆将钢吊箱吊挂于钢护筒支撑钢牛腿上。如苏通大桥主塔南塔墩钢吊箱施工即采用此法。

(2)以钻孔灌注桩钢护筒为拼装钢吊箱时的支撑。在钻孔灌注桩钢护筒上同一水平高度焊接承重牛腿,在牛腿上放置钢吊箱底梁,然后在底梁上铺设钢吊箱底板,将侧板在底板上拼装成箱体。也可在牛腿上搭设平台,由驳船将块件运至平台上拼装。在钢护筒顶面设千斤顶支架,由千斤顶起吊钢吊箱,割除牛腿,下沉钢吊箱。

这种方法不需要大型起吊设备,起吊时受周围环境的影响相对也较小,但在钢吊箱起吊后拆除墩位平台,操作空间有限,对工期有一定影响。

5.浮体运输钢吊箱,门架吊放钢吊箱就位

在岸边的浮体上拼装好钢吊箱,再浮运至墩位处,由浮体上所设的门架整体吊放钢吊箱就位。如宜昌夷陵长江大桥钢吊箱施工即采用此法。

在具体运用这种方法时,一般采用两个浮体,每个浮体由若干个浮箱(浮箱数量取决于钢吊箱的质量)拼装而成。在浮体上拼装整体吊装构架,将两只浮体连成一体,同时吊装构架下横梁作为拼装钢吊箱的平台,上横梁作为吊装钢吊箱的吊点。钢吊箱拼装完毕后,由拖轮将整个浮体拖运至墩位处,并在墩旁定位。然后通过收绞锚绳使浮体上的钢吊箱初定位,吊装构架整体起吊钢吊箱,在构架支腿下部设钢丝绳对拉,将构架下横梁解开滑移至浮体两端重新与浮体连好。解除对拉钢丝绳,下放钢吊箱就位。转换吊点,由多根吊杆将钢吊箱吊挂于钢护筒顶部所设的牛腿或分配梁上。

这种方法也不需要大型起吊设备,钢吊箱的拼装和墩位平台的拆除可同步进行,不会影响工期,但会受季节和气候的影响。

6.船坞制作或岸边逐层制作,拖运至墩位下沉、固定,钢护筒施打

施工工艺流程见图3-36。

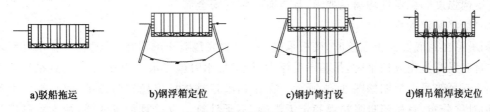

a)驳船拖运　　b)钢浮箱定位　　c)钢护筒打设　　d)钢吊箱焊接定位

图3-36　钢吊箱施工流程(5)

在船坞或岸边拼装钢吊箱,然后浮运至墩位处。钢吊箱下沉到位后,周边插打定位桩,将钢吊箱固定于定位桩上。在钢吊箱底板孔洞内插打钢护筒后进行灌注桩施工。后面浇筑封底混凝土等工序和前述施工方法一样。南京长江三桥和东海大桥钢吊箱的施工都采

用了此法。

这种方法是钢吊箱在钻孔桩施工前就位,在钢吊箱上插打钢护筒后进行钻孔桩的施工,节省了平台部分费用,也节省了工期。但如果没有导向设施,沉桩时若施工操作不当,容易引起损坏。

三、双壁钢吊箱施工示例

下面以武汉白沙洲长江大桥 3 号主塔墩基础双壁钢吊箱围堰为例说明钢吊箱的施工过程。

武汉白沙洲长江大桥 3 号主塔墩基础为钻孔灌注桩高桩承台结构,共有 40 根 $\phi 1.55 \mathrm{m}$、长 81.15m 的钻孔灌注桩。沿桩轴线平行布置 8 排,每排 5 根,桩中心间距纵横向皆为 4m。承台平面尺寸为 32.4m×20.4m,四角为半径 $R=2.2 \mathrm{m}$ 的圆角结构,水下封底混凝土设计底高程为+4.0m,顶高程+6.0m,承台顶高程+11.0m。承台水下封底混凝土强度等级 C20,数量 1096.16m³,承台混凝土强度等级为 C25,数量为 3357.80m³,承台钢筋总质量 214.499t。根据承台施工作业时段的水文特征及施工工艺要求,承台施工采用双壁钢吊箱围堰,即其侧壁设计为内空 1.2m 的双壁结构,且有底钢吊箱几何尺寸为 35.0m×23.0m×13.0m。具体施工工艺流程见图 3-37。

1. 双壁钢吊箱围堰的设计

钢吊箱结构设计时,综合考虑其运输方式、浮吊起重能力、下沉工艺等。因此,钢吊箱分三节,底板与侧板刚性连接,各节段在平面上设 8 个分离的隔仓,要求水密,以便于钢吊箱的运输、吊安及下沉。

钢吊箱总高度为 13.0m,为满足分节整体吊装时各节段的刚度要求,各节段内设置断面为 1.0m×1.0m 的桁架横撑,而横撑的设置考虑了侧壁承受最大水头压力时的结构要求和承台内钢筋的布设等。

(1) 吊箱结构布置

双壁钢吊箱结构布置如图 3-38 所示。

(2) 设计验算

深水大型有底双壁钢吊箱设计验算,分钢吊箱吊装阶段、浇筑封底混凝土阶段、钢吊箱抽水阶段等三种工况进行,计算采用有限元法。经有限元法设计验算证明:钢吊箱在三种工况下,其结构强度和稳定性均满足要求,且具有一定的安全储备。

(3) 抗浮稳定验算

钢吊箱在封底混凝土灌注时,底板承受 2m 厚封底混凝土的浮重,此时拉压杆承受竖向拉力,在封底混凝土完成抽水时,吊箱承受浮力,设定抽水时施工水位为+16.0m,且吊箱隔仓内灌满水,钢吊箱受力简图如图 3-39 所示。在作钢吊箱整体抗浮稳定验算中,因水平压力是呈三角形对称分布,对吊箱自身抗浮稳定无影响,不予计算。仅计算如下 6 项:抽水时吊箱吃水 12.0m(+4.0m~+16.0m)所排开水的变量;钢吊箱自重;隔仓内灌水重量;钢护筒与封底混凝土间黏结力;封底混凝土重;拉压杆与封底混凝土间黏结力。通过验算,钢吊箱整体抗浮稳定是满足要求的,且具有一定的安全储备。

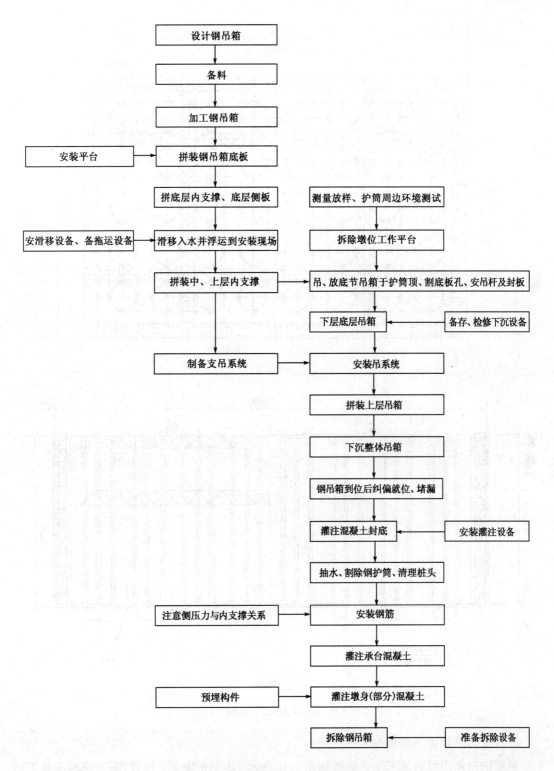

图 3-37 用吊箱围堰修建桩基承台的施工工艺流程

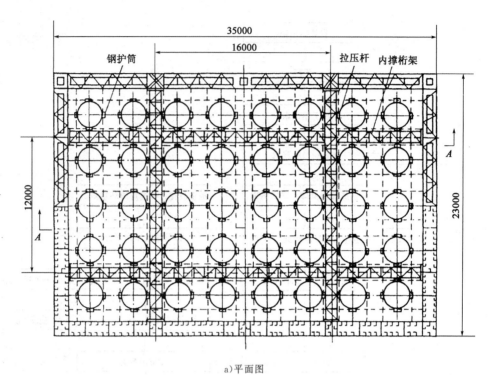

a) 平面图

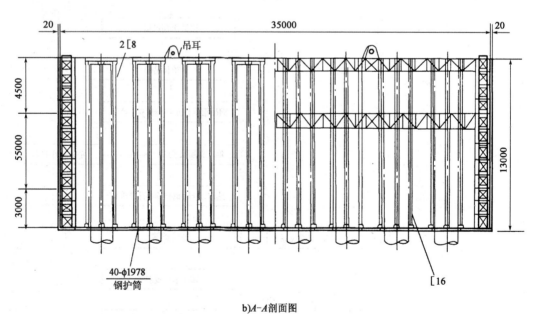

b) A—A剖面图

图 3-38 钢吊箱结构(尺寸单位:mm)

2. 双壁钢吊箱围堰的施工

双壁钢吊箱围堰的施工工艺流程如图 3-40 所示,其主要施工工作有:施工前的准备工作、钢吊箱加工制作及运输、钢吊箱接高下沉、钢吊箱就位后的稳定、拉压杆的设置等,简介如下:

(1) 钢吊箱施工前的准备工作

钢吊箱施工前的准备工作主要有两项:一是钢护筒外围堰情况的探测,另一是平台拆除及钢管桩割除。为保证钢吊箱能顺利下放就位,应对钢护筒外围情况进行探测。探测的方法是,用厚6mm的钢板加工成直径2.18m的钢套圈,水平套入钢护筒徐徐下放,看是否能下落到+3.5m的位置,对下放不能到位者,潜水员水下探明情况,并进行处理。当钻孔灌注桩完成并检测合格后,须将钻孔平台拆除及钢管桩、钢护筒割除以进行钢吊箱的施工。

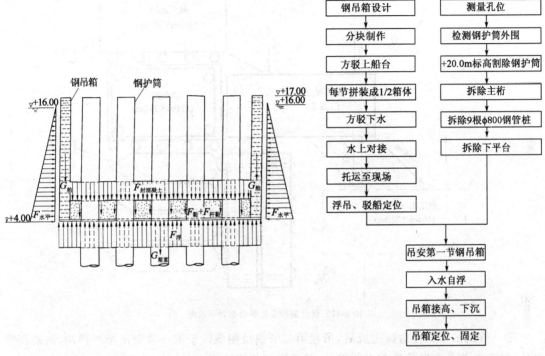

图 3-39　钢吊箱整体抗浮稳定验算受力简图　　图 3-40　钢吊箱围堰施工工艺流程图

(2) 钢吊箱的加工制作及运输

钢吊箱的加工在工厂分三节加工制成,每节沿长度方向对剖为两半,利用滑道分别将两艘400t驳船拖上船台,将加工制成的分块吊箱拼成两半,用驳船装载下水,之后在水上合拢,对位完成后,将两艘方驳进行刚性连接,焊接成整体。钢吊箱第一节带有底板,为保证底板预留孔位的准确性,须根据现场测得孔的资料,在整体加工完成后,再进行开孔,以减小因焊接而产生的加工误差。

钢吊箱加工制作完成并通过检验合格后,由拖轮配以6艘400t方驳分三次整节拖运至现场抛锚定位。

(3) 钢吊箱接高下沉

钢吊箱分节整体运输到现场后,抛锚定位,利用"航工起1号"分节起吊安装,其平面布置如图3-41所示。

第一节钢吊箱吊起后,带上缆风绳,徐徐落钩,通过四角护筒顶的倒锥形定位装置使底板预留孔与护筒对位。之后,检查每根护筒周边的预留量,然后放入水。随着钢吊箱入水,调整下拉缆,以克服钢吊箱入水后所承受的水流力。第二节钢吊箱入水自浮后,还有1.6m的干舷高度,为保证悬挂 165t 钢吊箱，预先在第一节钢吊箱侧壁 1.6m 处高处焊有 10 个挂耳。挂耳位置对应于 1 号、3 号、5 号、11 号、15 号、26 号、30 号、36 号、38 号、40 号钢护筒，并用 20 号槽钢配以 $\phi 60$ 的插销与挂耳连接，再与钢护筒顶的吊耳连接，以保证第二节钢吊箱加上后第一节钢吊箱的干舷高度仍有 1.5m。同时，用 8 个 10t 的手拉葫芦在 6 号、10 号、31 号、35 号护筒上进行对拉，以保证吊箱不会因风力、波浪等外加作用而产生摆动。悬挂及对拉装置的布置见图 3-42。

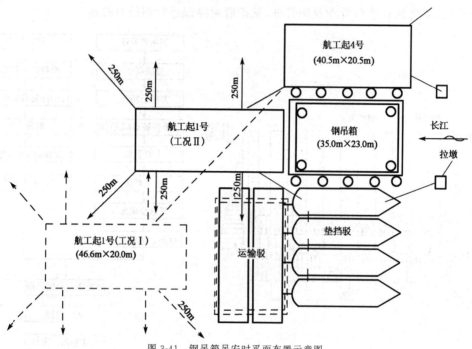

图 3-41　钢吊箱吊安时平面布置示意图

第一节钢吊箱悬挂对拉完成后，吊起第二节钢吊箱就位于第一节钢吊箱的顶端，精确调整对位，对有偏差及变形的地方进行修正，随后进行施焊对接。

第一、二节钢吊箱对接完成并验收合格后，提升操作脚手到第二节钢吊箱顶端，浮吊提升钢吊箱，解除悬挂及对拉装置，徐徐落钩，调整下拉缆入水自浮。同时，在灌水下沉前，将下拉缆的顶点转挂于第二节钢吊箱的挂点上。钢吊箱在测量仪器控制下，利用 8 台 $30m^3/h$ 潜水泵均匀向吊箱 8 个隔水舱内灌水，灌水高度为 2.8m，此时钢吊箱干舷高度为 2.9m。然后，起吊第三节钢吊箱，就位于第二节吊箱顶端，对接施焊。

第三节钢吊箱焊接完成后，将下拉缆转挂于第三节钢吊箱上，用潜水泵向吊箱隔仓内灌水，使吊箱均匀下沉到 +4.0m 的高程。

(4) 钢吊箱就位后的稳定

钢吊箱下沉就位完成后，带紧下拉缆及对拉缆，并用 I20a 将吊箱顶端与边上两根承重梁做临时焊接。然后，利用浮吊将 40 根钢护筒从 +17.0m 高程割除。在钢护筒顶用厚度 14mm 的钢板焊接 160 个拉杆吊耳，并将拉杆与吊耳焊接牢固。拉压杆焊接完毕后，吊安 8 根异形桁架于 8 排钢护筒及 2 根承重梁上，并焊接固定以稳定吊箱。在吊箱定位完成后，均匀向隔仓内灌水 1.5m，以始终保证钢吊箱在封底混凝土完成前不会因水位的上涨而上浮。钢吊箱就位稳定示意见图 3-43。

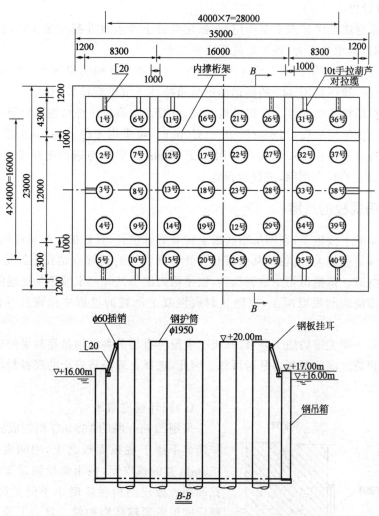

图 3-42　钢吊箱悬挂及对拉装置布置图（尺寸单位：mm）

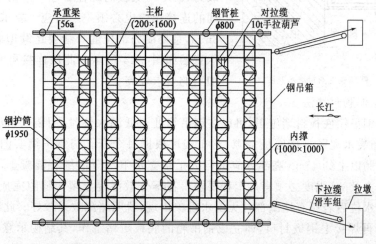

图 3-43　钢吊箱就位稳定示意图（尺寸单位：mm）

(5)拉压杆设置

拉压杆在承台施工中起着重要作用,在封底混凝土及承台混凝土灌注时,其承受拉力;在吊箱抽水施工时,其承受压力,须满足抗浮稳定要求。

根据施工要求,每根钢护筒上设 4 根拉压杆,拉压杆承压时为最不利工作状态,故以此作为设计控制工况。拉压杆用 $\phi 45$ 的插销随钢吊箱接高下沉进行接长,并用 $\phi 10$ 的圆钢将每根护筒上的 4 根拉压杆临时焊接。在钢吊箱下沉就位后,再将拉压杆与钢护筒顶的吊耳焊接。

封底混凝土施工完成后,当水位低于 +15.0m 时,可采用 8 台 $30m^3/h$ 的潜水泵直接抽干吊箱内的水。将拉压杆在 +6.15m 高处用厚度 14mm 的钢板与钢护筒焊接,焊接完成后,将 +6.15m 高程以上的护筒割除,进行承台施工。

四、钢吊箱底板的封堵

为了钢吊箱的下放施工,在钢吊箱底板上均开有桩位孔,且在加工吊箱底模时还需特意将底模上的桩位预留孔加大,这就使其底板开孔处与钢管桩的钢管或钻孔灌注桩的钢护筒之间形成了较大的缝隙。待钢吊箱下放就位后,钢吊箱内部与其外部水域还是连通的,此时需封堵这些缝隙后才能浇筑封底混凝土,以防止封底混凝土浇筑的过程中出现底板泄漏混凝土的现象。

底板封堵是一项关键的施工环节,其施工质量将直接关系到钢吊箱封底的成败,以及封底混凝土与桩钢护筒之间的握裹力是否可靠。因此,选择合理经济安全的底板封堵施工方法,就显得尤为重要。

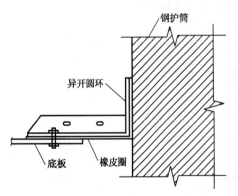

图 3-44 圆环橡皮圈封堵示意图

(1)圆环橡皮圈法

采用 20mm 厚的 16MnQ 钢制成异形圆环,从钢护筒套下压于底板面板之上,中间夹以厚 5mm、宽 150mm 宽的橡皮圈,利用螺栓固定于吊箱底板的桩孔四周。橡皮圈内径应略小于钢护筒外径,套入护筒后即可紧紧箍住钢护筒。且为了确保其封堵和承载力,圆环与底板的螺栓必须一一对应,圆环拼接缝间的连接螺栓也必须一一对应。要求焊缝焊脚高为 8mm,重要受力部位的焊缝要连续饱满,其封堵结构示意图如图 3-44 所示。此法连接可靠,但对橡皮圈加工的要求较高。

(2)布袋水泥肠封堵法

对于小型钢吊箱底板封堵施工,可以在钢吊箱处于低潮水位时,用装入水泥及砂(按一定比例调配)的布袋水泥肠封堵底板空隙,其布袋可根据每个开孔与钢护筒实测缝隙的大小制作。布袋水泥肠以上约 45cm 高部分应进行人工填充水下不分散细石混凝土,且混凝土与钢护筒间的黏结力及 3d 强度必须满足工程要求。在不分散混凝土填充缝隙完成 3d 后,开始抽水。经一个高水位后若所有堵漏部位无漏水现象出现,说明堵漏效果较好。此时,在空隙处封堵混凝土面上再焊接上钢板封口,即完成钢吊箱的底板封堵工作,其结构示意图如图 3-45 所示。这种用布袋水泥肠封堵缝隙的施工方法,操作方便但没有可靠的机械连接,其效果可靠度需要混凝土面上焊接钢板封口保证。

(3)弧形板封堵法

环形弧形板分若干小块制作,其尺寸比缝隙略宽,满足可在圆周上翻转下的要求,且板与底板孔口采用合页结构。在钢吊箱下放阶段,弧形板先向上暂时固定,待吊箱下放完成后,解除其锁定,使其弧形板紧贴钢护筒,板与板之间的缝隙再采用麻布带或橡胶带堵漏,其封堵结构示意图如图3-46所示。弧形板的制作较复杂一些,但连接可靠,不过仍存在需要堵小缝隙的缺点。

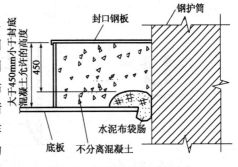

图3-45 布袋水泥肠封堵示意图

(4)围圈凹槽封堵法

在底板上用厚2mm的薄钢板将箱内桩护筒分别围起来,围圈高度不大于封底混凝土厚度,以便于分块灌注水下封底混凝土。同时在底模上沿桩钢护筒周边离护筒100mm处加焊一圈倒"⊥"形钢板,在护筒周边形成一凹槽。灌注水下封底混凝土前利用低水位将直径为100mm的干水泥布袋嵌入护筒周边的凹槽内,然后再利用低水位进行灌注水下混凝土封底,其封堵结构示意如图3-47所示。最后,采用低水位抽水检查底板封堵情况,如有漏水,采用棉纱麻筋堵塞。此法可以一个一个施工,一个一个检查,与第二种方法有些类似,构造更为可靠。

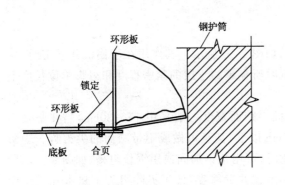

图3-46 弧型板封堵示意图

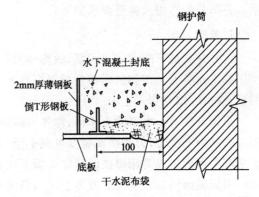

图3-47 围圈凹槽封堵示意图(尺寸单位:mm)

第五节 沉井基础

一、概述

对于桥梁深水基础,当上部荷载较大,基础需要埋置较深时,沉井基础也是常用的基础类型之一。沉井基础刚度大,能承受对基础作用的较大的弯矩,且沉井基础有较大的承载面积。沉井基础作为桥梁深水基础的另一特点是:在其下沉过程中,可以自身防水,避免了桩和管柱基础中的防水围堰。深水浮运沉井的类型有:带临时井底的沉井、双壁浮运(空体自浮)沉井、带钢气筒的浮运沉井等,如图3-48所示。

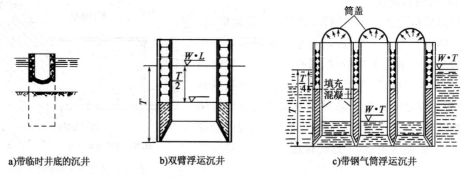

图 3-48 深水浮运沉井

沉井下沉时,原来都是取土后辅以射水或井底爆振等,靠沉井自重下沉。随着技术的发展,先后出现采用泥浆润滑套和壁后压气的空气幕等方法,减少下沉时的井壁摩擦力,以减小井壁厚度或增加下沉深度。在桥梁深水沉井基础中,沉井可以穿过不同深度覆盖层,将基底设置在承载力较大岩面上,当岩面有倾斜时,可在掌握岩面高差变化的情况下,把沉井刃脚制成与岩面倾斜相适应的高低刃脚沉井。

沉井通常由刃脚、井壁、隔墙、井孔、射水孔、封底混凝土、顶盖各部分组成,如图 3-49 所示。各部分的作用及构造要求如下:

1. 刃脚

沉井井壁最下端做成刀刃状,故称作刃脚,如图 2-50 所示。其作用在于使沉井下沉时,减少土的正面阻力。刃脚的形式应根据沉井下沉时所穿越的土层的紧密程度和刃脚单位长度上的反力选择,以利切入土中。

刃脚下面有一水平的支承面,称作刃脚踏面。踏面宽度一般采用 15~30cm,当在坚硬土层或岩层中下沉时,刃脚踏面宽度可减小至 15cm 以下,甚至可做成不带踏面的尖刃脚。为防止下沉中遇障碍或需用爆破法清除刃脚下硬物时,可用角钢加固或用钢板包裹,如图 3-50c)所示。刃脚斜面倾角 α 应大于或等于 45°,斜面高度视井壁厚度,便于拆除刃脚下垫木和挖土而定,一般在 1.0m 以上。

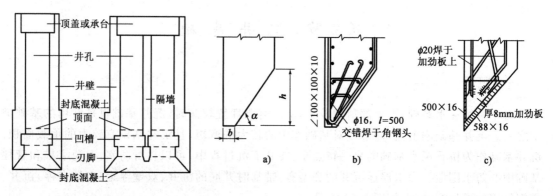

图 3-49 沉井构造   图 3-50 沉井的刃脚构造(尺寸单位:mm)

2. 井壁

井壁是沉井的主体，它在下沉过程中起挡土、挡水的围护结构作用。当施工完毕后，即成为基础或基础的外壳保存下来，而将上部荷载传至地基。井壁厚度除考虑沉井结构强度、刚度需要外，还应根据下沉需要的自重确定。对于薄壁沉井，应采用触变泥浆润滑套、壁外喷射高压空气等措施，以降低下沉时的摩阻力，达到减薄井壁的目的。

3. 隔墙

沉井长宽尺寸较大，应在井筒内设置隔墙，以减小外井壁的受力计算跨度，增加沉井下沉时的刚度，同时将井筒分隔成若干个井孔，有利于控制挖土下沉的方向。因隔墙不直接承受土压力，所以厚度较外壁要薄些。

隔墙底面距刃脚踏面的高度与土层性质有关，当在软土及淤泥质土层中下沉时，为防止突然下沉或下沉过速，隔墙底面应高出刃脚踏面 0.5m 左右。若在硬土层及砂类土层中下沉时，为防止隔墙被下方土搁住，造成井壁断裂或妨碍纠偏和下沉时，可将隔墙底提高至距刃脚踏面 1.0～1.5m，并在刃脚与隔墙联结处设置梗肋加强两者的连接。如为人工开挖，应在隔墙下端设置过人孔，便于过人和排水。

4. 井孔

沉井内设置了隔墙而形成的格子称作井孔。它是挖土出土的工作场所和通道。井孔尺寸应满足施工要求，其宽度（直径）一般不小于 3m。井孔的布置应简单对称，便于对称挖土保持沉井均匀下沉。

当沉井到达设计高程并进行封底后，一般用低强度混凝土充填。若是带钢筋混凝土预盖的空心沉井，井孔可用砂砾石或水充填。

5. 射水管

沉井在砂类土或黏砂土中下沉深度较大，预计沉井自重不足以克服井壁摩阻力时，可考虑在井壁中预埋射水管组。射水管应均匀布置，以利于控制水压和水量来调整下沉方向。射水管的作用是利用射水管压入高压水（一般水压不小于 600kPa），把井壁四周的土冲松，减少侧向摩阻力和端部阻力，使沉井较快地下沉到设计高程。

6. 封底混凝土

沉井沉至设计高程进行清基后，便可进行封底混凝土灌注。如井中水无法排干，可采用水下混凝土封底，达到强度后即可抽水，凿除与水接触的表层混凝土。

7. 顶盖

不以混凝土填心的沉井，需设置 1.5～2.0m 厚的钢筋混凝土顶盖，以承受墩身传来的力。

8. 井顶围堰

当沉井顶面按设计要求位于地面或岛面以下一定深度时，井顶需接筑围堰，以挡土防水。待刃脚沉至设计高程后，直至墩身混凝土高出地面或水面时，即可将这一临时结构拆除。围堰用材料，应视井顶埋入深度和水位（含地下水位）高低而定，常用的有木板、砖石、钢板桩，如图 3-51 所示。

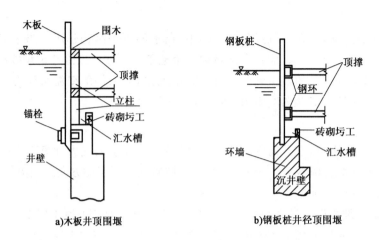

图 3-51　井顶围堰构造

二、一般沉井的设计计算

一般沉井设计前,必须掌握下列资料:①各项设计水位、施工水位和冲刷高程;②河床高程和地质情况,土的重度、内摩擦角、承载力和井壁的摩擦力,沉井通过的覆盖层有无障碍物,岩面的高差变化;③上部结构和墩台的情况,沉井基础的设计荷载;④施工设备情况和拟采用的施工方法等。一般沉井的设计计算包括:沉井各部尺寸的拟定;沉井基础的计算;沉井结构计算三部分。现分别简介如下:

(1)沉井各部尺寸的拟定

根据水文、地质及上部结构情况,结合沉井的构造要求、施工方法,分别拟定沉井的高度和分节、沉井的平面尺寸、井孔的大小及形状、刃脚的形式和尺寸、井孔的填料、凹槽的位置以及封底和承台的厚度等。

(2)沉井基础的计算

根据所拟定的沉井基础的尺寸及其他技术数据,按各种最不利荷载组合,分别检算基底应力、偏心距及稳定等。当考虑到土的弹性抗力时,沉井基础可按刚性基础考虑土弹性抗力的计算方法计算。对于采用泥浆套施工的沉井,仅在有恢复侧面土的约束能力的措施后,才能考虑土的弹性抗力作用。对高低刃脚的沉井基础,检算其稳定时,应考虑岩面倾斜的不利因素。必要时,可在井孔内钻岩,设置钢筋笼,以加强其锚固。

(3)沉井结构计算

由于沉井是空间整体结构,要进行精确的理论计算是非常复杂的,所以在设计中,多采用近似计算方法。因沉井结构计算纯系结构计算理论和方法问题,这里不作赘述,仅将与其下沉有关的沉降系数的计算问题作如下说明。

当沉井的全部尺寸拟定后,应验算沉井的自重力是否足以克服其下沉时土的摩阻力,即沉井自重力与土对井壁的摩擦力之比是否大于1,此比值称为沉降系数,用公式表示为:

$$K = \frac{Q}{T} > 1 \tag{3-2}$$

式中:Q——沉井自重力,如为不排水下沉则应扣除水浮力(kN);

T——土对沉井外壁的总摩阻力(kN)。

T 值按式(3-3)计算：
$$T = \sum f_i h_i u_i \tag{3-3}$$

式中：h_i、u_i——沉井穿过第 i 层土的厚度和该段沉井的周长(m)；

f_i——第 i 层土对井壁的摩阻力(kPa)，其数值与沉井入土深度、土的性质、井壁外形及施工方法等有关，应根据试验资料确定，如缺乏资料时，可参考表 3-10 所列数值确定。

井壁的摩阻力　　　　　　　　　　表 3-10

土的种类	f(kPa)	土的种类	f(kPa)
砂类土	12～25	软土	10～12
卵石土	15～30	泥浆套	3～5
黏性土	25～50		

沉降系数的确定，对整个沉井结构设计和施工关系很大。沉降系数太大，势必使沉井井壁过厚，这不仅增大圬工数量，而且增加挖除刃脚下的土的困难；太小，沉井的重量不足以克服下沉时土的阻力，就要考虑采用各种施工措施，当然也可采用泥浆套或空气幕下沉方法等。

三、深水浮运沉井基础

在筑岛困难的条件下修筑沉井基础，可使用浮式沉井，即先将底节沉井浮运就位，再就地接高下沉。浮式沉井的底节需做成水密的浮体，可以将沉井外墙，或连同隔墙一起，做成双壁中空结构，使其能够自浮；也可在四周外墙之间加设临时性井底，待沉井接高下沉，落在河床后，再将底板拆除，继续下沉。加临时井底的沉井，必须保证底板水密，且便于在水下拆除，仅宜用于浅水、低流速的场合。

当水深不大，且浮力足以承托落到河床前的底节沉井重量时，底节浮运就位后即可接高下沉。如水深较大，底节沉井不能承托落到河床前的沉井重量，则须设法加大浮力。如将外墙、隔墙的双壁中空结构向上延伸，也可在沉井井孔内安装若干气筒，向气筒内压气排水，以加大浮力。

双壁中空沉井的底节，一般使用钢壁，水深不大时，可使用钢丝网水泥制壁。为减轻沉井在悬浮状态下的自重，沉井底节以上，可根据浮力要求，采用单壁钢壳或就地灌注的薄壁钢筋混凝土外墙，内墙可采用预制或现浇薄壁钢筋混凝土结构，待沉井落在河床以后，再根据需要填充混凝土并接高。

底节浮运就位，灌水下沉落在河床后，壳体内填充混凝土，成为通常的重力式沉井，然后接高除土下沉。

下面以泰州长江公路大桥中塔深水基础为例说明浮运沉井基础的施工。

1. 工程概述

泰州长江公路大桥位于长江下游江苏省境内，主桥跨径为 390m＋1080m＋1080m＋390m，为世界首创的二塔两跨悬索桥。中塔采用沉井基础，沉井刃脚断面为 44.4m×58.4m，标准断面尺寸为 44.0m×58.0m。标准断面以上分两级逐步加宽，第一级加宽断面尺寸为

46.0m×60.0m,第二级加宽断面尺寸为50.4m×64.4m。沉井在平面上共分为12个井格,整个沉井总高76m,分为上下两段,下段为钢壳沉井,上段为钢筋混凝土沉井,两段高度均为38m。沉井结构见图3-52。

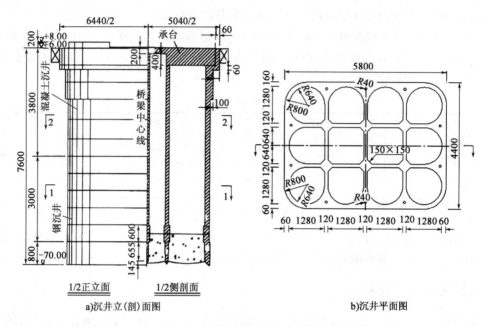

a) 沉井立(剖)面图　　　　　　　　b) 沉井平面图

图 3-52　中塔沉井结构图(尺寸单位:cm)

2. 总体工艺流程

首节钢壳沉井岸边抛锚定位→浇筑刃脚混凝土→钢壳沉井岸边整体接高→沉井整体浮运至江心定位→着床前平面位置调整→注水着床→钢壳沉井吸泥下沉→浇筑钢壳夹壁混凝土→钢壳沉井继续吸泥下沉→混凝土沉井接高、吸泥下沉(二者多次交替进行)→沉井下沉到位→清基并封底施工。

3. 沉井施工方法

(1) 钢沉井接高及浮运

首节钢沉井加工完成后浮运至岸边临时接高场地,进行临时锚固,采用起重船配合,岸边接高至38m。在38m钢沉井整体拖运前,对钢沉井浮运阻力和稳定性进行详细计算,对浮运路线进行详细勘测,配置足够马力的拖轮。在拖轮配置数量确定后,采用绑拖的方式,在沉井两侧各编队两艘拖轮,其中靠前的一艘主要负责沉井的转向功能。在沉井靠近墩位处临时定位船时,靠定位船一侧拖轮散队,一艘待命,一艘靠沉井下游变为顶拖,见图3-53。

图 3-53　38m钢沉井整体浮运

(2) 沉井锚墩定位系统

泰州大桥采用了"钢锚墩+锚系+卷扬机+滑车组"的刚性定位调整体系。在沉井上下游约170m的江中心各设一钢管桩锚墩平台,该平台钢管桩打入河床相当深度具有足够稳定性及刚度来抵抗水平力,并在沉井南北侧各抛6个8t铁锚(边锚)并通过边缆(分为上拉缆和下拉缆)与沉井相连,所有边缆均通过沉井上下游侧的吊耳导向后分别转缆到两个钢锚墩上。沉井在上下游方向则通过正面拉缆(也分为上拉缆和下拉缆,其中上拉缆为主缆)直接与钢锚墩相连,每个钢锚墩平台上各架设12台卷扬机,所有正面缆及边缆均通过500kN滑车组与卷扬机相连。在该体系中,沉井上下游方向各布置有12根拉缆,其中4根正面上拉缆(主缆),2根正面下拉缆,4根边上拉缆,2根边下拉缆,主缆通过5股绳的滑车组连接到100kN卷扬机上,其他各缆均通过5股绳的滑车组连接到50kN卷扬机上,如图3-54、图3-55所示。

通过调节不同拉缆的拉力,可以实现对沉井的平面位置及倾斜度的调整。钢锚墩(图3-56)上所有拉缆均连接有拉力表及压力传感器,二者对拉力进行双控制。该体系建立后,不会再因涨落潮因素而导致缆索拉力反复变化,因此该体系为刚性受力体系,能最大限度地保证沉井精确着床。此外,钢锚墩可作为船舶的临时系船桩及大桥的永久防撞墩。需补充说明:在沉井着床前,该体系能精确实现沉井平面位置及几何姿态的调整,但沉井刃脚着床入泥后,该体系所能提供的动力不足以克服河床的摩阻力,一旦着床后不能通过调节拉缆受力来调整沉井的平面位置。鉴于此,沉井着床前务必将其平面位置精确调整到位。反过来讲,沉井一旦精准着床后,因受到该体系各拉缆的约束,沉井平面位置亦不会因为吸泥而产生过大的偏差。

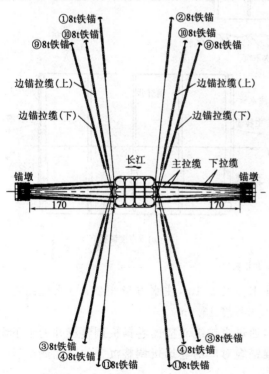

图3-54 沉井锚墩定位布置图(尺寸单位:m)

图3-55 卷扬机及滑车组

图3-56 钢锚墩

沉井吸泥到一定深度后,沉井下口因土约束,下拉缆不再起作用需解除,混凝土沉井接高后,沉井继续吸泥下沉,上拉缆在入土前也应解除。此后,沉井平面位置靠调整吸泥顺序来动态纠偏。

(3)沉井定位着床

钢沉井在码头接高至 38m 浮运到墩位处就位、着床。钢沉井就位通过钢沉井上下游钢锚墩平台，利用钢锚墩上的卷扬机和滑车组对钢沉井上各个方向拉缆拉力控制进行平面位置调整定位；钢沉井着床定位通过调整主拉缆及下拉缆和控制各井壁隔仓注水量，而达到对钢沉井着床平面位置调整。

①沉井定位施工。沉井定位采取动态控制法，与沉井注水下沉同步进行。其施工步骤为：首先利用钢锚墩定位系统各个方向上的拉缆对钢沉井进行平面位置的调整定位，然后通过上下拉缆对钢沉井的垂直度进行调整或调整各隔舱的注水量来辅助调整沉井垂直度。

沉井调位又分两个阶段进行，粗定位和精确定位。粗定位在沉井浮运到位，拉缆转换完毕之后进行，精确定位在沉井注水离河床还有 2m 时进行。

a.粗调位：沉井粗调位施工步骤见图 3-57。

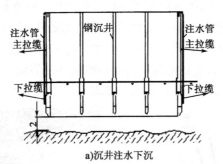

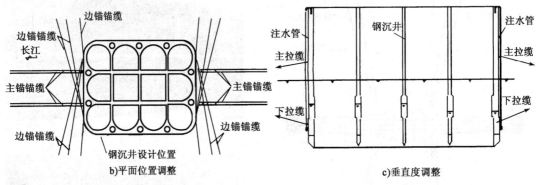

图 3-57　沉井粗调位

沉井注水下沉至离河床面 2.0m 左右时，注水高度 5.1m，注水方量 3927m³（水位高程＋2.5m，河床面高程－15.4m，干舷高度 16.1m，入水深度 15.9m）。

平面位置调整：在监控系统的控制、指挥下，通过主拉缆对应的卷扬机调整沉井的上下游至设计位置偏下游 30cm（预偏量），再通过边锚锚缆对应的卷扬机调整沉井的南北侧至设计位置。

垂直度调整：在监控系统的控制、指挥下，通过上下游下拉缆对应的卷扬机调整沉井上下游方向的垂直度<1‰，再通过边锚下拉缆对应的卷扬机调整沉井的南北侧的垂直度<1‰。

b.精调位：

(a)时机选择。当沉井选定着床时机之前进行沉井的精确定位。精确定位选择在低平潮之前进行动态控制。在低平潮前,完成钢沉井的精确定位。

(b)调整依据及主要内容。根据监控系统,采用 GPS 测出钢沉井四个角的坐标、垂直度,将超声波测得的沉井范围内的河床面高差等控制指标与设计及施工要求进行比较,利用锚墩系统的各个拉缆、沉井上的吸泥泵等进行调位。在调位过程中进行同步观测。

(c)定位方法。沉井调整方法与沉井粗定位基本相同。

②沉井着床施工。选择有利于沉井的着床的加载与精确定位的时机。

a.沉井壁体内对称、均匀,快速注水 2.5m。

b.调整主缆、上拉缆(收紧)和下拉缆(放松)。

c.沉井局部着床。

d.检查沉井平面位置、垂直度。

e.调整沉井平面姿态。

f.根据河床冲刷情况,沉井壁体内采取偏心注水(图 3-58),直至刃脚进入河床不再下沉为止。图 3-58a)沉井在注水平衡后,继续注水增加沉井底部对河床的压力;图 3-58b)为继续注水,增加沉井入泥深度,使得沉井最终达到一个相对稳定的状态,便于沉井吸泥施工。

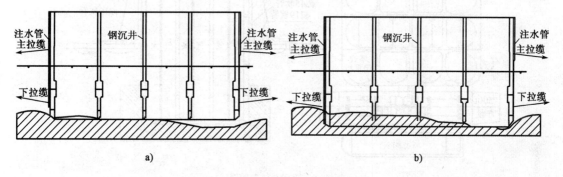

图 3-58 沉井着床后偏心注水示意图

g.监测河床面形态,启动吸泥泵吸泥,并根据水深适时启动空气吸泥机进行偏心吸泥(图 3-59)。图 3-59a)沉井注水着床平衡后,由于沉井上游发生冲刷,对沉井下游隔仓进行吸泥。图 3-59b)下游隔仓吸泥后沉井入土增加,待上下游河床面相同时,对上游隔仓同步吸泥,随着沉井入土深度的增加,沉井着床趋于稳定。

h.随着吸泥调整缆索,沉井继续下沉至全断面入泥 4.0m,干舷高度不小于 3.5m。

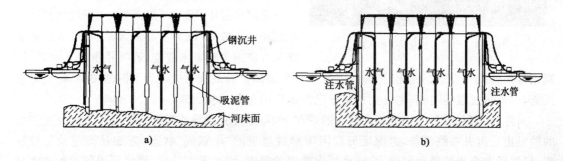

图 3-59 沉井着床后偏心吸泥示意图

(4)沉井吸泥下沉

沉井下沉采用的是空气吸泥工艺取土,靠沉井自重下沉。备用"潜水钻机＋射水"系统,如遇胶结层及板结钙化层冲吸法空气吸泥取土下沉效果较差时,采用潜水钻机水下松动胶结土层及板结钙化层后再用冲吸法空气吸泥取土。在沉井夹壁的"三角区"设置有 10 个 $\phi 80cm$ 的射水孔,如三角区阻力太大无法下沉时,同样可采用潜水钻机从射水孔内松动砂层,并射水吸泥。

空气吸泥设备主要包括供气设备及管路、高压射水装置、吸泥管及风包等。吸泥管采用 $\phi 325mm$ 无缝钢管,最底下一节设置"风包"。空气吸泥时,在沉井顶面设置 6 台龙门式起重机并配置 4 台塔式起重机作为起重设备。吸泥设备布置见图 3-60、图 3-61。

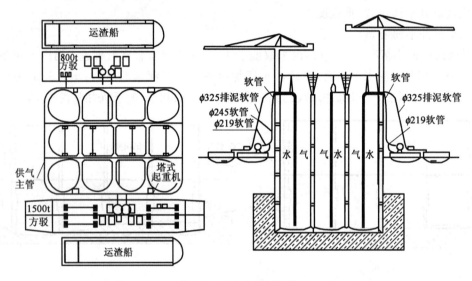

图 3-60　吸泥总体布置图

图 3-61　沉井顶面吸泥设备布置

为保证吸泥过程中沉井内外水压平衡,在沉井的南北侧外壁每隔一定高度各设置一个补水孔,下层补水孔入土前由潜水员下水封闭,此时由上层补水孔进行补水。此外,沉井内部所有仓壁上均设有一个连通孔保证各仓水压平衡,该孔位置必须高于封底混凝土顶面一定距离。

吸泥过程中,沉井可能产生一定程度的偏斜,若沉井重心较高(沉井重心未入泥)则可通过调整吸泥方位来进行姿态改变,若沉井重心入泥较深,则很难调整沉井姿态。因此,把握好沉井几何姿态调整的最佳时机成为下沉的关键,特别是终沉前,一旦错过最佳时机,将再无机会把已经偏位的沉井调整回来。

另外,在沉井下游主动土压力过大的情况下,可通过吸泥管或吸砂船将沉井下游外壁多余的砂吸走。沉井在终沉前,为保证刃脚河床形成理想的"小锅底"状态,需加强测量及监控频率,切实采取合理的吸泥顺序,并减小每次吸泥的厚度,切忌吸泥过猛,使内部刃脚处形成大悬空状态(大锅底),因封底混凝土是分仓对称浇筑的,"大锅底"状态会导致封底混凝土串仓。

(5) 夹壁水下混凝土浇筑

因钢壳沉井自重有限,当吸泥下沉到一定深度后,沉井下沉已经相当艰难。因此,需要浇筑夹壁水下混凝土增加沉井自重来帮助下沉。

整个夹壁混凝土重量超过 60 万 kN,如此庞大的重量可帮助沉井顺利下沉,当钢壳沉井下沉至距干舷高度 4~5m 时,停止吸泥,进行混凝土沉井的接高。

各仓夹壁混凝土需对称浇筑,浇筑共分 9 次进行,单次浇筑方量最大可达 3240m³,浇筑时间长,现场配备 2 台浇筑能力达 120m³/h 的水上搅拌船。图 3-62 为沉井施工现场照片。

图 3-62 沉井下沉至设计位置状态图

(6) 混凝土沉井翻模施工

混凝土沉井接高采用劲性骨架配合翻模工艺,混凝土浇筑采用可旋转、可折叠式布料杆,浇筑覆盖范围大。翻模施工工艺成熟,因背架相对较窄,对吸泥施工影响不大,可以很快进行工艺转换,方便吸泥施工。

四、泥浆套沉井基础

靠沉井自重克服井壁摩阻力以使沉井下沉的方法,一般来说是一种很不合理的方法,因为把混凝土当作压重来用,不仅不经济,而且还将增加地基的额外负担。因此,当基础在稳定性方面不要求以过大的自重来平衡水平力与力矩时,可以采用泥浆套技术来减少下沉摩阻力,即泥浆套沉井基础。泥浆套沉井基础,是 20 世纪 60 年代发展起来的新工艺型基础。它不仅可以降低井壁侧摩阻力,减少井壁的圬工数量,使薄壁沉井得以采用,而且加大了沉井下沉的深度和提高沉井的下沉效率。因而,给沉井的下沉带来了轻(井壁薄、自重轻)、快(润滑、进度快)、稳(倾斜小、易纠正)、省(圬工量少)的特点,表现出显著的经济效果,并为沉井施工拼装化的发展提供了条件。

泥浆套沉井基础中沉井结构部分,基本与前述相同,泥浆套部分的构造主要包括:泥浆排射孔、射口挡板、压浆管、地表防护围圈、压浆泵与泥浆搅拌机等。其布置如图 3-63 所示。

1. 泥浆套施工工艺及设备

当对水中的筑岛沉井拟采用泥浆套下沉时,其搅拌机、储浆池和压浆泵均可装设在驳船上,其主要施工工艺及设备如下。

(1) 泥浆制备

泥浆制备的程序为:存放黏土→风干→碾碎→配料→搅拌→筛滤→储浆。

黏土经风干碾碎后,清除石子及杂物,按试验的配合比配料,然后进行搅拌,并掺入化学处理剂。然后,将搅拌好的泥浆经筛网过滤后,流入储浆池备用。储浆池的容量,一般为每节沉井按理论计算所需的体积。泥浆实际用量一般为理论用量的 1.5~2.0 倍。

(2) 压浆管路及围圈

泥浆套施工操作主要设施有:压浆管路、泥浆管射口围圈、井壁地表围圈。

① 压浆管路。压浆管路包括输浆管和压浆管。

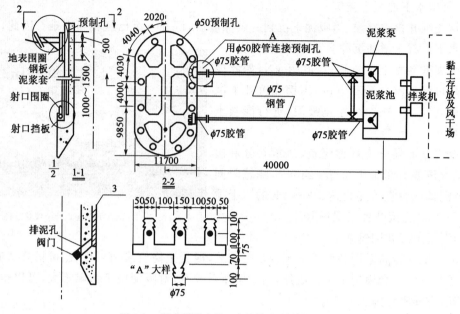

图 3-63　沉井泥浆套施工布置图(尺寸单位:mm)

a. 输浆管:用 $\phi50mm$ 钢管或胶管,一端连接压浆机,一端通至井顶,并与三通相连。三通上装有胶管和闸阀,胶管再分别与井顶各压浆孔口的管头相连,见图 3-64。当某一孔道需压浆时,只需将相应闸阀打开,即可压浆。图中 N_5 和连接螺栓预埋在井顶混凝土内,沉井接高时卸下 N_8,即可倒到上一节井顶使用。

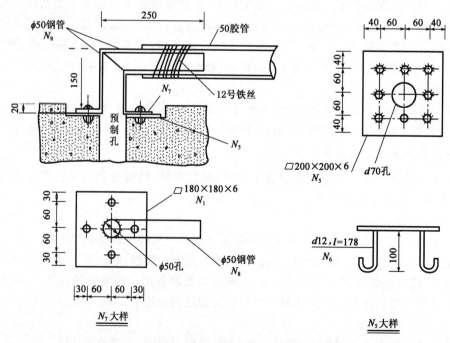

图 3-64　井顶压浆管与输浆管连接示意图(尺寸单位:mm)

b. 压浆管：压浆管道的布置分为内管法和外管法。内管法，就是用高强胶管内插穿钢芯在沉井井壁中预制管道，浇完井壁混凝土后约4h，将胶管拨动提起，待1～2d后再拔除胶管形成压浆孔道。而外管法，又分为井外外管法和井内外管法。井外外管法，就是将压浆管顺井壁外侧直插入泥浆套内进行压浆；而井内外管法，则是将压浆管从井孔内插下，在接近沉井台阶高度处，穿过井壁将压浆管出口引至泥浆套内，见图3-65。

②泥浆管射口围圈。采用内管法及井内外管法设置压浆孔道，出口一段采用铁皮弯管，射口设在底节沉井顶部台阶处，射口方向与井壁周边成45°斜角。为防止压浆时，泥浆直接冲击土壁和减少压浆孔出口堵塞，一般均在射口处设一短角钢防护，此即泥浆管射口围圈，如图3-66所示。

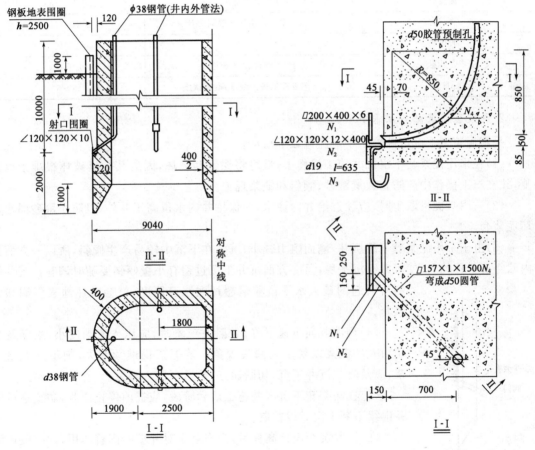

图3-65 井内外管法布置图(尺寸单位：mm) 　　图3-66 泥浆管射口围圈(尺寸单位：mm)

③井壁地表围圈。地表围圈是沿井壁周埋设的围板，用以防止地面土层坍塌而破坏泥浆套。地表围圈与井壁间的净距即泥浆套的厚度，地表围圈的高度一般为1.5～2.0m，顶部高出地面约0.5m。

(3)压浆

压浆可采用泥浆泵压浆，压浆压力为：启动时约为0.7MPa左右，正常后保持为0.1～0.3MPa。在处理故障时，其启动压力可提高到1.2～2.0MPa。压浆一般是一个孔一个孔地压注,并随沉井下沉而不断补浆,使泥浆面保持略低于地表围圈顶即可。压浆时,泥浆流动半径为5m左右,流动坡度为3％～10％。

(4)泥浆套所用泥浆的性能指标

泥浆套所用泥浆应具有固壁、触变、稳定等性能,其主要指标见表3-11。

沉井泥浆润滑套所用泥浆性能指标　　　　表3-11

项　目	使用测定仪表	指　标
密度	(根据计算井壁压力时选用值)	$1.1～1.3t/m^3$
黏度	1006型野外黏度计	大于100s
失水量	1009型失水量测定器	大于8mL
泥皮厚	1009型失水量测定器	小于3mm
静切力	1007型电动旋转式静切力计	大于$10^{-3}N/cm^2$
胶体率		100％
含砂量	1004型含砂量测定器	小于4％
pH值	(泥浆液氢离子浓度)酸碱试纸	6～8

2.泥浆套下沉沉井注意事项

采用泥浆套下沉沉井施工中应注意如下事项:

(1)在采用泥浆套下沉沉井施工操作中,最忌将泥浆套破坏,因为其一旦破坏很难予以恢复,故在施工操作中应防止大量翻砂、倾斜和缺浆现象。

(2)采用吸泥机取土时,应注意给井内注水,并保持井内水位高于井外,以防止翻砂涌水破坏泥浆套。

(3)由于采用泥浆套下沉沉井,侧面阻力减小,沉井在下沉中较易产生倾斜,所以一方面井内除土要对称均匀,使沉井下沉平稳;另一方面沉井下沉过程有小量倾斜要随时调整。沉井倾斜所引起的最大水平位移值超过泥浆套厚度,就会破坏地表围圈和泥浆套。

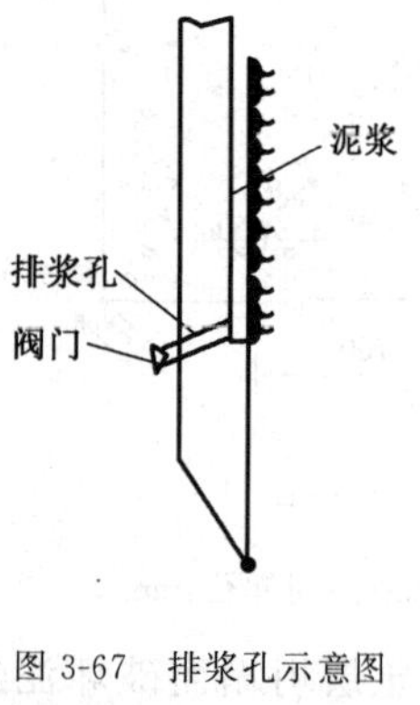

(4)当泥浆面迅速下降,有漏失现象时,应压入流动度小、黏度及静切力大的泥浆以稳定其漏失现象。若泥浆仍继续漏失,则不宜大量压浆,应及时让沉井下沉,切断通路,然后再压入稠浆。

(5)在泥浆套下沉沉井施工最后阶段,应提前停止压浆,防止最后沉井继续不断下沉难以控制。

(6)沉井沉至设计高程后,为恢复土对井壁的固着作用,则应破坏泥浆套,排除泥浆,此时可用沿井壁布置的排浆孔,此孔在沉井下沉期间是堵塞的或用阀门关闭的,见图3-67。

图3-67　排浆孔示意图

五、空气幕沉井基础

空气幕沉井基础的特点与泥浆套沉井基础基本相似,只是从预先埋设在井壁四周的管道中压入高压空气以代替泥浆。而此高压空气由设在井壁上的喷气孔喷出,气流沿沉井外壁上升带动砂粒翻滚形成液化,黏土则形成泥浆,在井壁周围形成一层松动的含有气体与水的液化土层,从而减小土对沉井外壁摩阻力。此含气土层围绕沉井如同幕帐一般,故称空气幕。利用空气幕减小土对沉井侧壁摩阻力,而达到减少坎工量,加快施工进度的沉井基础称为空气幕沉井基础。据工程实践初步统计,采用空气幕下沉沉井与普通沉井相比,可节省30%~50%的坎工量,可提高下沉速度20%~60%。

1. 空气幕系统

空气幕沉井构造,如图3-68所示。

空气幕沉井与普通沉井相比,仅在构造上增加了一套空气幕系统,这套系统是由气龛、井壁中预埋管、压风机、贮风筒及地面管路等几部分组成。

(1)气龛

气龛即预设于沉井外壁上的凹槽及凹槽中的喷气孔,其构造见图3-69。凹槽的作用大致有三点:①保护喷气孔不受土的直接磨损;②便于气体的扩散,使喷出的高压气束经扩散空间较均匀地附壁上升,以形成气幕;③尺寸较大的气龛,压气时凹槽内充满气体,像一个气囊,起着减小摩擦面积的作用,早期的空气幕沉井即多用这类气龛,亦收到减小摩阻力的效果。气龛为空气幕沉井的关键设施,其形式很多,可设计成尺寸大小不同的桃形、半圆形、长方形,气孔直径也可大小不一。目前多用小气孔,长方形气龛。

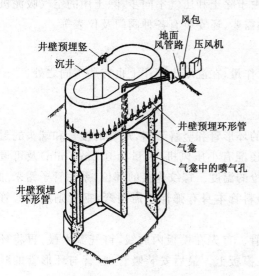

图3-68 空气幕沉井构造示意图

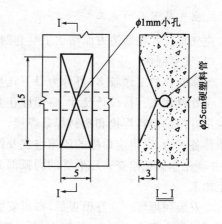

图3-69 气龛构造图(尺寸单位:cm)

气龛数量与沉井的重率[重率=沉井重量(不扣浮力)/沉井外壁总侧面积]和外壁侧面积有关,重率越小,气龛数量应越多,侧面积越大,气龛数量也越多,一个沉井往往需用几百个至几千个气龛。气龛的排列,则应在沉井的下部密、上部稀;底部3~5m范围内不设气龛,以免空气顺井壁下压穿过刃脚,引起沉井翻砂;顶部5~8m因空气向上扩散起作用,也可不设气龛。一般沉井下部宜每$1.3m^2$设一个,上部宜每$2.6m^2$设一个。

(2)井壁预埋管

井壁预埋管的布置有两种方式。一种是同时设环形管和竖管,环形管视沉井的大小及纠偏的需要而定,可按半周或1/4周设一根。喷气孔即钻在环形管上,由竖管连接引出井顶。压气时,气体由竖管进入环形管,然后从各气龛喷出。还有一种方式是只设竖管,喷气孔即设在竖管上,此法好处在于管路顺直,气压损耗少。下端可设储砂筒,储存由气龛渗进的沙子,防止喷气孔堵塞。但由于这种方式用料多,每灌注一节沉井接长管路的工作量大,故只有采用特殊气龛时,才考虑采用它。

(3)压风机

压风机是提供高压气体的设备,空气幕以压风机供风,压力的大小视沉井下沉深度而定。下沉深度 $40\sim50\text{m}$ 以内的沉井,可用风压为 $0.7\sim0.8\text{MPa}$ 的压风机供风。风量和土层结构的紧密程度有关,结构紧密者耗气量小,反之则大。有试验资料推荐,每个气盒的平均耗气量为 $0.015\sim0.023\text{m}^3/\text{min}$。

(4)储风筒

储风筒的作用是储存高压气体,压风机必须配备总容量不小于压气机每分钟耗气量的储风筒,以免压气时压力骤然降低影响压气效果甚至堵塞气孔。

(5)地面风管路

地面风管路是用来联结压风机、风包和井顶的风管所组成的压气通路,压气通路应力求垂直、短捷、不漏气,尽可能减少压力损失。

用空气幕下沉沉井,沉井外壁摩阻力在压气时减小,停气时基本恢复,无须在施工全过程中不停地供气,而是除土与压气下沉轮番进行。由于除土和压气不同步,除土用的空气吸泥机可和压气共用一套设备。此外出于操作和测量的需要,还安装有各种阀门及仪表等。

2. 空气幕沉井的施工

空气幕沉井在制造方面增加了气龛制作的工作量,在混凝土灌注上也有些不同之处。

(1)气龛制作

气龛制作的工序较多,可分为以下几步:

①管材加工。按设计尺寸,将预埋在井壁内的环形管和竖管下料,短管的接长和端头的封闭采用专门的塑料焊枪和塑料焊条焊接。此外,还配有小压风机(风量为 $0.6\text{m}^3/\text{min}$)及可调变压器各一台,以供应焊枪的压缩空气及调节焊枪的温度。螺纹连接的部位,系用管子钳来加工,并事先作试装检查。环形管的圆弧部分,因塑料管本身有弹性不需预弯,钢管则放在弯管机上加工。

②安装预埋管。立好模板后,即可安装预埋管。首先在模板内放线,钉气龛木模,再将环形管对气龛木模中心安设,并用U形扒钉固定在模板上。最后安装竖管,竖管与环形管的联结是采用塑料三通,便于安装。

③钻喷气孔。拆模后,先在气龛内找出外露的环形管,然后用手电钻在上面钻一个直径为 1mm 的小孔。钻孔时应注意钻通,并将周边的毛刺清理干净,否则容易堵塞。

④检查气龛。为了保证气龛的通畅,每节沉井在下沉之前,必须对新制气龛进行压气检查。发现气龛不通,应采用措施进行补救。

气龛的制作工序如图 3-70 所示。

(2)混凝土灌注

沉井混凝土灌注施工时,为防止模板内的预埋管被损坏,应严格控制混凝土的灌注高度。一般每节沉井按每次灌注高度控制在 $3\sim4\text{m}$,分多次灌注。为便于安装气龛木模和预埋管,模板都采用木制;也可采用预制混凝土管作内模,混凝土灌注后不取出,即作为井壁的一部分,减少了一部分内模制作的拆装的工作量。

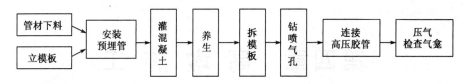

图 3-70　气龛制作工序图

（3）压气下沉

与一般重型沉井和泥浆套沉井不同，重型沉井和泥浆套沉井下沉中，当正面阻力消除到一定程度后就会自动下沉，而空气幕沉井侧面阻力的减少是有时间性的，即在压气时减少，停气时又恢复。因此在整个空气幕沉井下沉过程中，当吸泥清除正面阻力后，还必须及时辅以压气，才能收到良好的下沉效果。如果连续不断吸泥，锅底过深或井内外水位差太大时，不仅沉井不能顺利下沉，还可能造成翻砂。而吸泥太少，正面阻力消除得不够，压气效果也不会好，只有认识到两者之间的关系，施工中注意互相配合，才能更好地发挥空气幕的作用。因此，吸泥过程中应加强对泥面的测量，随时掌握泥面深度的变化，并注意配合压气，就能充分发挥空气幕的作用，使沉井顺利下沉。

实践证明，在粉细砂层中，吸泥的深度不可太深（沿井壁内测量），一般不宜超过刃脚下 0.7～1.0m，并在控制井孔内水位的情况下进行压气，这样效果较好，再深则容易造成翻砂。空气幕沉井压气下沉施工中，吸泥、压气、测试，基本上是按图 3-71 中所示程序循环进行的。

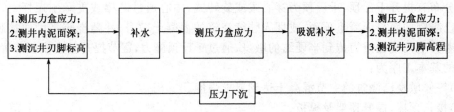

图 3-71　空气幕沉井压气下沉的循环工序

3. 施工注意事项

（1）除土到刃脚下正面阻力基本消除时压气，沉井可顺利下沉。如除土不够，正面阻力过大，沉井难以下沉；除土过深，压气时空气被压入井内，将引起翻砂，酿成事故。施工中应严格控制除土深度，掌握少除土、勤压气的原则，并注意均匀除土，防止沉井倾斜。一般砂土底层，沉井中部除土面低于刃脚 0.5～1.0m 时应压气下沉。

（2）压气时应尽可能使用压风机的最大风压以保证压气效果。开气顺序从上而下，沉井周围同时送气，以免空气压入井内引起翻砂或导致沉井倾斜。每次压气时间不宜过长，一般在 10min 左右，过长不仅对下沉无效果，且使土受扰动过大，停气后气龛容易堵死。

（3）保证气龛不被堵塞是空气幕下沉的关键。为此，除在预埋管的端部设置贮砂筒外，全部压气管应在安装前吹净管内泥沙杂物，安装后要经试气检验；气龛钻孔时，孔边毛刺应妥善清除干净；压气下沉后停气时，必须尽量缓慢减压，防止泥沙倒流堵塞气龛。

（4）控制及调整沉井的倾斜和位移，可利用分段设置的压气管路，根据需要分段压气进行。

第四章 高墩施工

为适应跨越深谷、既有线路等需要,在桥梁建设中常需要修建高墩。目前桥梁高墩常采用滑模、爬模、翻模等施工方法。

第一节 滑动模板

一、概述

当墩身有一定高度且桥墩上下断面变化不大时,可采用滑动模板施工。

滑模装置由模板系统、操作平台系统、液压提升系统和垂直运输系统等四大系统组成。滑模施工工艺原理是预先在墩身混凝土结构中埋置钢管(称之为支承杆),利用千斤顶与提升架将滑升模板的全部施工荷载转至支承杆上,待混凝土具备规定强度后,通过自身液压提升系统将整个装置沿支承杆上滑,模板定位后又继续浇筑混凝土并不断循环的一种施工工艺。

滑动模板是按墩身外形(实体墩)或断面(空心墩)轮廓制成的钢质模板节段,由顶架支承。顶架上分布有提升千斤顶,千斤顶为穿心式或旋转式,中心通过芯棒或支承于螺杆上,其底部支承在已凝固的墩身混凝土顶面,或埋入陆续浇筑的混凝土墩身,并随浇筑高度而接长,将顶架及附着其上的模板重力传到半硬结的墩身,通过千斤顶施力,逐节提升整个模板装置。安设模板后的基本工序为:

(1)等候墩身已浇筑的一节混凝土达到要求强度。
(2)接长顶棒,提升顶架及模板。
(3)供应适量混凝土,浇筑新的一节墩身,以后交替进行,直到墩顶。

工程中使用的节段模板一般约高1.2m,支承模板的顶架要求具有足够的强度,须视墩身断面形状、提升重量、千斤顶提升能力作出适当的结构设计。笔直的模板是早期的形式,后又有了改进,即在模板内侧设置0.5‰~1.0‰的上小下大锥度,以利于提升。灌注的混凝土须具有低流动度或半干硬性,当模板提升后,未完全硬结(特别是上部)的混凝土会有少量的坍落及侧涨,使锥度消失。每次灌注的墩身混凝土,高度约为0.3~0.5m,即每节模板分三次或两次提升。钢筋混凝土的设计强度一般在25MPa以上,每立方米混凝土的水泥用量约为400kg,水灰比为0.35~0.40,则坍落度为2~4cm,实体墩身则可用坍落度为0.5~2.0cm的配合比。每次滑动模板时,提升范围内的混凝土强度,以达到0.2~0.5MPa为宜,以在灌注后3~4h,用手指按压刚出模的混凝土表面,能出现指痕为度。因为灌注高度不同,提升次数和时间间隔也有出入。气温对混凝土早期强度有很大影响,因此为了达到施工要求,必要时可掺适量速凝剂或用快硬水泥。

具体的提升工艺与墩身结构和施工布置有关,其大致工艺流程为:

(1)首先浇筑墩身底节段混凝土,待凝固后,在其上安设滑动模板,安装时须保持顶棒位置,可以回收的顶棒仅支承在底节表面。

(2)如为实体墩身,以后可灌一层约30cm高度混凝土,0.5h后灌第二层约30cm,等待0.5~1h后灌第三层约30cm,随即抽提模板3~5cm,以防黏结;到总计约3.5h,正式提升模板约30cm高度;以后每浇筑一层,抽提2~3cm,等底层强度足够,再正式提升一次;每次灌注的总高度距模板上缘应留出10~15cm。如此循环操作,每天进度5~6m。

(3)如为空心墩身,可先灌注50~60cm的第一层混凝土,使表面摩擦力提升时不致带动这层混凝土;以后每次提升30~50cm。

(4)不论实体或空心墩身,灌注混凝土时须用振捣器捣固。

(5)模板提升后,施工人员应刷抹脱模的混凝土表面,特别应将表面留有的横向缝隙弥合;提升的顶架高差应控制在5mm以内。

(6)混凝土脱模后应在12h内,用安装在模板骨架上的环形带眼水管喷水养护。

二、实体钢筋混凝土桥塔滑动模板

滑动模板是由顶平面的提升梁、竖向的挂杆和必要的连接件,以及支承部件组成的立体钢构架。提升梁在顶面内按辐射形布置,根数由要求的提升点决定,各提升梁在辐射中心由圆形拼接板(圆形墩身)或腰圆形内环梁(圆端形墩身)连接;外端由挂杆组成悬吊钢模板及安设顶棒、提升设备的骨架,并附设工作平台托梁。图4-1为早期用于实体墩身的滑动模板,采用螺旋杆支承构架,每一提升梁处的竖断面为图示的π形构架,两外侧竖杆连到弯成环形的钢模板,合围定出墩身轮廓,以利于在工作平台上浇筑墩身混凝土。每侧内、外竖杆形成的骨架将承受顶棒的作用力,并保持顶棒的位置。

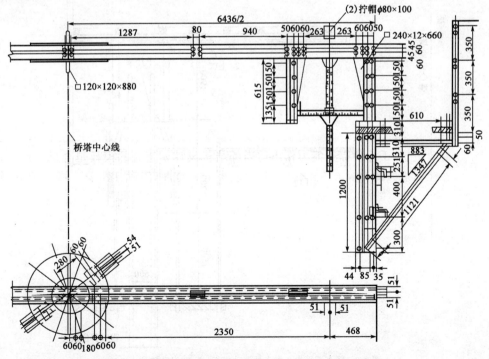

图4-1 实体钢筋混凝土桥塔滑动模板的构造(尺寸单位:mm)

钢模板最薄可用有加劲肋的2mm薄钢板,如受力较大且无加劲肋时,也可用中厚钢板,按刚度和湿混凝土侧向压力要求设计。钢模板底部支承在初凝墩身四周,对整个构架起到稳定作用。但整体模板结构的竖直质量由顶棒支承,顶棒也是提升顶架时的导向。如整体结构简单,墩身截面、高度不大,则顶棒受力有限,图示的顶棒为直径38mm圆钢,分布点也不多,顶棒支承在墩座混凝土表面,灌注混凝土及提升时,顶棒将处于提升架上的套管内,留下孔道,顶到需要的高度后,顶棒能抽出回收。

提升工具及方法如下:顶棒上节为直径40mm的丝杆,长约70cm,丝杆顶端有方形拧头;旋转丝杆,构架内的丝母将迫使构架随着升降;丝杆上附有支承托,可以支承上顶梁。顶棒下节为直径38mm的圆钢,两端加工有正、反向螺纹,以利拼接;上端附有支承托,可以支承上顶梁。顶棒上、下节之间有球形支座衔接。每次提升前,旋动下支承受力,此时可提高上节丝杆,拼接下节圆钢,等于一次提升约30cm的高度;然后落低上节丝杆,使球形支承受力,再拧动上节丝杆,上顶梁将沿上节丝杆上升,到预定高度后,旋紧上支承,然后浇筑墩身滑动模板内混凝土。如此反复进行,墩身不断提升,直到要求的高程。当墩身设有钢筋时,须增设一层工作平台,提高构架,以便利接长钢筋的操作。

三、空心钢筋混凝土桥塔滑动模板

空心钢筋混凝土桥墩的墩壁,须有内外侧模板,其构造较复杂,墩壁有内外层钢筋,可结合设置提升时的支承点。图4-2为一个直径10.8m,竖直圆形空心墩身的滑动模板总布置。

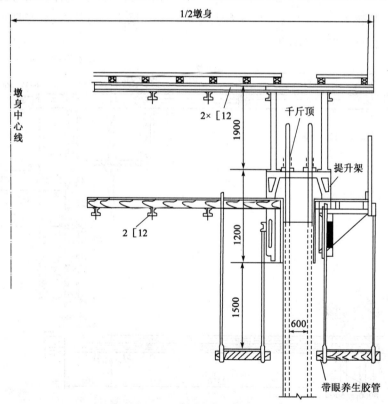

图4-2 竖直圆形空心墩身的滑动模板(半幅,尺寸单位:mm)

布置中以小型π形提升架与墩壁内外模板连接，成为构架的主体结构。每片提升架有两根直径25mm的圆钢顶棒承托，顶棒底埋入墩身的底节，全部构架安装以后，逐次通过穿心千斤顶，提升模板，然后焊接长顶棒，浇筑墩身混凝土，顶棒可浇筑入墩壁而成为墩身竖向钢筋的一部分。墩壁内外钢模板由2mm薄钢板，加焊竖向加劲肋弯成，每三个提升架与6块宽约60cm的外模及宽约53cm的内模组成一个单元，8个单元与插入其间的单块模板，拼焊成整体构架，并用上、下层角钢制成的内、外横围圈保持位置。为获得模板的锥度，在内外上围圈设直径4mm钢筋环，控制模板直径，而下围圈不设。

在该系统中为了提升预架、焊接和绑扎钢筋、浇筑混凝土，在提升架上接高支承柱，搁置两层工作平台，以利操作。在墩中心为拼组常备钢脚手架，在架顶设起重吊臂，以运送混凝土，故两层平台中心，都留出通过吊架的空洞。在下平台下面，还吊挂有悬吊平台。提升架由型钢组焊而成，细部结构见图4-3。

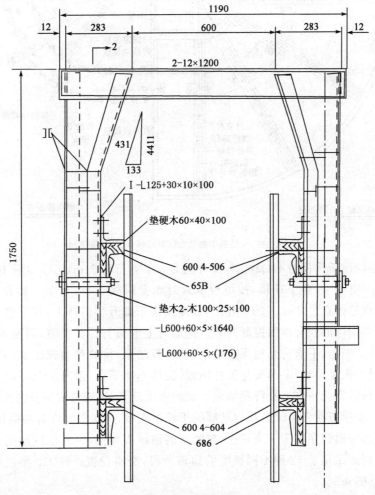

图4-3 提升架结构(尺寸单位:mm)

内外模板将由围圈角钢卡进提升架，并由架上短角钢限制围圈的位置，为了精确调整，垫进硬木。内、外模板单块及组拼单元细节见图4-4。

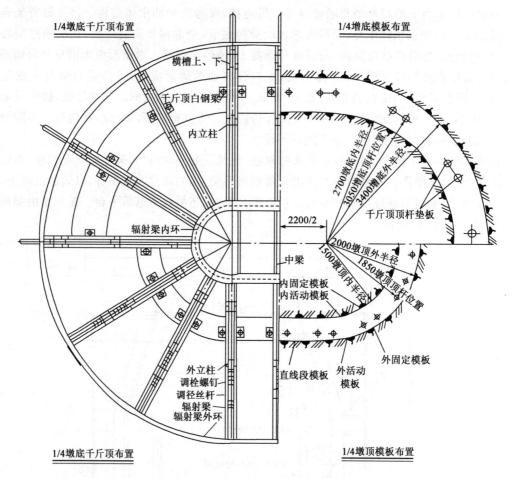

图 4-4 内、外模板单块及组拼单元细节(尺寸单位:mm)

提升用的油压千斤顶为 HQ30 型,提升能力 30kN,行程 3cm,工作油压 10MPa,该系统有 24 个提升架。使用 48 台千斤顶,按每台卡紧时承受荷载 10kN 计算。操作时,48 台油路并联,千斤顶穿在芯部直径 25mm 的顶杆上,顶座固定于提升架横杆上,依靠进油、回油和上、下卡头、小弹簧与钢球的联合作用控制升降。进油时上卡头与顶杆锁紧,活塞不能下行,缸体连同提升架上升。当上、下卡头互相顶紧时,一个行程结束,排油弹簧被压缩,开始回油,油压降低。排油弹簧要恢复原状,下卡头与顶杆锁紧,缸体不能下落,活塞上升,等排油完毕,活塞到达止点,千斤顶活塞的一个上升行程结束。如此多次反复,达到每次提升的预定高度。

为了使滑动模板在任何时候都有足够的千斤顶支承,每次只允许有四根顶棒脱出千斤顶,这时,将接长部分圆钢穿进千斤顶芯孔,与脱空的顶棒头焊接,而其他顶棒则至少露出千斤顶帽上 0.3m。因此采用了 12 种不同长度的顶棒节段,交错设置。HQ30 型液压千斤顶的细节及工作原理见图 4-5。

提升过程中整个模板节段易与墩身混凝土间产生旋转,影响墩壁钢筋网质量,可将螺旋千斤顶顶棒螺纹加工成一半左旋、一半右旋,每次操作严格旋转 90°,避免单向移位,可设置倒链滑车及时观察和拉回旋转量,或将芯棒稍稍焊偏纠正。

当空心墩没有中间水平隔板时,可在墩壁钢筋上焊设顶埋钢板,以后再从预埋钢板接焊隔板主筋,绑扎骨架,再浇筑水平隔板混凝土。

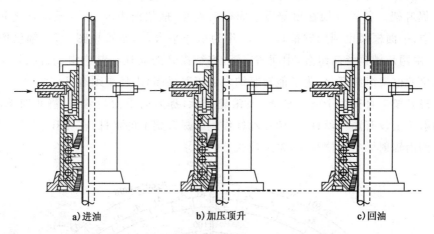

图 4-5　HQ30 千斤顶细部及工作原理

四、收坡滑动模板

实际工程中高墩墩壁外侧可能有一定的斜坡,有时墩壁厚度也有改变,对这种结构形式的高墩混凝土灌注,常采用收坡滑动模板。常用的圆形或圆端形墩身的收坡滑动模板见图 4-6,收坡滑动模板构造较为复杂,图 4-6 的顶架总重量大于 400kN。工程中一般使用 HQ 型穿心式电动液压千斤顶,当这种特制千斤顶供应困难时,也可以用较易获得的 YQ 型汽车用千斤顶替代,采用人工压油,这时须在顶棒上附设上、下卡头,在提升过程中支承顶架。图 4-6 中左半部为采用 YQ 型千斤顶的布置,右半部为采用 HQ 千斤顶的布置。

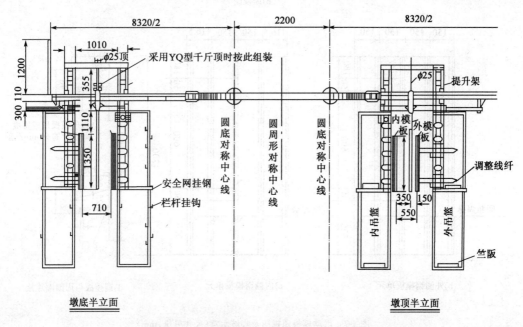

图 4-6　适用于圆形及圆端形墩身的收坡形滑动模板(尺寸单位:mm)

图 4-6 的滑动模板顶架在拆去内模支承立柱的拼接板后,内模将随同下节立柱移去,从而可用于实体墩身。由于收坡需要,示例中的滑动模板将做成空间整体顶架。基本构件仍为竖直面上的提升架。各提升架在顶部由平面框架连接,框架由内环、外环及两环之间辐射梁组成。施工中,平面框架也利用它铺设面板,作为工作平台,其布置见图 4-7。辐射梁是收坡的主要构件,由两片槽钢背向组合,中间留空隙,容纳提升架立柱在其中滑动;内、外环梁是连接支承辐射梁的框架组成部分,为了能够容纳多根辐射梁端,内环梁须有足够的周边。平面框架由固定于提升架上直径为 70mm 的上、下滚轮支承,提升时下滚轮着力,静止时上滚轮着力。在每根辐射梁上设有调径丝杆架,调径丝杆作用于提升架上的横杆,在提升中,同时旋动丝杆,推动提升架沿辐射梁中空槽移位,来适应收坡的要求。

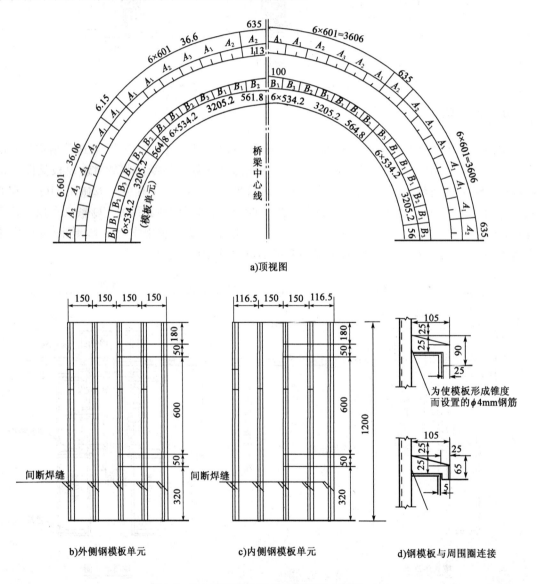

图 4-7 滑动模板顶视图及收坡示意(尺寸单位:mm)

第四章 高墩施工

注意事项：

(1)采用 HQ 型千斤顶时，千斤顶顶架只需安装下横梁，其余杆件不安装。采用 YQ-5 型千斤顶时，千斤顶安设在顶架的中间，靠该系统的卡头支承在顶杆上。进油时，上卡头卡紧顶杆，提升钢模；回油时，下卡头卡紧顶杆，被压缩的回程弹簧反弹，使千斤顶及上卡头上移，完成一个工作行程。每次行程 0.16m，依此类推。

(2)该设施采用斜顶杆，顶杆坡度与墩身坡度一致，顶杆由直径 25mm 圆钢加工而成，可接长至墩高所需长度，最后全部拨出，重复使用。

(3)为了减少调径丝杆的自由长度，保证其刚度，待丝杆旋到头时，将后座向前移一次。移动后座前，先将顶架外立柱沿辐射梁滚动的小轮用木楔楔住，以防止松开后座之后混凝土的侧压力使顶架后退，造成钢模及墩身混凝土变形。

(4)为保证钢模的平稳和正常滑升，应尽量保持工作平台的平衡，平台的荷载应尽可能地均匀分布并靠近中心。

(5)工作平台的栏杆及吊篮外，应设安全网。

每个 π 形提升架顶有上横梁，中部连有下横梁。上横梁顶又平放有槽钢上扁担梁，它是提升时顶棒的导向。上横梁上固定有两个竖直槽钢组成的下扁担梁，在使用 HQ 穿心千斤顶时，下扁担梁中穿顶棒，挑托千斤顶，底连下横梁是重要传力部件。当使用 YQ 千斤顶时，千斤顶将固定在中层活动扁担梁上，中扁担梁穿过顶棒，可以上、下滑动，进油起顶时，扁担梁将被上卡头临时固定于顶棒，提升架上横梁受到千斤顶的顶力，整个顶架随同上升；回油时，下卡头卡紧顶棒，被压缩的弹簧反弹，使活动扁担梁连同上卡头及千斤顶上移。如此反复提升，每次行程约 0.16m，详见图 4-8。顶棒位于提升架的两侧，最好按墩身外侧斜度平行设置，斜度达到 1/40～1/30 时，实际施工滑动也能顺利进行。图例中用直径 25mm 的圆钢，随提升高度斜向逐步焊接按长。图中顶棒外穿套管，用于回收。如墩身较高，则宜将顶棒打进混凝土，作为墩壁钢筋的一部分。当采用穿心千斤顶时，提升架自然按顶棒坡度斜置和滑动，调径丝杆仅起到扶持作用。但如采用 YQ 型千斤顶时，千斤顶与顶棒无直接联系，主要靠调径丝杆与千斤顶配合达到收坡的要求。由于提升架是稍稍斜放的，故与竖直、水平面构件的连接须安放斜垫板或考虑这种因素后再确定设计尺寸。

模板由附着于提升架的固定模板和搭接两固定模板空隙间的活动模板组成。固定模板厚 2.5mm，带竖向小角钢加劲，加劲角伸出肢尖端焊有槽钢横带，固定模板的两竖直边缘为加劲的滑翼。同样厚度的活动模板由心板与可拆卸的两边页板组成，心板与页板角钢用螺栓连接齐平，而槽钢横带竖向位置高于固定模板横带，支承于后者，并在其上滑动。当收坡时，活动模板将插进固定模板的滑翼，收坡量超过一块页板宽度，即拆去这一块页板。所有模板均弯成近似于墩身的曲率。

模板的规定曲率将由附着于提升架立柱的调模丝杆进行精细调整。可以用上、下层丝杆的不同进丝量来实现壁厚的调整。为了便于施工，配合顶架结构，在顶面铺设混凝土工作平台，在模板内、外侧吊挂两层吊篮，上层供操作调径丝杆、绑扎钢筋用，下层供抹面修补及养生工作用。

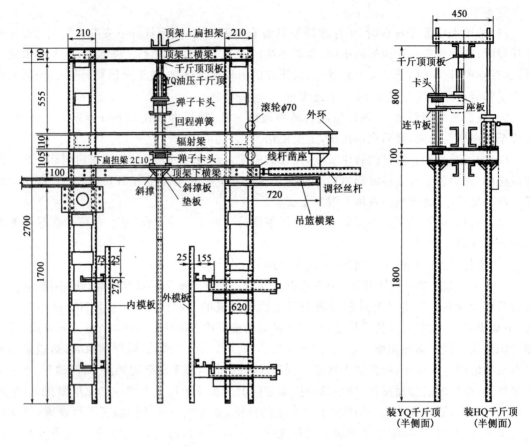

a) 立面图　　　　　　　　　　　　　　b) 侧面图

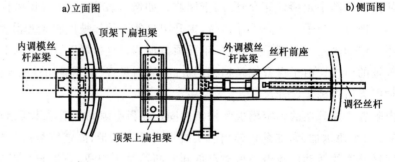

c) 平面图

图 4-8　顶架的提升收坡装置（尺寸单位：mm）

第二节　液压爬模施工

一、液压爬模系统的组成

爬模是综合大模板与滑升模板工艺特点的一种施工方法。爬模主要由爬升装置、组合外模板、移动模板支架、上爬架、下吊架、内爬架、模板及电器、液压控制系统等部分构成。液压自爬模板工艺原理为自爬模的顶升运动通过液压油缸对导轨和爬架交替顶升来实现,导轨和爬模架互不关联,二者之间可进行相互运动。当爬模架工作时,导轨和爬模架都支撑在埋件支座上,两者之间无相对运动。

液压自爬模是现浇竖向钢筋混凝土结构的一项较为先进的施工工艺,在山区铁路施工中被普遍采用。它是在建筑物或构筑物的基础上,按照平面图,沿结构周边一次装设一段模板,随着模板内不断浇筑混凝土和绑扎钢筋,不断提升模板来完成整个建(构)筑物的浇筑和成型。它的特点是:整个结构仅用一个液压滑动模板,一次组装;爬升过程中不再需要钢模散装、散拼、脚手架搭设和吊运等工作,混凝土保持连续浇筑,施工速度快,可避免施工缝,同时具有节省大量模板、脚手材料和劳力,减轻劳动强度,降低施工成本,施工安全等优点。广泛应用于烟囱、储仓、水塔、油罐、竖井、沉井、电梯井、电视塔和桥梁高墩等工程上,图4-9为塔柱液压爬模结构。

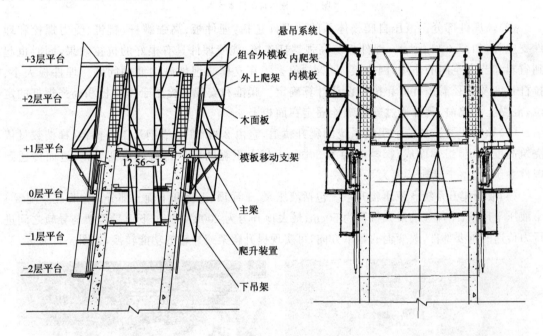

图4-9 塔柱液压爬模结构示意图

整个液压爬模是由模板结构系统和液压提升设备系统两大部分组成。模板系统主要由模板、围护栏、内平台、外爬架、支撑杆件等组成;液压装置由液压油缸和控制台组成。其中内平台、外爬架、预埋件、导轨和高强螺栓为主要设计计算书的验算对象。

液压爬模体系的组成:

(1)模板。图4-10所示液压自爬模体系中,外模板高度为4.7m,浇筑时下包10cm,上挑5cm。模板面板采用芬兰进口的维萨板(厚20mm),12cm高木工字梁,横背楞为14号槽钢,竖背楞为20号槽钢。在模板的背面设有调节的螺杆,在模板的底部设有滑道,便于模板做水平向的移动。塔柱模板采用的大块模板,脱模后利用滑道将整块外模水平移动50cm,表面清理后并重新涂抹脱模剂。内模采用组合钢模,高4.5m,由标准的小块钢模(0.3m×1.5m)或竹胶板组拼而成,加劲楞采用双12号槽钢,间距与外模相对应。

图 4-10 液压自爬模体系

(2) 预埋件部分。液压自爬模体系的预埋件包括：埋件板、高强螺杆、爬锥、受力螺栓和埋件支座等，如图 4-11 所示。埋件板与高强螺杆连接，能使埋件具有很好的抗拉效果，同时也起到省料和节省空间的作用，因为其体积小，免去了在支模时埋件碰钢筋的问题。埋件板大小、拉杆长度及直径需按抗剪和抗拉设计计算确定。爬锥和安装螺栓用于埋件板和高强螺杆的定位，混凝土浇筑前，爬锥通过安装螺栓固定在面板上。

(3) 导轨。导轨是整个爬模系统的爬升轨道，它由 2 根 20 号槽钢及 1 组梯档（梯档数量依浇筑高度而定）组焊而成，梯档间距为 300mm，供上下轭的棘爪将荷载传到导轨，进而传递到埋件系统上，整个导轨长度为 9.0m。

(4) 液压爬升系统。液压爬升系统包括液压泵、千斤顶、上轭和下轭 4 部分。每榀爬架配置 1 个液压千斤顶，千斤顶的最大行程为 50cm，最大顶升力为 200kN。上、下轭是爬架与导轨之间进行力传递的重要部件，改变轭的棘爪方向，可实现提升爬架或导轨的功能转换，如图 4-12 所示。

图 4-11 预埋件　　　　　　　图 4-12 液压爬升系统

如图 4-13 所示，液压自爬模爬升循环流程为：混凝土浇筑完成→后移模板→安装导轨支座→提升导轨→提升模板及支架平台→预埋件固定在模板上→绑墙体钢筋→合模板→浇筑墩体混凝土。

第四章 高墩施工

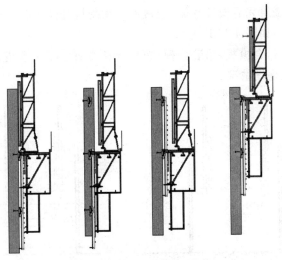

图 4-13 液压自爬模循环爬升

二、施工方法及流程

根据爬模的结构特点,模板配置为两层 1.5m 高的组合钢模,按一循环一节钢模施工,当上一节模板混凝土灌注完毕并经过 10h 左右的养生后,即开始爬升。爬升就位后,拆下一节模板,同时绑扎上节钢筋,并把拆下的模板立在上节模板上,再进行混凝土灌注、养生、爬模、爬升等工序。如此循环往复,两节模板连续倒用,直至完成整个墩身。施工工艺流程见图 4-14。

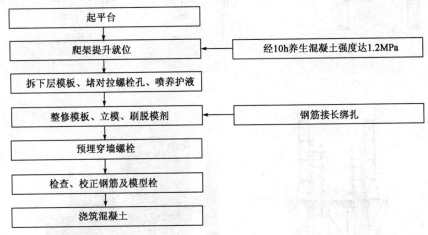

图 4-14 爬模施工工艺流程图

施工过程如下:

(1)第一节模板组装。如图 4-15a)所示,第一次混凝土浇筑高度按设计高度进行,保证其余部分满足 4m 的模板长度。该节模板的支撑采用钢管脚手架。

(2)第一次墩身混凝土浇筑。如图 4-15b)所示,混凝土浇筑时要预埋挂件螺栓,浇筑混凝土时要做好空心内侧顶面部分的振捣。

(3)第一次浇筑完后,安装支架及模板。第二次混凝土浇筑高度为 4m,模板高为 4.5m,如图 4-15c)所示。

(4)第二次混凝土浇筑完后安装导轨,通过液压系统提升模板。内模板平台由塔式起重机或上爬臂利用扒杆提升,如图 4-15d)所示。

(5)模板提升到位后,合模板;吊装内模;布置对拉螺杆。第三次混凝土浇筑,如图 4-15e)所示。图 4-15f)为施工现场情况。

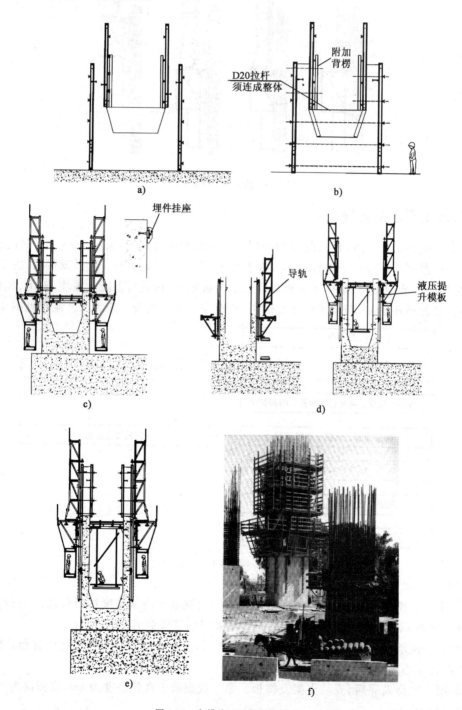

图 4-15 爬模施工过程示意图

第四章 高墩施工

由于墩身高，需多次爬模，为保证墩身垂直度和中心位置准确，施工中采用三维空间定位法，采用空间坐标控制墩身四角，测量仪器采用全站仪。

模型安装完成后，利用全站仪直接测量墩身四角坐标与计算的理论坐标进行对比，利用千斤顶调整模型，坐标误差要求在 10mm 以内，然后用不同的后视点重新测量一遍，确保结果一致；利用水平仪检查模型顶四角高程，误差控制在 5mm 以内。在混凝土的浇筑过程中，严格沿墩身四角均匀分层浇筑，并在浇筑过程中，使用 1kg 的垂球沿模板外侧测量本节段的垂直度，指导浇筑顺序。

第三节 翻模施工

翻模是大模板施工方法，以墩身作为支承主体，上层模板支承在下层模板上，循环交替上升。分为塔吊翻模和液压翻模两种，前者工作平台支撑于钢模板的牛腿支架或横竖肋背带上，通过塔吊提升模板及工作平台；后者工作平台与模板是分离的，工作平台支撑于提升架上，模板的提升靠固定于墩身主筋上的手动葫芦来完成。

翻模施工法是利用已达到一定强度的墩身钢筋混凝土，采用外模板及爬架作为承力结构，以支承及提升工作平台，平台提升到位后，拆卸最底一节模板并提升至顶节模板上，进行安装、校正、绑扎钢筋后灌注混凝土。实施作业时，模板翻升、绑扎钢筋、灌注混凝土和提升平台等项工作是循环进行的，直到墩顶为止。其间穿插平台对中调平、接长顶杆、混凝土养生及埋设预埋件等项工作。

外爬式液压翻模取滑模与翻模的优点，将两种体系综合为一体，又把平台与模板分成两个独立的体系，从而克服了滑模施工所要求的连续性和施工组织的复杂性及体系易扭转造成混凝土体表面质量差的不足，解决了翻模施工脚手架及平台的周而复始地架立、拆除与上翻而带来的工人劳动强度大，施工工序循环周期长等诸多矛盾。下面结合某客运专线铁路桥的高墩施工介绍此方法。

一、起重机提升法

1. 施工系统

施工系统由提升机构、模板系统、工作平台和安全设施组成。

(1)提升机构为每个施工墩位处设置塔式起重机一台，塔式起重机中心位于路线墩身侧边，采用 50 型以上塔式起重机，可同时施工前后 3 个墩身且减少塔式起重机周转次数。塔式起重机与墩身之间必须使用撑拉构件进行连接，以确保塔式起重机的稳定性。具体位置根据地形情况确定。

(2)模板系统可采用整体式钢模，由定型钢模、拉杆组成，据图设计由专业钢模厂制作。模板完成后在加工厂进行试拼，试拼分水平方向的试拼和垂直方向的试拼，尤其要注意模板第一次翻升后垂直方向的试拼，见图 4-16。

(3)工作平台分为模板工作平台和钢筋工作平台两种。其中，模板高工作平台设置在翻模外侧，采用 φ48 钢管制成可拆卸骨架及栏杆，上部搭设木板，主要提供人员工作和小型机具的操作平台。每节模板均设工作平台，并用螺栓与模板连接，随模板一起向上翻升，为模板组装、拆模提供作业空间，见图4-17。

钢筋工作平台采用φ89mm钢管及角钢地面制作，高度为3m。每次绑扎钢筋前由塔式起重机提升至已浇筑段顶面，并通过螺栓将四脚固定在模板上，钢筋绑扎完成后吊至地面，以备下次使用，见图4-18。

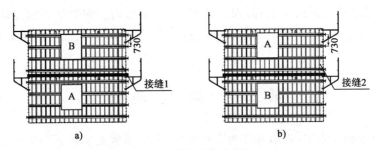

图4-16 模板试拼示意图

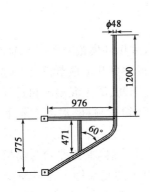

图4-17 模板工作平台结构尺寸（尺寸单位：mm）

图4-18 钢筋工作平台实物

（4）安全设施由上部平台围栏、横向安全网、围栏密目网等组成。墩身施工时，在墩位之间搭设支架，上设"之"字形爬梯，宽度为1.2m，仰角为45°。每升高6m设一处休息平台，平台宽1m，供人员休息，保证施工和检查人员上下安全便捷。

2. 施工工艺步骤

翻模是由上、下两组同样规格的模板组成，随着混凝土的连续灌注，下层混凝土达到拆模强度后，用起重机配合自下而上将模板拆除，接续支立，如此循环往复，完成桥墩的灌注施工。高墩墩身翻模施工工艺框图，如图4-19所示。

3. 施工方法及工艺要求

(1) 墩身模板

外模分上、下两节，一次支立而成，接缝采用阴阳锲接头，模板制作精度如下：尺寸误差小于2mm，倾斜角偏差小于1.5mm，孔位误差小于1mm。为确保工程质量，在工厂内统一加工。模板用槽钢骨架与6mm钢板组焊成整体。施工过程中，两节模板交替轮番往上安装，每一节都立在已浇筑混凝土的模板上。内模采用组合钢模拼装，内外模间设带内纹的对拉螺栓，以利于拆模和避免墩身混凝土内形成孔洞。墩身内腔每隔一定高度预设型钢作支撑梁，上面搭设门式脚手架作为装拆内模和浇筑混凝土工作平台之用。安装和拆卸模板，提升工作平台以及钢筋等物品的垂直运输均由塔式起重机完成。每块外模背面沿墩身上升方向焊接两条带孔钢轨,并使上、下节模板的钢轨对齐,工作平台利用插销固定在钢轨上。安装好上节外模后,可取下插销,利用塔式起重机将平台沿钢轨向上滑升到上节固定。墩身翻模过程见图4-20。

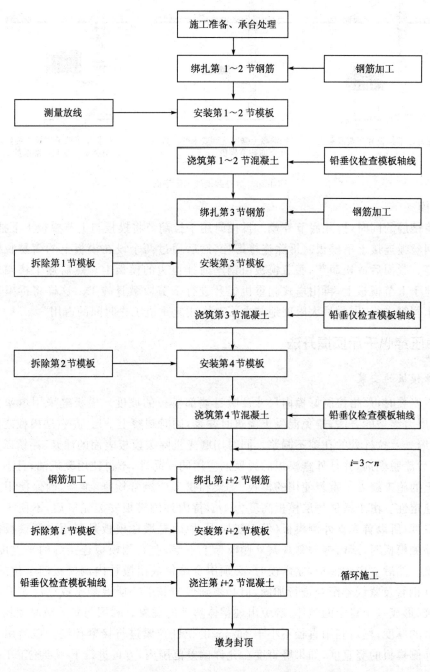

图4-19 高墩墩身翻模工艺流程图

(2)模板位置调整

当模板组拼成形后,所有螺栓均要留出少量松动余地。模板前后方向偏斜的调整通过手拉葫芦调整，左右偏斜的调整则在模板底边靠倾斜方向的一端塞加垫片实现。模板之间的缝隙塞有橡胶条或者双面胶，防止漏浆。精调调整完毕后，拧紧全部螺栓，即可浇筑混凝土。

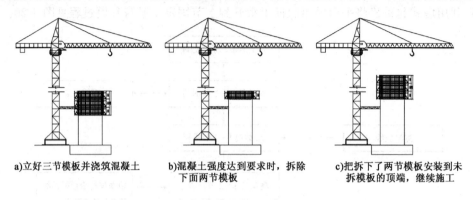

a)立好三节模板并浇筑混凝土　　b)混凝土强度达到要求时，拆除下面两节模板　　c)把拆下了两节模板安装到未拆模板的顶端，继续施工

图 4-20　墩身翻模施工示意图

（3）拆模

在安装钢筋的同时，拆除底节外模。拆模时用手拉葫芦将模板与上节模板上下挂接，同时采用两条钢丝绳连接上下模板。拆除连接螺栓，然后通过两个设在模板上的简易脱模器使下节模板脱落。脱模后放松葫芦，底节模板由钢丝绳挂包边的模板上。然后逐个将四周各模板拆卸并悬挂于上节模板上，再由塔式起重机提升进行下节段墩身施工。这样将拆模工作和钢筋安装工作同时进行，同时最大限度地减少了对塔式起重机工作时间的占用。

二、液压穿心千斤顶提升法

1.墩身模板的安装

在模板安装时，严格控制好模内尺寸及墩身端部模板的坡度。模板缝采用填塞橡胶条或双面胶、双层海绵条的方法，避免混凝土浇筑时漏浆，同时观察上下层、左右层模板之间的平整度，确保接缝处及拉杆处的孔隙不漏浆。同时用磨光机除去模板表面的浮浆、浮锈以及其他不洁净物，然后涂脱模剂，并且外露模板的脱模剂应用同一品种，不得使用废机油，且不得污染钢筋及混凝土的施工缝处。重复使用的模板、支架和拱架应经常检查、维修，确保使用过程中模板加固的稳定性。由于墩柱每层模板高度为4m，待内外侧模板安装完毕后，不便于检查外侧模板的平整度，所以首先立外侧模板（但不能加固，原因是墩柱模板是利用内侧模板控制外侧模板），立外侧模板时，从内侧时刻观察外侧模板上下层、左右侧模板连接缝的平整度，避免出现错台现象。然后立内侧模板，立内模时，必须用全站仪放出墩柱内侧模板四个角的点位，然后利用 $\phi60$ 钢管及紧线器配合进行加固，但必须确保与其下一层混凝土或已浇筑混凝土的模板进行连接，形成一个稳定的整体，避免出现整体移动的现象。利用与薄壁墩厚度相同的顶筋控制薄壁墩的厚度，然后利用直径不小于 16mm 的拉杆拉紧进行接紧控制。最后用吊线垂的方法检查外侧模板的竖直度，如果竖直度在允许偏差范围内，方可进行下一步施工工序。

2.高墩翻模的施工工艺流程

高墩为减轻自重，一般设计为空心墩。高空心墩采用翻模进行施工，翻模由模板、工作平台、吊架、提升设备组成。翻升模板建议采用2层布置，每层高4.0m，以墩身作为支承主体。

上层模板支承在下层模板上,循环交替上升。工作平台采用20号槽钢组拼成形的空间桁架结构,配合随升收坡吊架,为墩身施工人员提供作业平台,稳定性能良好。平台的提升系统采用液压穿心千斤顶进行提升,自动化程度高,可控性能良好。

矩形空心墩翻模与圆端形空心墩翻模设计、施工原理相同,外模形状按矩形设计,工艺流程参见圆端形翻模工艺流程。圆端形翻模施工工艺流程见图4-21。

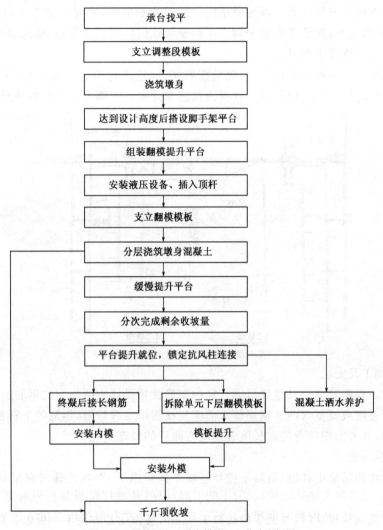

图4-21 圆端形空心墩翻模施工工艺流程框图

3. 施工过程

(1)下部实心段施工

外模的支立好坏直接关系到以后的施工,要求尺寸正确,外模顶水平,否则在空心段施工时,造成模板不平整。外模模板立完时,使用锤球检查模板的垂直度,严格控制模板的垂直度在规范的标准以内。如果垂直度的误差偏大,则应停止下一步工序的进行,直到调至标准以内。

(2)翻模安装

①搭设平台吊装的脚手架。利用短钢管在实心段上及墩身四周搭设一脚手架平台,安放

整体吊装的平台。

②平台的组装、吊装。组装按由内到外的顺序,在平地上进行组装;组装时,内外钢环按圆心对称安装在辐射梁上,不得有偏心;辐射梁均匀分布在半个圆周,采用丁顺结合布置,安装好后将所有螺丝拧紧,并涂上黄油;利用塔式起重机进行整体吊装,每侧辐射梁下设2台千斤顶。

③安装预埋件及液压设备。预埋靴子的位置要特别准确,它是为整个平台的顶杆预先造孔,使套管能顺利提升,保证平台的平衡。平台安装就位后安装千斤顶,插入顶杆套管,并采取措施保护套管不与混凝土黏结。

④组装翻模。内外模板各设2层,翻模按顺序、部位进行组装。组装时,模板间缝隙要严密,内外模板间按设计尺寸进行校正,并安设拉筋和撑木。圆端形空心墩的翻模见图4-22。

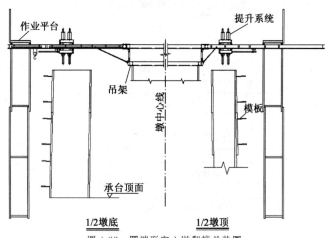

图4-22 圆端形空心墩翻模总装图

(3)钢筋加工及安装

钢筋加工不得随意使用其他牌号或直径的钢筋代替设计中所规定的钢筋。钢筋在加工过程中避免弯折过度或反复弯曲。钢筋加工前应复核图纸工程数量,钢筋的下料长度必须足够,加工尺寸精确,并考虑钢筋弯勾的长度及钢筋弯曲后的长度变化。

(4)浇筑混凝土

混凝土由拌和站集中拌制,混凝土搅拌运输车运至墩下,混凝土输送泵泵送入模,对称均匀浇筑。

混凝土浇筑到模板顶时,要低于模板口1~2cm,其作用是方便下一板组装翻模,防止出错台。当混凝土的强度大于3MPa时,清除浮浆,凿毛混凝土表面,进行第二、第三节段施工。

混凝土的浇筑注意事项:

①对混凝土倾注高度超过2m的,采用串筒下料,防止离析。

②浇筑过程中,要按一定的顺序和方向分层进行,分层厚度不大于30cm。

③振捣方式采用插入式振动器,插点交错式布置。

④插点间距以不超过1.5倍作用半径为宜,振捣按一定方向依次进行,不得进行跳跃式振捣。

⑤插入式振捣器的机头,不得贴上模板,靠近模板振动时要保持5~10cm的间距。

⑥当振捣折角处不可避免靠近模板时,可用胶皮包裹机头。

⑦插入式振捣器,一般只要振捣15~30s。

⑧混凝土应振捣到浆体停止下沉、无明显气泡上升、表面平坦泛浆,呈现薄层水泥浆的状态为止,然后慢提振捣器。

混凝土养生采用无色塑料薄膜包裹,自然蒸养的方法,但必须保证要有足够的水分,且塑料薄膜无破损、无透气。

墩身质量控制要点:

①由于工作平台空间有限,考虑墩身模板的安装调整,要求工作平台搭设牢固、稳定。

②每节混凝土浇筑前要进行墩位的纵横轴线的测量,以防轴线的偏移。

③模板接缝采用双面胶带处理以防漏浆,施工中尽量避免模板上下倒运过程中发生碰撞,应及时检查模板平整度,及时整修校核,确保墩身的几何尺寸及外观质量。

④施工中注意新、老混凝土的结合面的清洗和凿毛。

(5)提升平台

翻模组装后,第一次提升平台在混凝土灌入达到一定高度后进行,时间宜在混凝土初凝后、终凝前,提升高度以千斤顶的1~2个行程为限(一个行程3cm)。

第二次及以后每次提升(终凝前),每小时提升一次;当混凝土表面发硬时,每半小时提升一次,当混凝土表面发白时,再提升1~2个行程。

混凝土终凝后,每4~6h提升一次;模板组装完毕后,在灌混凝土前提升一次,以检查套管是否被粘住,在浇筑下一板混凝土前把套管擦干净,并涂油。

平台提升总高度以能满足一节模板组装高度为准,同时控制在终凝后达到设计高度,切忌空提过高。

平台提升过程中注意随时进行纠偏、调平。收坡在平台提升至总行程一半后进行,终凝前完成,就位后专人检查。

平台的提升操作人员应选派责任心强、素质较高的工人,培训后上岗。

(6)模板翻升

①模板解体:模板可视情况分为若干个大块整体翻升,此工作在灌注最上层模板混凝土过程中提前进行。解体前先用挂钩吊住模板,然后拆除拉筋、围带等。

②模板翻升:待平台提升到位后,用倒链将最下层模板吊升至安装位置。提升过程中(包括平台的提升)有专人检查,以防模板与固定物挂碰。

检查模板组装质量,符合桥墩设计要求。检查合格后安放撑木,拧紧拉筋。

(7)墩顶实心段及托盘、顶帽的施工

墩顶实心段施工时,先拆除内模及内吊架,然后安装实心段的过梁和底模,再安装实心段外模。

墩帽施工时,托盘与顶帽分两次进行施工;每次将平台升至所装模板高度后,再安装托盘或顶帽模板,然后绑扎钢筋、灌注混凝土。

(8)翻模拆除

拆除按照与组装的相反顺序进行,先拆除模板,后拆除平台。

拆除平台时,在墩顶用短钢管搭设一脚手架平台,使液压平台稳放于脚手架平台上,将套管与平台的螺栓松开(不要卸掉),将千斤顶倒置套在顶杆上,反向爬升,将顶杆依次抽出;完毕后,拆除平台上所有设备,将套管与平台的螺栓全部松掉,利用双索起重机同时起吊,整体吊装,最后拔出套管,灌孔。

三种高墩施工方法的比较见表 4-1。

高墩施工三种方法的对比分析 表 4-1

项 目	施 工 方 法		
	滑模施工	爬模施工	翻模施工
适用范围	适宜浇筑低流动度或半干硬性混凝土,同时由于其工作原理,滑模施工要求结构物结构形式单一、断面变化少、无局部凸出物及其他预埋件等物体,应用范围较为狭窄,适用于等截面或变截面的实体或薄壁空心墩	适应于浇筑钢筋混凝土竖直或倾斜结构,适用于墙体、桥梁墩柱、索塔塔柱等,范围较广	适用于等截面或变截面的实体或薄壁空心墩等,范围较广
优点	施工速度快,安全度高	实体及外观质量好	实体及外观质量好
缺点	投入较大,施工质量相对较差。不便于在施工和养护期间对桥墩混凝土进行保温和蒸汽养护	投入较大,施工进度相对较慢,不便于在施工和养护期间对桥墩混凝土进行保温和蒸汽养护	施工进度相对较慢,不便于在施工和养护期间对桥墩混凝土进行保温和蒸汽养护
施工效率	一般混凝土的浇筑及滑升速度为平均 0.2m/h,模板高度为 0.9~1.5m	每次混凝土浇筑高度为 4.5~6m;约 5~6d 一个循环,每天 1m	塔式起重机翻模模板分 2~3 节,每次浇筑高度为 4~6m;液压翻模模板分 3 节,每次浇筑高度约为 1.5m。5~6d 一个循环,每天 1m
经济投入	较多	较多	1.塔式起重机翻模:较少; 2.液压翻模:较多
外观质量	因脱模时间早,所以滑模混凝土外观需经过涂抹才能达到比较光滑。施工当中墩身的垂直度控制好坏取决于千斤顶是否同步顶升,控制不好将发生墩身截面扭转和不规则错台现象	由于采用整体大块模板,并且脱模时间有保证,所以混凝土外观质量易于控制、施工接缝易于处理	由于采用整体大块钢模板,并且脱模时间有保证,所以混凝土外观质量易于控制、施工接缝易于处理
钢筋及小型机具垂直运输	卷扬机提升系统	塔吊、缆索吊等	塔式起重机翻模:塔式起重机、缆索起重机等;液压翻模:塔式起重机、缆索起重机、卷扬机提升系统等
混凝土垂直运输	卷扬机提升系统	输送泵、塔吊、缆索吊等	1.塔式起重机翻模:输送泵、塔式起重机、缆索起重机等; 2.液压翻模:输送泵、塔式起重机、缆索起重机、卷扬机提升系统等
模板滑(爬、翻)升方式	千斤顶顶升系统	液压爬升系统	1.塔式起重机翻模:塔式起重机、缆索起重机; 2.液压翻模:手拉葫芦
脱模强度与时间	0.2~0.4MPa;3~4h	15MPa 左右;2~3d	15MPa 左右;2~3d
施工进度	0.2m/h	1.0~1.5m/d	1.0~1.5m/d

第五章 预应力混凝土施工工艺

第一节 施加预应力原理及方法

一、施加预应力原理

在结构工程中施工预应力时,利用张拉千斤顶张拉预应力钢筋(钢束),张拉完成后,将预应力钢筋通过锚具或钢束与混凝土的黏结及钢束端部楔形作用锚固在结构上;然后拆除千斤顶,锚固在结构上的预应力钢筋(钢束)在弹性作用下会有回缩趋势,由于钢筋(钢束)端部已锚固在结构上不可能无限制回缩,因此将对结构产生预压力。由于施工工艺不同,预应力钢筋(钢束)在结构上锚固方式不同。

二、预应力钢筋(钢束)种类

用于施加预应力的钢筋(钢束)需要有较高的抗拉强度,以保证在张拉时可以在高应力情况下处于弹性状态。目前国内桥梁工程中采用的预应力钢筋(钢束)有三种形式:

1. 高强精轧螺纹钢筋

高强精轧螺纹钢筋主要用在箱梁结构竖向预应力中,目前国内常用的高强精轧螺纹钢筋计算直径为 25mm 和 32mm。由于高强精轧螺纹钢筋全长设有螺纹,可在任何位置切割,接长采用连接器,锚固采用配套的螺母,避免了以往冷拉钢筋作为高强粗钢筋时需要焊接螺纹端杆的工作,质量更易保证,施工更方便。国内公路桥梁中高强精轧螺纹钢筋质量执行《预应力混凝土用螺纹钢筋》(GB/T 20065—2006),其弹性模量取 2×10^5 MPa,力学性能见表 5-1。

预应力高强精轧螺纹粗钢筋力学性能   表 5-1

强度级别	屈服强度 R_{eL}(MPa)	抗拉强度 R_m(MPa)	断后伸长率 A(%)	最大力下总伸长率 A_{gt}(%)	应力松弛性能	
			不小于		初始应力	1000h后应力松弛率 V_I(%)
PSB785	785	980	7	3.5	$0.8R_{eL}$	≤3
PSB830	830	1030	6			
PSB930	930	1080	6			
PSB1080	1080	1230	6			

注:无明显屈服时,R_{eL} 用规定非比例延伸强度 $R_{p0.2}$ 代替。

2. 高强钢绞线

国内目前桥梁工程采用的钢绞线主要为 $7\phi5$,执行标准分别为美国预应力混凝土用无镀层七股钢绞线规格(ASTM 416M—2010)(美国材料与试验协会标准)及中华人民共和国国家标准《预应力混凝土用钢绞线》(GB/T 5224—2014)。

标准中将钢绞线分为 5 类:

(1)用两根钢丝捻制的钢绞线:1×2。

(2)用三根钢丝捻制的钢绞线:1×3。

(3)用三根刻痕钢丝捻制的钢绞线:1×3I。

(4)用七根钢丝捻制的标准型钢绞线:1×7。

(5)用七根钢丝捻制又经模拔的钢绞线:(1×7)C。

现场主要采用 1×7 钢绞线,其外形示意图 5-1,其尺寸及允许偏差、每米参考质量见表 5-2,力学性能见表 5-3。

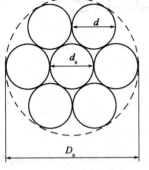

图 5-1 钢绞线外形结构

1×7 结构钢绞线的尺寸及允许偏差、每米参考质量　　　表 5-2

钢绞线结构	公称直径 D_n(mm)	直径允许偏差 (mm)	钢绞线参考截面积 S_n(mm)	每米钢绞线参考质量 (g/m)	中心钢丝直径 d_0 加大范围不小于 (%)
1×7	9.50	+0.30 -0.15	54.8	430	2.5
	11.10		74.2	582	
	12.70		98.7	775	
	15.20	+0.40 -0.20	140	1101	
	15.70		150	1178	
	17.80		191	1500	
(1×7)C	12.70	+0.40 -0.20	112	890	
	15.20		165	1295	
	18.00		223	1750	

公称直径为 15.20mm,强度级别为 1860MPa 的七根钢丝捻制的标准型钢绞线其标记为:预应力钢绞线 1×7-15.20-1860-GB/T 5224—2014。

在《预应力混凝土用钢绞线》(GB/T 5224—2014)中,钢绞线的弹性模量为 (195 ± 10)GPa,不作为交货条件。

3. 平行钢丝束

《预应力混凝土用钢丝》(GB/T 5223—1985)于 1985 年制定,1995 年第 1 次修订,2002 年完成第 2 次修订,目前执行《预应力混凝土用钢丝》(GB/T 5223—2014)标准,与《预应力混凝土用钢丝》(GB/T 5223—1995)标准主要区别有 16 条。

(1)在标准的适用范围中将低松弛级钢丝作为本标准的推荐类型,普通松弛级钢丝应在订货时提出。

《预应力混凝土用钢绞线》(GB/T 5224—2014)1×7钢绞线力学性能　　表5-3

钢绞线结构	钢绞线公称直径 D_0(mm)	抗拉强度 R_m(MPa) 不小于	整根钢绞线的最大力 F_m(kN) 不小于	规定非比例延伸力 $F_{p0.2}$(kN) 不小于	最大力总伸长率 ($L_0 \geq 500mm$) A_{gt}(%) 不小于	应力松弛性能 初始负荷相当于公称最大力的百分数(%)	应力松弛性能 100h后应力松弛率 r(%) 不小于
1×7	9.50	1720	94.3	84.9	对所有规格 3.5	60	1.0
1×7	9.50	1860	102	91.8	对所有规格 3.5	60	1.0
1×7	9.50	1960	107	96.3	对所有规格 3.5	60	1.0
1×7	11.10	1720	128	115	对所有规格 3.5	60	1.0
1×7	11.10	1860	138	124	对所有规格 3.5	60	1.0
1×7	11.10	1960	145	131	对所有规格 3.5	60	1.0
1×7	12.70	1720	170	153	对所有规格 3.5	70	2.5
1×7	12.70	1860	184	166	对所有规格 3.5	70	2.5
1×7	12.70	1960	193	174	对所有规格 3.5	70	2.5
1×7	15.20	1470	206	185	对所有规格 3.5	80	4.5
1×7	15.20	1570	220	198	对所有规格 3.5	80	4.5
1×7	15.20	1670	234	211	对所有规格 3.5	80	4.5
1×7	15.20	1720	241	217	对所有规格 3.5	80	4.5
1×7	15.20	1860	260	234	对所有规格 3.5	80	4.5
1×7	15.20	1960	274	247	对所有规格 3.5	80	4.5
1×7	15.70	1770	266	239	对所有规格 3.5	80	4.5
1×7	15.70	1860	279	251	对所有规格 3.5	80	4.5
1×7	17.80	1720	327	294	对所有规格 3.5	80	4.5
1×7	17.80	1860	353	318	对所有规格 3.5	80	4.5
(1×7)C	12.70	1860	208	187	对所有规格 3.5	80	4.5
(1×7)C	15.20	1820	300	270	对所有规格 3.5	80	4.5
(1×7)C	18.00	1720	384	346	对所有规格 3.5	80	4.5

注：规定非比例延伸力 $F_{p0.2}$ 值不小于整根钢绞线公称最大力 F_m 的90%。

(2)引用标准将原注年代号的引用标准根据具体情况改为注年代号及不注年代号引用。
(3)增加了术语和定义部分。
(4)增加了订货内容。
(5)增大了盘重要求。
(6)修改了螺旋肋钢丝的外形尺寸规定。
(7)增加了规格、强度级别。
(8)提高了低松弛钢丝的屈强比。
(9)将最大力下总伸长作为伸长率的必保指标和仲裁指标，断后伸长率为日常检验的替代指标。
(10)增加了冷拉钢丝用于压力管道时扭转、断面收缩率及松弛性能的指标要求。

(11) 增加了每一交货批钢丝实际最高强度要求。
(12) 增加了轨枕用钢丝镦头强度要求。
(13) 提高了刻痕钢丝伸直性要求。
(14) 增加了单重测量方法、扭转试验方法,对其他试验方法进行了补充和完善。
(15) 增加了疲劳试验附录。

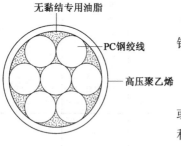

图 5-2　无黏结预应力束结构

(16) 增加了供方出厂常规检验项目和取样数量规定。

鉴于目前桥梁结构中预应力钢筋主要采用钢绞线,平行钢丝束的具体力学指标在此不再介绍,可参阅有关标准。

4. 无黏结预应力筋

在体外预应力结构中,预应力筋可全部放在截面混凝土以外或部分放在截面混凝土以外,放在混凝土截面以外的预应力钢束和混凝土没有黏结,为保证其在使用过程中的耐久性,常在钢束外套一层 PE 管,内充油脂,如图 5-2 所示。

第二节　预应力混凝土结构分类

根据施工方法、施加预应力大小、预应力钢筋位置等,可将预应力混凝土分成如下类别:

一、按施工方法分类

按浇筑混凝土、张拉预应力的先后顺序不同,预应力混凝土结构的施工分为先张法、后张法。先张法是先张拉预应力钢筋,然后再浇筑混凝土,待混凝土强度达到设计、规范要求后,将预应力钢筋放张,从而对混凝土结构施加预应力;后张法是先浇筑混凝土,在混凝土中留有孔道,混凝土达到设计规定强度后,向孔道内穿入钢束,千斤顶张拉预应力束,利用设置在梁端的锚具锚固钢束,从而对梁体施加预应力。

先张法中预应力钢筋目前多采用单根 7ϕ5 钢绞线,以增大钢束和混凝土的黏结力,先张法预应力混凝土结构中,预应力的锚固和传递是利用钢束和混凝土的黏结力及钢束端部的楔形作用。后张法中纵向、横向预应力钢筋多采用钢绞线束,利用梁体端部锚具夹持钢绞线实现锚固。

二、按所施加预应力程度分类

预应力度是衡量结构中所施加预应力程度大小的重要指标,中国土木工程学会在 1986 年编制的《部分预应力混凝土结构设计建议》中用符号 λ 表示预应力度,对于受弯构件其含义为消压弯矩 M_0 和使用荷载(不包括预应力)短期组合作用下控制截面弯矩 M 的比值,即 $\lambda = M_0/M$;对于轴压构件其含义为消压轴力 N_0 和使用荷载(不包括预应力)短期组合作用下控制截面的轴向拉力 N 的比值,即 $\lambda = N_0/N$。

根据《部分预应力混凝土结构设计建议》预应力度大小可将全部混凝土结构划分为三类:

(1) 全预应力混凝土

$\lambda \geqslant 1.0$:即在使用荷载作用下,结构消压弯矩或消压轴力大于控制截面短期荷载产生的弯矩,结构中不会出现拉应力,即符合"零应力准则",可用符号 FPC 表示。

(2) 部分预应力混凝土

$0<\lambda<1.0$：即在使用荷载作用下，结构消压弯矩或消压轴力小于控制截面短期荷载产生的弯矩，结构中会出现拉应力（用符号 PPC 表示）。按拉应力大小，又分为两类：允许出现拉应力，但不允许出现裂缝，即拉应力小于混凝土的抗拉强度，称为部分预应力 A 类构件（PPC A 类构件）；允许出现拉应力，且拉应力大于混凝土的抗拉强度，允许出现裂缝，但裂缝宽度应在规范允许范围内，称为部分预应力 B 类构件（PPC B 类构件）。

(3) 普通钢筋混凝土结构

$\lambda=0$：在普通钢筋混凝土中，未施加预应力，消压弯矩（消压轴力）为零。

第三节　桥梁结构采用的主要锚夹具、张拉设备

一、锚具

后张桥梁结构中纵向、横向预应力一般采用每个孔道内布置若干根平行钢绞线的方式，采用锚具为群锚。群锚锚固方式经历了从顶压到自锚的发展历程，顶压群锚是在锚环和千斤顶间设置顶压器，在张拉完成、千斤顶回油前，利用顶压器将夹片顶进锚环锚孔内，顶压群锚中具有代表性的锚具为 XM 锚具；自锚群锚是在锚环和千斤顶间设置限位板，张拉时允许夹片有一定量的移动（和限位板的槽深有关，一般为 6mm），张拉到位后，千斤顶回油时钢绞线会回缩，带动夹片进入锚孔，锚孔锥形结构使夹片回缩一定量后将钢绞线锚固在锚环上，国内目前主要采用群锚自锚体系。群锚生产厂家很多，质量较好的为柳州欧维姆机械股份有限公司的 OVM 锚具。

OVM 型锚固体系分为张拉锚具、固定锚具、连接器三类，其中张拉锚具又分为群锚、扁锚（BM）、拉索群锚（OVM200）、环形锚具（HM）四种；固定锚具分为轧花式（H 型）和挤压式（P 型）锚具两种；连接器分群锚连接器和扁锚连接器。

本书只介绍施工常用的张拉锚具中群锚、扁锚、固定锚具中的轧花式（H 型）和挤压式（P 型）锚具、群锚连接器和扁锚连接器。

1. 群锚

群锚是 OVM 型预应力体系的主要元件，其构造见图 5-3，成套设计参数见表 5-4。OVM 群锚中的夹片是两片四开式。

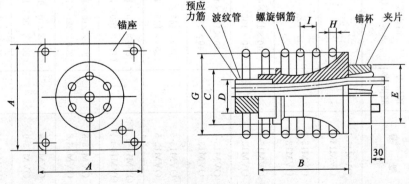

图 5-3　OVM 群锚结构示意（尺寸单位：mm）

表 5-4 OVM15(13)张拉锚具群锚成套设计参数（mm）

型号	预应力筋根数	锚垫板 A×B×C	波纹管 φD	锚杯 φE	锚杯 F	锚杯 φG	螺旋筋 φH	螺旋筋 I	螺旋筋 N	孔距 Y	安装孔孔径 φZ	张拉千斤顶型号
OVM15-1 OVM13-1	1	—	—	—	46 (43)	48 (43)	—	—	—	—	—	YDC-240Q YKD-18
OVM15-2 OVM13-2	2	140	—	82	50	—	—	—	—	—	—	YCW100 (YCW100)
OVM15-3 OVM13-3	3	140×135×100 (130×130×105)	55 (50)	90 (80)	55 (50)	150 (130)	10 (10)	50 (50)	4 (4)	110 (100)	8 (8)	YCW100 (YCW100)
OVM15-4 OVM13-4	4	160×150×110 (140×135×105)	55 (50)	105 (90)	55 (50)	190 (150)	14 (10)	50 (50)	5 (4)	130 (110)	8 (8)	YCW100 (YCW100)
OVM15-5 OVM13-5	5	180×165×120 (150×145×115)	55 (50)	117 (100)	55 (55)	210 (170)	14 (12)	50 (50)	5 (4)	150 (120)	10 (8)	YCW100 (YCW100)
OVM15-6,7 OVM13-6,7	6,7	200×180×140 (170×160×130)	70 (60)	135 (115)	60 (55)	240 (190)	16 (14)	60 (50)	6 (5)	170 (135)	10 (10)	YCW150 (YCW100)
OVM15-8 OVM13-8	8	230×210×160 (200×220×140)	80 (60)	157 (130)	60 (55)	270 (240)	16 (16)	60 (60)	6 (6)	200 (160)	10 (10)	YCW250 (YCW150)
OVM15-9 OVM13-9	9	230×210×160 (200×200×150)	80 (70)	157 (137)	60 (60)	270 (240)	16 (16)	60 (60)	6 (6)	200 (165)	10 (10)	YCW250 (YCW150)
OVM15-12 OVM13-12	12	270×250×190 (230×230×170)	90 (80)	175 (157)	70 (60)	330 (270)	20 (16)	60 (60)	7 (6)	230 (190)	10 (10)	YCW250 (YCW150)
OVM15-15 OVM13-15	15	320×310×220 (290×300×210)	93 (90)	210 (195)	80 (70)	400 (310)	20 (18)	60 (60)	8 (7)	290 (250)	10 (10)	YCW350 (YCW250)

续上表

型号	预应力筋根数	锚垫板 $A \times B \times C$	波纹管 ϕD	锚杯 ϕE	锚杯 F	ϕG	螺旋筋 ϕH	螺旋筋 I	N	孔距 Y	安装孔孔径 ϕZ	张拉千斤顶型号
OVM15-19 OVM13-19	19	320×310×240 (290×300×210)	100 (90)	217 (195)	90 (70)	400 (330)	20 (20)	60 (60)	8 (7)	280 (250)	10 (10)	YCW400 (YCW250)
OVM15-22 OVM13-22	22	345×330×260 (330×330×240)	120 (100)	235 (217)	110 (85)	450 (380)	20 (20)	70 (60)	8 (8)	310 (280)	10 (10)	YCW500 (YCW350)
OVM15-25 OVM13-25	25	370×350×280 (330×330×240)	120 (100)	260 (217)	120 (85)	390 (380)	20 (20)	70 (60)	8 (8)	310 (280)	10 (10)	YCW650 (YCW400)
OVM15-27 OVM13-27	27	370×350×280 (330×340×240)	120 (100)	260 (217)	120 (85)	470 (400)	22 (20)	70 (60)	8 (8)	310 (280)	10 (10)	YCW650 (YCW400)
OVM15-31 OVM13-31	31	400×360×300 (350×370×260)	130 (105)	275 (235)	130 (95)	510 (430)	22 (20)	70 (60)	9 (8)	340 (300)	10 (10)	YCW650 (YCW500)
OVM15-37 OVM13-37	37	440×440×320 (380×370×280)	140 (120)	310 (260)	140 (110)	570 (470)	22 (22)	70 (70)	10 (8)	380 (320)	10 (10)	YCW900 (YCW650)
OVM15-43 OVM13-43	43	500×490×340 (410×400×310)	160 (130)	340 (310)	150 (130)	620 (510)	22 (22)	70 (70)	10 (9)	420 (350)	10 (10)	YCW900 (YCW650)
OVM15-55 OVM13-55	55	560×580×380 (460×460×350)	160 (140)	360 (330)	180 (140)	700 (570)	25 (22)	80 (70)	10 (10)	500 (400)	10 (10)	YCW1200 (YCW900)

2. 扁锚（BM）

扁锚主要用在后张混凝土构件厚度较薄的地方，如用在箱梁顶板横向预应力钢筋。扁锚由锚块、夹片与整体铸件式锚座组成，由于经过特殊设计，锚下可不设螺旋加强钢筋，扁锚构造见图 5-4，设计参数见表 5-5。

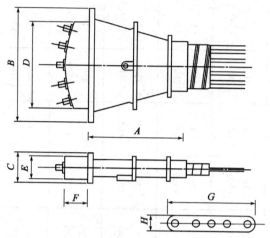

图 5-4　扁锚结构

扁锚设计参数（mm）　　　　　　　　　表 5-5

钢绞线根数	锚 垫 板			锚 板			波纹管内径尺寸	
	A	B	C	D	E	F	G	H
2	150	140	70	80	48	50	50	19～20
3	190	180	70	115	48	50	60	19～20
4	230	220	70	150	48	50	70	19～20
5	270	260	70	185	48	50	90	19～20

3. 轧花式锚具（H 型锚具）

轧花式锚具是 OVM 锚具体系中固定锚具的一种，主要用在单端张拉的固定端，在现浇箱梁、悬臂浇筑箱梁中都有应用。轧花式锚具是利用专门的机具设备——轧花机将每根钢绞线端部扎成球头，然后将每孔中所有钢绞线有球头的端部用钢筋架立好，并使一定长度的钢绞线直线埋在混凝土内，利用球头的楔形作用，埋在混凝土部分钢绞线和混凝土的黏结力承受拉力，形成锚固端。OVM 体系轧花式锚具结构见图 5-5，其系列设计参数见表 5-6。

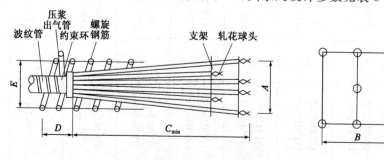

图 5-5　轧花锚具结构

OVM15(13)轧花式锚具系列设计参数(mm)　　　表 5-6

型　号	钢绞线根数	A	B	C	D	φE
OVM$_{13}^{15}$H-3	3	190 (130)	90 (70)	950 (650)	145 (145)	—
OVM$_{13}^{15}$H-4	4	190 (150)	210 (170)	950 (650)	145 (145)	—
OVM$_{13}^{15}$H-5	5	200 (160)	220 (180)	950 (650)	145 (145)	—
OVM$_{13}^{15}$H-6、7	6、7	210 (170)	230 (190)	1300 (850)	155 (155)	210 (170)
OVM$_{13}^{15}$H-9	9	270 (220)	310 (250)	1300 (850)	155 (155)	240 (200)
OVM$_{13}^{15}$H-12	12	330 (270)	390 (310)	1300 (850)	155 (155)	240 (200)
OVM$_{13}^{15}$H-19	19	390 (310)	470 (390)	1300 (950)	155 (155)	300 (230)
OVM$_{13}^{15}$H-27	27	450 (410)	520 (430)	1700 (1150)	165 (155)	330 (330)
OVM$_{13}^{15}$H-31	31	510 (430)	570 (470)	1700 (1150)	165 (155)	400 (330)
OVM$_{13}^{15}$H-37	37	510 (430)	690 (570)	2000 (1680)	185 (165)	400 (400)
OVM$_{43}^{15}$H-3	43	550 (560)	750 (580)	2500 (1680)	210 (185)	470 (400)
OVM$_{13}^{15}$H-55	55	620 (560)	850 (680)	2500 (1980)	240 (185)	520 (400)

4. 挤压式锚具(P 型锚具)

P 锚和 H 锚的不同在于 P 锚端部不是压成球头,而是在钢绞线外套上一个挤压套,挤压套和钢绞线间设一个钢丝圈,将已经套上挤压套、钢丝圈的钢绞线端部放入 P 锚挤压机内。挤压机将钢绞线端部从一个内径逐渐变小的孔道内推出,在推出过程中,挤压套在挤压机活塞推力、孔道内壁作用下被压细,通过钢丝圈作用将其固定在钢绞线上。每个孔道的所有钢绞线在做好 P 锚头后,固定在一块钢板上,然后将钢板、P 锚头及一定长度的钢绞线埋在混凝土内,形成单端张拉固定锚具。

OVM 挤压式锚具结构见图 5-6,P 锚锚头及挤压机见图 5-7,OVM 挤压式锚具设计参数见表 5-7。

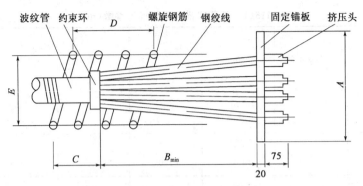

图 5-6　OVM 挤压式锚具结构（尺寸单位：mm）

图 5-7　P 锚锚头及 P 锚挤压机

OVM 挤压式锚具设计参数（mm）　　　　　　　　　　　　表 5-7

规格	3	4	5	6,7	9	12	19	27	31
A	120(108)	150(120)	170(130)	200(150)	220(170)	250(200)	300(250)	350(330)	350
B_{min}	180(120)	240(180)	300(240)	380(300)	440(380)	500(440)	720(500)	860(720)	860
C	110(85)	110(110)	110(110)	120(110)	120(110)	135(120)	135(120)	135(135)	135
D	200(200)	250(200)	250(200)	250(250)	300(250)	300(250)	360(300)	360(300)	360
ϕE	130(130)	190(150)	210(170)	210(190)	240(200)	240(210)	270(240)	270(270)	290(270)

H 锚和 P 锚在现浇箱梁、悬臂浇筑箱梁单端张拉预应力束中经常采用，在施工此类预应力束时应注意以下问题：

(1)钢束直接放在混凝土中的长度应满足要求，过小可能会造成黏结力不足。

(2)按设计要求安放约束环及螺旋钢筋，约束环和螺旋钢筋是对固定端锚具波纹管端部混凝土的加强措施，如处理不当有可能造成此处混凝土的开裂。

(3)应在约束环对应截面设置出浆排气孔，排气管应深入到波纹管内至少 20cm，在浇筑混凝土时应将铁丝插入排气管内，以防浇筑混凝土时混凝土进入波纹管内造成排气管堵塞或将排气管压扁，影响排气效果。

(4)P 锚制作时应按要求在钢绞线端部安装螺旋钢筋，以确保 P 锚挤压头和钢绞线间的摩擦力。

(5)在安装 P 锚时，一个孔道内各 P 锚挤压头应和钢板密贴，并采用铁丝等将钢板、各 P

锚头固定在钢筋骨架上(严禁电焊固定),以确保各P锚受力均匀、浇筑混凝土时不变位。

(6)波纹管端部对应约束环截面处应采用钢板、木板或棉纱将波纹管孔洞堵死,以防浇筑混凝土时混凝土、水泥浆进入波纹管内。

(7)必须按设计要求设置螺旋钢筋,螺旋钢筋中心应和波纹管中心重合,并应采用铁丝将螺旋钢筋固定在钢筋骨架上。

二、连接器

连接器接长预应力束方式有两种:一种接长未张拉的钢绞线,另一种接长已张拉锚固的预应力钢束。现场用的较多的是后者,用于连接已张拉钢束的锚具有带翼的锚板,接长钢绞线端部带有P锚,带P锚的钢绞线逐根挂在翼板上,完成钢绞线的接长。群锚连接器结构见图5-8,群锚连接器实物见图5-9、群锚喇叭口实物见图5-10。

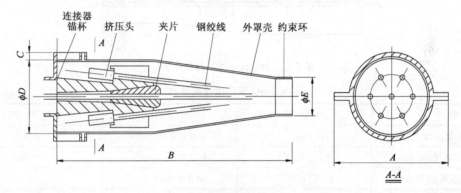

图5-8 连接器结构示意

图5-9 群锚连接器

图5-10 群锚连接器喇叭口

三、张拉千斤顶

张拉千斤顶有很多型号、规格,其工作原理基本相同,本书只介绍在桥梁结构施工中常用的千斤顶,其他型号千斤顶的性能读者可参阅其他文献。

1. 前卡式单根张拉千斤顶

前卡式千斤顶主要用于张拉单根钢绞线,在群锚张拉时张拉单根或在张拉桥面板扁锚钢绞线时经常用到。常用前卡式单根张拉千斤顶的型号为YDC240Q,前卡式张拉千斤顶的工具锚前置,不是在千斤顶的后部,而是在千斤顶的前端,钢绞线预留长度200mm即可夹持、张拉,可节省材料数量。

在实际中发现许多工程在使用YDC240Q时并没有减少钢绞线预留长度,不但使张拉时穿入千斤顶困难,也白白浪费了大量材料。YDC240Q千斤顶结构见图5-11,性能参数见表5-8。

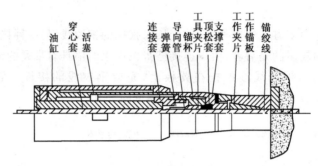

图5-11 YDC240Q千斤顶结构示意

YDC240Q千斤顶性能参数　　　　　　　　　　　表5-8

项　目	参数值	项　目	参数值
公称张拉力(kN)	240	穿心孔直径(mm)	$\phi 18$
公称油压(MPa)	50	额定顶压力(kN)	14.1
张拉活塞面积(m^2)	4.771×10^{-3}	回程油压(MPa)	$\leqslant 40$
张拉行程(mm)	200	质量(kg)	20.5
回程活塞面积(m^2)	1.335×10^{-3}	顶压行程(mm)	15
顶压活塞面积(m^2)	4.712×10^{-4}	顶压油压(MPa)	30
外形尺寸(mm)	$\phi 210 \times 568$	配用油管(mm)	6～80

注:配用油泵ZB4-500或ZB4-500S型;用油种类N46号或N100号液压油。

2. 群锚张拉千斤顶

群锚张拉千斤顶基本为穿心式,目前现场常用的群锚张拉千斤顶多用YCW系列,其结构见图5-12,技术参数见表5-9,千斤顶布置空间见图5-13。

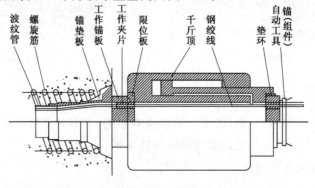

图5-12 YCW千斤顶结构

YCW型系列千斤顶技术参数　　　　表5-9

项　目		单位	YCW100	YCW100	YCW100	YCW100	YCW100	YCW100	YCW100	YCW100	YCW100
公称油压		MPa	51	51	54	54	52	49	49	54	51
张拉活塞面积		m²	1.9144×10^{-2}	2.8981×10^{-2}	4.5239×10^{-2}	6.3774×10^{-2}	7.5398×10^{-2}	1×10^{-1}	1.35×10^{-1}	16.579×10^{-2}	23.1299×10^{-2}
公称张拉力		kN	980	1470	2450	3430	3920	4900	6370	8820	11760
回程活塞面积		mm²	1.1309×10^{-2}	1.1074×10^{-2}	2.1598×10^{-2}	4.0212×10^{-2}	5.1836×10^{-2}	4.78×10^{-2}	7.07×10^{-2}	8.7258×10^{-2}	11.5375×10^{-2}
张拉行程		mm	200	200	200	200	200	200	200	200	200
穿心孔径		mm	90	128	136	190	190	196	240	280	275
外形尺寸	D	mm	φ250	φ310	φ380	φ430	φ450	φ510	φ610	φ670	φ790
	L	mm	480	510	491	510	510	609	640	600	600
最小工作空间	B	mm	1300	1350	1400	1450	1500	—	2000	2200	2400
	C	mm	200	200	250	280	300	—	330	450	500
钢绞线预留长度A		mm	650	680	680	700	700	—	850	1000	1200
质量		kg	115	193	273	340	362	648	960	1235	1700

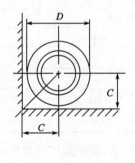
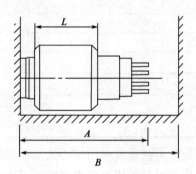

图5-13　千斤顶的布置空间

YCW系列千斤顶使用注意事项：

(1)YCW系列张拉千斤顶锚固采用自锚固,在张拉时锚环和千斤顶间设有限位板,用于限制张拉时夹片滑移量,由于采用自锚锚固,钢束在锚固时的回缩量较大,在设计时推荐使用6mm。

(2)在预应力张拉时,锚环摩擦损失可按2.5%取值。

(3)限位板两面分别标有OVM15、OVM13,对应不同规格钢绞线,安装时不能放反。

(4)为保证工具锚退锚方便,在安装工具锚夹片时可在夹片背面用石蜡涂抹或包一层塑料布。

(5)工作夹片上必须安放钢丝圈,以保证夹片跟进时每孔各片夹片一致,减少预应力损失。

(6)张拉油压表的精度应符合规范要求,目前高速铁路要求张拉千斤顶必须采用防振型油压表。

3. 高强精轧螺纹钢筋张拉千斤顶

可以进行高强精轧螺纹钢筋的千斤顶有 YC60、YG70 及柳州 OVM 股份有限公司开发的 YCW60B-$^{200}_{250}$ 型千斤顶。YC60 技术参数见表 5-10，YG70 技术参数见表 5-11，YCW60B 技术参数见表 5-12。

YC60 千斤顶技术参数　　表 5-10

项目	张拉力(kN)	顶压力(kN)	张拉行程(mm)	顶压行程(mm)	张拉油缸液压面积(cm^2)	顶压油缸液压面积(cm^2)	工作油压(MPa)	外形尺寸(mm)	总重(kg)	穿心孔径(mm)
YC60	600	350	200	50	200	114	31.36	$\phi220\times550$	90.95	55

YG70 千斤顶技术性能　　表 5-11

额定油压(MPa)	40	外形尺寸 长×宽×高(mm)		$519\times270\times333$
活塞面积(cm^2)	190.85		拧紧装置	8.5
张拉力(kN)	72.5	质量(kg)	千斤顶	76.5
张拉行程(mm)	100		总质量	85.0
穿心拉杆直径(mm)	64		配套油泵	ZB4
用油品种		夏季用 30 号机械油，冬季用 20 号机械油		

YCW60B-$^{200}_{250}$ 千斤顶性能参数　　表 5-12

额定油压(MPa)	52	回程油压(MPa)	<20
穿心孔径(mm)	$\phi60$	公称张拉力(kN)	600
张拉活塞面积(m^2)	1.15×10^{-2}	回程活塞面积(m^2)	4.08×10^{-2}
张拉行程(mm)		200(250)	
质量(kg)		33(37)	
外形尺寸(mm)		$\phi170\times769(\phi170\times869)$	
外接高压胶管		QJ/OVM007-2004 高压胶管 6-80 长 3000mm	

按规范要求，预应力张拉宜采用穿心式双作用千斤顶，整体张拉或放张宜采用具有自锚功能的千斤顶；与千斤顶配套使用的压力表应选用防振型产品，其最大读数应为张拉力的 1.5～2.0 倍，标定精度应不低于 1.0 级；张拉机具设备应与锚具产品配套使用，并应在使用前进行校正、检验和标定。

第四节　千斤顶标定

按相关规范要求，张拉设备进场时应进行千斤顶、油压表配套检验(标定)，使用超过 6 个月、使用超过 300 次、检修后或使用中出现异常情况必须重新标定；采用测力传感器测量张拉力时，测力传感器应按相关国家标准规定每年送检一次。千斤顶标定是利用试验机或其他加压设备，对千斤顶施加压力，得到张拉油表读数和张拉力间的对应关系。

一、标定千斤顶的原因

在张拉预应力钢束时，利用油表读数控制张拉力，而油表读数反映的是千斤顶油缸内的油压，总的张拉力为张拉油表读数和张拉油缸面积乘积。在张拉过程中,由于油缸外套和活塞间存在内摩阻,作用在钢束上的张拉力并不等于总张拉力,每个千斤顶的内摩阻不同,为得到张拉时油表读数和作用在钢束上实际张拉力之间的关系,必须进行标定。千斤顶活塞的受力状况见图5-14。

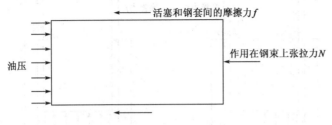

图5-14 活塞受力简图

二、千斤顶标定方法

千斤顶标定可以在自制反力架上进行,也可在压力试验机上进行。图5-15为在自制反力架上利用反力架、压力传感器进行千斤顶的标定。

图5-15 在自制反力架上标定千斤顶

千斤顶标定注意事项:
(1)千斤顶标定应在经主管部门授权的法定计量技术机构进行。
(2)用于标定的设备精度不得低于1%,压力表精度不宜低于1.5级,最大量程不宜小于设备额定张拉力的1.3倍。
(3)张拉千斤顶和油表应一一对应,配套标定。
(4)在标定千斤顶时,应注意千斤顶的工作状态应和实际相同,即让千斤顶顶压力机,不能让压力机顶千斤顶活塞,图5-16给出了活塞不同运动方向时千斤顶活塞内力状态。
图5-16a)中千斤顶顶试验机,活塞摩擦力向下,活塞内力平衡为:$N+f=$油压×活塞面积,和实际情况相同。图5-16b)中试验机压千斤顶,活塞摩擦力向上,活塞内力平衡为:$N=$油压×活塞面积$+f$,和实际情况相反,如果按图5-16b)进行标定,将得出千斤顶校验系数小于1的结论。
(5)配套标定时,分级标定的荷载不得超过最大控制荷载的10%。
(6)千斤顶的校验系数不得大于1.05,校验系数须满足:

$$1.0 < 校验系数 = \frac{油压表读数 \times 活塞面积}{压力机读数值} \leqslant 1.05$$

(7)每个千斤顶应标定三次,求三次平均值作为回归计算依据。

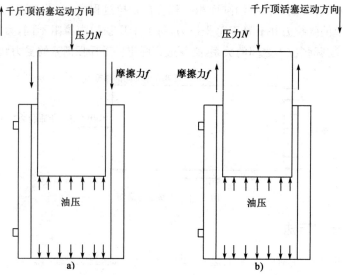

图 5-16 活塞不同运动方向下千斤顶内力方向

三、千斤顶张拉力和油表读数关系回归计算

千斤顶的作用力 P 和油表读数 T 的关系为线性关系,考虑千斤顶活塞和油缸摩擦后,两者关系表达为:$\overline{T}=\overline{A}\,\overline{P}+\overline{B}$,式中 $\overline{A}$、$\overline{B}$ 为线性回归常数,设每个荷载级别下张拉力、油表读数分别为 T_i、P_i,利用最小二乘法可求出回归常数 $\overline{A}$、$\overline{B}$:

$$\begin{cases} \overline{A} = L_{PT}/L_{PP} \\ \overline{B} = \overline{T} - \overline{A}\,\overline{P} \\ \overline{P} = \dfrac{1}{n}\sum\limits_{i=1}^{n} P_i \\ \overline{T} = \dfrac{1}{n}\sum\limits_{i=1}^{n} T_i \\ L_{PP} = \sum\limits_{i=1}^{n} P_i^2 - \dfrac{1}{n}(\sum\limits_{i=1}^{n} P_i)^2 \\ L_{PT} = \sum\limits_{i=1}^{n} P_i T_i - \dfrac{1}{n}(\sum\limits_{i=1}^{n} P_i)(\sum\limits_{i=1}^{n} T_i) \end{cases}$$

四、千斤顶标定实例

某工地使用 YCW250 张拉千斤顶,采用自制平衡反力架进行千斤顶标定,测试结果见表 5-13,回归曲线见图 5-17。

某千斤顶标定结果　　　　　　　表 5-13

千斤顶编号	1号	油压表编号	10128132	检验报告编号	—	校验日期	2012 年 6 月 25 日
油压表读数(MPa)	测力计读数(kN)						千斤顶校验系数
	第一次		第二次		第三次	平均值	
3	137		136		136	136.3	1.06
6	306		308		304	306.0	0.95

续上表

油压表读数 (MPa)	测力计读数(kN)				千斤顶校验系数
	第一次	第二次	第三次	平均值	
9	422	425	415	420.7	1.04
12	572	577	571	573.3	1.01
15	718	711	715	714.7	1.02
18	862	863	862	862.3	1.01
21	1015	1021	1006	1014.0	1.00
24	1142	1145	1152	1146.3	1.01
27	1302	1298	1306	1302.0	1.00
30	1449	1452	1455	1452.0	1.00
33	1572	1577	1589	1579.3	1.01
36	1734	1724	1739	1732.3	1.01
39	1892	1862	1875	1876.3	1.01
42	1999	2008	2018	2008.3	1.01
45	2158	2147	2169	2158.0	1.01
48	2283	2289	2293	2288.3	1.01

千斤顶油缸理论面积(mm^2):48381;千斤顶油缸校验面积(mm^2):48870;千斤顶校验系数:1.01

回归曲线:$T=0.0209P-0.0288$;相关系数:$r=0.99992$

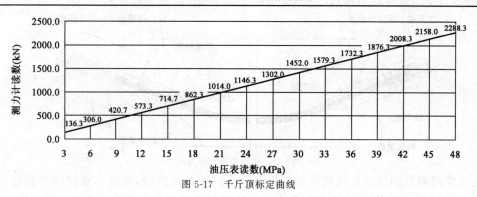

图 5-17 千斤顶标定曲线

第五节 施加预应力工艺及要求

施加预应力是预应力混凝土结构中非常关键的施工步骤,其施工质量直接关系到结构的承载能力及耐久性。

一、施加预应力准备工作

1. 试件强度测试

在预应力混凝土结构中,不但要制作用于测试、评价结构 28d 强度的试件,还应该制作用于测试可以进行放张(先张法)、张拉(后张法)的混凝土试件。用于测试、评价结构 28d 强度的试件应按规范要求进行标准养护,用于确定施加预应力的试件必须和梁体同条件进行养护,以真实反映张拉时构件的强度。有时设计会要求测定施加预应力时试件的弹性模量,用于测试施加预应力时弹性模量的试件也应该和梁体同条件养护。

《公路桥涵施工技术规范》(JTG/T 3650—2020)规定,在设计没有规定时,施加预应力时试件强度不得低于构件混凝土设计强度等级值的80%,弹性模量应不低于设计28d弹性模量的80%;当采用混凝土龄期代替弹性模量控制时应不少于5d。

现场设计图有时会要求试件强度、弹性模量应分别达到设计等级值的100%,同时对施加预应力时混凝土的龄期也会有明确要求,一般要求不少于5d,目的是为减小预应力损失,控制结构后期徐变变形。

用于测试构件强度的试件应采用150mm×150mm×150mm立方体试件,如采用200mm×200mm×200mm、100mm×100mm×100mm试件,应对测试结果进行修正,修正系数分别为1.05、0.95。

2.孔道摩阻测试

(1)孔道摩阻测试目的

高速铁路桥梁正式张拉前,均要求进行孔道摩阻、锚圈口摩阻测试,其目的是根据测试结果调整张拉控制应力,确保预应力束具有足够的有效预应力,同时为后期钢束张拉理论伸长量提供孔道摩擦系数、偏差系数,并可检验后张预留孔道施工质量。

(2)孔道摩阻测试方法

进行孔道摩阻测试前,应将该孔道所有预应力束穿束,最好不安装锚环,如千斤顶张拉伸长量不足,可采用在张拉端设置两台千斤顶进行分次张拉,张拉设备安装示意见图5-18。

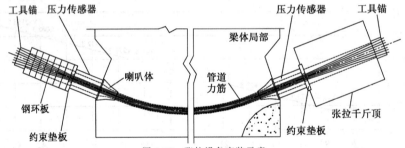

图5-18 张拉设备安装示意

孔道摩阻测试的原理是利用设置在孔道两端的压力传感器,测试在张拉端达到张拉控制应力时孔道两端的压力差,然后利用最小二乘法得到孔道的偏差系数及孔道摩阻系数。

测试时每端作为张拉端测试三次,将六次测得值平均,作为该孔道压力差的平均值。

(3)数据处理

孔道摩阻测试的最终目的是得到孔道偏差系数k,摩阻系数μ。孔道摩阻包含两部分:一为孔道弯道影响,即张拉力筋时力筋接触管道内壁,在张拉时对内壁施加径向压力,从而产生摩擦;二是管道走动影响,即由于管道施工误差使得孔道内壁呈波浪形,力筋在张拉时会接触波纹管内壁,从而引起摩擦损失。

在结构设计原理中,摩擦损失应力表达式为:

$$\sigma_{s4} = \sigma_k[1 - e^{-(\mu\theta + kx)}]$$

假定张拉端张拉力为P_1,非张拉端为P_2,则上式可变换成:

$$A\sigma_{s4} = A\sigma_k[1 - e^{-(\mu\theta + kx)}] = P_1 - P_1 e^{-(\mu\theta + kx)} = P_1 - P_2 \qquad (5-1)$$

$$P_2 = P_1 e^{-(\mu\theta + kx)} \qquad (5-2)$$

对式(5-3)两边求导,得到:

$$\mu\theta + kl = -\ln\frac{P_2}{P_1} = c \tag{5-3}$$

式中:θ——孔道夹角和(rad);

l——孔道长度(m)。

一般情况下,制梁现场均采用一种制孔方法,或所测试的管道均为一种制孔方法,这时管道质量比较均匀,可以不考虑摩阻系数μ和孔道偏差系数k的变异,利用最小二乘原理,试验误差最小时的μ和k应使下式取得最小值:

$$y = \frac{1}{n}\sum_{i=1}^{n}(\mu\theta_i + kl_i - c_i)^2 \tag{5-4}$$

故有:

$$\left.\begin{array}{l}\dfrac{\partial y}{\partial \mu} = 0 \\ \dfrac{\partial y}{\partial k} = 0\end{array}\right\} \Rightarrow \left\{\begin{array}{l}\mu\sum\limits_{i=1}^{n}\theta_i^2 + k\sum\limits_{i=1}^{n}\theta_i l_i = \sum\limits_{i=1}^{n}c_i\theta_i \\ \mu\sum\limits_{i=1}^{n}\theta_i l_i + k\sum\limits_{i=1}^{n}l_i^2 = \sum\limits_{i=1}^{n}c_i l_i\end{array}\right. \tag{5-5}$$

式中:c_i——第i个管道对应的值,$c_i = -\ln(P_2/P_1)$;

l_i——第i个管道对应的力筋空间曲线长度(m);

θ_i——第i个管道对应的力筋切线夹角(rad);

n——实际测试的管道数目,且不同线形的力筋数目不小于2。

式(5-5)是关于孔道摩擦系数、孔道偏差系数的一元一次方程组,在测试至少两个孔道后,即可用上式求解出孔道摩阻系数μ和孔道偏差系数k。

(4)孔道摩阻测试实例

石武客专八标段32m+48m+32m预应力混凝土连续梁预应力管道采用金属波纹管,设计摩阻系数$\mu=0.23$,偏差系数$k=0.0025$。2009年11月20、21日在该连续梁施工完毕后在梁体中选择了右中M1、右中B2、右中B1、左中B2共4个孔道进行管道摩阻测试,测试基本数据见表5-14,测试数据分析见表5-15。

基本资料和测试数据　　　　　　　　　表5-14

钢束编号	钢绞线规格	管道成孔方式	管道直径(mm)	所在位置	P_2/P_1设计值	P_2/P_1实测回归值		
						第1次	第2次	平均值
右中M1	12-7ϕ5	金属波纹管	90	腹板	0.4354	0.4183	0.3845	0.40140
右中B2	12-7ϕ5		90	底板	0.8631	0.8757	0.8335	0.8546
右中B1	12-7ϕ5		90	底板	0.8779	0.8928	0.8681	0.88045
左中B2	12-7ϕ5		90	底板	0.8631	0.8965	0.7873	0.8419

测试数据分析　　　　　　　　　表5-15

钢束编号	l_i(m)	θ_i(rad)	P_2/P_1	c_i	θ_i^2	$\theta_i l_i$	$c_i\theta_i$	l_i^2	$c_i l_i$
右中M1	114.178	2.37365	0.40140	0.91280	5.63421	271.01861	2.16666	13036.61568	104.22132
右中B2	26.790	0.34907	0.8546	0.15712	0.12185	9.35159	0.05485	717.70410	4.20929
右中B1	19.970	0.34907	0.88045	0.12732	0.12185	6.97093	0.04444	398.80090	2.54262
左中B2	26.790	0.34907	0.84190	0.17209	0.12185	9.35159	0.06007	717.70410	4.61040
Σ					5.99976	296.69271	2.32602	14870.82478	115.58363

将表 5-14 中数据代入式(5-5),得到联立方程如下:
$$\left.\begin{array}{r}5.99976\mu + 296.69271k = 2.32602 \\ 296.69271\mu + 14870.82478k = 115.58363\end{array}\right\}$$

解得 $\mu = 0.2486, k = 0.00281$。

3. 锚圈口摩阻测试

(1)锚圈口摩阻成因

现场后张梁纵向预应力束一般采用群锚,群锚锚环直径一般比波纹管直径大,钢束在通过锚环时和锚环锚口接触,因此会存在摩擦力,形成摩擦损失。

(2)锚圈口摩阻测试设备及方法

锚圈口摩阻测试采用一根直孔钢筋混凝土柱,内含孔道及喇叭口,两个压力传感器及相应的读数仪(图 5-19)。

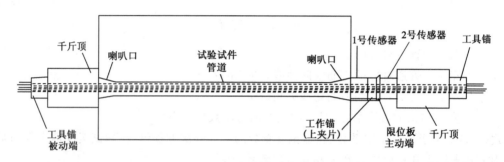

图 5-19 锚圈口摩阻测试装配示意

试验时千斤顶一次直接张拉至设计吨位,分别读取 1 号和 2 号传感器读数。选取 3 套锚具进行试验,求三次平均值。

测试方法:

① 两端同时加油至 4MPa,被动端封闭,主动端张拉至控制吨位。

② 测试 1 号、2 号传感器压力 N_a、N_b。

③ 锚圈口摩擦力之和为 $N_0 = N_b - N_a$。

④ 反复测三次,取平均值。

图 5-20 钢束通过喇叭口

《公路桥梁预应力钢绞线用锚具、连接器试验方法及检验规则》规定锚圈口损失不大于2.5%。

4. 喇叭口摩阻测试

(1)喇叭口摩阻形成原理

后张梁中钢束通过喇叭口进入锚环时,其分布直径发生变化,在张拉时可能和喇叭口内壁接触,形成摩擦阻力,如图 5-20 所示。

(2)喇叭口摩阻测试设备及方法

喇叭口摩阻测试设备和方法与锚圈口摩阻测试基本相同,具体布置见图 5-21。

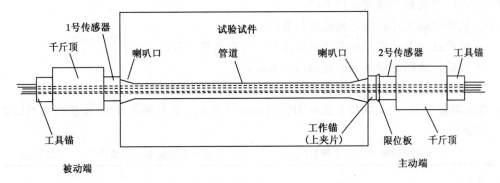

图 5-21 喇叭口摩阻测试设备配置

喇叭口摩阻测试方法：
① 两端同时加油至 4MPa，甲端封闭，乙端张拉至控制吨位。
② 测试甲、乙两端张拉力 N_a、N_b。
③ 锚圈口、喇叭口摩擦力之和为 $N_0 = N_b - N_a$。
④ 超张拉系数 $n_0 = \sqrt{N_b/N_a}$。
⑤ 反复测三次，取平均值。
⑥ 乙端封闭、甲端张拉，重复三次。
⑦ 两次 N_0 及 n_0 再次平均，作为最终测定值。
⑧ 从总摩擦力中扣除锚圈口损失，即为喇叭口损失。

《铁路桥涵混凝土结构设计规范》(TB 10092—2017)规定：锚圈口和喇叭口摩阻损失之和不大于6%。

5.钢束理论伸长量计算

张拉预应力钢束时，应采取双控控制张拉力大小，双控指通过油泵张拉油表控制张拉力，通过测试钢束张拉伸长量并与理论计算值比较即控制理论计算伸长量与实测伸长量误差控制张拉力。《公路桥涵施工技术规范》(JTG/T 3650—2020)规定：在设计无规定时，实际伸长值与理论伸长值的偏差应控制在±6%以内，否则应暂停张拉，待查明原因并采取措施后，方可继续张拉。对于环形、U形筋等曲线半径较小的钢束，此偏差宜通过试验确定。

预应力筋伸长量计算公式：

$$\Delta L = \frac{P_p L}{A_p E_p} \tag{5-6}$$

式中：P_p——预应力筋的平均张拉力(N)，对直线先张法取张拉端拉力，后张法取值按式(5-7)取值；
L——预应力筋长度(mm)；
A_p——预应力筋的截面面积(mm^2)；
E_p——预应力筋的弹性模量(MPa)。

预应力筋的平均张拉力计算公式：

$$P_p = \frac{P[1 - e^{-(kx + \mu\theta)}]}{kx + \mu\theta} \tag{5-7}$$

式中：P——预应力筋张拉端的张拉力(N)；
  x——从张拉端至计算截面的孔道长度(m)；
  θ——从张拉端至计算截面曲线孔道部分切线的夹角之和(rad)；
  k——孔道每米局部偏差对摩擦的影响系数；
  μ——预应力筋与孔道壁的摩阻系数。

k、μ 规范取值见表 5-16，如按孔道摩阻实测结果得到 k、μ 数值偏差较大，应根据实测结果报设计方修正。

《公路桥涵施工技术规范》(JTG/T 3650—2020)中规定 k、μ 取值   表 5-16

孔道成型方式	k	μ 值	
		钢丝束、钢绞线	螺纹钢筋
预埋铁皮孔道	0.0030	0.35	0.40
预埋钢管	0.0010	0.25	—
抽芯成型孔道	0.0015	0.55	0.60
预埋金属波纹管	0.0015	0.20~0.25	0.50
预埋塑料波纹管	0.0015	0.14~0.17	0.45

对于有多段曲线或由直线段与曲线段组成的曲线筋，可以采用分段计算每段的伸长量，然后再叠加在一起，此时可用简化法计算每段的平均张拉力 P_p：$P_p = P\left[\dfrac{1+e^{-(kx+\mu\theta)}}{2}\right]$，即每段平均张拉力取张拉端的拉力和计算截面处扣除孔道摩擦损失后的拉力平均值，采用简化计算方法能完全满足工程需要。

算例：如图 5-22 所示连续梁，预应力筋采用一束 12ϕ15.24 钢绞线束，张拉控制力为 $N_k = 2346.3$ kN，$A_y = 1680\text{mm}^2$，$E_y = 1.95 \times 10^5$ MPa，孔道采用预埋波纹管成型，$\mu = 0.175$，$k = 0.0008$，计算张拉伸长量。

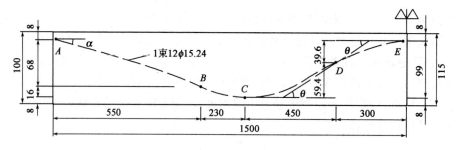

图 5-22 连续梁的尺寸与预应力筋布置(尺寸单位：cm)

解：
(1)精确计算
将半个曲线预应力筋分成四段，采用公式分段计算：
$$\alpha = \arctan\left(\frac{68}{550}\right) = 0.123 \text{rad}$$
$$\theta = \arctan\left(\frac{450}{1734.25}\right) = 0.262 \text{rad}$$

将各段数据列表，见表 5-17。

各 段 参 数 表 表5-17

线 段	L(m)	θ(rad)	$kL+\mu\theta$	$e^{-(kL+\mu\theta)}$	终点力(kN)
AB	5.5	0	0.0044	0.9957	2336.00
BC	2.3	0.123	0.02334	0.9769	2282.05
CD	4.5	0.262	0.04945	0.9518	2171.95
DE	3.0	0.262	0.04825	0.9529	2069.64

将表中数据代入 $\Delta L = \dfrac{PL[1-e^{-(kx+\mu\theta)}]}{A_y E_y (kx+\mu\theta)}$，分段求得：$\Delta L = 2\times 0.1055 = 0.211\text{m} = 211\text{mm}$。

(2) 简化计算

将表 5-17 中数据代入简化计算公式，分段求得 $\Delta L = 2\times 0.10548 = 0.21096\text{m} = 210.96\text{mm}$。

精确计算和简化计算结果间误差非常小，对曲线较多的孔道完全可以按简化计算方法进行钢束伸长量的计算。

二、施加预应力工艺及要求

不论先张法还是后张法，预应力筋张拉时，应先调整到初应力后再开始钢束伸长量的测量，初应力可取张拉控制应力 σ_{con} 的 10%～25%，孔道曲线多时取大值；力筋实际伸长值除量测的伸长值外，必须加上零应力至初应力间的推算伸长值，此值可采用相邻级的数值推算得到，对后张法构件，在张拉过程中产生的弹性压缩值一般可省略。

1. 先张法施加预应力工艺及要求

(1) 张拉

同时张拉多根预应力筋时，应预先调整其初应力，使相互之间应力一致；张拉过程中应使活动横梁与固定横梁始终保持平行，并应抽查力筋的预应力值，其偏差的绝对值不得超过按一个构件全部力筋预应力总值的5%。预应力筋张拉完毕后，与设计位置的偏差不得大于5mm，同时不得大于构件最短边长的4‰，且宜在4h内浇筑完成。

预应力筋的张拉应符合设计要求，设计无规定的，按表5-18进行。

先张法预应力筋张拉程序 表5-18

预应力筋种类	张 拉 程 序
螺纹钢筋	0→初应力→$1.05\sigma_{con}$（持荷 5min）→$0.96\sigma_{con}$→σ_{con}（锚固）
钢丝、钢绞线	0→初应力→$1.05\sigma_{con}$（持荷 5min）→0→σ_{con}（锚固）
钢丝、钢绞线	对于夹片式等具有自锚性能的锚具： 1. 松弛力筋：0→初应力→σ_{con}（持荷 5min 锚固）； 2. 低松弛力筋：0→初应力→σ_{con}（持荷 5min 锚固）； 3. 其他锚具：0→初应力→$1.05\sigma_{con}$（持荷 5min 锚固）→0→σ_{con}（锚固）

注：张拉钢筋时，为保证施工安全，应在超张拉放张至 $0.9\sigma_{con}$ 时安装模板、普通钢筋及预埋件等。

张拉时预应力筋的断丝数量不得超过表 5-19 的规定。

先张法预应力筋断丝限制 表 5-19

类　　别	检 查 项 目	控 制 数
钢丝、钢绞线	同一构件内断丝数不得超过钢丝总数的百分比	1%
螺纹钢筋	断筋	不允许

(2) 放张

预应力放张时，混凝土强度必须符合设计规定，设计未规定时，不得低于设计混凝土强度等级值的 80%，弹性模量应不低于设计混凝土 28d 弹性模量的 80%，当采用混凝土龄期代替弹性模量控制时应不少于 5d。

预应力筋的放张顺序应符合设计要求，设计未规定时，应分阶段、对称、相互交错地放张；在力筋放张前，应将限制位移的侧模、翼缘模板或内模拆除。

多根整批预应力筋的放张可采用砂箱法或千斤顶法，用砂箱放张时，放砂速度应均匀一致；用千斤顶放张时，放张宜分数次完成；单根钢筋采用拧松螺母的方法放张时，宜先两侧后中间，并不得一次将一根力筋松完。

钢筋放张后，可用乙炔—氧气火焰切割，但应采取措施防止烧坏钢筋端部；钢丝、钢绞线放张完毕后，可用机械切割方法切断。

长线台座上预应力筋的切断顺序，应由放张端开始，逐次向另一端切断。

放张后，预应力筋在构件端部的内缩直径宜不大于 1.0mm。

2. 后张法施加预应力工艺及要求

(1) 预应力孔道定位

预应力孔道应按设计规定坐标安装，并应采用定位钢筋固定，使其能牢固固定于模板内设计位置，且在混凝土浇筑期间不产生位移；固定各种成孔管道用的定位钢筋间距，对钢管宜不小于 1.0m，波纹管宜不大于 0.8m，位于曲线上的管道和扁平波纹管道应适当加密；定位后的管道应平顺，其端部的中心线应与锚垫板相垂直。

采用胶管抽芯法制孔时，胶管内应插入芯棒或充以压力水增加刚度；采用钢管抽芯法制孔时，钢管表面应光滑，焊接接头应平顺；抽芯时间应通过试验确定，以混凝土抗压强度达到 0.4~0.8MPa 时为宜，抽拔时不得损伤结构混凝土；抽芯后，应采用通孔器或压气、压水等方法对孔道进行检查，如发现孔道堵塞或有残留物或与临孔有串通，应及时处理。

(2) 预应力筋穿束

预应力筋可在浇筑混凝土之前或之后穿入管道，对在浇筑混凝土前穿束的管道，力筋安装完成后，应检查波纹管是否损坏，如在穿束时刮伤、损坏过波纹管，应用胶带将破损部分包裹，以防浇筑混凝土时漏浆；在浇筑混凝土过程中，应有专人来回抽动钢绞线，以防管道漏浆、凝固后造成后期张拉、压浆困难；若采用浇筑完混凝土后穿束，应采取措施保证孔道的通顺，如在浇筑混凝土过程中可在孔道中穿入 PVC 管，以增加孔道的刚度。

宜将一根钢束中的全部预应力筋编束后整体穿入孔道中，整体穿束时，束的前端宜设置穿束网套或特制的牵引头，应保持预应力筋顺直，且仅应前后拖动，不得扭转。对钢绞线，可采用穿束机逐根将其穿入孔道内，但应保证其在孔道内不发生相互缠绕。

(3) 预应力筋的保护

对在混凝土浇筑及养生之前安装在管道中但在下列规定时限内没有压浆的预应力筋，应采取措施防止锈蚀或其他防腐蚀的措施,直至压浆。不同暴露条件下,未采取防腐措施的力筋在安装后至压浆时的容许时间见表5-20。

力筋安装后至压浆时的容许时间 表5-20

序号	条 件	容 许 时 间
1	空气湿度大于70%或盐分过大时	7d
2	空气湿度40%~70%时	15d
3	空气湿度小于40%时	20d

在力筋安装在孔道中后,管道端部开口应密封以防止湿气进入。采用蒸汽养生时,在养生完成之前不应安装力筋。在任何情况下,当在安装有预应力筋的构件附近进行电焊时,对全部预应力筋和金属构件均应进行防护,防止溅上焊渣或造成其他损伤,电焊地线不能随意安放,尽量安装在焊接点附近,以防施焊时引起火花损伤预应力钢束。

(4) 张拉

张拉前,宜对不同类型孔道进行至少一个孔道的摩阻测试,通过测试确定的μ值和k值宜用于对涉及张拉控制应力的修正,对长度大于60m的孔道宜适当增加摩阻测试的次数。

张拉时混凝土强度应符合设计及规范要求,设计无规定时,不得低于设计的混凝土强度等级值的80%,弹性模量应不低于混凝土28d弹性模量的80%。当采用混凝土龄期代替弹性模量控制时应不少于5d。

应使用能张拉多根钢绞线或钢丝的千斤顶同时对每一钢束中的全部力筋施加张拉力,但对扁平管道中不多于4根的钢绞线除外;预应力钢束采用两端张拉时,可先在一端张拉锚固,再在另一端补足预应力值后进行锚固。后张预应力筋的张拉应符合设计规定,设计无规定,按表5-21进行。

后张法预应力筋张拉程序 表5-21

锚具和预应力筋类别		张拉程序
夹片式等具有自锚性能的锚具	钢绞线、钢丝束	低松弛力筋:0→初应力→σ_{con}(持荷5min锚固)
其他锚具	钢绞线束	0→初应力→1.05σ_{con}(持荷5min)→σ_{con}(锚固)
	钢丝束	0→初应力→1.05σ_{con}(持荷5min)→0→σ_{con}(锚固)
螺母锚固锚具	螺纹钢筋	0→初应力→σ_{con}(持荷5min)→0→σ_{con}(锚固)

后张预应力筋断丝及滑移不得超过表5-22规定。

后张预应力筋断丝、滑移限制 表5-22

类 别	检 查 项 目	控 制 数
钢丝束和钢绞线束	每束钢丝断丝或滑丝	1根
	每束钢绞线断丝或滑丝	1丝
	每个断面断丝之和不超过该断面钢丝总数的百分比	1%
螺纹钢筋	断筋或滑移	不容许

注:1.钢绞线断丝指单根钢绞线内钢丝的断丝。
2.超过表列控制数时,原则上应更换,当不能更换时,在许可的条件下,可采取补救措施,如提高其他束预应力值,但须满足设计上各阶段极限状态的要求。

预应力筋在张拉控制应力达到稳定后方可锚固,对夹片式锚具,锚固后夹片顶面应齐平。其相互间的错位不宜大于 2mm,且露出锚具外的高度不应大于 4mm,锚固完毕并经检验确认合格后方可切割端头多余预应力筋,切割应采用砂轮锯,严禁采用电弧切割,不得损伤锚具,预应力筋锚固后的外露长度不宜小于 30mm,且不应小于 1.5 倍预应力筋直径。

第六节 孔道压浆及质量检测

一、孔道压浆准备工作及要求

预应力筋张拉完成后,孔道应尽早压浆,且应在 48h 内完成,否则应采取避免预应力筋锈蚀的措施。

1. 水泥浆材料要求

用于配置水泥浆的水泥最好采用低碱硅酸盐水泥或低碱普通硅酸盐水泥,水泥强度不宜低于 42.5,性能应符合规范要求。水泥浆用水不应含有对预应力筋或水泥有害的成分,每升水不得含有 350mg 以上的氯化物离子或其他有机物。外加剂应与水泥具有良好的相容性,且不得含有氯盐、亚硝酸盐或其他对预应力筋有腐蚀作用的成分,采用高效减水剂,其减水率应不低于 20%。外加剂的用量应通过试验确定。

膨胀剂宜采用钙矾石系或复合型膨胀剂,不得采用以铝粉为膨胀源的膨胀剂或总碱量 0.75% 以上的高碱膨胀剂。压浆材料中的氯离子含量应不超过胶凝材料总量的 0.06%,比表面积应大于 350m²/kg,三氧化硫含量应不超过 6.0%。

2. 孔道准备

压浆前,应对孔道进行清洁处理,对抽芯成型的混凝土空心孔道应冲洗干净并使孔壁完全湿润;金属管道必要时也应冲洗以清除孔道内灰尘;对有油污、锈蚀的孔道,可采用已知对预应力和管道无腐蚀作用的中性洗涤剂或皂液。用水稀释后进行冲洗,冲洗完毕后,应使用不含油的压缩空气将孔道内所有积水吹出。

二、普通孔道压浆工艺

1. 普通孔道压浆的原理

普通孔道压浆是在不采用任何辅助方法的情况下,利用压浆机将水泥浆从孔道一端压入,在另一端冒出和压入端同浓度水泥浆后,封闭出浆口补压、持压,使孔道内水泥浆能够饱满。

2. 普通孔道压浆工艺

(1)张拉完成后切除多余钢绞线束,用水泥砂浆封闭锚环外钢绞线端部。

(2)在锚环压浆口上接入带阀门的钢管,将高压管接在钢管上。

(3)向孔道内压入高压水,将孔道内灰尘、铁锈等清洗干净。

(4)用高压空气将孔道内残留水分清除干净。

(5)制备水泥浆,在水泥浆数量达到至少一个孔道所需数量后,开始压浆。

(6)压浆应缓慢、均匀进行,不得中断,待出浆口冒出和进浆口同浓度水泥浆后,封闭出浆口阀门,使压浆机对水平或曲线孔道,压浆压力宜为 0.5~0.7MPa;对超长孔道,最大压力宜不超过 1.0MPa,当超过时可采用分段方式进行压浆;对竖向孔道,压浆压力宜为 0.3~0.4MPa,持压至少 2min 后,关闭进浆口阀门,拆除压浆设备,进行下一孔道的压浆。待出浆口冒出和进浆口同浓度水泥浆,封闭出浆口阀门后,宜保持一个不小于 0.5MPa 的稳压期,该稳压期保持时间宜为 3~5min。

3. 压浆注意事项

压浆时每一作业班应留取不少于 3 组的 40mm×40mm×160mm 试件,标准养护 28d 后,检查其抗压强度、抗折强度,作为评定水泥浆质量的依据。

三、真空辅助孔道压浆工艺

1. 真空辅助孔道压浆原理

真空辅助孔道压浆是近年来兴起的孔道压浆技术。真空辅助压浆是在传统压浆工艺正式压浆前,将孔道系统密封,利用真空泵将孔道先抽成 -0.06~-0.1MPa 的真空,使在负压作用下吸入部分水泥浆,然后再采用传统压浆工艺从孔道另一端压入水泥浆较传统压浆工艺,孔道内水泥浆压力更大、更密实、更饱满。真空压浆原理示意见图 5-23。

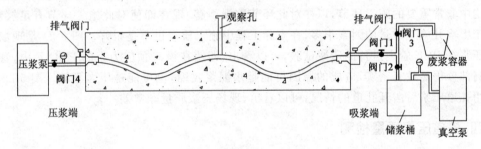

图 5-23 真空压浆原理示意

2. 真空压浆程序

(1)按图 5-23 安装设备和管道,连接出浆口与真空泵的管道采用透明的塑料钢丝管,使其在抽真空时不致被压扁,可方便观察水泥浆情况。

(2)在压浆泵储浆池内储备足够水泥浆,关闭阀门 3、4,打开阀门 1、2,启动真空泵进行孔道抽真空,当真空达到 -0.06~-0.1MPa 时,打开阀门 4,启动压浆泵开始灌浆。

(3)保持真空泵状态,当观察到阀门 1、2、3 之间的透明三通管内有浆液通过时,立即关闭真空泵及阀门 2,并打开阀门 3。

(4)观察通向废浆液容器内的管道出浆情况,当浆体稠度和压入端一致时,关掉阀门 3,仍继续灌浆,使管道内有 0.5~0.7MPa 的压力,持压 2min,关闭阀门 4。

(5)将阀门 1、4 以外其他部件拆除并清洗,开始下一孔道的压浆。

3. 真空压浆注意事项

(1)真空压浆能否成功的前提是孔道体系是否密封,即能否形成真空,从目前应用情况看,塑料波纹管的密封性更好,在真空压浆中宜采用塑料波纹管。在浇筑混凝土过程中,也应对管道进行保护，不能用振捣棒直接触击波纹管，否则造成漏浆后即使修补，也不能达到很好密封效果。

(2)水泥浆良好的和易性是保证真空压浆质量的关键，合适的水泥浆应是：和易性好，泌水性小、流动性好；硬化后孔隙率低、渗透性小；具有一定的膨胀性，确保孔道填充密实；抗压强度高；有效的黏结强度、耐久性。为防止水泥浆在灌注过程中产生析水以及硬化开裂，并保证水泥浆在管道中的流动性，应掺加少量的外加剂。其作用是：改善水泥浆的性质，降低水灰比，减少孔隙泌水，消除离析现象；降低硬化水泥浆的孔隙率，堵塞渗水通道；减少和补偿水泥浆在凝结硬化过程中的收缩和变形，防止裂缝的产生。

浆体性能指标可参照以下标准控制：
①浆体水灰比：0.3～0.4之间。
②浆体流动度：≤30%（拌和后完成）。
③浆体泌水性：3h最大不超过2%，24h后为零，之前所有泌水能自吸。
④浆体凝结时间：初凝≥3h，终凝<24h。
⑤体积变化率：-1%～5%。

后张孔道压浆的主要目的是防止钢束锈蚀，同时增加钢束和构件间的黏结力，前者对保证钢束的耐久性具有重要意义，后者可影响结构的承载能力。因此，孔道压浆是后张预应力混凝土结构中非常重要的施工环节，以往对此环节重视不够，现在即使对此施工环节有足够重视，但由于影响其施工质量的因素很多，在实际工程中施工质量也不是很好。图5-24是现场模拟真空压浆在PVC管内进行的压浆试验，可以看出，即使在没有预应力束的PVC管内，管道位置较高部分仍然没有密实，造成的原因可能是水泥浆收缩，也可能是压力不够。图5-25是现场采用孔道压浆后凿开孔道的情况，可以看出，现场压浆质量非常差。

四、孔道压浆质量检测

后张孔道压浆如果不密实，将导致外界水进入管道，钢束和空气不能隔开，将导致预应力钢筋锈蚀。对于高强预应力钢筋，其锈蚀速度更快，危害更大。1967年The Brickton Meadows Footbridge in Hampshire(UK)、1985年Wales(Ynys-y-Gwas Brideg)的破坏均是由于预应力钢束腐蚀引起的。在后张梁预制过程中加强孔道压浆质量控制及检验，对确保后张梁使用安全至关重要。由于测试的复杂性，在不破坏管道处混凝土的情况下，以往对孔道压浆质量的检查存在一定困难。目前国内有些桥梁采用冲击回波技术测试后张孔道压浆质量，取得了较好的效果。

1.冲击回波技术的原理

IES冲击回波法测试是目前无损检测最先进的测试手段之一。它主要用于连续、快速的测试混凝土板、混凝土路面、飞机跑道、隧道的衬砌和其他混凝土结构的厚度和缺陷(包括孔洞、裂缝、蜂窝)，也可对混凝土结构中预应力管内未灌浆区域和灌浆不密实区域进行测试，并能对厚度、缺陷进行二维、三维成像。

冲击回波的测试原理：用小锤或者冲击器作为激振源在混凝土表面冲击来产生应力波，然后由放置在冲击器附近的接收传感器接收反射回来的压缩波，经过主机分析用于计算混凝土的厚度，探测内部的孔洞、裂缝、剥离等缺陷，如图5-26所示。

第五章 预应力混凝土施工工艺

a)模拟压浆设施

b)PVC管端部水泥浆情况

c)PVC管顶部水泥浆情况(1)

d)PVC管顶部水泥浆情况(2)

图 5-24 现场模拟压浆情况

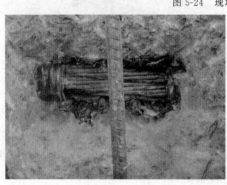
a)波纹管凿开情况(1)

b)波纹管凿开情况(2)

图 5-25 某桥凿开波纹管后压浆情况

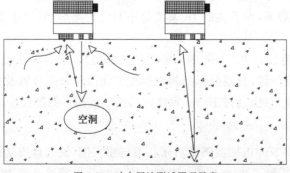

图 5-26 冲击回波测试原理示意

165

接收器接收到反射波后,通过快速傅立叶转换时间域数据转化为频域数据,然后确定回波的频率峰值 f,计算结构的厚度和缺陷 $D=(b\times v_\mathrm{P})/2f$(其中 b 取形状系数,对板/墙来说取 0.96,对于梁和柱该值更小,根据厚度和宽度的比值确定,v_P 是压缩波波速。)

2. 冲击回波测试设备

在后张孔道压浆质量检测中,IES 冲击回波测试系统应用最为广泛,是目前最先进的冲击回波测试仪,由美国 Olson 公司首先研制成功。它除了具有一般冲击回波仪器的所有功能外,不仅加快了测试的速度,减轻了劳动量,而且增加了很多新的功能,如对混凝土厚度变化进行二维、三维成像等先进的功能。

IES 方法基于基本的冲击回波原理,利用独创的滚动传感器和自动冲击器,可以以几乎连续的速度扫描测试混凝土结构和道路的厚度、内部缺陷。整个系统包括滚动传感器和数据采集、分析系统两部分,见图 5-27、图 5-28。

图 5-27 滚动传感器

图 5-28 数据采集、分析系统

测试时以慢速步行速率进行,每条测试线上每隔 5.5cm 进行一次测试,多条测试线完成后就可以直接获得混凝土厚度以及内部缺陷(孔洞、蜂窝、裂缝、剥离等)位置的 2D、3D 图像。需要对混凝土内部状况进行成像时,该系统一个小时可进行数千次测试,如可用于大面积检测板、隧道的厚度,评估桥梁预应力孔道中的灌浆是否密实等。

IES 方法相对于普通 IE 冲击回波方法的优点:

(1)IES 方法采用滚动传感器技术,每小时可测 2000~3000 个点,可进行大面积普查检测,极大地提高了检测效率,而普通的 IE 系统每小时仅可测 30~60 个点,只能用于测试较小且非常关键的部位。

(2)IES 方法可沿直线以 2.54cm 的间隔进行快速测试,多条测试线组成的所测数据经软件处理可快速形成三维图像,直观显示结构的厚度变化以及缺陷位置及程度。普通 IE 方法要做到三维成像非常困难,只能通过 Excel 等软件形成一些简单的厚度变化图。

3. 测试实例

下面以某桥采用 IES 冲击回波测试后张孔道压浆实例,说明该方法的使用。

某桥为预制箱形箱梁,高度为 1.2m,腹板高度为 0.8m,箱梁梁长 30m,腹板厚度为 25cm。

实际的工程概况以及现场的测试,如图 5-29、图 5-30 所示。

图 5-29　测线规划图

图 5-30　现场测试

(1)测试区域的规划

①测试箱梁出浆口的位置的灌浆情况,测试区域为长 2m、宽 0.8m 的矩形区域,如图 5-29 所示,从左到右、从下到上共扫描 21 条测线。

②测试箱梁入浆口的位置,与出浆口在箱梁上的位置对称,测试区域的面积相同。测试区域为长 2m、宽 0.8m 的矩形区域,从右到左、从下到上共扫描 19 条测线。

③通过已知厚度的区域,标定的波速为 4700m/s。

(2)基本参数设置以及数据分析

IES 测试出浆口的参数设置:入浆口的基本参数设置,与出浆口的基本参数设置相同,见图 5-31。实测厚度数据窗口如图 5-32 所示。

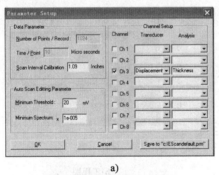

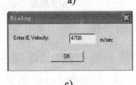

图 5-31　出浆口的参数设置

(3)数据分析

出浆口测试区域范围的 3D 图及正视图,如图 5-33 所示。

从图 5-33 出浆口测试区域范围的 3D 及正视图,可以明显地看出箱梁内的三条预应力管

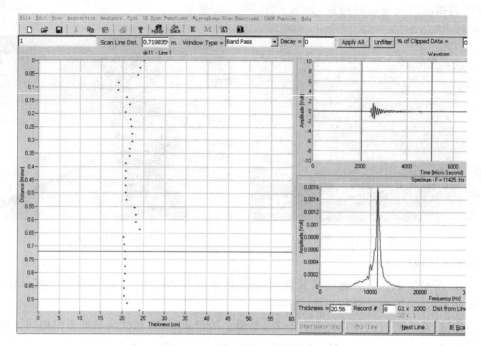

图 5-32　入浆口实测厚度数据窗口

道的走向以及灌浆的情况,厚度增厚的红色区域,代表预应力管道的位置。在 1～3 条测试之间,高度在 0.4～0.6m 的范围内,厚度增厚较大(白色对应的区域),中间的预应力管道,可能存在灌浆不密实的情况。为了对其怀疑区域进行确认,缩小测试范围加密测线间距,进一步确定缺陷的位置和大小。

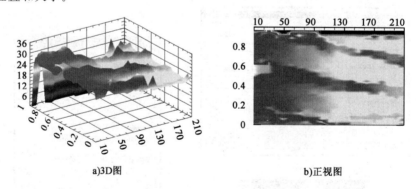

a)3D图　　　　　　　　　　　　b)正视图

图 5-33　出浆口的 3D 及正视图

在中间的预应力管道附近规划 0.5m×0.5m 的区域进行测试,每隔 5cm 扫描一条测线,从左到右、从上到下,共扫描 10 条测线。加密测线的 3D 及正视图,如图 5-34 所示。

从图 5-34 中可以看出,在缩小测试区域加密测线的范围内,在 0.3m 高度,横向坐标的 37 号测线的往左段厚度确实明显的增大,预应力管道内灌浆存在不密实的情况。为了进一步证实 IES 扫描式冲击回波测试得到的结果,在测试得到的缺陷的位置,凿开混凝土,露出管道内的灌浆情况,如图 5-35 所示。验证了用 IES 测试得到的结果凿开后发现,预应力管道内的灌浆不密实,露出钢束,并且钢束已经腐蚀生锈,管内灌浆指在底部有少量的灌浆,其他部位均为空的。

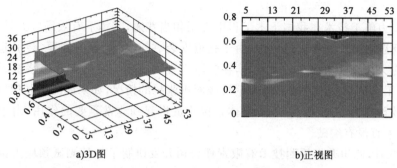

a)3D图　　　　　　　　　　　　b)正视图

图 5-34　缩小测试区域,加密测线测试得到的 3D 及正视图

a)　　　　　　　　　　　　b)

图 5-35　箱梁凿开后孔道压浆情况

入浆口的测试区域范围的 3D 图及正视图,如图 5-36 所示。从图 5-36 中可以看出预应力管道的走向以及内部的灌浆情况,管道内灌浆相对密实,没有发现明显的缺陷位置。

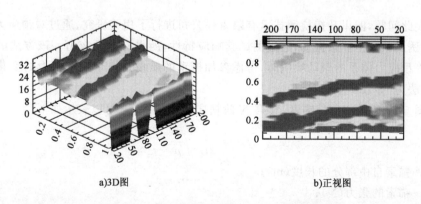

a)3D图　　　　　　　　　　　　b)正视图

图 5-36　入浆口的测试区域范围的 3D 图及正视图

可以看出,IES 能对箱梁内预应力管道的灌浆情况进行测试,测试结果能很好地反映预应力的走向以及管道内的灌浆情况。

第七节 后张预应力锚下有效预应力检测

后张预应力施工技术在我国土木工程中使用相当普遍,其锚下有效预应力是设计、施工中非常关心的问题之一。在施工过程中,由于孔道安装、张拉工艺等的差异,会引起张拉完成后锚下有效预应力和设计值存在较大差异,在实际工程中也确实有由于孔道堵塞无法穿过预应力束,现场施工人员只在孔道端部插入钢绞线而不张拉的情况,如果能测试张拉完成后后张梁孔道锚下有效预应力,对于控制、评价梁体张拉质量将起到非常重要的作用,由于此技术的复杂性,该技术一直没有突破。

2011年8月,四川升拓检测技术有限责任公司开发研制了一种测试预应力锚固体系张力的无损检测技术,并获得国家发明专利,该技术的推广应用无疑将对我国土木工程后张预应力体系的质量检测、评价,起到非常重要的推动作用。

为尽快将此技术在桥梁工程中推广应用,经四川升拓检测技术有限责任公司同意,在此对其原理、测试设备、测试方法进行介绍。

一、测试原理

在斜拉桥下、中承式钢管混凝土拱桥、悬索桥等桥梁的拉索、吊杆内力测试中,可以通过测试拉索、吊杆的频率,利用拉索、吊杆自振频率与其内力间的关系,得到拉索、吊杆的内力,其前提是拉索、吊杆自由振动。在桥梁结构中,传统的后张预应力体系在施工时先预留孔道,张拉预应力束,而后压浆,属埋入式锚索。即使对没有压浆的孔道,由于预应力钢束和孔道内壁接触,预应力束也不可能自由振动,只能通过对锚头的激振采集相关信息,单纯依靠频率的测试方法有非常大的缺陷,不能满足测试要求。

对于后张孔道锚下有效预应力的测试可以采用在锚下设置压力传感器、采用拉拔试验等方法测试,采用在锚下设置压力传感器的方法虽然可靠,但成本过高,只能在极少数孔道中采用,不具备大面积推广应用的条件,也不利于抽检。拉拔试验只能适用于孔道灌浆前的有效预应力检测。

为解决此问题,四川升拓检测技术有限责任公司进行了相关研究,通过对预应力体系锚头打击激振,诱发预应力体系振动,通过测试其响应特性,测得有效预应力。该方法的关键是在计算锚杆等预应力体系的振动响应时,考虑参加振动的质量是一个随着张力的变化而变化的量,称该方法为"等效质量法"。

对于图5-37所示的空悬锚索,其第 N 阶横向自振频率 f_N 可以表示如下:

$$f_N = \frac{N}{2L}\sqrt{\frac{T}{\rho}} \tag{5-8}$$

式中:L——锚索自由部分的长度(m);

T——锚索的张力(N);

ρ——锚索的线密度,即单位长度的质量(kg/m)。

由式(5-8)可以看出,锚索的自振频率不仅取决于锚索的张力 T,而且还取决于锚索的线密度 ρ。对于给定的锚索,ρ 为定值,因此其张力 T 与自振频率单调相关。

第五章 预应力混凝土施工工艺

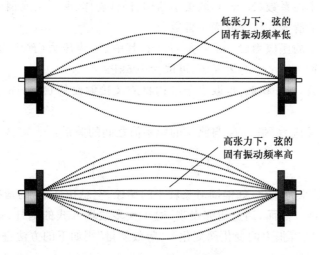

图 5-37 空悬锚索自由绳索张力与自振频率间的关系

如上所述,由于传统后张预应力体系的特殊性,不能采用式(5-8)进行预应力束内力的测试。

为此,将锚头、垫板等简化为如图 5-38 所示的模型,即将锚头与垫板、垫板与后面的混凝土或岩体的接触面模型化成如下的弹簧支撑体系。

该弹簧体系的刚性 K 与张力(有效预应力)有关,当然张力越大,K 也越大。另一方面,在锚头激振诱发的系统基础自振频率 f 可以简化表示为:

$$f = \frac{1}{2\pi}\sqrt{\frac{K}{M}} \quad (5\text{-}9)$$

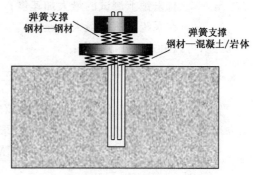

图 5-38 预应力测试的基本理论模型

式中:f——测试得到自振频率(Hz);
K——振动系统的刚性(弹簧系数)(N/m);
M——振动系统的质量(kg)。

在式(5-9)中,如果 M 为一常值,那么根据测试的基频 f 即可较容易地测出张力。然而,通过试验发现,埋入式锚索在锚头激振时,其诱发的振动体系并非固定不变,而是会随着锚固力的变化而变化。锚固力越大,参与自由振动的质量也就越大。

由于振动系统的刚性 K,可以简化为与张力/预应力有关的函数:

$$K = k \cdot A \quad (5\text{-}10)$$

式中:k——垫板与岩体/混凝土、螺栓与构件的接触面上的压缩刚性;
A——垫板与构件对象(岩体、混凝土等)的接触面积。

压缩刚性 k 与压力的关系又可以表达为:

$$k = k_0 + \kappa \cdot \left(\frac{p}{p_a}\right)^m \quad (5\text{-}11)$$

式中:k_0——初始刚性(N/m³),认为其为一常数;

171

κ——接触面刚性系数(N/m^3),取决于结构材质(岩体、混凝土或钢材)及接触面的状态(粗糙/平滑等),认为其为一常数;

p——接触面上的压应力(N/m^2),$p=N/A$,其中,N 为压力(预应力或张力)(N);A 为接触面积(m^2);p_a 为大气压,可取为105kPa;

m——压力指数,与 κ 相似,也取决于结构材质及接触面的状态,同样认为其为一常数,无量纲。

至此,可以得到预应力/张力 N 与测试的频率值之间的关系:

$$N = A \cdot \left[\frac{1}{\kappa}\left(\frac{4\pi^2 f^2 M}{A} - k_0\right)\right]^{\frac{1}{m}} \cdot P_a \tag{5-12}$$

在振动体系不随张力变化(如锚固对象较小的螺栓、空悬拉杆等)的情况下,上式中振动质量 M 则基本为一常数。然而,通过研究发现,对于大多数埋入式的锚杆、锚索等预应力体系,M 并非为一常量,而随着张力的变化而变化。"等效质量"用如下的方法进行测试:

$$M = \frac{F}{a_S} = \frac{M_H a_H}{a_S} \tag{5-13}$$

式中:M_H——打击锤的质量;

a_H——打击锤上测试的最大加速度;

a_S——在系统测试的最大加速度。

因此,可以由式(5-14)测出:

$$N = A \cdot \left[\frac{1}{\kappa}\left(\frac{4\pi^2 f^2 M_H a_H}{a_S \cdot A} - k_0\right)\right]^{\frac{1}{m}} \cdot p_a \tag{5-14}$$

当然,当 M 不变且已知时,可直接用式(5-12)计算张力 N。

k_0 可以由在极低应力($p=0$)时的响应求出:

$$k_0 = \frac{4\pi^2 f_0^2 M}{A} = \frac{4\pi^2 f_0^2 M_H a_H}{a_{S0} \cdot A} \tag{5-15}$$

而所需的参数 m、κ 则需要事前标定。可以对式(5-14)取对数,通过回归的方式求得:

$$\ln(N) = \ln A + \ln p_a + \frac{1}{m}\left[\ln\left(4\pi^2 f^2 \frac{M}{A} - k_0\right) - \ln(\kappa)\right]$$

$$= \ln A + \ln p_a + \frac{1}{m}\left[\ln\left(4\pi^2 f^2 \frac{M_H a_H}{a_S A} - k_0\right) - \ln('k)\right] \tag{5-16}$$

当预应力体系振动质量 M 不变且已知时,根据测试的数据 f 以及标定的预应力体系参数 (k_0、m、κ)可算出预应力体系的张力 N。

当预应力体系振动质量 M 可变或未知时,则根据测试的数据(f、a_H、a_S)、标定的预应力体系参数(k_0、m、κ)以及激振器(锤)的质量 M_H 便可算出预应力体系的张力。

预应力体系参数(k_0、m、κ)中,m 和 κ 主要取决于垫板与其后的材料特性。对于健全的预应力混凝土梁而言,即使锚具的形式不同,也可以认为 m 和 κ 变化不大,而 k_0 则与锚具的形式有很大的关系,因此需要事先进行标定。

二、测试设备

用于测试预应力张力的测试设备型号为 SBT-PTT,操作平台为小型一体化平台,Windows 操作系统,环境条件:温度 0~40℃,湿度 35%~85%RH,最大采集频率 500Hz(可调),最小采样间隔 2μs(可调),最大采集点数 20000(可调),采样精度 16 位;测试误差:不超过设计张力的 10%;测试量程:$n\times10^3$N~$n\times10^6$N;测试长度:锚索最大长度 60m;主屏参数:真彩,LED 触控屏,1024×768 像数,9.7in;对于已经灌浆完成的孔道也可以测试。

三、测试流程

在利用本技术进行张力测试时,对于不同形式的锚索,需要事先进行标定以确定相应的参数,根据不同的标定条件,可分为标准标定和简易标定,流程示意见图 5-39。

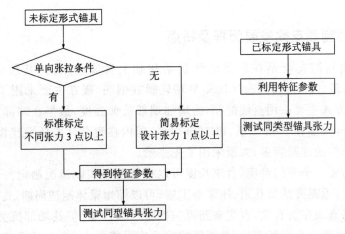

图 5-39 标定流程示意

标准标定一般采用一端张拉、一端标定的方法,现场缺乏相应的标定条件时,可采用简易标定的方法,即在设计张拉力附近选取已知张力的若干点进行标定。

第六章 预应力混凝土简支梁桥施工

第一节 先张法预制简支梁施工

一、先张法预制简支梁发展历程及特点

我国先张法预制简支梁是在后张法预制梁基础上发展起来的,其预应力钢筋采用过 65MnSiVϕ16 粗钢筋、7ϕ5 钢绞线、45MnSi$_2$V 精轧螺旋钢筋,现在主要采用 7ϕ5 高强、低松弛钢绞线,钢束布筋方式主要采用直线配筋,为增加端部抗剪强度,最早在端部曾设置过预应力镫筋,先张梁的跨度大多在 20m 以下,以 16m 居多,国内在青藏铁路桥梁建设中,为避免后张法孔道压浆可能产生的冻胀病害,大量采用了先张梁。

先张法工艺需要一个专门台座,台座长度可以根据现场实际情况制定。长线先张法一次张拉可生产多片梁,不需要预留孔道、压浆等工序,可以缩短梁体制造周期;先张法台座一次生产梁数和预应力筋直线布筋有关,直线布筋可一次生产多片梁,但其端部抗剪强度有限,其跨度一般不大,若采用预应力折线布筋,其端部抗剪强度可能提高,但由于折点处存在较大摩阻力,一个台座上不可能生产多片梁。我国青藏铁路中预制简支梁采用了折线布筋先张梁,生产方法采用一个台座生产一片梁的短线法。

二、先张法台座类型

台座是先张法施工中重要的临时构件之一。按其受力方式(结构形式)可分为压柱式和底板承压式。压柱式包括轴心压柱式、偏心压柱式、墩柱式、梭式等。

1. 压柱式台座

压柱式台座主要构造特点是在台座两侧设置传力柱,由传力柱承受水平张拉荷载。根据传力柱受力方式不同,分为轴心受压、偏心受压。

(1)轴心受压式台座

这种台座是最早的台座结构形式,张拉力合力中心和压柱中心重合,压柱中心受压,受力明确,但传力柱需布置在地面以上,对钢筋绑扎、混凝土浇筑、拆模、移梁等施工影响较大,见图 6-1。

(2)偏心受压台座

偏心压柱式台座是轴心压柱的改进型,如图 6-2 所示。其构造特点是在压柱端部设置牛腿,使压柱降至地面以下,通过牛腿将张拉力传递给压柱,压柱处于偏心受压状态。在相同张拉荷载作用下,压柱截面或配筋比轴心压柱大,在张拉荷载比较大时,可在端部设置平衡重,降低材料消耗并平衡偏心压力对压柱的倾覆力矩。

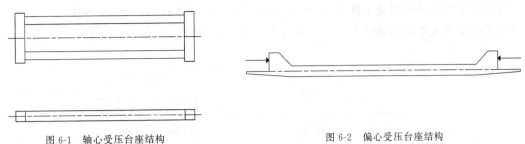

图 6-1 轴心受压台座结构　　　　　图 6-2 偏心受压台座结构

(3) 墩柱式台座

墩柱式台座也是轴心压柱式台座的改进形式，如图 6-3 所示。其构造特点是将牛腿和端节压柱分开，之间设置传力铰支座，压柱受力仍然为轴心受压，其顶面也可设置在地面以下。

(4) 梭形台座

梭形台座采用整体偏心压柱结构，如图 6-4 所示。仍采用牛腿承受张拉荷载，传力柱在端节处向内弯折，在端部用较短的端横梁连接成整体，形成在平面内为梭形的整体偏心结构，压柱处于双向偏心受压状态，压柱一般采用高强度混凝土，并施加预应力。该种台座的优点是整体性好，可免除大型钢端横梁，但由于该种台座为整体式，只适用于固定生产的预制工厂。

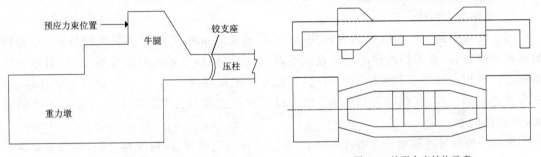

图 6-3 墩柱式台座结构　　　　　图 6-4 梭形台座结构示意

2. 底板承压式

底板承压式台座是一种新型的预应力台座形式，如图 6-5 所示。张拉水平荷载由台座底板承受，这种台座底板不但承受构件自重、施工竖向荷载，还承受水平张拉荷载，台座底板处于双向受压状态。为避免立柱对底板局部产生集中荷载，在立柱和底板间设置刚度较大的前横梁，从而使集中荷载转化为对底板的均布荷载，为平衡张拉荷载产生的倾覆力矩，在立柱后下方设置重力墩平衡重，并与立柱形成整体。

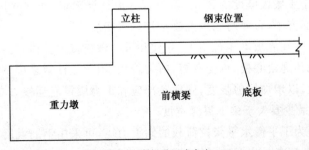

图 6-5 底板承压式台座

为使此类型台座能便于拆卸,可将重力墩部分改为拼装桁架结构,并用砂子埋入地下,利用砂床的自重及砂床的被动土压力来平衡倾覆力矩,如图 6-6 所示。

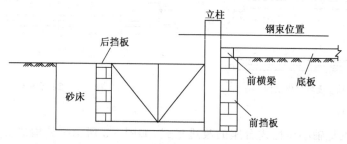

图 6-6 换埋式重力墩

三、先张法台座构造

先张法台座有多种类型,其基本构造均由承力系统、台面系统、放张系统三部分组成。

1. 台座承力系统

台座承力系统主要由主体承力构件和端横梁、锚梁等传力构件组成。

(1)主体承力构件

①压柱及平衡重。在压柱式台座中,压柱是承受全部水平张拉荷载的构件,应有足够的强度和刚度,一般采用对称的矩形或圆形截面,所用材料可采用钢筋混凝土、型钢或钢管混凝土。根据设计要求和现场不同情况,压柱可以整根现浇,也可分节制造后组装连接,对于分节组装的压柱,其接头可以焊接,也可以用法兰盘螺栓连接,但接头接缝必须严密密实,且保持同心。

压柱一般搁置在混凝土支墩或垫梁上,并用铁件与之固定,两根压柱之间,要设置联系杆或联系梁,将两柱联结在一起,以加强压柱的整体性。

对于偏心压柱式台座,端部一节压柱有牛腿,水平张拉荷载作用于牛腿上,将产生倾覆力矩,为平衡此力矩,需要在端部设置平衡重。

②承压底板和前横梁。在底板承压式台座中,底板既承受水平张拉荷载,又承受竖向荷载。承压底板一般采用现浇钢筋混凝土结构,混凝土等级常采用 C30 以上,其宽度根据施工工艺确定,厚度则由抗压强度计算确定。在底板端部,为避免局部失稳,会做一段加厚段,为避免台座底板集中荷载局部承压,在底板端部要设置刚度较大的前横梁,前横梁一般采用钢结构,前横梁宽度应不小于底板厚度的 2/3。高度尺寸由计算确定,和立柱接触的局部设置加劲板,前横梁顶面与台面齐平,且要与底板混凝土接触紧密。

③立柱和重力墩。在底板承压台座中,立柱和重力墩连接为整体,立柱承受钢梁传递的水平张拉荷载并将荷载传递给底板,承受弯矩、剪力较大,因此立柱常采用钢板焊成箱形截面,内填高强度等级混凝土,以增加抗剪强度,立柱底部应和重力墩可靠连接。立柱间距一般为台座宽度的 1/2～3/5,但最少要大于梁下翼缘宽度。

重力墩的作用是为了平衡水平张拉荷载的倾覆力矩,可采用钢筋混凝土结构,也可采用桁架加压重的结构形式,后者受力明确,易于拆卸,可反复应用。

(2)传力构件

传力构件是将预应力钢筋的张拉力传递给台座主体的构件,原来由端横梁和锚梁组成,目前现场常将端横梁和锚梁作成一体。

端横梁安放在台座两端,承受张拉过程锚固时的张拉力,然后传递给压柱或立柱,由于需要承受较大集中荷载,要求端横梁要有足够的刚度及抗弯承载能力。

端横梁一般采用钢结构,可采用大型工字钢或钢板焊接成箱形钢结构。为便于预应力筋穿过,端横梁上需要留有对应的孔洞,也可方便预应力钢筋的临时锚固。端横梁和立柱、牛腿接触区域设置加劲肋板加强。

目前现场应用较多的是张拉端采用双排端横梁、固定端采用单排端横梁,见图 6-7、图 6-8。

图 6-7 单排端横梁(锚固端)

图 6-8 双排端横梁(张拉端)

2. 台座的台面系统

先张法预应力梁台座台面系统主要由底板和支墩组成。

(1)底板

台座底板主要作为浇筑混凝土的平台,对于底板承压式台座,底板还起着传递张拉荷载的作用。以上已介绍底板构造,在此不再重复。

(2)支墩

支墩是用于支撑压柱或底板的墩式结构。在压柱式台座中,压柱支墩设置在压柱接头之下:一方面支撑压柱;另一方面又对压柱起固着作用。因此,压柱支墩既承受压柱自重荷载,又承受因压柱对中误差或偏心受力所产生的水平和垂直附加荷载。压柱支墩一般采用矩形截面,基础可用片石或混凝土,墩身采用混凝土,墩顶预埋螺栓,以固定压柱。

3. 台座的放张装置

台座的放张装置是当梁体混凝土达到放张强度时,为放松预应力而设置的装置。

目前现场主要采用张拉千斤顶作为放张装置,如图 6-8 所示。在张拉完毕后,预应力钢束通过高强精轧螺纹钢筋锚固在端横梁上,拆除千斤顶进行其他台座预应力束的张拉,在需要放张时,将千斤顶安装在原来位置,当施加拉力、端横梁上高强精轧螺纹钢筋螺母可以松开后,千斤顶缓缓回油,可以安全将预应力钢束放张。钢束端部采用精轧螺纹钢筋的目的一是方便锚固、放张;二是可减少端部钢绞线用量。钢绞线和螺纹钢筋通过连接件连接在一起,如图 6-9 所示。

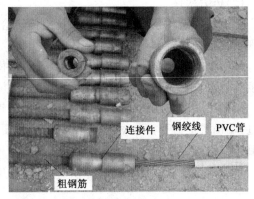

a)钢绞线和粗钢筋连接　　　　　　b)钢绞线和粗钢筋连接件

图 6-9　钢绞线和精轧螺纹钢筋连接

四、先张法台座设计原则及受力计算

1. 先张法台座设计原则

(1)按《公路桥涵施工技术规范》(JTG/T 3650—2020)规定,先张法承力台座应进行专门设计,并应具有足够的强度、刚度和稳定性,其抗倾覆安全系数应不小于1.5,抗滑移系数应不小于1.3。锚固横梁应有足够的刚度,受力后挠度应不大于2mm。

(2)按《铁路桥涵施工规范》(TB 10203—2011)要求,张拉台座应与张拉各阶段的受力状态相适应,构造应满足施工要求。张拉横梁及锚板应能直接承受预应力筋施加的压力,其受力后的最大挠度不得大于2mm。锚板受力中心应与预应力筋合力中心一致。

2. 压柱计算

压柱是轴心受压、偏心受压等压柱式台座的主要承力构件。压柱式台座有多种形式,但就压柱的受力状态而言,只有轴心受压和偏心受压两种。

(1)设计计算要点

①压柱长度确定。对于分节制作的压柱,除偏心压柱式台座的端节压柱长度需单独计算外,中间节长度和轴心压柱的每节长度,可采用4~6m。

②压柱截面选择。对于钢筋混凝土压柱和钢压柱,截面选择可根据荷载大小、工艺要求,按常规进行。对钢管混凝土压柱,要注意以下几点:

钢管壁厚不宜小于3mm,钢管外径与壁厚之比 D/t 可取50左右;钢管混凝土的套箍指标 $\phi = A_s f /(A_c f_c)$ 宜限制在0.3~3之间;长细比 L_0/D 不应大于50,两压柱间应设置系杆(或枕梁)连接,或压柱与压柱支墩锁定,防止压柱失稳;压柱混凝土等级不宜低于C30。

③连接节点。对于分节制作的压柱,其连接节点设计要保证连接牢固,能均匀全断面传递荷载,特别是钢管混凝土压柱,要避免单纯依靠钢管传力,注意将作用力传于核心混凝土或整个压柱。

④计算要素。荷载:主要为预应力钢筋张拉荷载产生的轴向压力和弯矩。对于轴心受压压柱,$N = T/2$,T 为台座设计张拉荷载。对于偏心受压压柱,应考虑实际偏心产生的弯矩

大小。

计算长度 L_0：对于分节制作的压柱，L_0 取压柱各节长度；对于通长制作的压柱，L_0 取压柱间刚性支撑间最大间距。

强度和稳定性计算：按所采用材料，依照相应的现行结构设计规范和规定执行。

(2)算例

算例 1：一轴心压柱式台座，其压柱为钢管混凝土构件。采用 $\phi 460\times 10$ 钢管，管内填充 C40 级混凝土，压柱分节长度 4m，台座设计张拉荷载 12000kN，验算该压柱承载能力是否满足要求。

解：钢管管壁面积：$A_s = \dfrac{\pi}{4}(460^2 - 440^2) = 14137 \text{mm}^2$

钢材的设计强度：$f = 215 \text{MPa}$

核心混凝土面积：$A_c = \dfrac{\pi}{4}\times 440^2 = 152053 \text{mm}^2$

混凝土轴心抗压设计强度：$f_c = 19.5 \text{MPa}$

$$N = \dfrac{T}{2} = \dfrac{12000}{2} = 6000 \text{kN}$$

该长度的长细比 $L_0/D = 4/0.46 = 8.696 > 4$，属长柱。

所以该柱的长细比承载能力折减系数 $\varphi_1 = 1 - 0.115\sqrt{L_0/D - 4} = 0.751$。

又该柱为轴心受压，所以偏心率承载力折减系数：$\varphi_e = 1$。

该柱套箍指标：$\Phi = \dfrac{A_s f}{A_c f_c} = \dfrac{14137\times 215}{152053\times 19.5} = 1.025$。

所以该压柱的极限承载力：

$$\begin{aligned}N_u &= A_c f_c (1 - \sqrt{\Phi} + 1.1\Phi)\varphi_1 \varphi_e \\ &= 152053\times 19.5\times (1 + \sqrt{1.025} + 1.1\times 1.025)\times 0.751\times 1 \\ &= 6992 \text{kN}\end{aligned}$$

该压柱计算承载能力大于设计要求承载能力，满足设计要求。

算例 2：一偏心压柱式台座，设计张拉荷载 6000kN，如图 6-10 所示。压柱由端节压柱和中间压柱组成。端节压柱带牛腿及平衡重，长度为 14.5m，中间压柱截面为 100cm×100cm，长度为 6m。均为钢筋混凝土结构。试计算压柱之荷载。

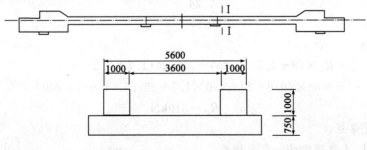

图 6-10 偏心压柱台座(尺寸单位：mm)

解：设计张拉荷载为6000kN，则每根压柱承受的张拉荷载为 $N=6000/2=3000\text{kN}$。

1. 端节压柱计算

(1) 自重荷载

端节压柱的计算简图如图6-11所示。

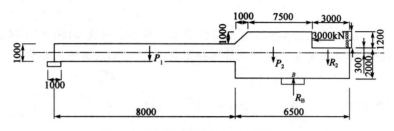

图6-11 端节压柱计算简图(尺寸单位:mm)

钢筋混凝土柱部分：

每米长重量　　　　　$q=1.0\times1.0\times1\times25=25\text{kN/m}$

该部分总重　　　　　$P_1=25\times8=200\text{kN}$

牛腿部分：　　$P_2=\left(3.2\times3.5-\dfrac{1}{2}\times1\times1\right)\times1.0\times25=267.5\text{kN}$

其作用点距牛腿与柱身结合处1.816m。

平衡重部分：　　　　$P_3=3\times2\times1.0\times25=150\text{kN}$

其作用点距牛腿根部1.5m。

(2) 弯矩计算

首先需确定端柱与中间柱连接截面AC处之反力位置，然后计算弯矩。

张拉荷载合力N作用点距压柱轴线距离e为0.9m。

当N向上移至某一位置时，偏心距为e'，使其对C点的力矩等于自重对C点的力矩，此时，$R_B=0$。平衡方程式为：

$$N(e'-0.5)=P_3\times12.75+P_2\times9.566+\dfrac{q\times7.75^2}{2}\quad 3000(e'-0.5)=5222\quad e'=2.24\text{m}$$

而此时压柱反力位置$e_0=0.5\text{m}$。

当张拉荷载处于压柱截面轴线上时，$e'=0$，$e_0=0$。而实际$e_0=0.9\text{m}$。用内插法可求得

$$e_0=\dfrac{0.9\times0.5}{2.24}=0.201\text{m}$$

求反力R_A：

对B点取矩

$$-R_A\times(8+3.5-0.25)-3000\times(1.7+0.201)$$
$$=-3000\times(0.6+2)-150\times1.5+267.5\times1.684+200\times7.5$$

解得　　　　　　　　$R_A=340\text{kN}$

求端柱所受弯矩：

自A端至Ⅰ-Ⅰ截面中任一点弯矩为：

$$M_x=R_A(x-0.25)+3000\times0.201-\dfrac{1}{2}-qx^2$$

令 $\dfrac{\mathrm{d}M_x}{\mathrm{d}x}=0$，得 $x=\dfrac{R_A}{q}=\dfrac{340}{25}=13.6\mathrm{m}$。

显然，此值已不在所求的范围内。因此，可知截面Ⅰ-Ⅰ处弯矩较大，即

$$M_{\text{Ⅰ-Ⅰ}}=340\times(8-0.25)+3000\times0.201-\dfrac{1}{2}\times25\times8^2=2438\mathrm{kN\cdot m}$$

由以上计算可知，端压柱的荷载 $N=3000\mathrm{kN}$，且端压柱与中间压柱连续处反力之偏心距 $e_0=0.201\mathrm{m}$，$M=2438\mathrm{kN\cdot m}$。

2. 中间压柱计算

以与端压柱相连之中间压柱为例，其计算简图如图6-12所示。

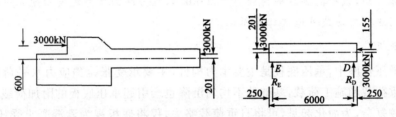

图6-12　中间压柱计算简图(尺寸单位：mm)

(1) 自重荷载

$$q=1.0\times1.0\times1\times25=25\mathrm{kN/m}$$

合重 $P=150\mathrm{kN}$。

(2) 弯矩计算

①求另端反力偏心距 e_0。

由端柱计算，已知与端柱连接端之反力位置偏心距 $e=0.201\mathrm{m}$。则需求另一端之反力位置偏心距 e_0。

当另端之反力上移至某一位置(偏心距为 e')时，使其对 F 点的力矩等于自重对 F 点的力矩，则 $R_E=0$。此时平衡方程式为：

$$N(e'-0.5)=150\times3$$
$$3000(e'-0.5)=450$$
$$e'=0.65\mathrm{m}$$

当 N 作用于柱截面轴线上时，即 $e=0$，$e_0=0$。

而实际 $e=0.201\mathrm{m}$，采用内插法可求得：

$$e_0=\dfrac{0.201\times0.5}{0.65}=0.155\mathrm{m}$$

②求反力 R_D。

对 E 点取矩，可求得：

$$R_D=\dfrac{3000\times(0.201-0.155)+6\times25\times\dfrac{5.5}{2}}{5.5}=100\mathrm{kN}$$

③求中间柱所受弯矩。

中间压柱所受弯矩：

$$M_x = R_D(x - 0.25) + 3000 \times 0.155 - \frac{1}{2}qx^2$$

令 $\dfrac{dM_x}{dx} = 0$，得

$$x = \frac{R_D}{q} = \frac{100}{25} = 4\text{m}$$

即最大弯矩所在截面距 D 端 4m。

$$M = 100 \times (4 - 0.25) + 3000 \times 0.155 - \frac{1}{2} \times 25 \times 4^2 = 640\text{kN} \cdot \text{m}$$

由上计算可知，该中间压柱的荷载 $N = 3000\text{kN}$，且另端的反力之偏心距 $e_0 = 0.155\text{m}$。其他中间压柱之荷载可依次计算而得。

3. 承压底板

在底板承压台座中，承压底板是主要承力构件，主要承受张拉预应力水平荷载，同时还承受预制梁自重荷载和施工荷载，基础的不均匀沉降也会引起承压底板的附加荷载。因此，承压底板受力比较复杂，为简化起见，可将自重荷载略去，仅将底板视为素混凝土受压构件来进行计算，且按两端支承在刚性的横向结构上予以考虑。

(1) 设计计算要点

①底板长度。底板长度为两个前横梁之间的距离。

②底板截面选择。对底板承压式台座，底板宽度等于台座设计宽度，一般根据设计荷载确定，可为 3～5m。底板厚度主要根据计算来确定。一般试算时，可取为底板宽度的 1/15～1/10。

③底板伸缩缝间距及设置。按照素混凝土结构设计规范要求，配有构造钢筋的现浇混凝土底板，其伸缩缝最大间距为 30m，因此当底板长度超过 30m 时，需要设置伸缩缝。伸缩缝位置应设置在预制梁之间的空隙。伸缩缝板宜采用防腐处理的钢板，在现浇时埋入，但当底板构造钢筋采用预应力钢筋并施加预应力时，可不设置伸缩缝。

④计算要素。荷载：为预应力钢筋张拉荷载产生的轴向压力，$N = T$。轴向压力的作用点，综合考虑张拉时台座实际状况和安全因素，确定为在截面重心上侧 1/6 板厚处（距板面 1/3 板厚处）。

强度计算：可依照现行《混凝土结构设计规范》(GB 50010—2010)中素混凝土受压构件计算公式进行计算，但考虑到轴向力作用点上偏心的有利因素和底板基层对底板的约束作用，式中的构件稳定系数 φ 可取为 1。

即底板的受压承载力按下式计算：

$$N < f_{cc}b(h - 2e_0)$$

式中：N——轴向力设计值；

f_{cc}——素混凝土的轴向抗压强度设计值，为 $0.95f_c$（混凝土轴心抗压强度设计值）；

b——底板截面宽度；

h——底板厚度；

e_0——受压区混凝土合力点至截面重心的距离，即为轴向力作用点至截面重心的距离，为 $1/6h$。

另外,由于前横梁的作用,底板上压力可视为均匀分布,因此底板局部承压,可不予验算。

(2)算例

算例3:一底板承压式台座,设计张拉荷载$T=12000\text{kN}$,计划采用C30混凝土浇筑,台座设计宽度5m,试计算应采用的底板厚度。

解:
$$N=T=12000\text{kN}$$
$$f_{cc}=0.95\times f_c=0.95\times 15=14.25\text{MPa}$$
$$e_0=1/6h$$
$$N\leqslant f_{cc}b(h-2e_0)$$
$$12000\times 10^3\leqslant 14.25\times 5000\times\left(h-2\times\frac{1}{6}h\right)$$
$$47500h\geqslant 12000\times 10^3$$
$$h\geqslant 253\text{mm}$$

取$h=260\text{mm}$,则采用的底板厚度为260mm。

4. 底板承压台座前横梁

前横梁是底板承压式台座中立柱和承压底板间的传力构件,主要承受立柱传递的水平张拉集中荷载和底板均布反力荷载。为简化计算,可将立柱的计算按一承受均布荷载的外伸梁进行。其计算简图见图6-13。

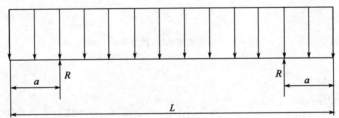

图6-13 前横梁计算简图

(1)设计计算要点

①前横梁长度。前横梁长度等于底板宽度。

②前横梁截面选择。前横梁一般为钢结构,选择截面时应注意:应满足截面宽度大于2/3底板厚度的要求;如选用工字钢型钢,则根据上述要求,选定工字钢型号,验算是否符合要求;如采用箱形截面,则根据上述要求确定梁宽,并应使受压翼缘板在两腹板之间的宽度与其厚度t之比,符合$\frac{b_0}{t}\leqslant 40\sqrt{\frac{235}{f_y}}$的要求(钢结构规范要求)。同时,选择合适的$h$,使$h/b_0\leqslant 6$(钢结构规范要求),然后,通过试算进行调整。

③加劲肋的设置。在前横梁与立柱接触处,应设置加劲肋,加劲肋每处可设3~5对,间距100mm左右,肋板采用钢板,厚度10~20mm,可通过计算确定。

④计算要素。荷载:梁上均布荷载:$q=T/L$,L为前横梁长度。

跨度:梁跨度为两立柱之中心距。

计算内容:按现行钢结构设计规范,进行强度、整体稳定性、局部稳定性和连接计算,均应满足要求。

(2)算例

算例4：一前横梁，梁长4m，为一箱形截面钢结构构件，如图6-14所示。断面尺寸1000mm×300mm，中间设置一通长隔板。台座两立柱中心距3m。前横梁与立柱接触处各设置3对横向加劲肋。梁体及肋板皆用厚度20mm的Q345钢板焊接而成。焊脚尺寸$h_f=10$mm。台座设计张拉荷载$T=12000$kN。试验算该前横梁承载能力是否满足要求。

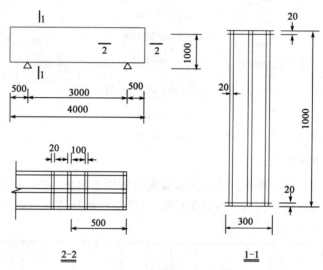

图6-14 前横梁结构图(尺寸单位:mm)

解：

(一)截面几何特性

$$I = \frac{30 \times (100^3 - 96^3)}{12} + 3 \times \frac{2 \times 96^3}{12} = 288160 + 442368 = 730528 \text{cm}^4$$

$$W_x = \frac{730528}{50} = 14611 \text{cm}^3$$

半截面的面积矩：

$$S = 30 \times 2 \times 49 + 3 \times 2 \times 48 \times 24 = 9852 \text{cm}^3$$

(二)内力计算

$$q = \frac{T}{L} = \frac{12000}{4} = 3000 \text{kN/m}$$

支座反力：

$$R = \frac{12000}{2} = 6000 \text{kN}$$

最大弯矩在跨中截面，其值为：

$$M = 6000 \times 1.5 - (1.5 + 0.5) \times 3000 \times \frac{(1.5+0.5)}{2} = 3000 \text{kN} \cdot \text{m}$$

最大剪力在支座，其值为：

$$V = 6000 - 30 \times 50 = 4500 \text{kN}$$

(三)截面验算

钢材型号为Q235，钢板厚度为20mm。所以采用的强度设计值为：

钢材的抗拉、抗弯和抗压强度设计值 $f=205\text{MPa}$；

钢材的抗剪强度设计值 $f_v=120\text{MPa}$；

钢材角焊缝的抗拉、抗压和抗剪强度设计值 $f_f^w=160\text{MPa}$。

1. 强度验算

（1）抗弯强度验算

根据《钢结构设计规范》(GB 50017—2017)第 4.1.1 条,该梁为箱形截面,故取截面塑性发展系数 $r=1.05$。

$$\sigma=\frac{M}{\gamma_x W_{nx}}=\frac{3000\times 10^6}{1.05\times 14611\times 10^3}=196\text{MPa}<205\text{MPa}$$

（2）抗剪强度验算

根据《钢结构设计规范》(GB 50017—2017)第 4.1.2 条：

$$\tau=\frac{VS}{It_w}=\frac{4500\times 10^8\times 9852\times 10^3}{730528\times 10^4\times 60}=101\text{MPa}<120\text{MPa}$$

2. 整体稳定验算

因有台面混凝土与梁的受压翼缘密贴,该梁的整体稳定性不需计算。

3. 翼缘与腹板的焊缝验算

翼缘与腹板的焊缝采用双面角焊缝。焊脚尺寸 $h_f=10\text{mm}$。

焊缝有效厚度 $h_e=0.7\times 10=7\text{mm}$。

翼缘对梁中和轴的面积矩：

$$S_t=30\times 2\times 49=2940\text{cm}^3,I=730528\text{cm}^4$$

根据《钢结构设计规范》(GB 50017—2017)第 7.3.1 条规定：

$$\frac{1}{2h_e}\cdot\sqrt{\left(\frac{VS_t}{I}\right)^2}=\frac{1}{2\times 7}\times\frac{4500\times 10^3\times 2940\times 10^3}{730528\times 10^4}=129\text{MPa}<160\text{MPa}$$

4. 支撑加劲肋验算

支撑加劲肋采用 $\delta=20\text{mm}$ 钢板焊接。焊脚尺寸 $h_f=10\text{mm}$。

（1）稳定性验算

按承受支座反力的轴心受压构件计算其在腹板平面外的稳定性。该轴心受压构件截面如图 6-15 所示,在直接承压部位布置加劲肋。

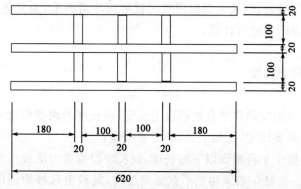

图 6-15 腹板支座部位稳定计算尺寸(尺寸单位:mm)

根据《钢结构设计规范》(GB 50017—2017)第 4.3.8 条,该轴心受压构件,计算长度取 h_0。

($h_0 = 96$cm),构件截面中,腹板每边取长:

$$15t_w \sqrt{235/f_y} = 15 \times 2\sqrt{235/235} = 30\text{cm}$$

$$A = 2 \times 62 \times 3 + 2 \times 10 \times 6 = 492\text{cm}^2$$

$$I = \frac{1}{12} \times 62 \times 26^3 - \frac{1}{12} \times 56 \times 22^3 = 41118\text{cm}^4$$

$$i = \sqrt{\frac{41118}{492}} = 9.14\text{cm}$$

$$\lambda = h_0/i = \frac{96}{9.14} = 10.5$$

根据 λ 值,按 b 类截面查《钢结构设计规范》(GB 50017—2017)附录三附表 3.2,得稳定系数 $\varphi = 0.991$。

$$\frac{N}{\varphi A} = \frac{6000 \times 10^3}{0.991 \times 492 \times 10^3} = 123\text{MPa} < 215\text{MPa}$$

符合要求。

(2)焊缝验算

加劲肋与腹板的焊缝为双面角焊缝,所以焊缝的计算长度。

$$L_w = 12(h_0 - 1) = 12 \times (96 - 1) = 1140\text{cm}$$

焊缝有效厚度:

$$h_e = 0.7h_1 = 0.7 \times 10 = 7\text{mm}$$

根据《钢结构设计规范》(GB 50017—2017)第 7.1.2 条公式(7.1.2-2)得:

$$\tau_f = \frac{N}{h_e L_w} = \frac{6000 \times 10^3}{7 \times 11400} = 75\text{MPa} < 160\text{MPa}$$

符合规范要求。

5.立柱设计及计算

立柱是底板承压式台座的主体承力构件之一。其上部承受由端横梁传来的预应力水平张拉荷载,下部则与重力墩连成整体,承受重力墩自重产生的弯矩或压重桁架杆产生的拉力。与前横梁接触部位,还承受前横梁支座反力。因此,其受力情况是比较复杂的。但综合考虑最大受力部位在与前横梁接触处,以及下部嵌固情况较牢固等诸因素,为简化起见,可将前柱视为一承受集中荷载的悬臂梁来进行计算。

(1)设计计算要点

①立柱长度。立柱总长度:

$$l = l_1 + l_2$$

式中:l_1——立柱外露出张拉操作平台地面以上长度,该长度为两端横梁外皮之间距尺寸加端横梁滑道高度尺寸,另加上 200mm 富余量;

l_2——立柱埋入操作平台地面以下的长度,该长度根据重力墩或压重的设计尺寸而定。

②立柱截面选择。立柱一般采用箱形截面钢结构,其截面选择原则可参见前横梁截面选择,然后通过试算调整,如仅抗剪不能满足要求时,箱内可填灌混凝土。

③加劲肋的设置。立柱与前横梁、端横梁的接触处,均应设置加劲肋,每处可设 3~5 对,

间距 100mm 左右,肋板采用钢板,厚度 10～20mm,可通过计算确定。

④计算要素。荷载:每根立柱承受的水平集中荷载 $F=T/2$,其作用点高度为合力重心高度。悬臂梁计算长度 $l_0=l_1+h/3$,l_1 为立柱外露出底板面长度,h 为底板厚度。

计算内容:按现行钢结构设计规范和混凝土设计规范,进行强度、整体稳定性、局部稳定、连接和刚度计算,均应满足要求。

(2)算例

算例5:一底板承压式台座,设计张拉荷载 $T=6000$kN。其立柱为一箱形截面钢结构。构造和安装位置情况见图6-16。梁体及加劲肋板皆用 $\delta=20$mmQ235 钢钢板焊接而成(翼缘板用二层 $\delta=20$mm 叠焊,且用铆钉焊加强)。角焊缝焊角尺寸 15mm。试验算该立柱承载能力是否足够。

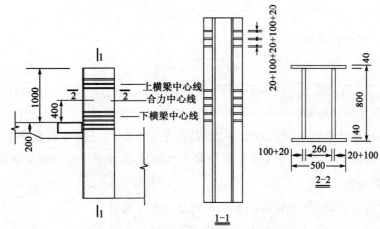

图 6-16 钢立柱结构图(尺寸单位:mm)

解:根据前述的计算原则,该立柱可简化为悬臂梁进行计算。

(一)内力计算

$$F=\frac{T}{2}=\frac{6000}{2}=3000\text{kN}$$

最大弯矩: $M=3000\times 0.5=1500$kN·m

剪力: $V=3000$kN

(二)截面几何特性

$$I=\frac{50\times(80^3-72^3)}{12}+2\times\frac{2\times 72^3}{12}=578133+124416=702549\text{cm}^4$$

$$W=\frac{702549}{40}=17563\text{cm}^3$$

$$S=50\times 4\times 38+2\times 2\times 36\times 18=7600+2592=10192\text{cm}^3$$

(三)截面验算

1.强度验算

(1)抗弯强度验算:

$$\frac{M_x}{Y_x W_{nx}}=\frac{1500\times 10^6}{1.05\times 17593\times 10^3}=81\text{MPa}<205\text{MPa}$$

(2) 抗剪强度验算：

$$\tau = \frac{VS}{It_w} = \frac{3000 \times 10^3 \times 10192 \times 10^3}{702549 \times 10^4 \times 40} = 109 \text{MPa} < 120 \text{MPa}$$

(3) 折算应力验算：

支座处腹板计算高度边缘处，同时受较大的正应力和剪应力。所以，需要进行折算应力验算。根据《钢结构设计规范》(GB 50017—2017)第 4.1.4 条。

$$\sigma = \frac{M}{I_n}y_1 = \frac{1500 \times 10^6}{702549 \times 10^4} \times 360 = 77 \text{MPa}$$

翼缘截面积对中性轴的面积矩：

$$S_1 = 50 \times 4 \times 38 = 7600 \text{cm}^3$$

$$\tau = \frac{VS_1}{ft_w} = \frac{3000 \times 10^3 \times 7600 \times 10^3}{702549 \times 10^4 \times 40} = 81 \text{MPa}$$

取强度设计值增大系数 $\beta_1 = 1.1$，得：

$$\sqrt{\sigma^2 + 3\tau^2} \leqslant \beta_1 f$$

$$\sqrt{\sigma^2 + 3\tau^2} = \sqrt{77^2 + 3 \times 81^2} = 160 \text{MPa} < 1.1 \times 215 = 237 \text{MPa}$$

腹板局部承压强度验算：

根据《钢结构设计规范》(GB 50017—2017)第 4.1.3 条，梁上虽有沿腹板平面作用的集中荷载，但荷载处设置了加劲肋，且支座处也设置了加劲肋，故无须进行腹板局部承压强度验算。

2. 整体稳定验算

根据《钢结构设计规范》(GB 50017—2017)第 4.2.4 条得：

$$\frac{h}{b_0} = \frac{800}{300} = 2.67 < 6$$

$$\frac{L_1}{b_0} = \frac{1100}{300} = 3.67 < 95$$

所以，无须进行整体稳定性计算。

3. 翼缘焊缝验算

翼缘为二层 $\delta = 20 \text{mm}$ 钢板焊接而成。翼缘层间焊缝和翼缘与腹板之间的焊缝均为直角角焊缝，焊脚尺寸 $h_f = 10 \text{mm}$。

$$h_e = 0.7 \times 15 = 10.5 \text{mm}$$

(1) 翼缘板之间焊缝验算。

外层翼缘板对中和轴的面积矩：

$$S_1 = 50 \times 2 \times 39 = 3900 \text{cm}^2$$

根据规范要求，得：

$$\frac{1}{2h_e} \cdot \frac{VS_t}{I} = \frac{1}{2 \times 10.5} \cdot \frac{3000 \times 3900 \times 10^6}{702549 \times 10^4} = 79 \text{MPa} < 160 \text{MPa}$$

(2) 翼缘与腹板之间焊缝验算。

$$S_1 = 50 \times 4 \times 38 = 7600 \text{cm}^3$$

$$\frac{1}{2h_e} \cdot \frac{VS_1}{I} = \frac{1}{2 \times 10.5} \cdot \frac{3000 \times 7600 \times 10^6}{702549 \times 10^4} = 155\text{MPa} < 160\text{MPa}$$

4. 加劲肋验算

计算过程同前横梁加劲肋，故略去。

5. 刚度验算

$$f = \frac{Pa^2}{6EI}(3L-a) = \frac{3000 \times 10^3 \times 500^2}{6 \times 206 \times 10^3 \times 702549 \times 10^4} \times (3 \times 1100 - 500) = 0.24\text{cm}$$

所以该立柱承载能力满足要求。

6. 端横梁设计及计算

端横梁位于压柱两端，直接承受张拉时产生的荷载，并将张拉荷载传递给压柱，计算时可将端横梁视为跨中部位承受一段均布荷载的简支梁。

设计计算要点：

(1)端横梁长度。压柱式台座，端横梁长度可按两压柱外侧之间距离；底板承压式台座端横梁计算长度可取两立柱间距。

(2)端横梁截面。端横梁一般采用钢结构，可采用工字形或箱形截面，截面宽度可采用300~500mm，截面高度则通过试算确定。对箱形截面梁要满足 $h/b_0 \leqslant 6$。对于张拉设计荷载较大的台座端横梁，可采用加大跨中梁高的变截面梁。

(3)加劲肋的设置。端横梁端部支座处，要设置加劲肋，布置可参见前横梁。

(4)两横梁间距。对于设置两个横梁的结构，横梁间距离应满足该台座所生产型号的先张梁梁体布筋尺寸的需要，且要留有200mm的余地。

(5)计算要素。荷载：对于设置一个横梁的端横梁结构，局部均匀荷载 $q=T/C$；对于设置两个端横梁的结构，$q=T/(2C)$，C 为锚梁宽度。

计算跨度：端横梁计算跨度为台座两压柱或两立柱之中心距。

计算内容：按现行规范进行强度、整体稳定性、局部稳定性、连接和刚度的计算，都应满足要求。

五、台座整体稳定计算

施工过程中先张法台座承受荷载较大，除可能造成台座损坏外，还存在台座整体失稳，如侧移、倾覆等，必须进行台座的整体稳定分析和计算。

不同台座的整体稳定计算有不同的内容，下面就压柱式和底板承压式两种常见的台座整体稳定计算加以说明。

1. 轴心压柱式台座的整体稳定

轴心压柱式台座的两根压柱承受很大压力的压杆，承压后会产生竖直方向或水平方向的侧向弯曲，可能导致压杆失稳。在竖直方向，由于压柱自重及压柱下支墩的影响，一般不易发生，在水平方向，情况要复杂一些，既可能出现两压柱的相对侧向弯曲（同时向内弯曲或同时向外弯曲），也可能出现两压柱的同向侧向弯曲。

对于两压柱相对侧曲的情况，为避免失稳，可采用在两压柱间设置一定数量的刚性横联杆,以减少压柱的自由长度。此时,该横联杆将承受一定的拉荷载或压荷载,只要横联杆的承载能力和稳定能满足要求,不致失稳,压柱的自由长度就不会加大,也就不致因侧向弯曲加大而失稳。因此,为保证台座的整体稳定,就必须对横联杆进行验算,且在计算时,应按横联杆为压杆考虑。

对于两压柱同向侧曲的情况,必须设置横联杆;当设置横联杆不能完全避免台座的此类失稳时,必须采取其他措施,如在两横联杆间增加斜杆,形成桁架,或加固支墩,提高支墩的抗滑移能力等,来保证台座的稳定。因此,在设计计算中,要对桁架杆件的强度或支墩的抗滑移能力进行验算,使之满足要求。

(1)设计计算要点

①横联杆的设置。横联杆的设置间距(压柱分段计算长度 L_0),可采用限定一定长细比来控制,对于钢筋混凝土结构:

$$\frac{L_0}{b} \leqslant 8 \qquad (6-1)$$

$$\frac{L_0}{d} \leqslant 7 \qquad (6-2)$$

$$\frac{L_0}{i} \leqslant 28 \qquad (6-3)$$

式中:b——矩形截面的短边尺寸;
d——圆形截面的直径;
i——截面最小回转半径。

对于钢管混凝土结构:

$$\frac{L_0}{D} \leqslant 4 \qquad (6-4)$$

式中:D——钢管外直径。

对于钢结构:$L_0/i \leqslant 10$,i 为截面最小回转半径。

②横联杆选择。横联杆一般采用型钢,常用的截面为双角钢或双槽钢截面,具体型号可通过试算来选择,也可用钢筋混凝土横梁。

③计算要素。计算长度 L_0:取 $L_0=0.8L$,L 为横联杆的几何长度(节点中心间距离)。

荷载 N:横联杆承受的荷载可按 $N=0.015T$ 取值(按压柱内力的 3% 取值),T 为台座张拉设计荷载。

④支墩抗滑移验算。支墩基础滑移稳定系数 K_c 应满足下列公式要求:

$$K_c = \frac{f \cdot \sum P_i}{T_i} \geqslant 1.3 \qquad (6-5)$$

式中:P_i——各竖直力;
T_i——水平力($T_i=N=0.015T$);
f——基底摩擦系数,可按相关规范取值。

(2)算例

算例 6:一轴心压柱式台座,设计张拉荷载 $T=12000\text{kN}$,两压柱间横连杆采用双 16 号槽钢,杆件长度 $L=3.6\text{m}$,见图 6-17。横联杆与压柱上的节点板采用焊接连接,两面侧焊,焊缝长度 8cm,焊脚尺寸 10mm,试验算该横联杆承载能力是否足够。

解：

(一)截面几何特性

$$A = 25.15 \times 2 = 50.3 \text{cm}^2$$

$$I_y = 2 \times [83.4 + (1+1.75)^2 \times 25.15] = 547 \text{cm}^4$$

$$i_y = \sqrt{\frac{I_y}{F}} = \sqrt{\frac{547}{50.3}} = 3.3 \text{cm}$$

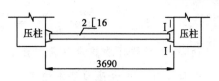
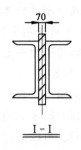

图 6-17 横联杆图(尺寸单位:mm)

(二)荷载

$$N = 0.015T = 0.015 \times 12000 = 180 \text{kN}$$

(三)截面验算

根据槽钢的厚度≤15mm,采用以下的强度设计值：

$$f = 215 \text{MPa}$$
$$f_v = 125 \text{MPa}$$
$$f_c^w = 160 \text{MPa}$$

(1)稳定性验算

$$L_0 = 0.8L = 0.8 \times 360 = 288 \text{cm}$$

$$\lambda = \frac{L_0}{i_y} = \frac{288}{3.3} = 87$$

按 b 类截面查《钢结构设计规范》(GB 50017—2017)得 $\varphi = 0.641$。

$$\frac{N}{\varphi A} = \frac{180 \times 10^3}{0.641 \times 50.3 \times 10^2} = 56 \text{MPa} < 215 \text{MPa}$$

(2)局部稳定验算

根据钢结构设计规范,轴心受压构件,翼缘板自由外伸宽度 b 与其厚度 t 之比应符合下列要求：

$$\frac{b}{t} \leqslant (10 + 0.1\lambda)\sqrt{\frac{235}{f_y}}$$

而该横联杆

$$\frac{b}{t} = \frac{65-10}{10} = 5.5$$

$$(10 + 0.1\lambda)\sqrt{\frac{235}{f_y}} = (10 + 0.1 \times 87)\sqrt{\frac{235}{235}} = 18.7$$

由于 5.5<18.7,符合要求。

(3)连接焊缝验算

$$h_f = 10 \text{mm}$$

$$h_e = 0.7 h_f = 0.7 \times 10 = 7 \text{mm}$$

焊缝计算长度 $L_w = 4 \times (80-10) = 280 \text{mm}$

根据《钢结构设计规范》(GB 50017—2017)得：

$$\tau_f = \frac{N}{h_e L_w} = \frac{180 \times 10^3}{7 \times 280} = 92\mathrm{MPa} < 160\mathrm{MPa}$$

所以,该横联杆承载能力满足要求。

2. 偏心压柱式台座的整体稳定

偏心压柱式台座的整体稳定问题,较轴心压柱式台座又复杂一些,除要满足压柱侧向整体稳定之外,还必须对作用于端节压柱上的偏心张拉荷载所引起的压柱倾覆问题进行验算。只有端节压柱抗倾覆能力满足要求,才能保证台座整体稳定。

(1) 设计计算要点

①倾覆点的确定。台座端节压柱在偏心张拉荷载作用下发生倾覆时,必将以端节压柱与中间压柱接触面上的某点为轴旋转,该点即为倾覆点。该点的位置应为端柱与中间压柱接触面上反力的位置。可以通过计算来确定。

②倾覆力矩 M_c:

$$M_c = \frac{1}{2}TH \tag{6-6}$$

式中:T——张拉设计荷载;

H——张拉合力中心至倾覆点距离。

③抗倾覆力矩 M_k:

$$M_k = M_1 + M_2 \tag{6-7}$$

式中:M_1——端节压柱及牛腿自重对倾覆点之力矩;

M_2——台座端部平衡重对倾覆点之力矩。

④抗倾覆安全系数 K:

$$K = \frac{M_k}{M_c} \geqslant 1.5 \tag{6-8}$$

(2) 算例

算例7:一偏心压柱式台座,同算例2,试验算其端节压柱的抗倾覆性能是否满足要求(图6-10)。

解:由算例2的计算,可得倾覆点 o 的位置,其偏心值 $e_0 = 0.201$m。

压柱部分自重 $P_1 = 200$kN,距倾覆点 o 点 4.0m。

牛腿自重 $P_2 = 267.5$kN,距倾覆点 o 点 9.816m。

平衡重 $P_3 = 150$kN,距倾覆点 o 点 13m。

$$M_c = \frac{1}{2}TH = \frac{1}{2} \times 6000 \times (0.4 + 0.201) = 1803 \mathrm{kN \cdot m}$$

$$M_k = M_1 + M_2 = (200 \times 4 + 267.5 \times 9.816) + 150 \times 13 = 5376 \mathrm{kN \cdot m}$$

$$K = \frac{M_k}{M_c} = \frac{5376}{1803} = 2.98 > 1.5$$

所以,该端节压柱能满足抗倾覆要求,不致失稳。

3. 底板承压式台座的整体稳定性

底板承压式台座的整体稳定问题,主要是台座是否会发生倾覆问题。因为在承压底板强度符合要求的情况下,由于作用在立柱上的预应力张拉荷载,合力作用点高于底板面,必将使立柱及其相连的平衡重,发生以立柱与前横梁接触面上的某点为轴的旋转,可能导致倾覆,因此必须对立柱及平衡重进行倾覆验算,才能保证台座的整体稳定。

计算要点如下:

(1) 倾覆点的确定。台座立柱倾覆时,倾覆点位置应为立柱和前横梁接触面上反力作用点的位置,此位置为距离板面 1/3 板厚处。

(2) 倾覆力矩 M_c:

$$M_c = TH \tag{6-9}$$

式中:H——张拉合力中心至倾覆点距离。

(3) 抗倾覆力矩 M_k:

$$M_k = M_1 + M_2 \tag{6-10}$$

式中:M_1——立柱自重对倾覆点之力矩;

M_2——平衡重对倾覆点之力矩。

(4) 抗倾覆安全系数 K:

$$K = \frac{M_k}{M_c} \geq 1.5 \tag{6-11}$$

六、先张法施工

1. 绝缘的概念、处理原因及方法

在先张法中,常常在部分预应力钢束端部套上 PVC 管,将部分钢束端部和混凝土隔开,消除此部分钢束和混凝土之间的黏结力,称为绝缘,见图 6-18。

图 6-18 先张法钢束绝缘

先张法绝缘的目的是为消除绝缘部分的预应力,避免在放张后预应力、自重作用下梁端部顶端出现垂直梁轴的裂缝。图 6-19 分别给出了未绝缘和绝缘后梁体在自重、预应力作用下弯矩图。

图 6-19 中正弯矩为梁体自重产生的弯矩,负弯矩为放张预应力钢束产生的弯矩,放张时梁体承受荷载只有自重和预应力。如果端部钢束不进行绝缘处理[图 6-19a)],在预应力作用下梁端上部将承受较大的负弯矩,有可能造成梁体端部上侧出现垂直梁轴的裂缝,将梁体端部

预应力钢束绝缘后,将使绝缘部分钢束和梁体混凝土隔开,不再传递预应力,可减小端部钢束产生的负弯矩,避免梁体端部上侧的开裂,见图6-19b)。

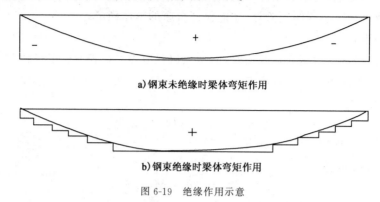

图6-19 绝缘作用示意

2.两条台座共用压柱时相互影响问题

如果两个台座共用一个压柱,在施工过程中,两个台座张拉施工必须同步。如果两者张拉不同步,将会造成先浇梁体混凝土的开裂。在某工地中两个台座共用一个压柱,一个台座先张拉预应力钢束、浇筑混凝土,在该台座上梁体混凝土终凝后,张拉另外一个相临台座的预应力束。在张拉该台座上预应力束时,由于共用牛腿、压柱,压柱在张拉后面预应力束时会发生压缩变形,对先期张拉的台座相当于部分放张,当混凝土强度不足时,造成先期施工梁体顶部出现垂直梁轴线的裂缝。为避免此现象的发生,在实际工程中尽量避免两个台座共用一个牛腿(压柱),如果由于场地等条件限制必须采用时,应考虑其张拉相互影响,合理安排施工。

见图6-20,A、B两区共用一个压柱,B区张拉完成浇筑混凝土后,如果B区混凝土终凝后强度不高的情况下张拉A区预应力钢束,共用压柱将发生弹性变形,将引起B区钢束的缩短,相当于对B区混凝土施加部分的预应力。在B区混凝土强度不高的情况下,有可能造成B区已浇筑梁体上部出现垂直梁轴的裂缝。

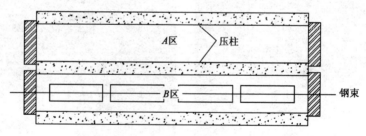

图6-20 共用压柱时影响示意

3.施工注意事项

(1)钢束尽量整体张拉,以控制各根钢束间张拉力的差别。

(2)若分批张拉应考虑后张拉对先张拉钢束弹性压缩影响。

(3)按设计要求进行绝缘处理。

(4)对一组台座设置多排梁的情况,应注意后张拉钢束时间。

(5)绑扎钢筋时应特别注意电焊、焊渣不能接触钢束。

(6)张拉完后尽快浇筑混凝土。

(7)张拉过程中要规范操作。

(8)放张应均匀、对称、缓慢进行。

(9)在台座设计时,除计算构件受力性能外,还应计算台座的倾覆稳定性及滑移稳定性,倾覆稳定性系数 $K_1 = M_1/M_2 \geqslant 1.5, K_2 = T_1/T_2 \geqslant 1.3$,其中 M_1 为抗倾覆力矩,由台座自重及土压力产生;M_2 为倾覆力矩,由张拉力产生;T_1 为抵抗滑动力,由台座与土壤之间的摩擦力产生;T_2 为滑动力,即总张拉力。

第二节 后张法预制简支梁施工

一、后张法台座

后张法也需要设置台座,台座常设计为台阶形,底部部分顶面和地面齐平,顶部两边倒角处可用角钢作边,防止施工时损坏台座,确保模板和台座密贴。顶部沿纵向设置拉杆孔,便于外侧模的固定,台座顶面也可铺设一层钢板,作为台座顶面。台座横截面见图6-21。

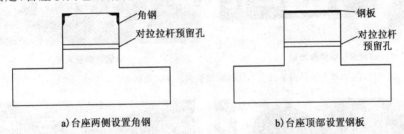

图 6-21 后张法预制简支梁台座横截面

在张拉完预应力钢束后,梁体会起拱,此时梁体支撑相当于简支梁,梁端部分台座将承受比较大的压力,因此在台座设计时,此部分尺寸应加大。

在后张法台座中,为避免梁体徐变引起跨中上挠对梁体影响,在台座中应设置反拱,即在台座上设置向下的预拱度。设置预拱度的大小设计图中一般会有说明,在实际工程中,台座上设置向下反拱可使梁底有向下预拱度。为使梁体底部、顶部均设置有向下反拱,在设计外侧模时,应考虑此影响,否则可能会造成梁体底部设置反拱、顶部水平的现象。

梁体过大上拱对公路桥梁影响更大,如梁体反拱控制不好,若只保证桥面设计高程,将使跨中桥面铺装厚度不足;若保证跨中部分桥面铺装厚度达到设计要求,梁端部分铺装层厚度将超限,增大桥梁结构自重。

控制预应力梁反拱的措施有两个方面:一是控制张拉时梁体的龄期、强度、弹性模量;二是从材料方面控制,如控制粗骨料的弹性模量及水灰比等。

二、后张法预制简支梁预应力施工

后张法预应力施工包括波纹管定位、预应力穿束、螺旋钢筋定位、防崩钢筋设置、张拉、压浆等。预应力穿束、张拉、压浆等已在第五章中介绍过,在此不再介绍。

波纹管定位可采用"井"字形网片或半圆形钢筋和钢筋骨架焊接,对钢管孔道在直线段宜不大于1m左右设置一道,对波纹管宜不大于0.8m设置一道,在曲线段应加密设置;波纹管的接长一般采用大一号、长度为200mm左右的波纹管。

由于后张法多采用集中布束,锚下局部压应力较大,一般应设置螺旋钢筋。螺旋钢筋常采用光圆钢筋,每孔中不同数量的钢束采用螺旋钢筋也不相同,具体规格可查阅第五章内容。螺旋钢筋在安放时应和锚垫板贴紧,其中心应和波纹管中心重合,并应将螺旋钢筋固定在钢筋骨架上。实际工程中发现有施工单位自己采用螺纹钢筋加工螺旋钢筋,螺旋钢筋安放也很不标准,见图6-22。锚下螺旋钢筋安装不正确或混凝土振捣不密实,在张拉时有可能造成锚下混凝土的破碎,见图6-23。

a) 没有和锚垫板密贴

b) 螺旋钢筋太密

图6-22 不规范的螺旋钢筋安装及加工

a) 锚垫板被压进混凝土

b) 锚垫板被压碎

c) 锚下混凝土被压碎

图6-23 锚下混凝土事故

在后张法中,波纹管深入锚垫板喇叭口内50mm左右即可,深入过长在张拉时会影响钢束在喇叭口内自由扩散,一会增加摩擦力;二可能会造成钢束滑丝。在穿束前,应检查喇叭口内波纹管长度,如过长应清除。波纹管和锚垫板间应用胶带缠牢,如果处理不当,将造成锚垫板喇叭口内漏浆,如有漏浆,处理比较困难,见图6-24。

a) b)

图6-24 喇叭口内漏浆情况示意

三、后张法预制简支梁混凝土浇筑

后张法预制简支梁外模一般采用钢模板,以便多次倒用。在侧模上一般会安放附着式振捣器,混凝土振捣采用插入式振捣棒和附着式振捣器联合振捣。后张法预制简支梁预应力钢束在简支梁端部会弯起,此部分常会出现麻面、蜂窝或气泡,应特别注意此处的振捣。

混凝土下料可采用水平分层或斜向水平分层方式,分层厚度应控制在300mm以内,在振捣时应将振捣棒插入下层混凝土,混凝土振捣合格的标准为混凝土不再下沉、表面翻浆或无气泡出现。

锚下钢筋较密,有承受较大的局部应力,此部分混凝土应有专人负责振捣,一般采用$\phi 30$振捣棒加强振捣。

如果预应力钢束采用浇筑混凝土前穿束,在浇筑混凝土过程中,应安排专人来回抽动钢束,以防止波纹管漏浆后影响后期张拉、压浆。现场出现过由于波纹管内漏浆造成孔道内钢束不能被拉动、影响孔道内预应力分布,不得不将梁废除的事故。

第三节 造桥机制造简支梁方法

造桥机是国内最近几年发展起来的新桥梁制造、架设技术。按施工方法分为原位浇筑和原位节段拼装,分别对应移动模架和移动支架。其中移动模架(原位浇筑)带有模板,是对混凝土梁进行逐孔现场浇筑,简称为MSS;而移动支架(原位节段拼装)不带模板,是将在预制厂预制的节段在该机上进行拼装,通过干接缝(湿接缝)将各节段纵(横)向连接在一起,移动支架法也可归纳到架桥机范畴。造桥机在我国公路、铁路桥梁中都有应用,造桥机分类见图6-25。

1966年法国建造连接Oleron岛的跨海大桥时首次采用了上行式移动拼装支架进行节段悬臂拼装施工。我国在1992年由原铁道建筑研究设计院主持研制成功了ZQJ32/56型移动支架造桥机。采用造桥机架梁系墩顶原位造梁,跨度、墩高适用范围广,不影响桥下交通,梁施工时的状态与运营工况一致,且省工省料,建造速度快,梁既可工厂化分节预制,也可在模架上整孔现浇。施工中梁的几何变形易于调整,梁体质量好且作业安全,因而在铁路和公路桥梁的施工中得到迅速发展和广泛应用。

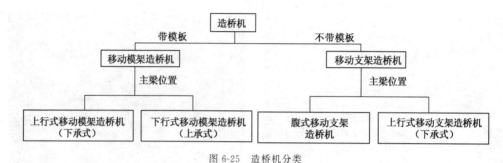

图 6-25 造桥机分类

一、上行式移动模架造桥机

1. 上行式移动模架造桥机结构及工作原理

上行式移动模架造桥机的主承重梁支承于桥墩墩顶及已成梁的梁面上,利用安装在主承重梁上的吊杆、吊臂等吊挂系统进行桥梁的施工。国内 MZ900S、DSZ32/900、TY900、MSS1800 型造桥机均属上行式移动模架造桥机,下面以 MSS1800 型移动模架造桥机为例说明其构造及工作原理。

图 6-26 MSS1800 型移动模架造桥机整体结构

MSS1800 型移动模架在结构上可以分为承重主梁及其导梁、支承机构(前、中支腿)、后支腿(含纵移机构)、挑梁及吊臂、模架及模板、液压和电气系统及安全走道等几部分,构成一个完整的承载结构体系,见图 6-26。

(1)主梁及导梁

承重主梁总长 73.5m,由 6 节钢箱梁、5 组(二种)接头构成。钢箱梁构成为 12.1m+3×12.6m+12.1m+11.5m,各节间以精制螺栓连接。为满足主梁强度及刚度设计要求及运输要求,后 5 节承重钢箱梁均分为上下两层制造,在组装时以精制螺栓将上下两层结合连接,单层单节最大重量约 22t。箱梁全宽 2400mm,全高 5580mm,其中上层梁高 2530mm,下层梁高 3050mm,下翼缘设 2 根 50mm 高轨道方钢,供整机纵移使用;腹板根部设有吊挂角钢及加劲,作为支腿吊挂的轨道,同时保证腹板根部在轮压作用下不发生弯曲变形。

钢箱梁在支腿部位设有支承牛腿。在移动模架工作时,移动模架主梁及其模架、模板、箱梁钢筋及混凝土等荷载均通过牛腿传递至移动模架支腿,并通过支腿传递至墩身或混凝土箱梁顶面。

导梁由两节空腹箱形梁组成,为辅助整机过孔的结构。导梁总长 2×10m=20m,箱梁分段采用变截面过渡,每节之间均以精制螺栓及节点板连接。导梁下弦焊有两根 50mm 高走道方钢,供整机纵移使用。腹板下部两侧与主梁一样焊有吊挂角钢及加劲板,为支腿吊挂转移的轨道,同时保证腹板根部在轮压作用下不发生弯曲变形。

导梁前端设置鼻架,用于安装卷扬机钢丝绳转向及张紧装置。

主梁及导梁构成见图 6-27。

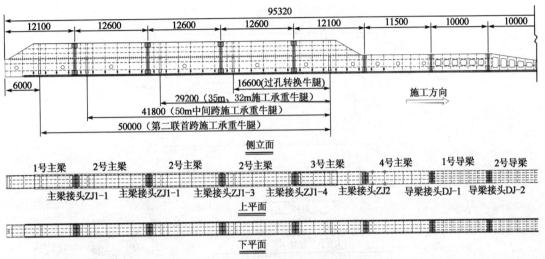

图 6-27　承重主梁及导梁(尺寸单位:mm)

(2)移动模架支承机构

移动模架支承机构是移动模架主梁荷载的直接支承体系,根据移动模架工作状态所处位置不同,分为前支点支承机构和后支点支承机构。

前支点支承机构支承在前方墩顶预埋件顶端,由支腿横梁、托辊轮箱、吊挂轮、销轴、液压系统等构成。移动模架工作时,竖向荷载通过箱梁牛腿依次传递至支承油缸、支腿横梁、墩顶预埋件、墩顶,见图 6-28。

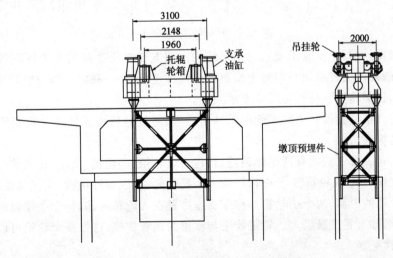

图 6-28　前支腿及墩顶预埋件(尺寸单位:mm)

移动模架的中支腿即是后支点支承机构,其构造与前支点支承机构基本相同。不同的是后支点通过中支腿锁定垫块支承在混凝土箱梁顶面,只有每一联的首跨支承在墩顶预埋件顶面,垫块尺寸能满足箱梁混凝土局部承压要求,见图6-29、图6-30。

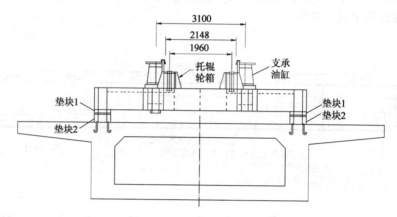

图6-29 后支点结构示意(尺寸单位:mm)

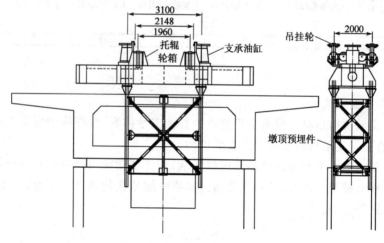

图6-30 中支腿(尺寸单位:mm)

①支腿横梁。前、中支腿横梁均为箱形结构。前支腿横梁底部与墩顶预埋件柱头通过法兰连接,中支腿底部通过垫块与混凝土梁顶部预埋件连接(每一联的首跨与墩顶预埋件柱头通过法兰连接),顶部均安装托辊轮箱及支承油缸。

②吊挂轮。吊挂轮挂在主梁两侧的吊挂走道上,通过卷扬机无极绳分别锁定牵引支腿横梁以实现支腿纵移。

③托辊轮箱。每支腿共有两组托辊轮箱,包含大轮箱、小轮箱、支座、托辊轮等结构。每组轮箱有1个支座、1个大轮箱、2个小轮箱和4个托辊轮,形成对称结构,使托辊轮均匀受力;支座布置在大轮箱的中部,两个小轮箱对称于支座布置在大轮箱内部,每个小轮箱包含2个托辊轮,两组轮箱对称布置在横梁上。轮箱铰座与横梁为圆管铰接,这样整个轮箱可以水平旋转一定角度,适应性更好。

轮箱是主梁纵移的滚动支撑。主梁走行前,梁体下降,梁底的走道方钢落在轮箱的托辊轮上。

(3)后支腿及纵移机构

MSS1800型上行式移动模架纵移机构包含在后支腿内,它由纵移油缸、移动滑道和定位销轴等组成。纵移油缸一端通过销轴连接在滑道耳座上,另一端通过销轴连接后支腿横梁上。其推移步距为1000mm,推移合力约2×340kN。

后辅助支腿及纵移机构见图6-31。纵移使用的卷扬机采用15kN的卷扬机,根据卷扬机底座的具体尺寸制作卷扬机安装支架,支架螺栓连接于后支腿横梁上。卷扬机的钢丝绳一端与支腿横梁的绳头1、2使用卡环连接,另一端与支腿横梁的绳头3、4使用卡环连接,形成一个闭合的绕绳结构。钢丝绳缠绕时要注意,绳头1、2、3、4的长度要尽量相等(约2.5m),钢丝绳要尽量绷紧,增大钢丝绳与卷扬机滚筒间的摩擦力,这样才能使支腿吊挂前移时不发生较剧烈的摆动。如果钢丝绳没有完全达到张紧状态,可以使用导梁前端的张紧倒链进行收紧,张紧倒链未进行收紧时,转向滑轮中心距离槽钢滑道约1m。

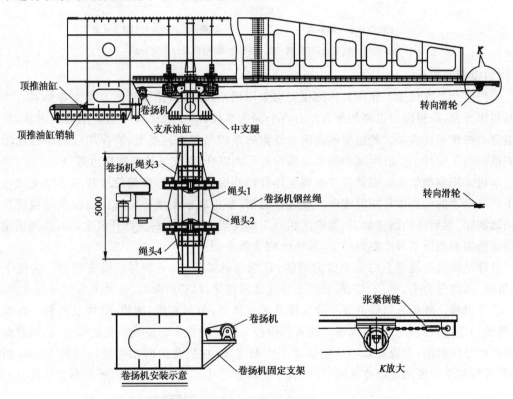

图6-31 后支腿及纵移机构(尺寸单位:mm)

纵移机构工作过程:整机需要过孔移位时,先将纵移收至最小行程,同步顶推1m后,将后支腿支承油缸起顶脱空移动滑道,回收纵移油缸1m,收起后支腿油缸,滑道下落至混凝土梁面,继续纵移油缸顶推1m,实现步进式纵移的原理。顶推时要严格遵守"同步顶推、单边换位"的操作要求,一侧油缸换位时,另一侧滑梁的锁定销轴一定要与混凝土梁顶面预留孔锁定好,防止移动模架下滑。

(4)挑梁及吊臂

挑梁为桁架结构,位于主梁的两侧,负责吊挂模架,将模架的荷载传递给主梁。挑梁每两根为一组,每组中间用联结系连接;整个移动模架含挑梁系统30组。

吊臂是连接将模架及模板等结构吊挂在挑梁上的结构,为两片一组的桁架结构,每片吊臂结构与挑梁及侧模架间均设有调节撑杆,以便整体调节模架及模板线形,见图6-32。整机吊臂桁架共计30组。

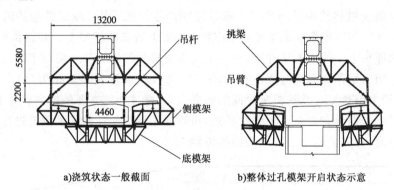

图6-32 挑梁及吊臂、侧模架、底模架及吊杆(尺寸单位:mm)

(5)模架及模板

①侧模架及底模架。底模架和侧模架均采用桁架式结构,是模板的直接支撑体系。为运输及制作方便,横桥向每组模架分为左右两个标准节段,其中底模架中间采用螺栓对接,侧模架端部与侧模螺栓连接。侧模架通过两个外侧的单铰吊挂在挑梁上,底模架通过吊挂轮吊挂在侧模架的下弦杆上。底模架和侧模架均设有可调撑杆,以支承外模的悬出部分。

本机采用侧模架及底模架携带模板整体旋转开启过墩工艺,模架旋转开启通过支撑在挑梁下弦节点上的可调撑杆伸缩实现。旋转开启前,要将底模架横桥向对接螺栓及与侧模架锁定销轴解除,然后使用倒链牵引,底模架相对于侧模架分别向左右横移开启3.3m,再用锁定销轴将底模架和侧模架再次临时锁定,具体结构见图6-32。

吊杆是附属在挑梁上的重要传力结构,顶端与挑梁相连,下端与底模架锚固。为便于安装、拆卸,吊杆分为上、中、下三节,节间通过连接器连接,吊杆拆除时,旋动下方螺母即可。

②外模板。外模是箱梁混凝土的支撑及成形体系,包括底模、侧模、翼模及端模。除端模外,外模均是由钢板和型钢组焊而成的新制模板。为适应施工需要及满足运输要求,纵横向与模架对应分块制造;为脱模及移动模架施工方便考虑,在顺桥向两相邻模板间留30mm的缝隙;模板与模架间使用螺栓连接固定,以利于脱模及过孔。外模板的平面展开布置见图6-33。

造桥机前进方向 →

外侧翼模3	外侧翼模1	外侧翼模1	外侧翼模1	外侧翼模1	外侧翼模1	外侧翼模1	外侧翼模1	外侧翼模1	外侧翼模2	外侧翼模1	外侧翼模1
外侧侧模3	外侧侧模1	外侧侧模1	外侧侧模1	外侧侧模1	外侧侧模1	外侧侧模1	外侧侧模1	外侧侧模1	外侧侧模2	外侧侧模1	外侧侧模1
	底模	底模	底模	底模	底模	底模	底模	底模		底模	底模
	底模	底模	底模	底模	底模	底模	底模	底模		底模	底模
内侧侧模3	内侧侧模1	内侧侧模1	内侧侧模1	内侧侧模1	内侧侧模1	内侧侧模1	内侧侧模1	内侧侧模1	内侧侧模2	内侧侧模1	内侧侧模1
内侧翼模3	内侧翼模1	内侧翼模1	内侧翼模1	内侧翼模1	内侧翼模1	内侧翼模1	内侧翼模1	内侧翼模1	内侧翼模2	内侧翼模1	内侧翼模1

图6-33 外模平面展开布置图

为消除施工挠度对混凝土梁线形的影响,移动模架设置有预拱度。造桥机自身引起的预拱度可通过预压得到,见图6-34。底模和底模架之间通过抄垫不同高度的垫板来实现预拱度,侧模架与侧模的连接处设有长圆孔,二者可以相对滑动实现预拱度,翼模的预拱度通过可调撑杆实现。

(6)预埋件

为满足移动模架工作要求,需在墩顶及已浇筑混凝土桥面设置预埋件和预留孔。根据预埋件安装位置的不同分为墩顶预埋件和桥面(梁顶)预埋件。

图6-34 MSS1800型移动模架造桥机预压加载

①墩顶预埋件。墩顶预埋件应在墩顶混凝土浇筑前安装并可靠固定,防止混凝土浇筑过程中发生变位。墩顶预埋件为栓接桁架结构,其作用是有效传递混凝土施工前后的竖向力及可能产生的水平力。

②梁顶预埋件。梁顶预埋件为锚固中支点支承机构之用,预埋件通过锚栓与中支腿横梁下垫块相连,垫块顶面通过螺栓与中支腿横梁连接。

③梁顶预留孔。梁顶预留孔为锚固后支腿滑梁之用,同时为移动模架的纵移提供反力。预留孔采用钢管制孔,直径约68mm,深度约150mm。

造桥机在浇筑混凝土和过孔时状态见图6-35。

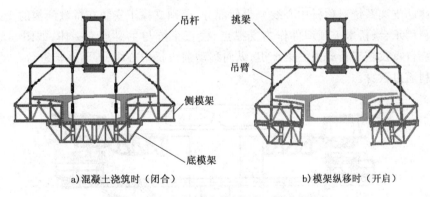

a)混凝土浇筑时(闭合)　　　　　b)模架纵移时(开启)

图6-35 上行式移动模架模板闭合、开启状态示意

2.上行式移动模架造桥机的优缺点

与下行式移动模架造桥机相比,上行式移动模架造桥机的主要优缺点如下所述。

优点:主体结构在桥墩以上,主梁支承在墩顶及已成梁段上,因此不需要占用桥下净空,不需要墩旁托架。特别适用于立交桥、城市高架桥、深谷高桥的施工以及软土地基高架桥的施工,同时便于桥梁首末孔的施工。

缺点:体型庞大,制梁时后支点必须支撑在新制的梁体上,因而需等到新浇梁体能够承受较大的荷载时方可浇筑下一孔,在施工中造成不便;由于底模在打开时,多采用下翻的方式,因此要求桥下净空较大,其使用范围受到限制。

二、下行式移动模架造桥机

1. 下行式移动模架造桥机工作原理

下行式移动模架造桥机的主承重梁支撑于设置在桥墩边的牛腿上,牛腿采取直接支撑与桥墩承台或采取桥墩身预留孔的方式设置,主承重梁上安装支撑模板进行桥梁施工,MZ32/900、DXZ32/900型造桥机均属于下行式移动模架造桥机。

下行式移动模架造桥机桥墩处横截面见图6-36。

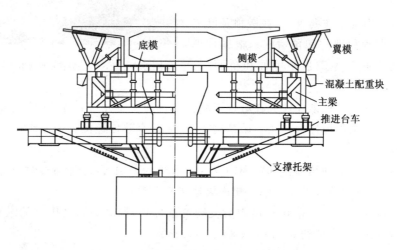

图6-36　利用承台支撑的下行式移动模架横截面

整个移动支架系统对称桥中心线分为两部分,分别支撑于安装在桥墩两侧的支撑托架上。支撑托架利用承台、桥墩上预埋件作为支撑点,模板系统与主梁连为一体,如图6-37、图6-38所示。系统自重及施工荷载由主梁承担,纵向移动前由桥中心线分开,在推进台车动力作用下使系统顺利通过墩身。

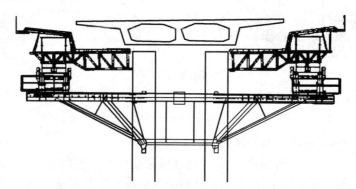

图6-37　利用桥墩预埋件支撑的下行移动模架开模状态

下行式移动模架系统在浇筑混凝土前,应采用堆载等方式对其进行预压,并根据预压结构对其设置竖向预拱度,模板横坡度、预拱度和平曲线均用液压系统调整。

2. 下行式移动模架造桥机的优缺点

与上行式移动模架造桥机相比,其主要优缺点如下所述。

优点:PC梁宽度不受限制,采取了直接支撑的方式,便于对底模线形的调整,由于下行式移动模架横向迎风面积小于上行式移动模架,施工中受到的风荷载较小,在台风季节及风力较大桥位处施工受影响较小。

缺点:需占用桥下净空,需在桥墩上安装大型的托架;模架移动时需要横向打开,为保证横向抗倾覆稳定,需要设配重设施;横向打开时,桥梁两侧占用空间大。由于有前后导梁存在,在施工桥梁首末孔时难度较大。

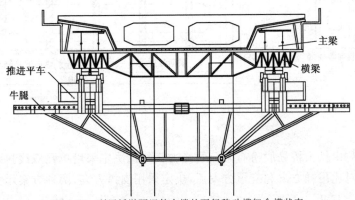

图 6-38　利用桥墩预埋件支撑的下行移动模架合模状态

三、上行式支架造桥机

支架造桥机建造预应力混凝土箱梁是基于先"化整为零"后"集零为整"的思想。其施工作业原理是通过将一孔混凝土梁分成若干个节段(可分成纵向、横向节段),先在预制场预制各节段,然后将各节段安放在支架造桥机上,用接缝现浇(湿接缝)或涂胶(干接缝)将节段连接在一起,在造桥机上原位张拉预应力钢束,将各节段连接为整体。

相对于干接缝,湿接缝预制节段的位置偏差可以通过湿接缝调整,节段预制精度要求要低,相邻节段拼装采用干接缝时,在拼装面涂厚度 2～3mm 的环氧树脂来弥补节段端面出现的微小缺陷和变形,并保证预应力孔道接缝处的密闭,施工难度较湿接缝高的多。不论湿接缝还是干接缝,接缝施工质量将影响梁体耐久性,但这种施工方法可将上部结构预制与下部结构施工同时进行。上部结构预应力加载龄期较长,预制场规模不大,相对移动模架法对其承重梁刚度要求低,故能适应更大跨度桥梁的建造。目前国内采用移动模架施工的最大跨度为 50m,而采用移动支架法施工的最大跨度已达 64m。

下面结合温(州)福(州)铁路客运专线白马河特大桥工程实践介绍上行支架造桥机构造及工作原理。

1. 工程概况

温(州)福(州)铁路客运专线白马河特大桥位于福建省福安市甘塘镇,桥跨布置自温州方向起为 10×32m 简支梁＋(80＋3145＋80)m 连续刚构＋1564m 简支梁＋(48＋80＋48)m 连续梁＋31×32m 简支梁,全桥长 3126.96m。简支梁均为预应力混凝土箱形梁,其中 15～30 号墩共 15 孔为 64m 铁路双线简支箱梁,双箱单室结构,长 66.3m,宽 13m,高 5m;梁体采用分节段预制,造桥机吊装,浇筑混凝土湿接缝并施加预应力成孔。箱梁顺桥向分 13 节,横桥向分 2

块进行预制,两侧翼尖后浇,预制梁节段长度有 5.15m、4.5m、4.4m 三种规格,纵、横向湿接缝均宽 0.6m;整孔梁质量 3167t(未计翼尖),预制节段最大质量 137t。结构分块见图 6-39。

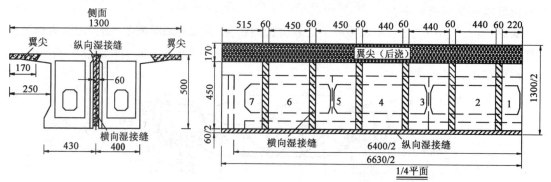

图 6-39　64m 梁结构分块示意(尺寸单位:cm)

2.施工方案

该桥施工单位中铁大桥局股份有限公司经方案比选决定采用单孔双线拼装施工。造桥机节段安装方式经对比吊挂方案和支撑方案后,决定采用支撑方案,两种方案示意见图 6-40。

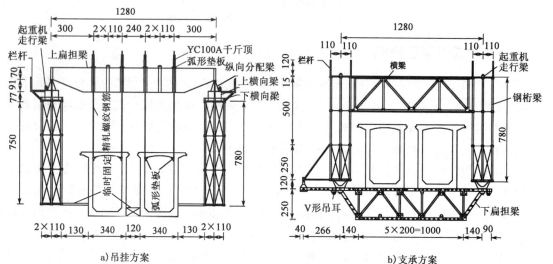

图 6-40　造桥机悬挂、支撑方案示意(尺寸单位:cm)

选用的造桥机构成:

造桥机主要由承重梁、150t 提梁起重机、支承及纵横移系统构成,见图 6-41。

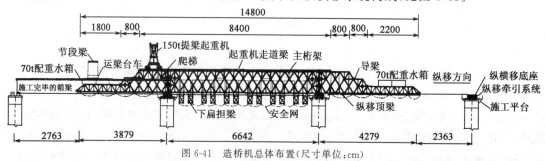

图 6-41　造桥机总体布置(尺寸单位:cm)

(1) 承重梁

①钢桁梁：钢桁梁全长 148m，包含前后导梁，主桁高 7.5m，每组 3 榀，间距 1.1m，两组主桁中心距 12.8m，对称布置在墩顶。主桁跨中上下弦杆采用低合金杆件，其屈服点不小于 400MPa，强度极限不小于 540MPa；应力水平较低的杆件，采用 Q345B。

②桁间横联：主桁高而窄，稳定性较差，为此设置了 5 组桁间横联，导梁前端 1 组，7.5m 高桁段两端各 1 组，跨中附近 2 组。跨中 2 组横联设计成易拆装结构，便于梁块吊装时临时拆除。

③下扁担梁：下扁担梁由军用梁杆件组拼而成，通过 V 形吊耳吊挂在主桁特制的横杆下，扁担梁顶面设支点承托节段梁，顶、底面均设操作平台；造桥机过孔时将扁担梁绕一端旋转开启，过墩后及时复位；根据受力需求适当加大了墩帽的尺寸，见图 6-42。

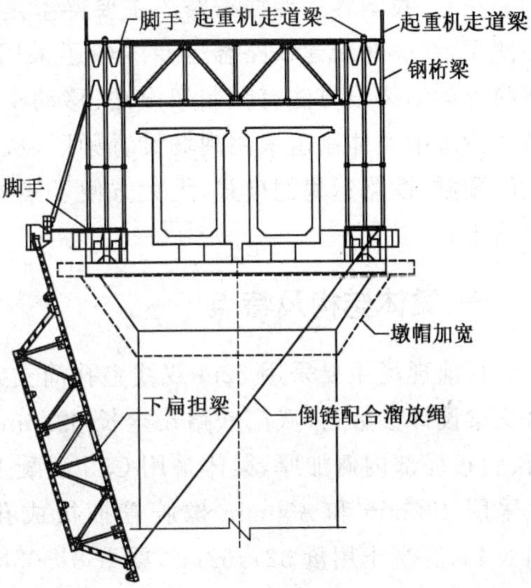

(2) 提梁起重机

150t 提梁起重机主梁采用扁钢箱，两端均设悬臂，除吊装节段梁的主吊具外，还配备用于安装下扁担梁、横联、模板等结构的 10t 电动葫芦。起重机采用单轨走行。

图 6-42 过孔时下扁担梁状态

(3) 支承及纵横移系统

支承及纵横移系统包括支承滑座、纵向牵引装置和横移装置。支承滑座采用平板式结构，底部与墩顶预埋件连接，造桥机的支承、纵移及横移均在此滑座上完成。滑座长 3.7m，以尽量减小接触应力，保证纵移过程中始终是主桁节点受力，避免下弦杆受弯。在前方墩顶设置 2 台 150t 连续千斤顶，通过钢绞线拖拉承重梁纵移。整机横移采用横置千斤顶顶推结合另一侧穿心式千斤顶拖拉的方式。

3. 施工流程

(1) 在首孔桥位安装移动支架造桥机，150t 提梁起重机进行荷载试验。

(2) 运梁台车输送的预制梁块按照先跨中、后两端、对称摆放的原则，由提梁吊机安装至下扁担梁上。

(3) 调整线形，安装湿接缝钢筋、模板，浇筑湿接缝混凝土，养护。

(4) 湿接缝混凝土强度达到设计要求后，进行纵向预应力束初张拉，解除造桥机对箱梁的支承。

(5) 造桥机纵移过孔，纵横向微调、精确就位，准备下孔梁施工。

(6) 终张拉纵向预应力束，立模、绑扎钢筋、浇筑翼尖混凝土，养护至设计强度后张拉横向预应力束。

第四节 高速铁路预制简支梁施工

近年来，我国高速铁路迅速发展，已建成运营的客运专线包括武广、郑西、京津、石太、京沪等，正在建设的如沪昆、南广、广深港、厦深客运专线等。可以预见，高速铁路将会在我国铁路运输中发挥重要作用。桥梁作为高速铁路的重要组成部分,其所占比重超过线路总长的50%以上,有些占线路总长的80%以上,正在建设的京沪高速铁路全长1318km,桥梁1060km,桥梁占全长的80.7%,其中常用跨度桥梁长度为956km,占桥梁总长的90%。据统计,这些桥梁中,有95%以上的桥梁采用中小跨度(20~64m),且中小跨度的桥梁中采用标准设计的桥梁占90%左右,我国客运专线铁路的主要梁型是32m后张法箱形简支梁,20、24m梁仅作为调整跨度使用,在一些新建铁路客运专线中还采用了40~64m箱形梁。目前,我国高速铁路中小跨度简支梁的架设方法有预制架设法、移动模架法、支架现浇法、节段拼装法和满堂支架法。预制架设法中梁体制造采用现场设置梁厂,从现场梁厂到桥位采用无轨运输,改变了原来在桥梁工厂预制、铁路运输的模式,大大方便了梁体的制造及运输。本节仅介绍预制架设法中整孔梁体施工。

一、梁体结构及特点

目前现场主要采用32m双线整孔简支梁,其截面形式均为单箱单室,每榀32m双线整孔简支梁设计参数为(武广铁路):全长32.6m,高3.05m,顶板宽13.4m,底板宽5.5m,梁端、顶板、腹板局部内侧加厚,梁体采用C50混凝土,锚孔采用深锚,封锚采用C50无收缩混凝土,管道采用$\phi 80mm$和$\phi 90mm$橡胶管抽拔成孔,32m简支梁1/2跨中及1/2支点截面构造见图6-43,混凝土用量327.62m^2,梁重81905kN。

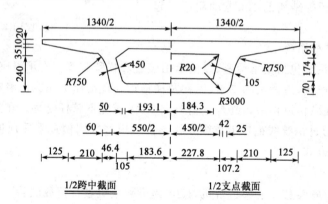

图6-43 武广客专32m简支梁截面示意(尺寸单位:cm)

高速铁路32m预制梁与一般铁路桥梁相比具有以下特点:

一般铁路简支梁多采用单线双片T梁结构形式,高速铁路预制梁采用单线整孔或双线整孔箱梁结构,结构刚度大;采用高性能混凝土,其耐久性和施工性能好,结构设计寿命100年;预应力采用三阶段张拉,能有效控制梁早期裂缝。

高性能混凝土(High Performance Concrete,简称HPC)是一种新型高技术混凝土,是在大幅度提高普通混凝土性能的基础上采用现代混凝土技术制作的混凝土。它以耐久性作为设计的主要指标,针对不同用途要求,对下列性能重点予以保证:耐久性、工作性、适用性、强度、体积稳定性和经济性。为此,高性能混凝土在配置上的特点是采用低水胶比,选用优质原材料,且必须掺加足够数量的矿物细掺料和高效外加剂。高性能混凝土具有一定的强度和高抗渗能力,但不一定具有高强度,中、低强度亦可。高性能混凝土具有良好的工作性,混凝土拌和物应具有较高的流动性,混凝土在成型过程中不分层、不离析,易充满模型;泵送混凝土、自密实混凝土还具有良好的可泵性、自密实性能。高性能混凝土的使用寿命长,对于一些特护工程的特殊部位,控制结构设计的不是混凝土的强度,而是耐久性。能够使混凝土结构安全可靠地工作50~100年以上,是高性能混凝土应用的主要目的。高性能混凝土具有较高的体积稳定性,即混凝土在硬化早期应具有较低的水化热,硬化后期具有较小的收缩变形。

概括起来说,高性能混凝土就是能更好地满足结构功能要求和施工工艺要求的混凝土,能最大限度地延长混凝土结构的使用年限,降低工程造价。

二、梁体台座基础

每片32m双线整孔箱梁质量近900t,且高速铁路对桥梁结构制造标准要求较高,因此对台座基础和地基变形要求也较高,一般要求地基基础承载力在200kPa以上,预制场地若存在软弱土(包括淤泥、淤泥质土、充填土、杂填土或其他高压缩性土层)、特殊土地基(如软土、湿陷性黄土、膨胀土、红黏土和冻土、填土等),可采取换填、强夯、灰土桩挤密、深层搅拌、水泥粉煤灰碎石桩、石灰桩等方法对地基基础进行处理;台座两端由于梁体张拉起拱后集中荷载较大,如地基基础承载力不足,可采用设置灌注桩增大端部基础的承载能力,见图6-44。

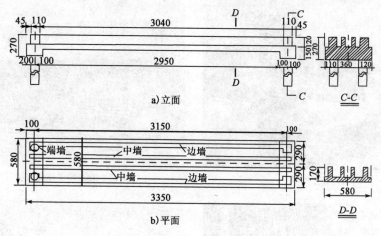

图6-44 台座基础结构(尺寸单位:cm)

三、梁体模板

箱梁模板由底模、外模、内模、端模组成,底模面板采用厚度为16mm的钢板,加肋后形成底模模板,内模一般采用液压式,模板见图6-45~图6-48。底模拼装时按设计要求预设反拱,施工过程中定期对台座进行沉降观测。安装时,端模包住外模,夹在底模、内模之间,端模和外模、底模间均设置M胶条密封,外模和底模间用螺栓连接,同时每一片外模桁架下方均设置φ25mm精轧螺纹钢筋作拉杆,以抵消混凝土侧压力,内模支撑在底模上,靠自身重力抵消腹板、底板混凝土产生的上浮力。

四、钢筋工程

为加快施工进度,保证施工质量,底板、腹板钢筋采用整体绑扎、整体吊装的施工工艺。底板、腹板钢筋先在固定的胎模具上进行绑扎,绑扎完成后,将整孔底板、腹板钢筋整体吊装到外模内,为保证钢筋吊装过程中不变形,加工专用的吊具,吊具应具有足够的刚度,在吊具和钢筋骨架间设置多个吊点,以控制钢筋骨架的变形。

预应力孔道采用预埋抽拔橡胶管,见图 6-49、图 6-50。

图 6-45　箱梁外模

图 6-46　箱梁内模

图 6-47　端模

图 6-48　箱梁模板组拼

图 6-49　抽拔橡胶管及螺旋钢筋

图 6-50　抽拔橡胶管

五、混凝土施工

混凝土的下料采用布料机。每片梁设置两台布料机,以保证浇筑混凝土的需要。混凝土由混凝土罐车从拌和站运至台位输送泵处。高速铁路混凝土浇筑有严格的规定,要求1孔箱梁的灌注时间不超过 6h,浇筑过程中混凝土下落距离不超过 2m,禁止布料机管道口直对腹板槽倾倒混凝土。

混凝土浇筑顺序采用水平分层、斜向分段的方法,见图 6-51。斜向分段斜度不大于 5°,水平分层厚度不得大于 30cm,先后两层混凝土的间隔不超过 30min。混凝土振捣采用底振与侧振为主、插入式振动棒为辅的成形工艺。

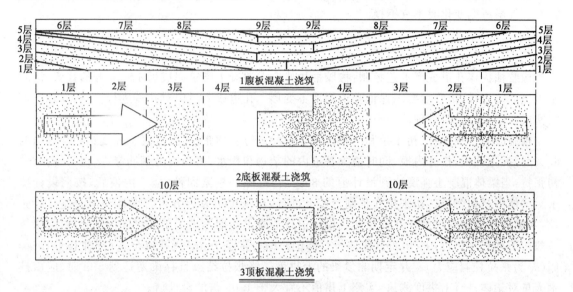

图 6-51　箱梁混凝土浇筑顺序示意

预制梁混凝土灌筑时,检查模板和钢筋温度,宜控制在 5～35℃。量测预制梁混凝土拌和物的入模温度,宜在 5～35℃(每 50m³ 测量 1 次)。当昼夜平均气温低于 5℃或最低气温低于 -3℃时,应采取保暖措施,并按冬季施工处理。混凝土的振捣质量控制:预制梁混凝土应具有良好的密实性,灌注时宜采用附着式侧振并辅以插入式高频振捣棒振捣成型,振捣棒应垂直点振,不得平拉,快插慢抽,并应防止过振、漏振。

每片梁混凝土标准养护试件与同条件养护试件制作:底板、腹板、顶板各做 4 组标准养护试件,5 组同条件养护试件,2 组弹模试件,同条件试件必须放置在相应部位进行同条件养护。

六、混凝土养护

预制梁体可采用蒸汽养护或自然养护。蒸汽养护采用专门制作的全封闭棚架,内部布设表面钻有小孔的热镀锌管网络,小孔不能直接对准混凝土表面,每根管道进气口设阀门控制,管道在梁面布设 3 根,两侧侧板各布设 2 根,底部布设 3 根,箱内布设 1 根,共计 10 根。注意事项如下:

(1)检查混凝土蒸汽养护,蒸汽养护分静停、升温、恒温、降温 4 个阶段。静停期间应保持不低于 5℃,灌注完成 4h 后方可开始常温养护,升温速度不得大于 10℃/h,恒温养护期间蒸汽温度不宜高于 45℃,混凝土芯部温度不宜超过 60℃,个别最大不得超过 65℃;降温速度不大于 10℃/h。恒温养护时间应根据梁体拆模(放张)强度要求、混凝土配合比及环境等通过试验确定。

(2)自然养护时,梁体混凝土应包裹严实,且至少有一层不透水的覆盖层。自然养护时间应根据混凝土强度发展能否满足拆模要求确定。

（3）梁体养护期间及撤除保温设施时，应采取措施，保证梁体混凝土芯部与表层、表层与环境温差不应超过15℃。

（4）当环境温度低于5℃时，预制梁表面宜喷涂养护剂，采取保暖措施，禁止洒水养护。

检查拆模测温记录，拆模时混凝土芯部与表层、箱内与箱外、表层与环境温度均不得大于15℃。气温急剧变化时不宜拆模。

七、预应力施工

橡胶抽拔棒孔道成型工艺控制：橡胶抽拔棒应在混凝土浇筑完成后4~6h开始拔管，混凝土先浇部位先拔，拔管后要求保证孔道圆滑不变形。孔道成型后应对孔道进行检查，发现孔道阻塞或残留物应及时处理。

预施应力按预张拉、初张拉和终张拉三个阶段进行。预张拉：当混凝土强度达到设计值的60%后，拆除端模，松开内模，同时清除管道内的杂物和积水，将预应力钢筋穿进，进行预张拉。初张拉：当梁体混凝土强度达到设计值的80%后，拆除外模紧固件、拖出内模后，按照设计要求对梁体进行初张拉。初张拉在预制台座上进行，初张拉结束后方可将梁体移出台座。终张拉：当梁体混凝土强度及弹性模量达到设计值且混凝土龄期不小于10d时进行终张拉，终张拉一般按下列程序执行：$0 \rightarrow 0.2\sigma_k$（作伸长量标记）$\rightarrow \sigma_k$（静停5min）$\rightarrow$补拉至$\sigma_k$（测伸长量）$\rightarrow$锚固（$\sigma_k$为张拉控制应力）。并定期测量梁的上拱度。终张拉结束且存梁期达到30d时，应由技术人员对梁体进行上拱度测量，实测上拱值不宜大于1.05倍的设计值。

检查张拉千斤顶的校验系数，不得大于1.05，油压表的精度不得低于1.0级。千斤顶标定的有效期不得超过1个月或张拉200次，油压表不得超过1周。

八、孔道压浆

（1）检查压浆时间：后张预制梁终拉完成后，宜在48h内进行管道真空辅助压浆，压浆3d内，梁体及环境温度不得低于5℃。

（2）检查压浆用水泥，水泥应为强度等级不低于42.5级低碱硅酸盐水泥或低碱普通硅酸盐水泥。浆体水胶比不应超过0.34，水泥浆不得泌水，在0.14MPa压力下泌水率不得大于2.5%，浆体流动度不得大于25s，30min后不得大于35s，压入管道的浆体不得含未搅匀的水泥团块，终凝时间不宜大于12h，水泥28d抗压强度不小于35MPa，抗折强度不小于7.0MPa，24h内最大自由收缩率不大于1.5%，标准养护条件下28d浆体自由膨胀率为0~0.1%。严禁掺入含氯盐类、亚硝酸盐类或其他对预应力筋有腐蚀作用的外加剂。

（3）检查预应力管道压浆是否采用辅助真空压浆工艺；压浆设备应采用连续式泵，同一管道压浆应连续进行，一次完成；管道出浆口应装有三通管，必须确认出浆浓度与进浆浓度一致时，方可封闭保压。压浆前管道真空度应稳定在−0.06~−0.10MPa；浆体注满管道后，应在0.50~0.60MPa下持压2min，压浆最大压力不宜超过0.60MPa。

（4）检查作业时间，水泥浆搅拌结束至压入管道的时间间隔不应超过40min，制作相应试件。

（5）检查冬季压浆时是否采取保暖措施，并掺加引气剂；当气温低于5℃以下时，为保证压浆后3d内梁体温度保持在5℃以上，需在梁体周边设立保温棚罩，内部充蒸汽加温。

九、预制梁预应力筋封端质量控制和锚穴封堵

高速铁路客运专线预制梁锚孔均采用深埋锚结构,如图 6-52 所示。封锚施工应进行以下检查:

(1)检查锚穴表面。为保证混凝土接缝处接合良好,应将原混凝土表面凿毛,并安装钢筋网片,封端混凝土应采用 C50 干硬性补偿收缩混凝土,抗压强度不应低于设计要求;为保证封端混凝土密实,需采用专用电动凿毛工具对锚穴周边凿毛处理后浇筑封端混凝土(图 6-53),振捣密实,表面用薄层水泥砂浆收面压光,覆盖保湿养护。

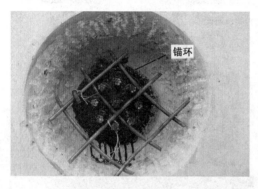

图 6-52 封锚钢筋网

图 6-53 封锚混凝土

(2)检查锚具处理。后张梁封端前应对锚具、锚垫板表面及外露钢绞线用聚氨酯防水涂料进行防锈处理,聚氨酯涂刷时不得污染已凿毛混凝土面。

(3)检查接缝处理。封端混凝土养护结束后,应采用聚氨酯防水涂料对梁端底板及腹板的表面进行防水处理,厚度满足设计要求,涂层应均匀、光洁,无气泡、流挂等现象。

十、梁体运输及架设

梁体从台座起吊、运至存梁台座,采用有轨提梁起重机或无轨提梁起重机,见图 6-54。从梁场运至架梁桥位处采用无轨运梁车,见图 6-55。箱梁架设采用架桥机,见图 6-56,架桥机工作原理和其他简支梁相同,在此不再赘述。为减少存梁场地,可采用两层存梁,见图 6-57。

图 6-54 有轨提梁起重机

图 6-55 无轨运梁车

a) HZP550型架桥机架设箱梁

b) HZP550型架桥机过孔

c) JQ900A架桥机箱梁过孔

d) JQ900A架桥机箱梁过孔

图 6-56　架桥机架设高速铁路简支梁

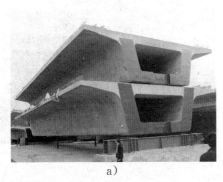
a)

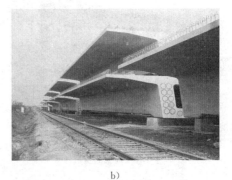
b)

图 6-57　箱梁叠放

十一、高速铁路简支梁取证静载试验

按中国铁路总公司要求,高速铁路预制梁采取取证制度,即先由生产单位试生产,自检合格后报中国铁路总公司有关部门进场检查,检查内容包含技术资料、人员情况、原材料进场、实体检测、静载试验等内容,合格后取得预制梁生产许可证。预应力混凝土简支梁静载弯曲抗裂试验(简称静载试验)是取证中必须进行的内容,静载试验的评定指标主要包括梁体刚度和预应力度两个方面。其目的是通过静载试验客观地评价预制梁场的技术水平和生产水平。

以下结合京沪高铁某标段 32m 双线整孔简支梁静载试验介绍取证静载试验的过程。

1. 静载试验适用条件

在以下情况下应进行静载试验:

(1)采用新结构、新材料、新工艺进行试生产时。

(2)生产条件有较大变动时。

(3)出现影响承载能力的缺陷时。

(4)交库技术资料不全,或对资料发生怀疑时。

(5)正常生产条件下,同类别、同跨度桥梁 60 件或连续三个月产量(三个月产量不足 60 件时)计一批,每批抽检一件。

(6)产品质量认证时。

简支梁静载试验在梁体全部预应力完成 30d 后进行(不足 30d 时应由设计方检算确定)。以使试验时外加荷载在跨中最下层预应力钢绞线中所产生的最大应力不超过弹性极限。

2. 试验设备及仪器

(1)试验台座 1 个。设置于存梁区(或装梁区),保证试验跨度、支承方式、加载状态符合试验加载计算图示要求,且具有足够的刚度和稳定性,加载点间距 4m,且双排对称布置。

(2)静载加力架 1 套。反力架的加载间距、千斤顶、油泵、压力表使用数量,根据箱梁梁形及跨度确定。

(3)千斤顶 12 台(备用 2 台)。千斤顶和油表配套校验和使用,校正方法采用千斤顶顶压压力传感器的标定方式,配套标定数据进行线形回归($y=ax+b$),线形回归相关系数 $r \geqslant 0.999$。千斤顶校正系数不大于 1.05,所使用的千斤顶工作能力,必须控制在 1.5~2.5 倍最大试验荷载之间。千斤顶型号可根据梁场张拉设备实际情况而定。

(4)油泵及油压表分别 10 个。油压表、油泵必须和千斤顶配套使用。油压表要采用防振型,其精度等级不低于 0.4 级,表盘最小刻度不大于 0.2MPa,表盘里程在工作最大油压的 1.25~2.0 倍之间;压力表分级标定,级差不大于加载最大值的 10%,标定的最大荷载不小于加载最大值的 1.1 倍,且持荷 10min,加载速度不大于 3kN/s。

(5)百分表 6 个。挠度测量采用大量程百分表,其最小分度值不大于 0.05mm。

(6)放大镜、刻度放大镜。用于观测裂纹的普通放大镜放大倍数不低于 10 倍,直径不小于 50mm;测量裂纹宽度应使用刻度放大镜,其放大倍数不低于 10 倍,最小分度值不大于

0.02mm。

(7)钢卷尺及测力计。钢卷尺用于测量跨度,其最小分度值不大于 1mm;弹簧式拉力测力计,最小分度值≤2‰F·S,示意误差为±1‰F·S。

(8)配电设备 1 套。电缆线、配电箱、多用插座等。

(9)红蓝铅笔 5 支、玻璃片(6 片)及胶水、砂(若干)、钢垫板 10 块。

(10)DS32 水准仪器 1 台。

试验所用的计量设备、仪器、仪表、钢卷尺、百分表等均经法定计量检定部门检定合格,且在有效期内使用。测量跨度的钢卷尺应经悬空检定,使用时进行悬空修正。

3.试验梁安装

(1)桥梁支座

梁体静载试验所用支座要与设计相符,梁两端支座的相对高差不大于 10mm,同一支座两侧高差不大于 2mm。支座安装后的实测梁跨度符合标准要求。

(2)检测仪器

静载试验所用检测仪器校正、鉴定必须在有效范围内。

(3)反力架及千斤顶安装

①加力点的设置。采用在双线箱梁(32m)上翼缘板上预留 4 个 $\phi 220mm$ 的静载试验孔,具体位置和尺寸见图 6-58。

加载等效集中力,均加在梁体腹板上,其加力点以梁体中心线对称排布,横向距离为 6.236m。加载点布置见示意图 6-59。

加载点的设计原则:a.荷载效应等效,即内力图相似、内力值相等的原则;b.用等效集中力加载模拟设计荷载,跨中截面首先达到弯曲抗裂极限的原则。

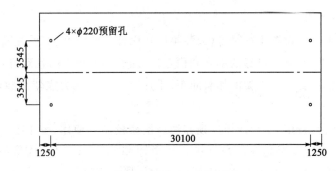

图 6-58 静载试验孔位布置(尺寸单位:mm)

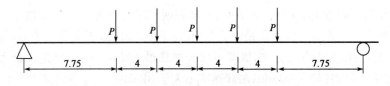

图 6-59 试验加载图式(尺寸单位:m)

②反力架安装。下横梁摆放时注意的事项:务必使两个下横梁的上水平面保持在同一水平面,以免使梁体产生扭曲;保证两个下横梁的中心距离与试验梁的中心距偏差在±5mm 之

间。静载试验孔位置见图 6-58。

将桥梁支座的下摆先放在下横梁上的螺栓孔内(注意四个支座类型要对位正确),并用螺栓拧紧固定,然后用提梁机将待试验梁移入就位,并将桥梁支座上摆与箱梁底部支座板,用螺栓固定。

注意:试验梁的横向中心线、上横梁及下横梁中心线必须重合。

将拉力杆和拉力杆垫板分别放到相应的安装孔内,并装防护罩法兰套在拉力杆上。

用提梁机将拼装好的桁架分别吊至上横梁与桁架连接起来。

以上工作就绪后,检查桁架预设反拱(向下)$f=30\sim50\text{mm}$ 是否适合,如果有问题,仔细检查各接点处螺栓是否拧紧(各接点 M27 高强螺栓的拧紧力矩不得小于 1000kN·m)。以上工作准备好后,即可在千斤顶横梁下放入千斤顶,准备安装拉力杆。

将拉力杆专用螺母旋入至抵近垫板,然后启动千斤顶微调上横梁和桁架的水平,以保证试验台各部均匀受力,然后分别拧紧各传力点的专用螺母,尽量使每个螺母的松紧度一致,千万不要出现个别螺母不受力的情况。

再一次检查各连接点的安装情况,确定完好无误后,即可进行正常的静载试验。

③千斤顶安装。静载试验梁吊入试验台座对准后,在梁顶标出加载点,先在每一加载点铺垫一层 50mm 厚的砂子及 50mm 厚钢板,再用水平尺找平后移入千斤顶,在放置千斤顶时确保千斤顶中心与加载点中心误差不大于 10mm,各千斤顶中心与反力架横梁中心纵横向偏差不大于 10mm,且应垫实两者间的空隙。

④百分表安装。静载试验加载前,应将百分表安装到指定位置,调试指针,确定初始读数并记录。

⑤初始裂纹观察。试验梁加载前将梁体表面清理干净,特别是梁体下翼缘,必要时以清水冲洗,然后用放大镜对梁体外表进行检查,用 10 倍放大镜在梁体跨中两侧 1/2 跨度范围内的下缘和梁底面进行外观检查。对初始裂纹(表面收缩裂纹和表面损伤裂纹)及局部缺陷用蓝色铅笔在梁体上详细描出。

4.静载数据计算

(1)计算依据:《简支梁试验方法 预应力混凝土梁静载弯曲试验》(TB/T 2092—2018)。

(2)试验梁基本数据见表 6-1。

试验梁基本数据表　　　　　　　　　　　　　　　　　　　　表 6-1

序 号	项 目	参 数
1	试验梁号	—
2	设计图号	—
3	跨度(m)	31.5
4	设计混凝土强度(MPa)	C50
5	设计弹性模量(GPa)	35.5
6	R_{28}	62.1
7	$R_{终张}$	55.7
8	E_{28}	41.0

续上表

序 号	项 目	参 数
9	$E_{终张}$	40.4
10	混凝土灌注时间	—
11	终张拉时间	—
12	静载试验时间	—
13	终张—静载试验的天数(d)	27

(3)设计院提供的CRTSⅡ型板式无砟轨道箱梁跨中截面静载试验参数见表6-2。

设计院提供的截面试验参数　　　　　表6-2

序 号	项 目	参 数
1	跨度 $L(m)$	31.5
2	预应力钢束面积 $A_y(m^2)$	0.0357
3	跨中换算截面面积 $A_0(m^2)$	9.21798
4	对跨中截面下边缘换算截面抵抗矩 $W_0(m^3)$	5.681788
5	e_0	1.6554
6	冲击系数 $1+\mu$	1.1270
7	道砟线路设备质量对跨中弯矩(含防水层、保护层) $M_d(kN \cdot m)$	19845
8	防水层质量对跨中的弯矩 $M_f(kN \cdot m)$	0
9	活载对跨中的弯矩 $M_h(kN \cdot m)$	24164.75
10	梁体质量对跨中的弯矩 $M_z(kN \cdot m)$	31836.29
11	收缩、徐变损失 $\sigma L_6(MPa)$	87.93
12	钢束松弛损失 $\sigma L_5(MPa)$	14.7
13	跨中截面均布荷载剪力滞系数 K_q	1.017
14	跨中截面集中荷载剪力滞系数 K_P	1.0319
15	设计抗裂安全系数 k_f	1.42
16	设计挠跨比 f/L	1/5278

(4)试验梁加载图式参见图6-59。

(5)计算相关系数 α。

$$R = 5P$$

$$M = R \times \frac{L}{2} - \sum P_i X_i = 5P \times \frac{31.5}{2} - 8P - 16P = 54.75P$$

得

$$\alpha = 54.75$$

(6)计算未完成应力损失的补偿弯矩 ΔM_s。

根据《简支梁试验方法 预应力混凝土梁静载弯曲试验》(TB/T 2092—2018)表A.1中,查得30d和20d混凝土收缩和徐变预应力损失完成率分别为0.40和0.37,查得40d和2d钢筋松弛应力损失完成率分别为1.00和0.5,用内插法计算 η_1、η_2,并按下列公式计算 $\Delta \sigma_s$、ΔM_s:

$$\Delta \sigma_s = (1 - \eta_1)\sigma_{L6} + (1 - \eta_2)\sigma_{L5}$$

$$\Delta M_s = \Delta\sigma_s \times A_y \times (W_0/A_0 + e_0) \times 10^3$$

式中：σ_{L6}、σ_{L5}——混凝土收缩徐变与钢筋松弛应力损失值；

η_1、η_2——收缩徐变与松弛损失完成率。

补偿弯矩 ΔM_s 计算结果见表6-3。

补偿弯矩 ΔM_s 计算结果　　　　　　表6-3

序号	项目	计算结果	序号	项目	计算结果
1	梁号	—	4	η_2	0.8289
2	计算天数(d)	27	5	$\Delta\sigma_s$(MPa)	56.064
3	η_1	0.3910	6	ΔM_s(kN·m)	4546.92

(7)加载设备对跨中产生的弯矩 M_s。

每加载点重量为 3.91kN。其中：千斤顶=1.68kN；铁板=0.98kN；砂重=0.50kN；人=0.75kN；M_s=214.07kN·m。

(8)计算各级加载的跨中弯矩和荷载值。

防水层未铺：

$$M_{ka} = M_d \cdot K_q/K_p + \Delta M_s/K_p - M_s$$

$$M_k = K(M_z + M_d + M_h + M_f) \cdot \frac{K_q}{K_p} + \frac{\Delta M_s}{K_p} - M_z \cdot \frac{K_q}{K_p} - M_f \cdot \frac{K_q}{K_p} - M_s$$

$$K_b = \frac{\frac{M_h}{1+\mu} + M_d + M_f + M_z}{M_h + M_z + M_d + M_f} = 0.9641$$

各级加载的弯矩值和荷载值见表6-4。

各级加载的弯矩值和荷载值　　　　　　表6-4

级别	加载弯矩(kN·m)	荷载(kN)	级别	加载弯矩(kN·m)	荷载(kN)
初始状态	0.00	0.00	1.05	51304.11	937.1
K_a	23750.74	433.8	1.10	55041.65	1005.3
0.80	32616.39	595.7	1.15	58779.19	1073.6
K_b	44882.79	819.8	1.20	62516.74	1141.9
1.00	47566.56	868.8	—	—	—

注：本梁未铺防水层，按未铺防水层加载。

5. 加载方法

(1)两级加载

静载试验加载分两个循环进行。以加载系数 K 表示加载等级。试验准备工作结束后梁体承受的荷载状态为初始状态；在每级加载后应仔细检查梁体下翼缘和梁体有无裂纹出现，如出现裂纹应用红色铅笔标注，并注明荷载等级，量测裂纹宽度。

第一加载循环：初始状态(百分表读数)→基数级(3min，百分表读数据)→0.8(3min，百分表读数)→静活荷载级(3min，百分表读数)→1.00(20min，百分表读数)→静活荷载级(1min，百分表读数)→0.8(1min，百分表读数)→基数级(1min，百分表读数)→初始状态(10min)。

第二加载循环：初始状态(百分表读数)→基数级(3min，百分表读数据)→0.8(3min，百分表读数)→静活荷载级(3min，百分表读数)→1.00(5min，百分表读数)→1.05(5min，百分表读数)→1.1(5min,百分表读数)→1.15(5min,百分表读数)→1.2(20min,百分表读数)→1.10(1min,百分表读数)→静活荷载级(1min,百分表读数)→0.8(1min,百分表读数)→基数级(1min,百分表读数)→初始状态(10min)。

当在第二加载循环中不能判定是否已经出现受力裂缝时间,应进行受力裂缝加载验证。验证加载从第二加载循环卸载至静活荷级后开始。

验证加载:静活荷载级(5min)→1.00(5min)→1.05(5min)→1.1(5min)→1.15(5min)→1.20(5min)→1.10(1min)→静活荷载级(1min)→基数级(1min)→初始状态。

(2)观察及记录

在规定持荷时间内,负责加载人员和监表人员要密切注意油压变化,并随时予以校正。千斤顶加载时,只允许由低向高加压到加载值。加载过程中,若发生油顶漏油,迫使停止加载或需更换设备,均需遵循卸载程序分级卸载到零,然后进行处理,修复后再按要求重新加载试验。

每级加载后均应测量梁体两侧各个观测点竖向位移变化,以同一截面的两侧平均值作为相应支座截面的竖向位移量。以跨中截面的竖向位移量减去支座沉降量即为该荷载下的跨中实测竖向挠度值。对每级加载下的实测挠度值,应仔细复核,发现异常立即查明原因。

6. 评定标准

(1)梁体刚度合格的评定

实测静活载挠度值 $f_{实测}$ 为静活载级下实测挠度值减去基数级下实测挠度值。实测静活载挠度值合格评定标准:

$$f_{实测} < 1.05 \cdot \frac{f_{设计}}{\psi} \tag{6-12}$$

式中: ψ——等效荷载加载挠度修正系数,取 0.9987。

(2)梁体预应力度(抗裂)合格的评定

梁体在 $K=1.20$ 加载级别下持荷 20min,梁体下翼缘底面未出现受力裂纹或下缘侧面的受力裂纹未延伸至梁底底边,且在静活载作用下的挠度合格,则判定该梁预应力度(抗裂性)合格。

(3)静载试验安全注意事项

①做静载试验时,有专人监护,除必要的试验人员外,其余无关人员一律远离试验场地。

②静载试验时,竖拉力杆附近不得站人。

③静载试验时,保证千斤顶缓慢均匀加载,加载速度不超过 3kN/s。

④试验台在每次加载试验完毕后要小心拆卸拉力杆并妥善保管,在下次使用前,仔细检查,经确认后再使用。

⑤本试验台所用连接销、拉力杆为关键部件,在室内进行保管。每次使用前检查拉力杆是否完好,如有裂纹,即行报停,不得擅自进行补焊。

⑥试验台转场时按运输车辆要求对试验台进行分段拆卸,要认真妥善的采取措施保护高强度螺栓连接部位的摩擦面不被损伤和破坏。

⑦定期对试验台结构件进行涂装维护,维护时应注意防止因节点摩擦被污染造成摩擦系数降低。

⑧在试验前,认真检查上下横梁连接高强精轧螺纹钢筋是否垂直及螺栓是否拧紧,如发现上述情况,立即进行调整。

⑨在试验过程中,梁面千斤顶及反力架派专人监视,发现异常情况立即进行应急处理。

7. 静载试验计算书及报告

预应力混凝土梁静载试验计算书及报告见表6-5、表6-6。

静载试验挠度记录表(mm) 表6-5

梁号			设计图号			跨度	31.5m		梁别	直线有声屏障			
试验日期						量测仪表	百分表		梁内外侧				
加载情况	阶段		第一循环				第二循环						
	加载级别		初始状态	K_a	0.80	K_b	1.00	初始状态	K_a	0.80	K_b	1.00	1.05	1.10	1.15	1.20
	加载值(kN)		0.0	433.8	595.7	819.8	868.8	0.0	433.8	595.7	819.8	868.8	937.1	1005.3	1073.6	1141.9
各测点读数	支点 $\Delta 0$	1号	0.10	0.30	0.41	0.56	0.58	1.00	1.20	1.28	1.35	1.36	1.37	1.35	1.33	1.30
		4号	0.00	0.12	0.23	0.31	0.33	2.00	2.13	2.20	2.25	2.26	2.26	2.24	2.21	2.14
	跨中 $f_{L/2}$	2号	2.00	7.05	9.17	12.28	12.60	5.00	10.13	12.15	15.06	15.68	16.59	17.45	18.35	19.33
		5号	5.00	10.03	12.21	15.24	15.81	5.00	10.21	12.22	15.15	15.76	16.64	17.52	18.38	19.39
	支点 ΔL	3号	3.94	4.05	4.14	4.34	4.50	1.18	1.32	1.48	1.51	1.58	1.62	1.66	1.71
		6号	4.43	4.60	4.75	4.91	4.96	0.91	0.93	1.03	1.15	1.18	1.21	1.21	1.20
	挠度值		—	4.89	6.93	9.85	10.23	—	5.04	6.96	9.77	10.37	11.24	12.11	12.99	14.00
附注	1. 每个循环挠度计算:静活载级挠度值减基数级挠度值; 2. 静活载及基数级的挠度测量值为持荷3min的测量值														
生产企业名称				记录			计算			复核				
检验单位名称			—	现场监视人			—			签认日期		年 月 日		

预应力混凝土梁静载试验报告表 表6-6

试验梁号				灌注日期	年 月 日		设计混凝土强度(MPa)			50				
设计图号			通桥(2008)2322A-Ⅱ-401	张拉日期	年 月 日		终张混凝土强度(MPa)			55.7				
设计安全抗裂系数 K_f			1.42	试验日期	年 月 日		梁体混凝土28d强度(MPa)			62.1				
设计挠跨比 f/L			1/5278	检验类别	出厂检验		梁体混凝土28d弹模(GPa)			41				
静载试验情况	第一循环	加载级别	初始状态	K_a	0.80	K_b	1.00							
		荷载 P(kN)	0.00	433.8	595.7	819.8	868.8							
		跨中挠度值(mm)	0.00	4.89	6.93	9.85	10.23							
		挠跨比	$f_1 \times \psi/L = 0.9987(f_{kb} - f_{ka})/31500 = 1/6362$											
		梁体出现裂纹情况	无											
	第二循环	加载级别	初始状态	K_a	0.80	K_b	1.00	1.05	1.10	1.15	1.20			
		荷载 P(kN)	0.00	433.8	595.7	819.8	868.8	937.1	1005.3	1073.6	1141.9			
		跨中挠度值(mm)	0.00	5.04	6.96	9.77	10.37	11.24	12.11	12.99	14.00			
		挠跨比	$f_1 \times \psi/L = 0.9987(f_{kb} - f_{ka})/31500 = 1/6661$											
		梁体出现裂纹情况	无裂纹											

续上表

加载图式		裂纹示意图	试验结论
		尚未发现受力裂纹	梁体在最大控制荷载 $K_f=1.20$ 级作用下,静停 20min,梁底面及下翼缘的边角未发现任何受力裂纹,且在静活载级下的挠度＝4.74mm＜$1.05 \cdot f_{设计}/\psi=(1.05×31500/5287)/0.9987=6.27$mm。 判定:静载试验合格
生产企业名称		试验负责人	企业主管
检验单位名称		技术负责人	检验主管

注:检验类别应填投产鉴定检验,发放生产许可证检验、出厂检验、委托检验、仲裁检验等其中的一类。

自平衡反力架安装及加载过程见图 6-60、图 6-61,加载千斤顶布置及加载过程见图 6-62、图 6-63。

图 6-60　自平衡反力架安装

图 6-61　加载反力架

图 6-62　加载千斤顶布置

图 6-63　加载过程示意

第七章 支架现浇连续梁桥施工

支架现浇连续梁在中小跨度连续梁中应用较多,支架结构形式常用的有两种:一种是为跨越既有线路施工,为车辆、行人通行预留通道,或在跨越软土等地基承载力低的区域,采用满堂支架时地基处理费用太高,可采用墩梁支架;另一种是采用碗扣支撑体系形成满堂支架。

第一节 支架结构形式

一、墩梁支架结构形式

现场墩梁结构形式多种多样,墩可以采用钢管、碗扣钢管支架、军用墩等。梁可以采用贝雷梁、型钢、军用梁等。采用何种墩、梁形式应根据现场地层地质条件、施工单位自身材料情况等选择。图7-1～图7-6分别为现场采用的各种墩梁支架结构形式。

图7-1 钢管墩、贝雷梁墩梁支架(1)

图7-2 钢管墩、贝雷梁墩梁支架(2)

图7-3 钢管桩、贝雷梁墩梁支架(1)

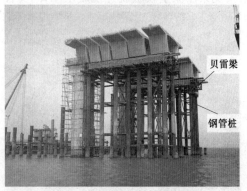

图7-4 钢管桩、贝雷梁墩梁支架(2)

图 7-5　钢管墩、型钢墩梁支架

图 7-6　军用墩、军用梁墩梁支架

在梁跨度较大时(超过 4m)，一般采用贝雷梁或军用梁。

墩梁支架的构造特点是采用多片梁承受上部梁体的重量及施工荷载，桥梁结构中现浇梁多采用箱形结构，支架中梁的受力并不均匀，为保证施工过程中支架的整体稳定性，梁间横向应有可靠的连接。对于军用梁、贝雷梁的墩梁支架，可在梁上沿纵向一定间距设置横向连接型钢，将各片梁连接为整体。

墩梁支架中梁的预拱度靠模板下方木调整，在变截面箱梁中如采用墩梁支架，梁上可设置碗扣支架，利用碗扣支架的顶托，作为支架预拱度调整及卸架的装置。

由于墩梁支架中梁的变形是控制的主要因素，墩梁支架的跨度一般不大。在特殊场地条件下必须采用大跨墩梁支架时，为增加支架中梁的刚度，可采用双层贝雷梁或双层军用梁的结构形式。

墩梁支架中的墩主要承受压力，其和地基基础间应可靠连接，使其底部形成固定约束。为保证支墩不失稳，如采用钢管墩，相邻钢管间可用型钢横向连接，钢管顶部、底部可设置加劲肋加强，并加设顶板。

卸架装置是墩梁支架中拆除支架的主要设施，墩梁支架的卸架装置主要采用卸架砂箱。原卸架砂箱常采用钢板焊制成箱形底座，内填充干砂，顶盖用钢板焊成小的钢箱，放置在底座内，浇筑混凝土时利用干砂承受压力，卸架时通过预留螺栓孔清除底座内干砂，降低顶盖高度，使墩梁支架中梁上模板脱开混凝土梁体，见图 7-7、图 7-8。

图 7-7　砂箱底座内填充干砂

图 7-8　砂箱底座及顶盖

采用钢板焊制砂箱浪费钢板,加工费工、费时,在有雨季节施工时雨水可能进入底座,使砂子含水量增大,造成卸架困难。目前现场将卸架砂箱进行了改进,砂箱底座、顶盖均采用现成钢管,顶盖内填充加少量水泥的碎石粉末,以增大其承载能力,顶盖面板直径大于底座直径,雨水不能进入底座内,见图7-9、图7-10。

图7-9 砂箱顶盖

图7-10 组装完成的砂箱

按现行《公路桥涵施工技术规范》要求,自行设计的普通支架卸架装置可以采用木楔、木马、砂筒或千斤顶等作为卸架装置。

对跨越既有公路的墩梁支架,单车道净宽不小于3.5m、净高不小于4.5m,且应在进入支架前设置限位门架、底座防撞墩,并将底座混凝土涂上反光涂料,在确保车辆能顺利通过的同时,也可保证车辆不会对支架碰撞而影响支架安全,见图7-11、图7-12。

图7-11 限高支架

图7-12 防撞墩及标示

二、满堂支架结构形式

满堂支架立杆常采用钢管或碗扣立杆。鉴于钢管支架本身制造质量问题,现在有些施工单位明确提出不能采用钢管支架作为现浇梁的施工支架,故本文仅介绍碗扣式支架满堂支架。

1. 碗扣支架

碗扣式支架是一种新型承插式钢管支架,由立杆、横杆、顶托、低托等组成,碗扣节点构成:由上碗扣、下碗扣、立杆、横杆接头和上碗扣限位销组成,见图7-13。立杆碗扣节点按0.6m模数设置,碗扣式脚手架主要构、配件型号及规格见表7-1。目前碗扣支架设计、施工依据行业标准为《建筑施工碗扣式钢管脚手架安全技术规范》(JGJ 166—2016)。

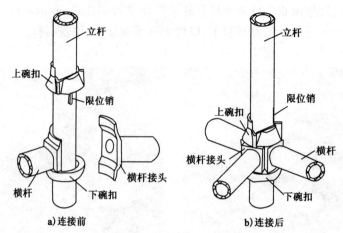

图 7-13 碗扣支架节点构成

碗扣式脚手架主要构、配件型号及规格   表 7-1

名 称	型 号	规格(mm)	市场质量(kg)	设计质量(kg)
立杆	LG-120	$\phi 48 \times 3.5 \times 1200$	7.41	7.05
	LG-180	$\phi 48 \times 3.5 \times 1800$	10.67	10.19
	LG-240	$\phi 48 \times 3.5 \times 2400$	14.02	13.34
	LG-300	$\phi 48 \times 3.5 \times 3000$	17.31	16.48
横杆	HG-30	$\phi 48 \times 3.5 \times 300$	1.67	1.32
	HG-60	$\phi 48 \times 3.5 \times 600$	2.82	2.47
	HG-90	$\phi 48 \times 3.5 \times 900$	3.97	3.63
	HG-120	$\phi 48 \times 3.5 \times 1200$	5.12	4.78
	HG-150	$\phi 48 \times 3.5 \times 1500$	6.28	5.93
	HG-180	$\phi 48 \times 3.5 \times 1800$	7.43	7.08
立杆连接销	LLX	$\phi 12$		0.18
可调底座	KTZ-45	可调范围≤300		5.82
	KTZ-60	可调范围≤450		7.12
	KTZ-75	可调范围≤600		8.5
可调托座	KTC-45	可调范围≤300		7.01

立杆材料为 Q235A 级普通钢管，钢管壁厚不得小于 3.5mm±0.025mm，立杆与立杆连接的连接孔处应能插入 $\phi 12$ 连接销。

实际工程中可根据荷载大小设置不同的立杆间距，立杆间距按 0.3m 模数设置。在桥梁结构中，除按要求布设横杆外，还应该设置斜撑。斜撑一般采用钢管，用扣件将钢管和碗扣支架立杆连接在一起。

钢管材料强度见表 7-2，截面特性见表 7-3，轴心受压构件稳定系数见表 7-4。

钢材的强度和弹性模量(MPa)   表 7-2

Q235A 钢材抗拉、抗压和抗弯强度设计值	215
弹性模量	2.05×10^5

钢管截面特性

表 7-3

外径 F(mm)	壁厚 t(mm)	截面积 A(cm²)	截面惯性矩 I(cm⁴)	截面模量 W(cm³)	回转半径 i(cm)
48	3.5	4.89	12.19	5.08	1.58

Q235A 钢管轴心受压构件的稳定系数

表 7-4

λ	0	1	2	3	4	5	6	7	8	9
0	1.000	0.997	0.995	0.992	0.989	0.987	0.984	0.981	0.979	0.976
10	0.974	0.971	0.968	0.966	0.963	0.960	0.958	0.955	0.952	0.949
20	0.947	0.944	0.941	0.938	0.936	0.933	0.930	0.927	0.924	0.921
30	0.918	0.915	0.912	0.909	0.906	0.903	0.899	0.896	0.893	0.889
40	0.886	0.882	0.879	0.875	0.872	0.868	0.864	0.861	0.858	0.855
50	0.852	0.849	0.846	0.843	0.839	0.836	0.832	0.829	0.825	0.822
60	0.818	0.814	0.810	0.806	0.802	0.797	0.793	0.789	0.784	0.779
70	0.775	0.770	0.765	0.760	0.755	0.750	0.744	0.739	0.733	0.728
80	0.722	0.716	0.710	0.704	0.698	0.692	0.686	0.680	0.673	0.667
90	0.661	0.654	0.648	0.641	0.634	0.626	0.618	0.611	0.603	0.595
100	0.588	0.580	0.573	0.566	0.558	0.551	0.544	0.537	0.530	0.523
110	0.516	0.509	0.502	0.496	0.489	0.483	0.476	0.470	0.464	0.458
120	0.452	0.446	0.440	0.434	0.428	0.423	0.417	0.412	0.406	0.401
130	0.396	0.391	0.386	0.381	0.376	0.371	0.367	0.362	0.357	0.353
140	0.349	0.344	0.340	0.336	0.332	0.328	0.324	0.320	0.316	0.312
150	0.308	0.305	0.301	0.298	0.294	0.291	0.287	0.284	0.281	0.277
160	0.274	0.271	0.268	0.265	0.262	0.259	0.256	0.253	0.251	0.248
170	0.245	0.243	0.240	0.237	0.235	0.232	0.230	0.227	0.225	0.223
180	0.220	0.218	0.216	0.214	0.211	0.209	0.207	0.205	0.203	0.201
190	0.199	0.197	0.195	0.193	0.191	0.189	0.188	0.186	0.184	0.182
200	0.180	0.179	0.177	0.175	0.174	0.172	0.171	0.169	0.167	0.166
210	0.164	0.163	0.161	0.160	0.159	0.157	0.156	0.154	0.153	0.152
220	0.150	0.149	0.148	0.146	0.145	0.144	0.143	0.141	0.140	0.139
230	0.138	0.137	0.136	0.135	0.133	0.132	0.131	0.130	0.129	0.128
240	0.127	0.126	0.125	0.124	0.123	0.122	0.121	0.120	0.119	0.118
250	0.117									

横板支架设计应考虑以下各项荷载：①横板、支架自重；②新浇混凝土、钢筋、预应力筋或其他圬土结构物重力；③施工人员及施工设备、施工材料荷载；④振捣混凝土产生的振动荷载；⑤新浇混凝土对横板侧面的压力；⑥混凝土入横时产生的水平方向的冲击荷载；⑦设于水中的支架所承受的水流压力、波浪力、流冰压力、船只及其他漂流物的撞击力。计算荷载组合见表7-5，竖向荷载标准值见表7-6。

模板、支架和拱架设计计算的荷载组合

表 7-5

模板结构名称	荷载组合	
	计算强度用	验算刚度用
梁、板和拱的底模板以及支撑板、支架及拱等	①+②+③+④+⑦	①+②+⑦
缘石、人行道、栏杆、柱、梁、板、拱等的侧模板	④+⑤	⑤
基础、墩柱等厚大建筑物的侧模板	⑤+⑥	⑤

竖向荷载取值 表7-6

序号	项目	材料容重或荷载大小						
1	模板、支架、拱架、脚手架重度	木材(kN/m³)				钢材(kN/m³)	定型钢模(kN/m³)	
		松木	阔叶树	橡木、落叶松	杉木、桃木	钢材	组合钢模及连接件	组合钢模、连接件及钢楞
		6	8	7.5	5	78.5	0.5	0.75
2	新浇混凝土、钢筋混凝土或砌体的重度	混凝土、砌体(kN/m³)				钢筋混凝土(以体积计算的含筋率)(kN/m³)		
							≤2%	<2%
		24					25	26
3	施工人员、施工料具运输、堆放荷载	1.计算模板及直接支撑模板的小楞时,均布荷载可取 2.5kPa,另以集中荷载 2.5kN 进行验算; 2.计算直接支承小楞的梁或拱架时,均布荷载可取 1.5kPa; 3.计算支架立柱及支承拱架的其他结构构件时,均布荷载可取 1.0kPa						
4	倾倒混凝土时产生的冲击荷载	序号	向模板中供料方式					荷载大小(kN)
		1	用小于及等于 0.2m³ 容器或用溜槽、串筒或导管倾倒时					2.0
		2	用 0.2~0.8m³ 容器倾倒时					4.0
		3	用大于 0.8m³ 容器倾倒时					6.0
		4	混凝土厚度大于1m时					不计
5	振捣混凝土产生的荷载	2.0kPa						
6	其他可能产生的荷载	雪荷载、冬季保暖设施荷载,按实际情况考虑						

各荷载分项系数见表7-7。

荷载分项系数 表7-7

序号	荷载类别	系数 γ_i
1	模板、支架、拱架、脚手架重度	1.2
2	新浇混凝土、钢筋混凝土或砌体的重度	1.2
3	施工人员、施工料具运输、堆放荷载	1.4
4	倾倒混凝土时产生的冲击荷载	1.4
5	振捣混凝土产生的荷载	1.4
6	其他可能产生的荷载	—

2.盘扣支架

盘扣支架结构形式和碗扣类似,支架体系由立杆、水平杆等组成,结构形式上和碗扣最大不同是其立杆和横杆连接方式为盘扣,具体结构见图 7-14。盘扣现行的行业标准为《建筑施工承插型盘扣式钢管支架安全技术规程》(JGJ 231—2010)。

盘扣钢管支架主要构配件材质见表 7-8。钢管外径及允许偏差见表 7-9。

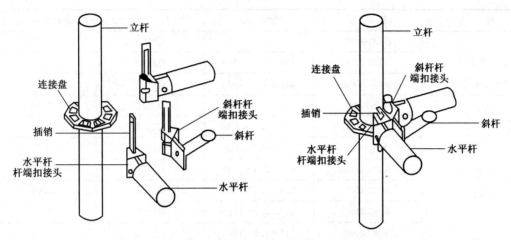

图 7-14 盘扣节点

盘扣式钢管支架主要构配件材质 表 7-8

名称	立杆	水平杆	竖向斜杆	水平斜杆	扣接头	立杆连接套管	可调底座、托座	可调螺母	连接盘、插销
材质	Q345A	Q235A	Q195	Q235B	ZG230-450	ZG230-450 或 20 号无缝钢管	Q235B	ZG270-500	ZG230-450 或 Q235B

盘扣式钢管外径及允许偏差 表 7-9

外径 D(mm)	允许偏差(mm)	外径 D(mm)	允许偏差(mm)
33、38、42、48	+0.2 −0.1	60	+0.3 −0.1

盘扣式钢管支架主要配件种类、规格见表 7-10。

盘扣支架主要配件种类、规格 表 7-10

名称	型号	规格(mm)	材质	理论质量(kg)
立杆	A-LG-500	ϕ60×3.2×500	Q345A	3.75
	A-LG-1000	ϕ60×3.2×1000	Q345A	6.65
	A-LG-1500	ϕ60×3.2×1500	Q345A	9.60
	A-LG-2000	ϕ60×3.2×2000	Q345A	12.5
	A-LG-2500	ϕ60×3.2×2500	Q345A	15.5
	A-LG-3000	ϕ60×3.2×3000	Q345A	18.4
	B-LG-500	ϕ48×3.2×500	Q345A	2.95
	B-LG-1000	ϕ48×3.2×1000	Q345A	5.30
	B-LG-1500	ϕ48×3.2×1500	Q345A	7.64

续上表

名 称	型 号	规格(mm)	材 质	理论质量(kg)
立杆	B-LG-2000	φ48×3.2×2000	Q345A	9.90
	B-LG-2500	φ48×3.2×2500	Q345A	12.30
	B-LG-3000	φ48×3.2×3000	Q345A	14.65
水平杆	A-SG-300	φ48×2.5×240	Q235B	1.40
	A-SG-600	φ48×2.5×540	Q235B	2.30
	A-SG-900	φ48×2.5×840	Q235B	3.20
	A-SG-1200	φ48×2.5×1140	Q235B	4.10
	A-SG-1500	φ48×2.5×1440	Q235B	5.00
	A-SG-1800	φ48×2.5×1740	Q235B	5.90
	A-SG-2000	φ48×2.5×1940	Q235B	6.50
	B-SG-300	φ42×2.5×240	Q235B	1.30
	B-SG-600	φ42×2.5×540	Q235B	2.00
	B-SG-900	φ42×2.5×840	Q235B	2.80
	B-SG-1200	φ42×2.5×1140	Q235B	3.10
	B-SG-1500	φ42×2.5×1440	Q235B	4.30
	B-SG-1800	φ42×2.5×1740	Q235B	5.10
	B-SG-2000	φ42×2.5×1940	Q235B	5.60
竖向斜杆	A-XG-300×1000	φ48×2.5×1008	Q195	4.10
	A-XG-300×1500	φ48×2.5×1506	Q195	5.50
	A-XG-600×1000	φ48×2.5×1089	Q195	4.30
	A-XG-600×1500	φ48×2.5×1560	Q195	5.60
	A-XG-900×1000	φ48×2.5×1238	Q195	4.70
	A-XG-900×1500	φ48×2.5×1668	Q195	5.90
	A-XG-900×2000	φ48×2.5×2129	Q195	7.20
	A-XG-1200×1000	φ48×2.5×1436	Q195	5.30
	A-XG-1200×1500	φ48×2.5×1820	Q195	6.40
	A-XG-1200×2000	φ48×2.5×2250	Q195	7.55
	A-XG-1500×1000	φ48×2.5×1664	Q195	5.90
	A-XG-1500×1500	φ48×2.5×2005	Q195	6.90
	A-XG-1500×2000	φ48×2.5×2402	Q195	8.00
	A-XG-1800×2000	φ48×2.5×1912	Q195	6.60
	A-XG-1800×2000	φ48×2.5×2215	Q195	7.40
	A-XG-1800×2000	φ48×2.5×2580	Q195	8.50
	A-XG-2000×1000	φ48×2.5×2085	Q195	7.00
	A-XG-2000×1500	φ48×2.5×2411	Q195	7.90

续上表

名称	型号	规格(mm)	材质	理论质量(kg)
竖向斜杆	A-XG-2000×2000	φ48×2.5×2756	Q195	8.80
	B-XG-300×1000	φ33×2.3×1057	Q195	2.95
	B-XG-300×1500	φ33×2.3×1555	Q195	3.82
	B-XG-600×1000	φ33×2.3×1131	Q195	3.10
	B-XG-600×1500	φ33×2.3×1606	Q195	3.92
	B-XG-900×1000	φ33×2.3×1277	Q195	3.36
	B-XG-900×1500	φ33×2.3×1710	Q195	4.10
	B-XG-900×2000	φ33×2.3×2173	Q195	4.90
	B-XG 1200×1000	φ33×2.3×1472	Q195	3.70
	B-XG-1200×1500	φ33×2.3×1859	Q195	4.40
	B-XG-1200×2000	φ33×2.3×2291	Q195	5.10
	B-XG-1500×1000	φ33×2.3×1699	Q195	4.09
	B-XG-1500×1500	φ33×2.3×2042	Q195	4.70
	B-XG-1500×2000	φ33×2.3×2402	Q195	5.40
	B-XG-1800×1000	φ33×2.3×1946	Q195	4.53
	B-XG-1800×1500	φ33×2.3×2251	Q195	5.05
	B-XG-1800×2000	φ33×2.3×2618	Q195	5.70
	B-XG-2000×1000	φ33×2.3×2119	Q195	4.82
	B-XG-2000×1500	φ33×2.3×2411	Q195	5.35
	B-XG-2000×2000	φ33×2.3×2756	Q195	5.95
水平斜杆	A-SXG-900×900	φ48×2.5×1273	Q235B	4.30
	A-SXG-900×1200	φ48×2.5×1500	Q235B	5.00
	A-SXG-900×1500	φ48×2.5×1749	Q235B	5.70
	A-SXG-1200×1200	φ48×2.5×1697	Q235B	5.55
	A-SXG-1200×1500	φ48×2.5×1921	Q235B	6.20
	A-SXG-1500×1500	φ48×2.5×2121	Q235B	6.80
	B-SXG-900×900	φ42×2.5×1273	Q235B	3.80
	B-SXG-900×1200	φ42×2.5×1500	Q235B	4.30
	B-SXG-900×1500	φ42×2.5×1749	Q235B	5.00
	B-SXG-1200×1200	φ42×2.5×1697	Q235B	4.90
	B-SXG-1200×1500	φ42×2.5×1921	Q235B	5.50
	B-SXG-1500×1500	φ42×2.5×2121	Q235B	6.00
可调托座	A-ST-500	φ48×6.5×500	Q235B	7.12
	A-ST-600	φ48×6.5×600	Q235B	7.60
	B-ST-500	φ38×5.0×500	Q235B	4.38
	A-ST-600	φ38×5.0×600	Q235B	4.74

续上表

名　称	型　号	规格(mm)	材　质	理论质量(kg)
可调底座	A－XT－500	φ48×6.5×500	Q235B	5.67
	A－XT－600	φ48×6.5×600	Q235B	6.15
	B－XT－500	φ38×5.0×500	Q235B	3.53
	B－XT－600	φ38×5.0×600	Q235B	3.89

注：1. 立杆规格为 φ60×3.2 的为 A 型承插型盘扣式钢管支架；立杆规格为 φ48×3.2 的为 B 型承插型盘扣式钢管支架。

2. A-SG、B-SG 为水平杆，分别适用于 A 型、B 型承插型盘扣式钢管支架。

3. A-SXG、B-SXG 为斜杆，分别适用于 A 型、B 型承插型盘扣式钢管支架。

需要说明的是，虽然盘扣规格中有水平斜杆，但目前市场上无水平斜杆杆件供货，其水平斜杆仍然用一般钢管通过扣件连接实现水平斜杆连接。

3. 碗扣支架与盘扣支架的主要区别

(1) 连接形式：盘扣支架为圆盘扣，碗扣支架为碗扣。

(2) 立杆规格：盘扣 φ60×3.2、φ48×3.2，碗扣 φ48×3.5。

(3) 横杆规格：盘扣 φ48×2.5、φ42×2.5，碗扣 φ48×3.5。

(4) 材质：盘扣立杆 Q345A，水平杆 Q235B，竖向斜杆 Q195；碗扣均是 Q235A。

(5) 步距：盘扣 50cm 倍数，碗扣 60cm 倍数。

(6) 斜杆：盘扣采用标准制式斜杆，碗扣采用普通钢管。

(7) 杆件防腐：盘扣采用热镀锌浸镀工艺，碗扣采用普通防腐涂料。

(8) 受力模式：盘扣利用斜拉杆形成的多个格构柱结构受力，碗扣利用单杆受压受力。

(9) 顶托上支撑：盘扣采用配套铝合金工字梁或方木，碗扣采用方木。

盘扣配套铝合金工字梁截面尺寸见图 7-15。

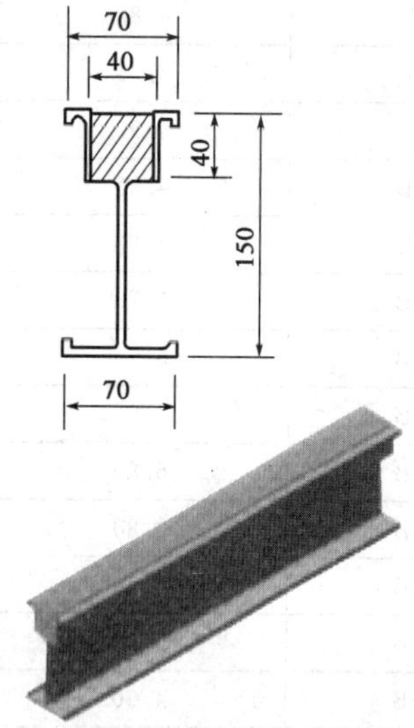

铝合金工字梁规格及性能如下：

型号：S-150；

材质：铝合金；

弹性模量：$E=70100$ MPa；

惯性矩：$I=6035000$ mm^4；

长度：2m、2.47m、3m、4m、5m，配有专用夹板；

截面尺寸：70mm×150mm。

工字梁强度高、质量轻，在 U 形槽内镶嵌有方木条，便于钉模板。

图 7-15　盘扣配套铝合金工字梁截面尺寸(尺寸单位：mm)

三、材料应力、变形限值

模板、拱架、支架等属临时结构，其强度设计采用容许应力法。

1. 木材容许应力

桥梁支架顶部通常采用方木作为底模板的支撑,并通过纵横向方木将上部荷载传递给支架立柱,因此经常会计算方木受力性能。按《公路钢结构桥梁设计规范》(JTG D64—2015)规定,作为承重结构的木材其材质不宜低于Ⅲ等材,木材的容许应力见表7-11。

各种常用木材的容许应力和弹性模量(MPa)　　　　表7-11

木材种类	树种名称	顺纹拉应力 (σ_l)	顺纹承压应力 (σ_a)	顺纹弯应力 (σ_w)	顺纹剪应力 (σ_j)	弯曲剪应力 (τ)	横纹承压应力(σ_{ah}) 全面积	局部表面及齿面	螺栓垫板下	弹性模量 E (×10^3)
针叶材	A-1	东北落叶松、陆均松	9.0	14.5	14.5	1.5	2.3	2.3	3.5	4.6	11
	A-2	鱼鳞云杉、西南云杉、铁杉、红杉、赤杉、新疆落叶松	8.5	13.0	13.0	1.4	2.0	2.0	2.9	4.1	10
	A-3	红松、樟子松、华山松、马尾松、云南松、广东松、油松红皮云杉	8.0	12.0	12.0	1.3	1.9	1.8	2.6	3.6	9
	A-4	杉木、华北落叶松、秦岭落叶松	7.0	11.0	11.0	1.2	1.7	1.8	2.6	3.6	9
	A-5	冷杉、西北云杉、山西云杉、山西油杉	6.5	9.5	9.5	1.2	1.7	1.6	2.3	3.1	8.5
阔叶松	B-1	栎木(柞木)、青冈	12.0	19.0	19.0	2.6	3.8	4.1	6.1	8.2	12
	B-2	水曲柳	11.0	16.5	16.5	2.3	3.2	3.7	5.5	7.4	11
	B-3	锥栗(栲木)、桦木	9.5	14.5	14.5	1.9	2.8	3.0	4.4	6.0	10

注:1. 弯曲剪应力 τ 仅用于整体梁的弯曲受剪验算。
　　2. 对于柱(桩)式墩盖梁、柱式座架墩底梁等在局部长度上的容许横纹承压应力为全面积容许承压应力的2倍。
　　3. 木材湿度超过30%或在水中的结构,木材横纹承压容许应力和弹性模量降低10%。

木材强度等级采用无瑕疵木材制成标准小试件作顺纹受压强度试验,按表7-12确定该批木材的应力等级,木材强度试验试件尺寸要求见相关规范规定。

木材应力等级检验指标(MPa)　　　　表7-12

木材种类	针叶材					阔叶材		
应力等级	A-1	A-2	A-3	A-4	A-5	B-1	B-2	B-3
顺纹受压最低极限强度	40	32	30	28	26	45	40	35

木材容许应力和弹性模量提高或降低系数见表7-13。

木材容许应力和弹性模量提高或降低系数 表7-13

使用条件或荷载组合	提高或降低系数	
	容许应力	弹性模量
原木顺纹受压和受弯的容许应力及弹性模量	1.15	1.15
截面短边尺寸不小于15cm的方木受弯容许应力	1.15	1.00
简支梁上部构造及其他梁桥的桥面系简单构造	1.20	1.00
当采用湿材时,木材横纹承压容许应力和弹性模量	0.9	0.9
荷载组合Ⅰ	1.0	1.0
荷载组合Ⅱ、Ⅲ、Ⅳ	1.2	1.0

注:1.上述各项条件同时出现时,容许应力提高或降低系数可连续叠加,但叠加后的提高系数不得大于1.25%。
2.荷载组合的规定见《公路桥涵设计通用规范》(JTG D60—2015)。

2. 钢材容许应力

用于制造钢模板、型钢、碗扣支架的钢材一般采用Q235,其容许应力见表7-14。

钢模板、型钢、碗扣支架的容许应力(MPa) 表7-14

材料	应力类别	符号	规范规定
Q235	抗压、抗拉轴向力	$[\sigma]$	140
	弯曲应力	$[\sigma_w]$	145
	剪应力	$[\tau]$	85

3. 稳定性、刚度要求

按《公路桥涵施工技术规范》(JTG/T 3650—2020)要求,支架的立柱应保持稳定,并用斜杆固定。当验算模板、支架在自重、风荷载等作用下的抗倾覆稳定性时,验算倾覆的稳定系数不得小于1.3。

验算支架及拱架的刚度时,其变形值不得超过下列数值:
(1) 结构表面外露的模板,挠度为模板构件跨度的1/400。
(2) 结构表面隐蔽的模板,挠度为模板构件跨度的1/250。
(3) 支架、拱架受载后挠曲的杆件(盖梁、纵梁),其弹性挠度为相应结构跨度的1/400。

按《公路桥涵施工技术规范》要求,支架是否预压宜根据其结构形式、所用材料和地基情况的不同,综合确定。对位于刚性地基上的刚度较大且非弹性变形可确定控制在一定范围内的支架,在经计算并通过一定审核程序,确认其满足强度、刚度和稳定性等要求的前提下,可不预压;但在施工过程中应对支架的材料和安装施工质量采取严格的管控措施;对位于软土地基或软硬不均地基上的支架,宜通过预压方式,消除地基的不均匀沉降和支架的非弹性变形;对支架进行预压时,预压荷载宜为支架所受荷载的1.05~1.10倍,预压荷载的分布宜模拟需承受的结构荷载及施工荷载。

第二节 支架现浇施工及质量控制

一、墩梁支架施工

1. 墩基础处理

墩梁支架主要用于跨越既有公路、河流或采用满堂支架时地基处理相当困难场地情况。

相对于满堂支架，墩基础承受荷载较大，除承载能力满足要求外，在上部结构施工期间，其沉降也应符合要求。墩基础一般采用 C25 混凝土，顶部设钢筋网片，对于跨越既有公路的墩梁支架，墩的基础可以采用预制混凝土或现浇混凝土直接支撑在公路路面上（图 7-16）；对于位于非既有公路上的墩，应根据场地地质、地层及上部荷载情况，对混凝土墩基础进行处理，如地层承载能力达不到设计要求，可采用换填、夯实等处理措施。如有必要，在浇筑完基础混凝土后，可先选择一个墩基础进行预压。

2. 墩安装

在墩混凝土基础上，一般设置预埋钢筋或钢板，将钢管墩下部和混凝土基础连接在一起，形成固定约束（图 7-17）。墩上、下部做加劲肋及托板，以增加钢管墩的局部承载能力，两邻钢管墩间用型钢连接在一起，以减小钢管墩的自由长度。

图 7-16　路面预制混凝土墩

图 7-17　现浇混凝土墩及钢管与墩连接

3. 卸架砂箱安放

卸架砂箱放置在梁和墩之间，一般在墩上做一水平型钢，砂箱放置在水平型钢上，砂箱和梁之间再放一水平型钢，也可将砂箱直接安放在钢管墩上，上设水平型钢支撑支架中纵梁。采用何种方式可根据具体情况确定，见图 7-18。

4. 支架纵梁架设

对于跨越既有公路的墩梁支架，由于车辆通行净空要求，且跨度不大，一般采用型钢作墩梁支架纵梁，其他墩梁支架中纵梁多采用贝雷梁。

图 7-18　砂箱布置

现场使用贝雷梁时，可采用连接横撑每隔 3m 将两片或三片贝雷梁连接在一起，形成钢桁梁，如图 7-19 所示。制式的横向连接中心宽度分别为 450mm、900mm。贝雷梁在地面上拼装成桁架后，分段用起重机将其吊到设计位置。桁架的布设根据梁截面形状确定，一般箱梁腹板下布设较密，翼板范围布设较稀，为保证各桁架共同受力，在桁架顶部每隔一定间距设置一道 10 号槽钢（或其他型钢），如图 7-20 所示。槽钢设置间距可根据具体情况确定，但每个节段两端、中间立杆、斜杆交叉位置必须设置槽钢，并将槽钢和桁架上弦杆用 U 形螺栓连接在一起。

图 7-19　桁片间横向连接

图 7-20　桁架顶部横向型钢

墩梁支架中纵梁必须设置预拱度。纵梁的预拱度包含两部分：一部分是由于支架纵梁在荷载作用下产生的竖向变形；另一部分是设计要求的由于结构后期受力、徐变等引起的竖向变形。由于贝雷梁属销栓连接，支架变形除荷载作用下的变形外，还存在错孔挠度。即由销孔错动、挤密引起的挠度。为消除错孔挠度，并检验支架的受力及变形，在安装模板前都会要求对支架进行预压，预压时一般按 1.2 倍荷载施加重量。施加荷载可采用砂袋、钢筋等重物。预压可消除纵梁的错孔挠度，根据预压荷载作用下纵梁的变形及设计要求设置的预拱度叠加后，通过支架上面的方木等调整出预拱度。

附：贝雷梁结构参数

贝雷梁是一种制式器材，主要用于抗灾、战备中桥梁抢修，我国公路系统的贝雷梁和英美国家的"贝雷钢桥"结构形式相似，主梁均为"米"字形桁架，但尺寸不同，两种器材不能混用。我国贝雷梁原名叫 321 型装配式公路钢桥，以 321 型贝雷梁为名和英美国家贝雷梁区别开。目前国内在 321 型贝雷梁基础上研制成了 HD200 型贝雷梁，其变形更小，承载能力更高。321 型、HD200 型贝雷梁主要用在临时桥梁，在现浇桥梁墩梁支架中作为纵梁是贝雷梁应用的推广。本文只介绍 321 型、HD200 型贝雷梁主桁结构相关内容。

1. 321 型贝雷梁

321 型贝雷梁主梁构件有桁架、桁架连接销、加强弦杆、弦杆螺栓、桁架螺栓 6 种构件组成，每个标准节段长 3m（销孔中心间距），全高 1.5m，上下弦杆销孔中心间距 1.4m。桁架由上、下弦杆、竖杆及斜杆焊接而成，上、下弦杆的端部有阴阳接头，接头上有桁架连接销孔。

桁架弦杆由两根 10 号槽钢（背靠背）组成。在下弦杆上，焊有多块带圆孔的钢板，在上、下弦杆内有供与加强弦杆和双层桁架连接的螺栓孔。在上弦杆内还有供连接支撑架的四个螺栓孔，其中中间的两个孔是供双排或多排桁架同节间连接用的，靠两端的两个孔是跨节间连接用的。

桁架竖杆均采用 8 号工字钢，桁架构件材料为 16Mn，每片桁架质量为 270kg。

321 型贝雷梁结构见附图 7-1。桁架构件截面特性、容许应力及力学参数分别见附表 7-1～附表 7-3。

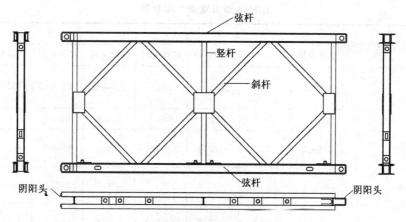

附图 7-1　321 型贝雷梁结构

321 型贝雷梁截面特性　　　　　　　　　　　　　　　　　　　　　附表 7-1

截面组成	$A(cm^2)$	$I_x(cm^4)$	$W_x(cm^3)$	$i_x(cm)$	$I_y(cm^4)$	$W_y(cm^3)$	$I_y(cm)$
弦杆 2-[10	25.48	396.6	79.4	3.95	827	94	5.7
斜杆、竖杆 1-I8	9.53	99	24.8	3.21	12.8	4.9	1.18

桁架材料及容许应力（MPa）　　　　　　　　　　　　　　　　　　附表 7-2

部　件	材　料	σ_s	$[\sigma]$	$[\tau]$
构件	16Mn	350	273	208
钢销	30CrMnTi	1300	1105	585

321 型贝雷梁力学参数　　　　　　　　　　　　　　　　　　　　　附表 7-3

桁架名称	桁架编号	内力名称	不加强				加强			
			单排单层	双排单层	三排单层	四排单层	单排单层	双排单层	三排单层	四排单层
标准桁架	321	弯矩(kN·m)	788.2	1576.4	2246.4	—	1687.5	3375.0	4809.4	—
		剪力(kN)	245.2	490.5	698.9	—	245.2	490.5	698.9	—
		惯性矩(cm^4)	250497.2	500994.4	751491.6	—	577434.4	1154868.8	1732303.2	—

2. HD200 型贝雷梁

HD200 型装配式公路钢桥是 20 世纪 80 年代末、90 年代初出现的一种新型贝雷式桥梁。我国在 20 世纪 90 年代中期设计完成同型号的公路钢桥,现已有单排单层(SS)、双排单层(DS)、三排单层(TS)、四排单层(QS)以及各自加强型的单车道和双车道桥梁结构。HD200 型钢桥从外观上看和 321 型钢桥相似,但 321 型钢桥钢桁架高度为 1.4m,而 HD200 型钢桥则为 2.134m,而且支撑连接体系也作了较大的改进,提高了桥梁的抗弯能力和刚度,增加了抗疲劳性,增加了稳定性,减小了桥梁的竖向变形,而且可节约 30% 钢材。

HD200 型贝雷梁标准桁架单片长 3.048m,高 2.134m(均指销孔中心距),质量为 316.5kg。根据承载力要求分为标准桁架、高抗弯桁架、高剪力桁架和超高剪力桁架等型号,附表 7-4 是 HD200 型常用贝雷梁桁架的力学参数。

HD200 型贝雷梁力学参数　　　　　　　　　　　　　　　　　　　　附表 7-4

桁架名称	桁架编号	内力名称	不加强				加强			
			单排单层	双排单层	三排单层	四排单层	单排单层	双排单层	三排单层	四排单层
标准桁架	HD200	弯矩(kN·m)	1047.8	2053.7	3017.6	3981.6	2194.9	4302.0	6321.3	8340.6
		剪力(kN)	223.6	438.2	643.9	849.6	223.6	438.2	643.9	849.6
高抗弯桁架	HD201	弯矩(kN·m)	1593.2	3122.8	4588.5	6054.3	3335.8	6538.2	9607.1	12676.1
高抗剪桁架	HD202	剪力(kN)	384.6	753.7	1107.5	1461.3	384.6	753.7	1107.5	1461.3
超高抗剪桁架	HD203	剪力(kN)	509.8	999.2	1468.2	1937.2	509.8	999.2	1468.2	1937.2
惯性矩(cm⁴)			580967.2	1161934.4	1742901.6	2323868.8	1164482.4	2328964.8	3493447.2	4657929.6

HD200 型贝雷梁具有独特的预拱结构，上弦杆较下弦杆长 2mm，组拼后将产生向上的预拱，结合加强弦杆接头错位连接，可有效减小其竖向变形。为了充分利用桁架的抗弯、抗剪能力，HD200 型钢桥的桁架有标准桁架和高抗剪桁架之分。当桥的抗弯能力满足而抗剪能力不满足时，只要在桥的两端各安装一节或两节高抗剪桁架，就可以使桥的抗剪、抗弯能力均符合要求。HD200 型钢桥设计了轻型和重型两种，并可在桁架上、下弦杆的顶面或底面与桁架接头错开布置，减小了桥梁因销孔间隙而引起的竖向变形。为便于安装，HD200 型钢桥取消了双层结构，桁架的排数增加到 4 排。

二、满堂支架施工

1. 基础处理

基础处理应根据支架受力计算确定，对基础承载能力达不到要求的应进行处理。处理方法应根据现场实际情况确定，可采用换填、抛石挤淤等方法处理，雨季施工或桥位近雨水较多的应浇筑一层厚度 20cm 的 C15 混凝土，并做排水横坡，在基础两侧做纵桥向排水沟，以防雨水渗透造成基础不均匀沉降。

2. 碗扣支架搭设

混凝土基础上可直接安放底托或加设方木后安放底托，底托丝杆旋出长度越小越好，以减小底部立杆的自由长度。第一层横联称为扫地杆，必须安放。相邻立杆间接头位置应错开，立杆平面位置偏差不得超过跨度的 1/1000 或 30mm，垂直度应控制在允许范围内。顶托丝杆旋出长度应控制在丝杆总长度的 1/3 以内，否则丝杆旋出过长会造成立杆顶部自由长度过大。在荷载作用下(尤其是在有纵坡情况下)可能会造成立杆局部失稳。某桥桥墩盖梁为变截面，采用碗扣支撑体系现浇，由于顶托旋出长度过长，在预压过程中发现立杆顶部发生明显偏斜，后不得不在丝杆中间用钢管设置纵、横向连接减小丝杆自由长度，见图 7-21。

对于采用满堂支架现浇施工的变截面梁，由于碗扣支架长度为制式，不可能在现场进行切割，加之立杆接头需要错开，在设计支架时必须进行配杆计算，即设计出每排立杆所需杆件型号。

安装时按图施工,一方面便于碗扣立杆的进料数量统计;另一方面在安装立杆时也可将接头错开。

图 7-21 顶托丝杆旋出过长

斜撑(剪刀撑)在纵、横桥向均应设置,纵桥向在腹板下、顺桥中心、翼板下必须设置,横桥向设置间距应根据具体情况确定。安装剪刀撑时,剪刀撑斜杆按斜向 45°～60°由底至顶连续设置,和立杆应尽量在节点附近连接,用扣件将斜杆和立杆连接牢固。对于较高支架,在支架沿高度方向顶、支架底及中部,也应布置水平剪刀撑。

安装立杆过程中应及时架设斜杆及横联,以防在搭设支架过程中发生倾覆事故。

3.盘扣支架搭设

按《建筑施工承插型盘扣式钢管支架安全技术规程》(JGJ 231—2010)要求,盘扣支架搭设高度不宜超过 24m,当超过 24m 时,应另行专门设计。

模板支架斜杆或剪刀撑设置规定:

当搭设高度不超过 8m 时,步距不宜超过 1.5m,支架架体四周外立面向内的第一跨每层均应设置竖向斜杆,架体整体底层以及顶层均应设置竖向斜杆,并应在架体内部区域每隔 5 跨由底至顶纵、横向设置竖向斜杆,或采用扣件钢管搭设的剪刀撑;当模板支架架体高度不超过 4 个步距时,可不设顶层水平斜杆;当架体高度超过 4 个步距时,应设置顶层水平斜杆或扣件钢管水平剪刀撑,见图 7-22。

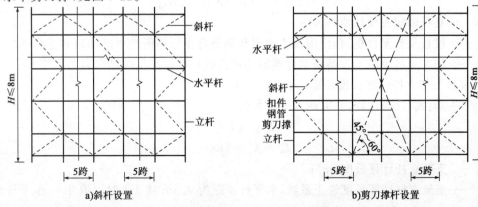

图 7-22 高度不大于 8m 的斜杆、剪刀撑杆设置

当搭设支架高度超过8m时,竖向斜杆应满布设置,水平杆的步距不得大于1.5m,沿高度每隔4~6个标准步距应设置水平层斜杆或扣件钢管剪刀撑,见图7-23。

对于盘扣支架,在《建筑施工承插型盘扣式钢管支架安全技术规程》(JGJ 231—2010)中,对丝杆伸出长度有明确规定:

(1)模板支架可调托座伸出顶层水平杆获双槽钢托梁的悬臂长度(图7-24)严禁超过650mm,且丝杆外露长度严禁超过400mm,可调托座插入立杆或双槽钢托梁长度不得小于150mm。

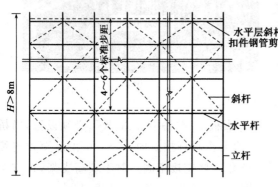

图7-23 高度大于8m水平斜杆设置立面　　图7-24 带可调托座伸出顶层水平杆的悬臂长度

(2)高大模板支架最顶层的水平杆步距应比标准步距缩小一个盘扣间距。

(3)模板支架可调底座调节丝杆外露长度不应大于300mm,作为扫地杆的最底层水平杆离地高度不应大于550mm。

4.盘扣支架计算

盘扣支架杆件受力计算和碗扣支架有所差异,具体为:

(1)支架立杆轴向力设计值按下列公式计算

不组合风荷载时:
$$N = 1.2\sum N_{GK} + 1.4\sum N_{QK} \tag{7-1}$$

组合风荷载时:
$$N = 1.2\sum N_{GK} + 0.9 \times 1.4\sum N_{QK} \tag{7-2}$$

式中:N——立杆轴向力设计值(kN);

$\sum N_{GK}$——模板及支架自重、新浇混凝土自重和钢筋自重标准值产生的轴向力总和(kN);

$\sum N_{QK}$——施工人员及施工设备荷载标准值和风荷载标准值产生的轴向力总和(kN)。

(2)模板支架立杆计算长度计算公式

按式(7-3)、式(7-4)计算,并取两者中较大值。

$$l_0 = \eta h \tag{7-3}$$
$$l_0 = h' + 2ka \tag{7-4}$$

式中:l_0——支架立杆计算长度(m);

η——支架立杆计算长度修正系数,水平杆步距为0.5m或1m时可取1.6,水平杆步距为1.5m时可取1.2;

h——支架立杆中间层水平杆最大竖向步距(m);

h'——支架立杆顶层水平杆步距(m),宜比最大步距减少一个盘扣的距离;

k——悬臂计算长度折减系数,可取 0.7;

a——支架可调托座支撑点至顶层水平杆中心线的距离(m)。

(3)立杆稳定性计算

不组合风荷载时:

$$\frac{N}{\varphi A} \leqslant f \tag{7-5}$$

组合风荷载时:

$$\frac{N}{\varphi A} + \frac{M_w}{W} \leqslant f \tag{7-6}$$

式中:M_w——计算立杆段由风荷载设计值产生弯矩(kN·m),按 $M_w = 0.9 \times 1.4 M_{wK} = \frac{0.9 \times 1.4 W_K l_a h^2}{10}$ 计算;

f——钢材的抗拉、抗压和抗弯设计强度值(MPa),Q345 钢材取 300MPa,Q235 钢材取 205MPa,Q195 钢材取 175MPa;

φ——轴心受压构件的稳定系数,应根据立杆长细比 $\lambda = l_0/i$ 按《建筑施工承插型盘扣式钢管支架安全技术规程》(JGJ 231—2010)附录 D 取值;

W——立杆截面模量(cm^3);

A——立杆截面积(cm^2)。

(4)支架地基承载能力计算

$$p_k \leqslant f_g \tag{7-7}$$

$$p_k = \frac{N_k}{A_g} \tag{7-8}$$

式中:p_k——相应于荷载效应标准组合时,立杆基础地面处的凭据压力(kPa);

N_k——立杆传至基础顶面的轴向力标准组合值(kN);

A_g——可调底座板对应的基础底面面积(m^2);

f_g——地基承载力特征值(kPa),按《建筑地基基础设计规范》(GB 50007—2011)规定确定。

5.支架预压

支架预压是支架现浇桥梁施工的关键步骤。其目的为:检验支架整体稳定性;消除支架、方木、模板非弹性变形,同时得到支架弹性变形,并依此作为支架本身预拱度抛高值的依据;检验支架基础在荷载作用下的变形及承载能力;使桥梁线形符合设计要求,避免箱梁混凝土因支架不均匀沉降出现开裂。

支架预压可采用砂袋堆载预压(图 7-25),采用由纤维材料编织的编织袋每个重量为 20kN 左右;预压时砂袋堆放尽量和梁体混凝土重量分布相同;预压荷载重量一般为梁体混凝土湿重的 1.05~1.1 倍。

预压加载分级进行,可按 30%、60%、100%、110% 分级加载。加载过程中选取若干截面在底模、基础顶分别做变形观测点,并按以下程序进行变形观测:加载前记录各测点初始高程,加一级荷载后每隔 6h 观测一次。当日沉降量小于等于 2.0mm 时,施加下一级荷载,当日沉降小于等于 2.0mm 后,认为地基基础沉降稳定,可以卸载。卸载过程中,同样在原变形测点处进行卸载过程中变形观测,根据观测结果,得到支架、基础的非弹性变形及弹性变形,依据弹性变形设置支架自身的预拱度抛高值。

图 7-25 采用砂袋堆载预压

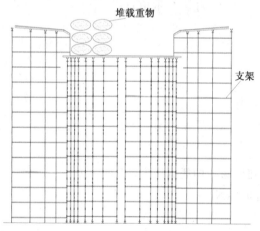

图 7-26 某桥支架预压偏载示意

支架预压时应严格控制堆载的均衡。对于支架较高、较窄的公路匝道及铁路桥,更应如此,严禁在加载时顺桥两侧堆载偏差过大,使高耸支架偏载严重,有可能造成支架在预压时垮塌。某铁路桥就是由于预压时荷载堆放在顺桥向一侧,造成了预压过程中的支架垮塌,偏载示意见图 7-26。

6. 预拱度设置

预拱度设置包含两项内容:支架弹性变形的抛高值及结构后期徐变、荷载作用的预拱度,支架弹性变形的抛高值可以根据支架预压结果确定,由施工单位自主确定。结构后期徐变、荷载作用的预拱度,需根据结构后期受力特点、所用材料特性、施工程序等经计算确定,由设计单位确定(对于施工复杂、跨度较大的可委托第三方监控单位进行),两者叠加后作为支架总预拱度。

三、支架现浇桥梁混凝土及预应力施工

墩梁支架、满堂支架现浇桥梁混凝土及预应力施工有共同特点:混凝土一次浇筑方量较大、预应力钢束较长。

1. 曲线预应力束防崩钢筋设置

在曲线现浇桥梁中,预应力钢束在张拉时会对曲线内侧混凝土产生很大的径向压力,因此在设计中会设置沿曲线段预应力孔道的防崩钢筋,防崩钢筋一般做成 U 形,端部做成 L 形直

钩,以增大防崩钢筋和混凝土的黏结力。曲线束防崩钢筋必须设置,其端部必须做成直钩。现场出现多起由于不设置防崩钢筋或设置不合理造成张拉时曲线内侧混凝土剥离的事故。图 7-27 为某工程在曲线段预应力孔道上未按设计安放防崩钢筋,在张拉完成后发现从水平曲线起点到终点曲线外侧混凝土出现剥离,箍筋发生明显的侧向变形。

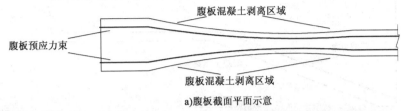

a)腹板截面平面示意

b)腹板截面混凝土剥离情况

图 7-27　腹板曲线预应力束造成混凝土出现剥离

图 7-28 为某支架现浇桥梁,支撑端部底板混凝土加厚,形成底板从跨中部分到梁端部的变截面,对应预应力孔道形成竖平面的曲线。当张拉完拆除支架时,发现竖曲线部分混凝土破碎,随着支架拆除,破碎区域增大。经分析出现此事故的原因也是施工时未按设计要求设置防崩钢筋,且对应此部分底板的横桥向普通钢筋连接方式采用搭接,没有采用焊接,加大了此部分破碎的可能性。

可见防崩钢筋对确保曲线孔道预应力混凝土结构的施工安全是相当重要的。出现以上事故后,给后期孔道压浆造成诸多不便,也会影响结构的施工质量。

2. 锯齿块钢筋

锯齿块是为方便现浇箱梁张拉锚固预应力束需要而设置的。结构形式为在箱梁底板、顶板上形成外形为锯齿的结构。从受力上来说锯齿块受力主要为弯剪组合,受力状态不好,在锯齿块内预应力束为竖直面弯起曲线或竖直面、水平面内弯起空间曲线。在锯齿块内,除锚下钢筋、箍筋外,同样要布置防崩钢筋,此区域钢筋布置较密。在工程实践中发现,有的单位为方便防崩钢筋的安装将防崩钢筋端部弯钩人为切割掉,有的防崩钢筋不垂直管道轴线,这些都严重影响防崩钢筋的功能。在张拉预应力钢筋时,锯齿块和顶、底板接触面将承受很大剪力,因此在锯齿块内防崩钢筋、箍筋都进入底(顶)板,并和底(顶)板钢筋连接,形成强大的钢筋骨架。有的施工单位防崩钢筋、箍筋深入底(顶)板长度不足或没有和底(顶)板钢筋可靠连接,这都将会对张拉时锯齿块抗剪能力产生影响。国内曾发生过张拉时锯齿块被从顶(底)

板接触面剪断的事故。因此,在锯齿块钢筋施工时,应充分认识到防崩钢筋、箍筋安装的重要性,严格按照图纸设置防崩钢筋及箍筋,不能只图安装方便人为缩短钢筋长度、任意切割钢筋。

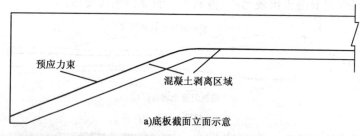

a) 底板截面立面示意

b) 底板截面混凝土剥离情况

图 7-28 底板加厚段混凝土剥离、破碎

3. 混凝土浇筑及养护

支架现浇桥梁混凝土一次浇筑方量较大,在浇筑混凝土时应按一定程序进行。对于现浇箱梁混凝土浇筑总的程序是从低到高,分段、分层浇筑;对于预应力混凝土箱梁,一般从一端先浇筑 10~15m 底板混凝土,然后从腹板下料,斜向水平分层浇筑腹板、顶板,如此循环,形成多段斜向水平分层的浇筑面。每层混凝土下料厚度不得超过 30cm,在振捣混凝土时振捣棒应插入下层已浇混凝土 5cm 以上,以保证两层混凝土很好的连接。底板混凝土振捣完毕后,可在腹板底部到脚附近反压宽度为 30cm 的压板,并将压板顶在内模顶板上,防止在浇筑腹板混凝土时箱内混凝土外翻。在振捣完底板混凝土后浇筑腹板混凝土时,不能再振捣底板混凝土,防止由于腹板内混凝土下落使腹板出现空洞或麻面。

支架现浇桥梁混凝土很少采用附着式振捣器振捣,大部分主要采用插入式振捣棒振捣。对于有波纹管弯起、锚下钢筋密集处、箱梁底板、腹板相交处等容易出现空洞、麻面、振捣不密实的部位,应加强振捣。现场多次实践发现,混凝土振捣出现问题和下料有很大关系。有的施工单位下料时混凝土一次下料厚度达 1m 以上,这样做容易造成漏振、振捣不密实或过振等情况。因此,应严格控制每层混凝土下料厚度,只有在控制好混凝土分层厚度后,才能保证混凝土振捣质量。图 7-29~图 7-31 分别为箱梁浇筑混凝土过程中出现的缺陷。

支架现浇混凝土一次浇筑方量较大,在浇筑相邻两层混凝土时应保证下层混凝土不初凝。因此,混凝土浇筑工作面、浇筑工序应根据现场混凝土供应量确定,防止混凝土出现"冷缝"。

图 7-29 箱梁底板出现空洞

图 7-30 箱梁顶板锯齿块裂缝

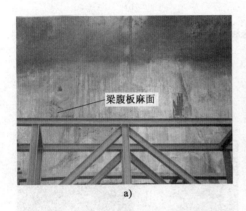

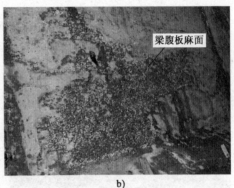

图 7-31 箱梁腹板麻面

底板锯齿块混凝土施工时，由于锯齿块高于底板顶面，现场施工时往往只设置锯齿块侧模，不注意设置顶面模板及侧模周边压模。在浇筑锯齿块混凝土时，混凝土从锯齿块顶面较低处及侧模周边大量翻混凝土，工人不敢振捣，造成锯齿块混凝土内部严重不密实，在张拉时锯齿块锚下被压碎甚至整个锯齿块被剪断。在施工锯齿块混凝土时，应按图 7-32 所示在锯齿块周边加设宽 20cm 左右压模，并在顶部根据灌注高度分段加设顶模。

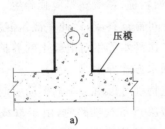
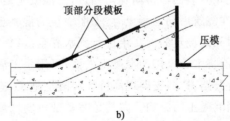

图 7-32 锯齿块模板方案

图 7-33 为某桥底板锯齿块张拉时由于锚下混凝土振捣不密实造成锚下混凝土的破碎，图 7-34 为锯齿块和底板间的缺陷、锯齿块表面麻面、裂纹。

图 7-35 为某桥顶板锯齿块张拉后锚下裂纹、破碎情况。

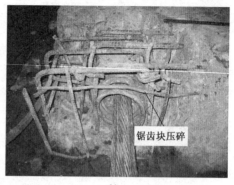

a)   b)

图 7-33 锯齿块锚下压碎

a)   b)

图 7-34 锯齿块缺陷情况

  支架现浇桥梁的顶面较宽,公路桥更是如此。在浇筑完混凝土后,如果养护不当会造成顶板顶面混凝土的龟裂。为防止龟裂的发生,在振捣完顶板混凝土后,可用木抹子抹平混凝土,然后用竹扫把在其表面横桥向均匀扫过,使混凝土表面粗糙,覆盖塑料薄膜养生。由于混凝土浇筑时间长,在浇筑后期混凝土时,先期浇筑的混凝土可能已终凝,因此在浇筑混凝土过程中,应安排专人对先期浇筑的混凝土进行洒水养生。第一次洒水养生对混凝土的养护质量非常关键,洒水时不能将水管直接冲混凝土表面,可用手工洒水方式养生。

  对于邻近公路、铁路支架现浇桥梁混凝土施工,应特别考虑由于车辆振动引起的支架高程变化对未凝固混凝土的影响。尤其是在基础较弱区域临近重载铁路时,由于重载列车对地基产生较大的振动,有可能会引起混凝土的开裂。例如,某桥位于海岸附近软基上,和既有铁路线平行,铁路和新建桥梁中心间距 80m 左右,通行列车为运煤重载列车,新建桥梁采用满堂支架施工,拆除侧模后发现沿桥纵向每隔一定间距产生垂直梁轴裂缝,后分析可能是由于重载列车通行引起的振动造成支架不均匀沉降,使混凝土出现裂缝。对此种情况,可增加基础混凝土厚度及立杆数量等措施加以避免。

a) 顶板锯齿块锚下碎裂

b) 顶板锯齿块锚下破碎

c) 顶板锯齿块锚下混凝土开裂

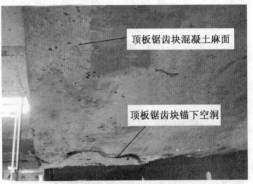
d) 顶板锯齿块混凝土麻面及空洞

图 7-35　某桥顶板锯齿块缺陷

4. 预应力施工

支架现浇桥梁纵向预应力钢束有几种情况：采用 P 锚作固定端，单端张拉；两端张拉；通过连接器上挂设 P 锚接长预应力束，接长部分采用单端张拉。下面就几种预应力布束情况施工过程注意事项加以说明：

（1）采用 P 锚作固定端，单端张拉

在多跨现浇桥梁中，由于场地空间原因，端部预应力束有可能采用 P 锚作固定端，另一端单端张拉。关于 P 锚制作、埋设、混凝土浇筑过程注意事项在第五章中已有说明，在此不再叙述。

（2）两端张拉

在支架现浇桥梁中采用两端张拉时，预应力孔道多为 S 形曲线，孔道多次弯曲，孔道较长，预应力穿束可以在浇筑混凝土前进行，也可以在混凝土浇筑完成后进行。如果预应力束在混凝土浇筑前进行穿束，在穿束过程中应注意观察波纹管是否在穿束时被刮伤、破损，如有破损，应用胶带将破损处缠裹，以防在浇筑混凝土时孔道内漏浆，造成后期张拉、压浆困难。为了能及时发现底板、腹板孔道波纹管穿束过程中波纹管是否被损伤，穿束作业应在安装内模前进行；穿束完成后，可能还会使用电焊进行钢筋焊接等工作，此时应严格控制电焊使用，严禁电焊地线随意安放，造成已穿预应力钢束起火花，降低预应力钢束抗拉强度，影响后期张拉安全及预应力施工质量。焊接地线应尽量放在焊点附近，不致使焊接电流从预应力钢束内通过。在浇筑混凝土时，振捣棒应离开波纹管一定距离，严禁振捣棒直接触及波纹管，尤其是金属波纹管。由于其在制作时是用铁片压制而成，如果振捣棒多次触及，有可能造成波纹管局部漏浆。浇筑混凝土时，应安排专人来回抽动已穿钢绞线，这样即使孔道内有水泥浆渗漏，在其凝固前可将其搓碎，不致对后期孔道压浆、张拉造成困难。

如果采用浇筑混凝土后穿束，在浇筑混凝土时，应向孔道内穿入 PVC 管（图 7-36），以增大波纹管的抗弯能力，并保证有漏浆时不致影响后期穿束。在支架现浇桥梁中，普通钢筋、预应力钢筋较密，预应力钢束张拉次序不同，如果出现漏浆情况，为了能够穿束，只能将孔道凿开，不但会影响后期真空压浆的实现，也可能对凿开部位已经张拉钢束产生的预应力释放，影响整个结构的有效预应力。例如，我国某桥在施工过程中采用后穿钢束，穿束过程中发现由于孔道被压扁、有漏浆不能穿束，不得不凿开孔道，但箱梁分段浇筑，凿开部分有的钢束已经张拉部分预应力束，由于绝大部分钢束穿束都存在困难，漏浆、孔道压扁长度较长，经业主方、设计方、相关专家多次论证后，不得不采取调整预应力张拉应力等措施，不但影响了施工工期，给施工单位造成了较大的经济损失，也影响了施工单位的社会信誉。图 7-37 为其箱内凿开孔道情况。

a)

b)

图 7-36　波纹管内插入 PVC 管

a) 腹板凿开情况(1)

b) 腹板凿开情况(2)

图　7-37

c)腹板凿开情况(3)

d)底板到角及腹板凿开情况

图 7-37　波纹管凿开情况

(3)通过连接器上挂设 P 锚接长预应力束,接长部分采用单端张拉

此种情况和采用 P 锚单端张拉情况类似,在浇筑混凝土前,必须将钢束放到设计位置。和两端张拉钢束不同的是,在浇筑混凝土时不能来回抽动钢束,因此在浇筑混凝土前更应注意检查波纹管外观情况,对波纹管破损情况及时修补。在浇筑混凝土时注意振捣棒不能触及波纹管。和 P 锚相同,每个 P 锚安放在连接器上应和连接器密贴,过渡段外罩壳与波纹管接头部位应用胶带缠牢,排气孔和排气管接头处也应用胶带缠牢。在浇筑混凝土时,可在排气管内插入钢筋,以防在浇筑混凝土时将排气管压扁。钢束接长部分安装见图 7-38。

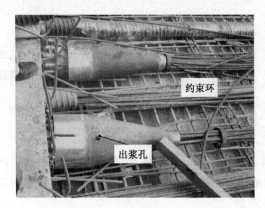

图 7-38　钢束接长部分安装

5.支架拆除

支架拆除总的原则要求是对称、每次少量、多次、逐渐完成,使结构逐步承受荷载,避免结构物在拆架过程中出现开裂现象。对于钢筋混凝土结构,应在混凝土强度能承受其自身重力及其他可能的叠加荷载时,方可拆除;当构件跨度不大于 4m 时,在混凝土强度符合设计强度标准值的 50% 的要求后,方可拆除;当构件跨度大于 4m 时,在混凝土强度符合设计强度标准值的 75% 要求后,方可拆除支架。如设计上对拆除支架另有规定,应按照设计规定执行。

支架拆除分几个循环进行,卸载量开始宜小,以后逐渐增大,在纵向应对称均衡卸落,在横向应同时一起卸落,简支梁、连续梁宜从跨中向支座依次循环卸落。

第三节 现浇支架设计实例

一、满堂支架设计实例

1. 工程概况

石武铁路客运专线郑州至武汉段驻马店特大桥7~10号墩上部结构形式为32m+48m+32m双线整孔连续箱梁,其中8~9号上跨S333省道,采用满堂支架现浇施工,箱梁混凝土设计强度等级为C50,为单向预应力体系,纵向预应力钢筋采用极限强度1860MPa低松弛钢绞线,结构横截面尺寸见图7-39。

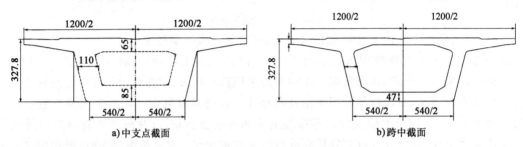

图7-39 梁横截面尺寸(尺寸单位:cm)

2. 支架布置

(1)支架方案

根据现场实际情况,两个边跨采用碗扣满堂支架,中跨跨越S333省道部分预留两个机动车门洞、两个人行门洞,门洞部分采用钢管立柱、上铺工字钢的墩梁支架,中跨其他部分采用和边跨相同的碗扣满堂支架。

(2)满堂支架设计

①支架高度确定。

根据现场实际情况,左边跨箱梁底部到基础顶高度按6.5m控制,中跨箱梁底部到基础顶高度按7.5m控制,右边跨箱梁底部到基础顶高度按8m控制。在进行基础处理时,应控制基础顶面高程,否则会引起后期碗扣支架立杆配杆困难。

②满堂支架布置。

根据计算,顺桥方向立杆间距采用60cm,横桥向每排共布置22根立杆,间距为120cm+3×90cm+13×60cm+3×90cm+120cm,横杆布局中间部分采用60cm,外侧两排采用120cm;脚手架外围和中间部分支架设置纵、横向剪刀撑,在顺桥向每6排立杆(跨中部分)、4排立杆(支点部分)设置一道剪刀撑;横桥向每6排立杆设置一道剪刀撑;剪刀撑沿支架全高设置,斜杆与地面成45°角;剪刀撑与所有立杆间通过扣件连接。

每个立杆下设TZ-4型可调托座,顶部用DZ-1型可调顶托。

立杆顶部设15cm×15cm方木,此方木纵桥向布置,其上横桥向按间距25cm铺设10cm×10cm方木,在其上布设厚2cm竹胶板作为底模。

(3)门式支架设计

为保证既有线路正常通行,设置两个行车门洞,行车门洞总宽 15.6m,净高 6.4m,行车门洞钢管立柱中心间距为 5.2m,以保证每个行车门洞有 3.5m×5.5m 行车净空;每个过人门洞钢管立柱中心间距为 2.6m,使行人净空达到 2.0m×5.5m。

钢管立柱共 4 排,每排共设置 9 根钢管立柱,钢管立柱采用 $\phi529×12$ 钢管制作,上下各焊接一块 600mm×600mm×20mm 钢垫板,钢垫板和钢管间用厚 1.5mm 钢板加设 4 道加劲肋,以增强钢管端部承载能力,钢管柱高 5.28m。

钢管立柱上设置卸架砂箱,其上安放两根 40a 工字钢作为分配梁,分配梁上顺桥向按 60cm 间距布置 40a 工字钢作为承重梁,承重梁上顺桥向按间距 25cm 铺设 10cm×10cm 方木,在其上布设厚 2cm 竹胶板作为底模。

所有承重梁工字钢均连续铺设,在排架上焊接接长,接头位置应错开。

考虑到门式支架设置在既有线路上,支架基础采用 C20 混凝土浇筑,每个立柱下基础尺寸为:钢管柱基础设计长×宽×高为 100cm×100cm×80cm,基础顶面预埋 4 根长 800mm 的 M20 地脚螺栓,以便和立柱底部垫板连接。要求基础承载能力应达到 0.3MPa,如路面破损严重达不到此要求,应进行处理。

3. 支架结构受力检算

(1)荷载

主梁混凝土总方量为 1405.2m³,其中墩顶部分荷载应由桥墩承受。为保守计算,认为全部混凝土沿桥长均匀分布,则每延米混凝土为 12.5m³。

①混凝土重量。

$$12.5×26=325kN/m$$

②模板重量。

模板重量按 1kN/m² 计,则

外模部分: $15.53×1=15.53kN/m$

内模部分: $13×1=13kN/m$

合计: $13+15.53=28.53kN/m$

③施工人员、机具运输、堆放荷载。

按 1.0kPa 取值:

$$1×12=12kN/m$$

④倾倒混凝土时冲击荷载。

按 2.0kPa 取值:

$$2×12=24kN/m$$

⑤振捣混凝土荷载。

按 2.0kPa 取值:

$$12×2=24kN/m$$

(2)荷载组合

$N=1.2×($混凝土重量+模板重量$)+1.4×($施工人员及机具荷载+倾倒混凝土荷载+振捣混凝土荷载$)=1.2(325+28.53)+1.4(12+24+24)=508.24kN/m$

(3)满堂支架设计检算

①立杆受力检算。

箱梁底板底部支架立杆间距按60cm×60cm,横杆步距为60cm,每排布置14根立杆,每根立杆承受荷载为 $508.24\times 0.6/22=13.9$kN/m,其自重按5kN,总荷载为18.9kN,即使按底板以下间距为60cm部分承受全部荷载,每根立杆承受荷载为 $508.24\times 0.6/14=21.8$kN/m,小于允许荷载30kN。

②满堂支架基础设计。

按最大立杆受力设计,中腹板下立杆受力最大,为21.8kN,支架立杆下设可调托座,其钢板尺寸为200mm×100mm,托座下设横截面尺寸为200mm×150mm的方木,地基承压面积为 $200\times 150=30000$mm²,地基应力 $\sigma=N/A=21.8\times 10^3/30000=0.72$MPa。支架基础开挖后换填50cm碎石,上铺20cm厚C20混凝土,其承载能力完全符合要求。

③方木检算。

a.10cm×10cm方木。

其承受荷载为:

$$q=\frac{508.24}{12}\times 0.25=10.6\text{kN/m}$$

$$M=\frac{qL^2}{8}=\frac{10.6\times 0.6^2}{8}=0.477\text{kN}\cdot\text{m}$$

$$\sigma=\frac{M}{W}=\frac{0.477\times 10^6}{166.7\times 10^3}=2.7\text{MPa}\leqslant [\sigma]=9.5\text{MPa}$$

$$f=\frac{5\times qL^4}{384EI}=\frac{5\times 10.6\times 600^4}{384\times 8.5\times 10^3\times 833.3\times 10^4}=0.25\text{mm}<\frac{L}{400}=1.5\text{mm}$$

b.15cm×15cm方木。

其承受荷载为:

$$q=\frac{508.24}{12}\times 0.6=25.4\text{kN/m}$$

$$M=\frac{qL^2}{8}=\frac{25.4\times 0.6^2}{8}=1.14\text{kN}\cdot\text{m}$$

$$\sigma=\frac{M}{W}=\frac{1.14\times 10^6}{562.5\times 10^3}=2.0\text{MPa}$$

$$f=\frac{5\times qL^4}{384EI}=\frac{5\times 25.4\times 600^4}{384\times 8.5\times 10^3\times 4218.75\times 10^4}=0.119\text{mm}<\frac{L}{400}=1.5\text{mm}$$

(4)门式支架设计检算

为保证既有线路正常通行,设置两个行车门洞,中心间距5.2m,立柱顶设两个40a工字钢,在其上纵向铺设40a工字钢,间距60cm,作为承重梁,两侧各设置一个人行门洞,检算以行车门洞为对象。

①荷载。

混凝土及临时荷载组合后数值:

$N=1.2$(混凝土重量+模板重量)+1.4(施工人员及机具荷载+倾倒混凝土荷载+
  振捣混凝土荷载)

$$= 1.2(325+28.53)+1.4(12+24+24)=508.24\text{kN/m}$$

40a 工字钢自重:0.6756kN/m。

②承重工字钢根数确定。

均布荷载为508.24kN/m,跨中弯矩为:

$$M=\frac{qL^2}{8}=\frac{508.24\times5.2^2}{8}=1717.85\text{kN}\cdot\text{m}$$

$$N=\frac{M}{W\cdot[\sigma]}=\frac{1717.85\times10^6}{1085\times10^3\times170}=9\text{ 根}$$

按构造布置选择24根40a工字钢。

③承重工字钢刚度验算。

为偏于保守计,工字钢按简支考虑。

混凝土重量等引起每根工字钢均布荷载为21.18kN/m。

$$M=\frac{qL^2}{8}=\frac{21.18\times5.2^2}{8}=71.58\text{kN}\cdot\text{m}$$

$$\sigma=\frac{M}{W}=\frac{71.58\times10^6}{1085\times10^3}=65.97\text{MPa}$$

$$f=\frac{5\times qL^4}{384EI}=\frac{5\times21.18\times5200^4}{384\times2\times10^5\times21714\times10^4}=4.64\text{mm}<\frac{L}{400}=13\text{mm}$$

工字钢自重作用下应力及挠度:

$$q=0.6756\text{kN/m}$$

$$M=\frac{qL^2}{8}=\frac{0.6756\times5.2^2}{8}=2.28\text{kN}\cdot\text{m}$$

$$\sigma=\frac{M}{W}=\frac{2.28\times10^6}{1085\times10^3}=2.1\text{MPa}$$

$$f=\frac{5\times qL^4}{384EI}=\frac{5\times0.6756\times5200^4}{384\times2\times10^5\times21714\times10^4}=0.15\text{mm}$$

承重工字钢总应力及挠度:

$$\sigma=65.97+2.1=68.07\text{MPa}$$

$$f=4.64+0.15=4.79\text{mm}<\frac{L}{400}=13\text{mm}$$

④钢管强度、稳定验算。

中间一排钢管承受荷载最大,因此以此为对象进行设计、验算,横桥向每排钢管共布置8根 $\phi529\times12\text{mm}$ 的钢管。

a.荷载。

此部分混凝土重量、施工荷载组合后均布荷载为508.24kN/m,工字钢的根数为24根,工字钢重量为 $24\times0.6756\times5.2=84.3\text{kN}$,混凝土重量、施工荷载总重量为 $508.24\times5.2=2642.8\text{kN}$,总荷载为 $2642.8+84.3=2727.1\text{kN}$,单排钢管承受荷载为:$2727.1\times(5.2/2+2.6/2)/5.2=2045.3\text{kN}$。按7根钢管布置,每根钢管承受 $2045.3/7=292.2\text{kN}$。

b. 钢管参数计算。

钢管横截面积：
$$A = R^2\pi - r^2\pi = 270.5^2 \times 3.14 - 264.5^2 \times 3.14 = 10079.4\text{mm}^2$$

钢管惯性矩：
$$I = \frac{1}{64}(D^4\pi - d^4\pi) = \frac{1}{64}(541^4 \times 3.14 - 529^4 \times 3.14) = 3.6 \times 10^8 \text{mm}^4$$

钢管惯性半径：
$$i = \sqrt{\frac{I}{A}} = \sqrt{\frac{3.6 \times 10^8}{10079.4}} = 188.9\text{mm}$$

钢管支撑按两端铰支考虑，长度系数为1。

钢管柔度系数：
$$\lambda = \frac{\mu L}{i} = \frac{1 \times 5.7 \times 10^3}{188.9} = 30.17$$

按b类轴压杆件查表得其稳定系数 $\varphi = 0.902$。

钢管稳定检算：
$$\sigma = \frac{N}{A} = \frac{292.2 \times 10^3}{10079.4} = 28\text{MPa} \leqslant \varphi[\sigma] = 0.902 \times 170 = 153.34\text{MPa}$$

满足受力要求。

c. 钢管基础承载力验算。

单根钢管受荷载为292.2kN，钢管下钢板尺寸为600mm×600mm，基础混凝土高度为800mm，基础承压面积为$1000 \times 1000 = 1000000\text{mm}^2$，基础混凝土应力为：
$$\sigma = \frac{N}{A} = \frac{292.2 \times 10^3}{3600000} = 0.8\text{MPa}$$

基础混凝土采用C20满足要求。

d. 地基基础应力。
$$\sigma = \frac{N}{A} = \frac{292.2 \times 10^3}{1000000} = 0.3\text{MPa}$$

原始路面满足承载能力要求。

二、墩梁支架设计

1. 工程概况

同本节满堂支架设计。

2. 支架布置

8号～9号墩跨S333省道部分门洞支架设计内容同"本节一"，两边跨部分及中跨剩余部分采用钢管墩、贝雷梁形成的墩梁支架，边跨支架布置为7.5m+6m+6m连续，中跨部分除门洞外支架布置为7.5m+7.5m+6m连续。

3. 边跨支架结构受力检算

贝雷梁采用321型单层，横桥向布置18片，中间横桥向间距45cm，各片贝雷梁间应按设计给定位置在上下设置10号槽钢,通过槽钢、梁间联结系将各片贝雷梁联结为整体。

(1)支架设计

单片贝雷梁设计荷载(不含自重)为28.3kN/m,贝雷梁受力、变形可采用MIDAS CIVIL软件很方便得到。边跨连续梁支架在设计荷载作用下其左边跨变形图见图7-40,中跨变形图见图7-41;右边跨变形图见图7-42;支点反力见图7-43;左边跨杆件应力见图7-44;中间跨杆件应力见图7-45;右边跨杆件应力见图7-46。

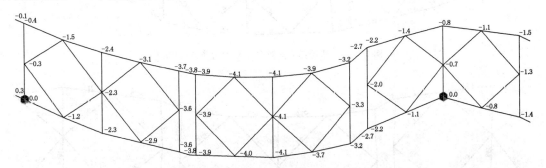

图7-40 左边跨部分支架变形图(尺寸单位:mm)

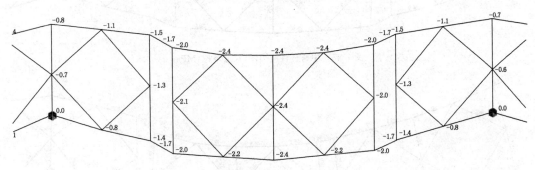

图7-41 中跨部分支架变形(尺寸单位:mm)

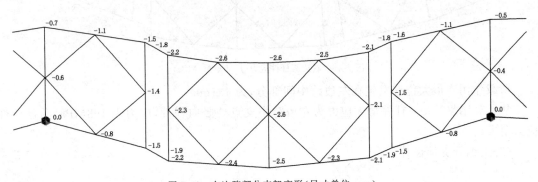

图7-42 右边跨部分支架变形(尺寸单位:mm)

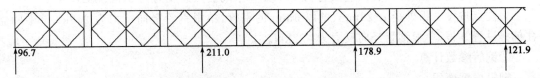

图7-43 支架支点反力(尺寸单位:kN)

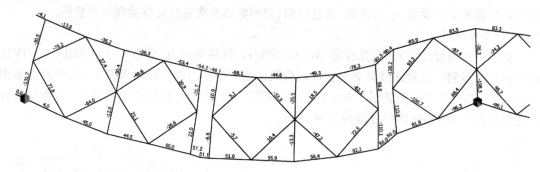

图 7-44　左边跨部分支架应力图(尺寸单位:MPa)

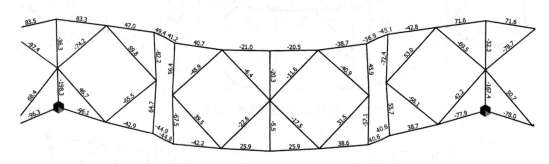

图 7-45　中跨杆件应力图(尺寸单位:MPa)

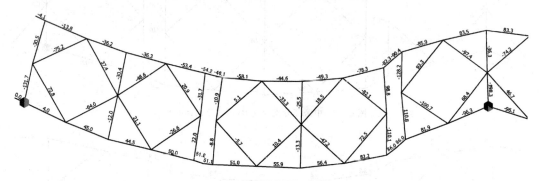

图 7-46　右边跨杆件应力(尺寸单位:MPa)

荷载作用下最大位移发生在左边跨中间部分,为 4.1mm。

从计算结果看出,杆件最大应力为左边跨中支点处竖向杆件,应力为 198MPa,满足允许应力要求。

(2)边钢管支架设计

①反力计算。

根据计算支点反力,边支点总反力为 1740kN,中间支点总反力为 3798.8kN。

边支点按设 7 根外径 ϕ325mm、壁厚 6mm 的钢管,单根钢管竖向反力为 248kN。中间立柱单排设置 9 根,单根钢管竖向反力为 422kN。

②钢管参数计算。

钢管横截面积:

$$A = R^2\pi - r^2\pi = 162.5^2 \times 3.14 - 156.5^2 \times 3.14 = 6009.96 \text{mm}^2$$

钢管惯性矩：
$$I = \frac{1}{64}(D^4\pi - d^4\pi) = \frac{1}{64}(325^4 \times 3.14 - 313^4 \times 3.14) = 7.65 \times 10^7 \text{mm}^4$$

钢管惯性半径：
$$i = \sqrt{\frac{I}{A}} = \sqrt{\frac{7.65 \times 10^7}{6009.96}} = 112 \text{mm}$$

钢管支撑按两端铰支考虑，长度系数为1。

钢管柔度系数：
$$\lambda = \frac{\mu L}{i} = \frac{1 \times 4.2 \times 10^3}{122} = 37.5$$

按 b 类轴压杆件查表得其稳定系数 $\varphi = 0.91$。

③钢管稳定检算。

边立柱：
$$\sigma = \frac{N}{A} = \frac{248 \times 10^3}{6009.96} = 41 \text{MPa} \leqslant \varphi[\sigma] = 0.91 \times 170 = 154.7 \text{MPa}$$

满足受力要求。

中间立柱：
$$\sigma = \frac{N}{A} = \frac{422 \times 10^3}{6009.96} = 70 \text{MPa} \leqslant \varphi[\sigma] = 0.91 \times 170 = 154.7 \text{MPa}$$

④中间钢管基础承载力验算。

单根钢管受荷载为422kN，钢管下基础承压面积为$1500 \times 1500 = 2250000 \text{mm}^2$。基础混凝土应力为：
$$\sigma = \frac{N}{A} = \frac{422 \times 10^3}{2250000} = 0.187 \text{MPa}$$

基础混凝土采用C15，要求基础承载能力达到190kPa。

边跨简支部分支架及钢管立柱检算和中跨单跨简支梁的内力更小，按中跨简支跨支架布置即可。

第八章 悬臂浇筑连续梁桥施工

第一节 悬臂浇筑施工原理及步骤

对于跨越峡谷、江河、既有线路等情况下的中、大跨连续梁，常采用悬臂浇筑连续梁施工。悬臂浇筑施工方法在连续梁、连续刚构、斜拉桥、拱桥中均有应用。

悬臂浇筑连续梁中将连续梁沿桥纵向划分若干节段，每个节段长度3～8m，利用挂篮反吊模板，对称浇筑各T构除墩顶块以外(0号块)的各节段，在对称施工过程中，通过设置在梁顶的纵向预应力钢束将各节段连接在一起，最后通过合龙段将各T构连接在一起，形成连续梁；墩顶块(0号块)通过墩旁托架(满堂支架)作为支架浇筑混凝土；对每个T构，为保证悬臂对称施工过程安全，0号块需要和桥墩进行临时固结，在进行第一次合龙后(可能是边跨、也可能是中跨，具体合龙顺序需要根据设计制定)，拆除合龙T构上的临时固结，全部合龙段施工完成、张拉完所有合龙束后，拆除最后临时固结，形成连续梁。

下面以三跨悬臂浇筑连续梁施工为例，说明悬臂对称浇筑连续梁施工顺序。图8-1给出了三跨连续梁节段划分示意，三跨连续梁施工顺序示意见图8-2。

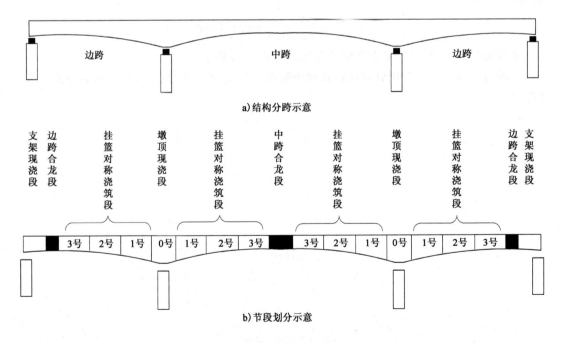

图8-1 悬臂浇筑连续梁节段划分示意

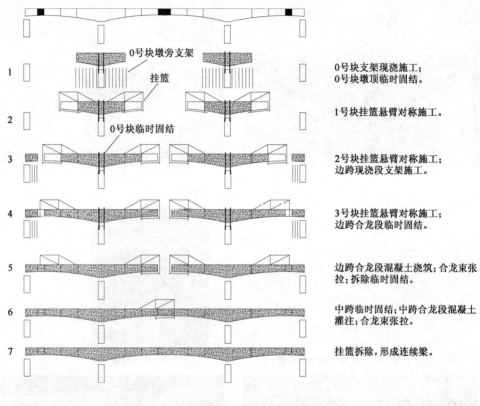

图 8-2 三跨连续梁施工顺序示意

第二节　0号块施工

0号块长度最好满足两幅挂篮组拼所需长度。如果长度不足,可以将两幅挂篮连接为一幅挂篮,挂篮下弦采用部分长度,浇筑完1号块后再将两幅挂篮解体为两幅独立挂篮。0号块混凝土浇筑采用支架现场浇筑,支架形式可根据现场情况确定。对于桥墩不高的桥位,可采用满堂支架形式,即对0号块平面投影范围内处理完地基基础后,采用碗扣支架形成0号块施工平台,见图8-3;也可以采用钢管作墩、上铺型钢的墩梁支架(或采用其他方式墩梁支架)施工0号块,见图8-4;对于桥墩较高,采用满堂支架、墩梁支架需要材料过多或支架稳定性不能保证时,可采用在墩顶适当位置设置预埋件,利用预埋件和型钢形成三角形墩旁托架,作为0号块混凝土施工平台,见图8-5、图8-6。

采用满堂支架、墩梁支架的相关计算、施工注意事项和支架现浇连续梁相同,在此不再叙述。采用在墩顶部设置预埋件形成三角形托架时,预埋件和托架弦杆可以焊接,也可以通过钢销销接,无论采用哪种连接方式,应注意各片三角形桁架的横向连接,同时注意预埋件和弦杆连接处抗剪强度的检算。国内发生过由于此处抗剪强度不足引起的整个托架坍塌的工程事故。某桥托架采用型钢焊接而成,横桥向由六片托架组成,安装时有些托架明显不垂直,斜杆和预埋件间中心偏差过大,给浇筑混凝土时托架安全造成隐患,见图8-7。

图 8-3 满堂支架上浇筑 0 号块混凝土

图 8-4 采用钢管墩、型钢梁形成墩梁支架

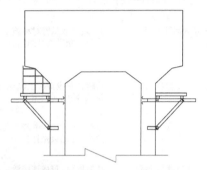

图 8-5 墩旁托架结构示意

图 8-6 墩旁托架

a) 托架不垂直

b) 斜杆和预埋件中心偏差过大

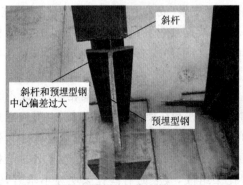

c) 斜杆和预埋件中心偏差过大(1)

d) 斜杆和预埋件中心偏差过大(2)

图 8-7

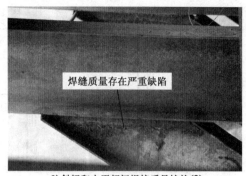

e) 斜杆和水平杆间焊接质量较差(1)　　　　f) 斜杆和水平杆间焊接质量较差(2)

图 8-7　某桥托架安装缺陷

图 8-8 为某桥 0 号块三角形托架，安装时三角托架间未设横向连接，对本身是椭圆形墩帽上设置的各三角形托架的受力均衡影响较大。

在施工连续梁 0 号块时，应根据设计要求进行临时固结构件或结构的施工，连续梁中 0 号块设置临时固结的主要目的是将桥墩和 0 号块在悬臂浇筑施工时刚性连接为一体，让临时固结承受施工过程中可能产生的不平衡弯矩或扭矩（平面曲线桥），确保结构施工安全。目前墩顶临时固结措施分为两种：一种为在墩旁设置钢筋混凝土或钢管支墩，支墩上、下分别和 0 号块、承台刚性连接，利用分别设置在每个 T 构两端的混凝土或钢管支墩承受悬臂对称浇筑施工可能产生的不平衡弯矩（图 8-9）；另一种在桥墩顶部沿纵向两侧或桥

图 8-8　某桥 0 号块三角形托架
（托架间未设横向连接）

墩顶部四周设置混凝土支墩，在沿纵向两端 0 号块和桥墩间设置普通钢筋或高强精轧螺纹钢筋或高强钢绞线，利用混凝土支墩承受施工过程不平衡弯矩产生的压力，普通钢筋或精轧螺纹钢筋或钢绞线束承受不平衡弯矩产生的拉力，由混凝土支墩和钢筋产生的拉力、压力形成的力偶抵抗施工过程不平衡产生的弯矩，见图 8-10、图 8-11。

a)　　　　　　　　　　　　　　b)

图 8-9　墩旁混凝土支墩

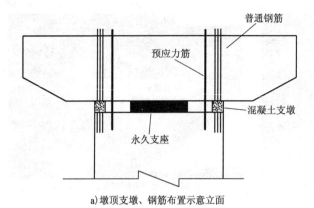

a) 墩顶支墩、钢筋布置示意立面　　　　　b) 墩顶支墩、钢筋布置示意平面

图 8-10　墩顶混凝土支墩、钢筋布置示意

a) 墩顶混凝土支墩、预应力钢束　　　　　b) 预应力钢束在梁顶面锚固

图 8-11　墩顶混凝土支墩及预应力束

0 号块临时固结是保证悬臂对称浇筑施工安全的重要措施，尤其对于墩旁支墩形式的临时固结，应特别注意检算其稳定性。如果处理不当，将引起整个悬臂浇筑段的倾覆。图 8-12 所示即为我国某两座悬臂对称浇筑连续梁由于 0 号块临时固结失效引起整个 T 构倾覆坠落的情形。

a) 由于墩旁钢管支架失稳造成梁体倾覆　　　b) 由于墩顶临时固结失效造成梁体侧翻

图 8-12　由于墩旁支墩失稳致使 T 构坠落

第三节 挂篮结构

挂篮是悬臂对称浇筑施工过程中主要的临时结构，为一个能沿梁顶滑动或滚动的承重结构。挂篮主桁后端锚固、支撑在已浇梁段上，前端悬挂模板体系，在挂篮上可以进行混凝土的浇筑、张拉、压浆工作。在一个节段混凝土浇筑完成、张拉完预应力钢束后，对称前移挂篮，固定挂篮后锚、调整模板高程后，即可进行下一节段的施工。

一、挂篮分类

根据挂篮主桁结构、抗倾覆平衡方式、走行方式等可分很多类别，按挂篮主桁结构可分为桁架式挂篮、三角形挂篮、斜拉滑动式挂篮和菱形挂篮，见图8-13～图8-16。

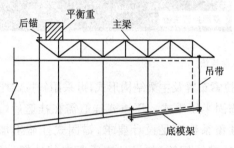

图8-13 桁架式挂篮结构

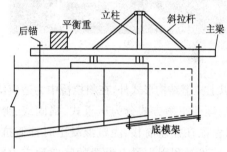

图8-14 三角形挂篮结构

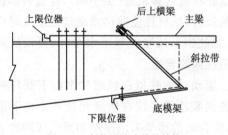

图8-15 斜拉滑动式挂篮结构

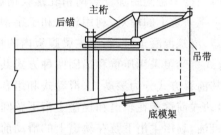

图8-16 菱形挂篮结构

桁架式挂篮一般采用多片军用梁或贝雷梁作为一组挂篮主桁架，两组挂篮主桁架间通过横梁连接为整体，见图8-17。

三角挂篮的主桁结构为三角形。一幅挂篮由两片三角形主桁组成，两片三角形主桁间采用横梁连接在一起。立柱与主梁连接为固结，斜拉杆和立柱、主梁间采用销接，见图8-18。

图8-17 贝雷梁挂篮主桁

图8-18 三角形挂篮主桁

菱形挂篮的主桁为菱形,一幅挂篮由两片菱形主桁组成,两片菱形主桁间采用横梁连接在一起。菱形桁架主桁各杆件间连接可以采用焊接,也可以采用销接或栓接,菱形挂篮结构见图 8-19。

a)

b)

图 8-19 菱形挂篮

除以上挂篮结构形式外,在斜拉桥中为适应斜拉索布置及主梁结构形式,可采用斜拉式挂篮。

按抗倾覆平衡方式分为压重式、锚固式、半锚固半压重式。压重式挂篮需在挂篮后端加设压重,以保证在挂篮前移、浇筑混凝土时挂篮抗倾覆系数满足设计要求;锚固式挂篮不加设压重,挂篮前移时利用主梁上设置的竖向预应力精轧螺纹钢筋(如设计中无竖向精轧螺纹钢筋,在施工时应按一定间距加设竖向精轧螺纹钢筋)反扣挂篮前移轨道(工字钢),挂篮后部设置反扣在工字钢轨道上的轮对,利用轮对和工字钢间的反力,抵抗挂篮前移或浇筑混凝土时产生的倾覆弯矩,浇筑混凝土时,利用主梁腹板内的精轧螺纹钢筋压紧挂篮下水平杆,提供抗倾覆反力;组合式抗倾覆采用压重和锚固两种方式共同抵抗倾覆弯矩。

按其前移方式分为滚动式、滑动式和组合式。滚动式前移指在轨道和主桁下弦杆间设置滚轴;滑动式前移指在轨道和挂篮主桁下弦间设置四氟乙烯板或在轨道和挂篮主桁下弦间直接涂抹机油,利用主桁下弦在轨道上的滑动前移;组合式前移是采用滚动和滑动式两种方式使挂篮前移的移动方式。

在我国桥梁现场施工中,对于悬臂浇筑连续梁施工,目前主要采用三角形挂篮和菱形挂篮,菱形挂篮应用更为广泛。挂篮抗倾覆方式多采用锚固方式,挂篮前移方式采用滚动、滑动、组合式,三种方式均有应用实例。

二、菱形挂篮结构

菱形挂篮的主要结构组成如下:

菱形挂篮组成 ⎰ 主桁(菱形)
　　　　　　 ⎱ 横梁(连接两片主桁)
　　　　　　 ⎰ 底模架(浇筑混凝土、张拉、压浆平台)
　　　　　　 ⎱ 悬吊系统(反吊底模架)
　　　　　　 ⎰ 行走系统(挂篮前移)
　　　　　　 ⎱ 模板系统(含内、外模板)

菱形挂篮主桁由前斜杆、后斜杆、上水平杆、下水平杆、立杆等几部分组成，各杆件间连接方式有焊接、接点板栓接、销接等几种形式。

下面以某桥为例说明菱形挂篮的结构。

1. 挂篮设计荷载及主要技术参数

(1) 挂篮初始工作长度不大于 12m。

(2) 挂篮适应梁高 4.4~8.8m。

(3) 挂篮适应最大悬臂节段长度 4m。

(4) 挂篮承受最大混凝土重量 1470kN。

(5) 挂篮自重（包括模板、工作平台等）477.8kN，挂篮自重与悬灌最大重量比值为 0.325。

2. 菱形挂篮构造

该桥挂篮结构形式为菱形，考虑现场安装方便，杆件连接方式为销接，行走采用后锚自锚式结构及前支座滑动方式。主体结构由主桁、横梁及底模架、悬吊系统、行走系统和模板组成，结构组成见图 8-20。

(1) 主桁结构

主桁是挂篮的主要受力结构。该桥挂篮主桁由两片菱形桁架组成。桁架各杆件采用 28b 槽钢内扣 20 槽钢构成，材质为 Q235A；杆件之间采用 45 钢制作的销栓连接；两片主桁通过上水平杆前端的上横梁、立柱之间的中横联、后斜杆间的后横联连接成空间门架。两片主桁位于箱梁腹板上方，后部利用 φ25 精轧螺纹钢通过连接器与梁体竖向预应力钢筋连接，作为浇筑混凝土时的后锚。主桁结构及横截面见图 8-21。

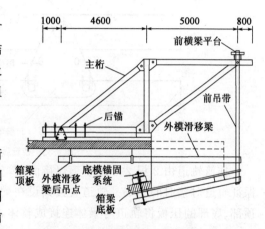

图 8-20　某桥菱形挂篮结构示意（尺寸单位：mm）

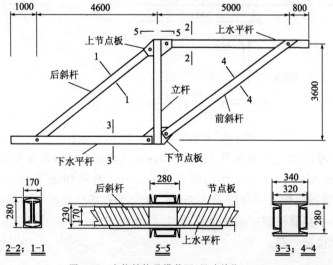

图 8-21　主桁结构及横截面（尺寸单位：mm）

(2)行走系统

行走系统是挂篮前后移动的装置,由自锚车轮组、前支座、轨道组成。挂篮移动动力利用固定于轨道上的倒链实现,挂篮后部自锚车轮组在轨道上滚动,前支座与轨道间布置聚四氟乙烯板,利用车轮的滚动及前支座的滑动实现挂篮的移动。自锚车轮组为反扣轮,在挂篮前移过程中起到抗倾覆的作用。

后支座车轮组有2块厚度30mm轮座板、2根限位轴、摆轴、4个车轮组成。挂篮自锚车轮组见图8-22。

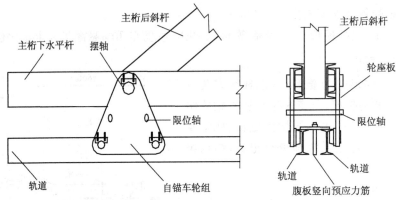

图8-22 挂篮后支座自锚车轮组及轨道

挂篮轨道由2根20a工字钢焊接而成,分4m、2m长两种,轨道两端分别做成阴、阳头,以保证轨道对接时的顺畅。轨道直接铺设在梁体腹板上,利用竖向预应力粗钢筋及布置在轨道顶部、底部的压板将轨道与梁体连接成整体,轨道结构见图8-23。

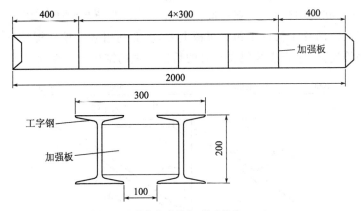

图8-23 挂篮轨道结构(尺寸单位:mm)

前支座由2块厚度20mm钢板及8根长800mm的20号槽钢焊接而成,上下钢板之间通过4根45钢加工而成直径30mm的钢轴连接在一起,钢轴伸出下前支座钢板,中心间距400mm,对应两根钢轴内侧之间净距为370mm,略大于前移轨道的外轮廓尺寸300mm,以保证在挂篮前移过程中挂篮沿固定的轨道移动,起到导向作用。前支座与挂篮主桁的立杆、下节点板间用加劲板焊接在一起。

(3)锚固系统

锚固系统是指挂篮纵移到位后浇筑混凝土时挂篮与箱梁的固定体系。该桥挂篮锚固系统包括主桁后锚系统及底模锚固系统。

主桁后锚系统由 $\phi25$ 精轧螺纹钢筋、YG 锚具、连接器、扁担梁及锚杆梁等组成,位于主桁尾部,通过连接器将精轧螺纹钢与箱梁腹板竖向预应力钢筋连接在一起。锚杆梁直接安放在主桁下水平杆上,通过 YG 锚具将主桁与箱梁连接成整体。挂篮纵移到位后,先用连接器将精轧螺纹钢筋锚杆与箱梁竖向预应力连接在一起,安装扁担梁、上部 YG 锚具、千斤顶,用千斤顶将扁担梁和主桁顶紧,然后安装锚杆梁、下部 YG 锚具,并拧紧所有锚杆梁上的 YG 锚具,松开千斤顶。在浇筑混凝土过程中利用锚杆梁锚固主桁,后锚系统结构见图 8-24。

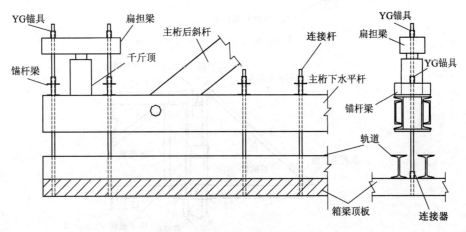

图 8-24 挂篮后锚系统结构示意

底模锚固系统位于已成形梁段底板前端,由螺旋千斤顶、M80 双头螺杆、锚固梁组成,其构造见图 8-25。在浇筑前一节段底板混凝土时,在底板对应位置预留孔,挂篮纵移到位后,穿双头螺杆,安放千斤顶,利用千斤顶将底模架与已浇筑箱梁底板底面顶紧。在浇筑箱梁混凝土过程中,千斤顶不拆卸,为保证在浇筑混凝土过程中千斤顶不回落,千斤顶采用 32t 螺旋顶,不能采用油压千斤顶。

(4) 横梁及底模架

① 横梁。横梁由前上横梁、后挑梁、中横梁、后横梁组成。除前横梁外,其材料均为 28b 槽钢,根据计算,考虑横梁的刚度要求,其截面形式采用 36b 槽钢内扣 25c 槽钢。前横梁安放在主桁上水平杆的前端,通过连接钢板与主桁上水平杆联结在一起,其作用为通过吊带承受新浇混凝土的重量、反吊底模、侧模、内模、外模滑移梁、内模滑移梁;后挑梁安放在主桁立杆外侧,通过吊带承受挂篮纵移时底模重量;中横梁位于主桁立杆内侧,后横梁位于主桁后斜杆中部上侧,两者的作用主要是加强两片主桁的横向连接,增加主桁的整体稳定性。上横梁结构见图 8-26。

后挑梁、中横梁结构见图 8-27。

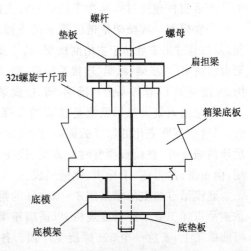

图 8-25 挂篮底模后锚结构示意

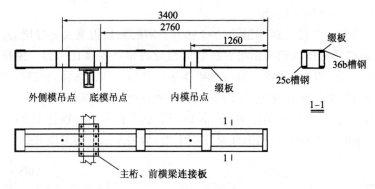

图 8-26 挂篮前横梁结构示意(尺寸单位:mm)

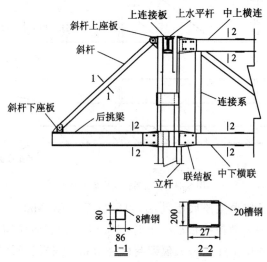

图 8-27 挂篮后挑梁、中横梁结构示意(尺寸单位:mm)

挂篮后挑梁、中上、下横梁与主桁立柱之间均通过连接板连接,连接板与主桁立杆之间均采用焊接,斜杆上、下座板焊在主桁立杆、后挑梁上。后横梁横截面与中上、下横梁相同,与主桁两个后斜杆也通过焊接在主桁后斜杆上的连接板连接成整体。

②底模架。底模架是指底模下的支撑钢架,后端通过挂篮底模后锚与箱梁底板连接在一起,前端通过吊带悬挂于主桁前横梁,其主要作用是承受模板、新浇混凝土的重量。该大桥底模架由前横梁、后横梁、纵梁、连接系组成,前、后横梁采用 36b 槽钢内扣 25c 槽钢加工而成,纵梁采用 20 槽钢加工,连接系为 8 槽钢,前、后横梁长 10m,纵梁长 5.35m。底模架结构见图 8-28。

③悬吊系统。悬吊系统是挂篮的升降系统,用于升降、悬吊底模架、外模、内模及工作平台,以适应不断变化的箱梁截面高度,在定位时可以微调节段模板的高程。悬吊系统除应具备足够的强度外,在模板调整时应方便、快捷,在浇筑混凝土时应稳固。悬吊系统位于挂篮的前端,由吊带、吊带座、千斤顶、倒链组成。

底模吊点的主吊带采用 $\delta=30mm$ 的钢带,其上布有间距小于千斤顶一个行程的销孔。每条主吊带加工有 5 种长度规格,以适应箱梁高度变化。为使落架时方便,在主吊带对应位置主桁前横梁上,安放一个 32t 螺旋千斤顶。各种规格吊带之间均通过 45 钢加工的钢销连接。吊带材质为 Q235A 钢,吊带结构见图 8-29。

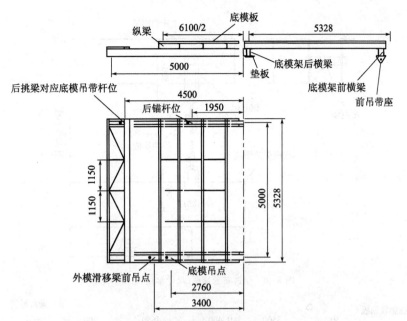

图 8-28 底模架结构示意(尺寸单位:mm)
注:图中未示倒链吊点位置

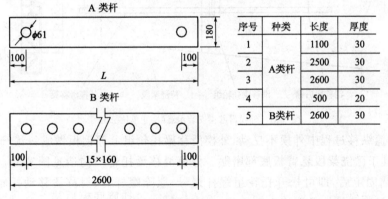

图 8-29 主吊带结构尺寸(尺寸单位:mm)

外、内模滑移梁前吊点、后挑梁对应外模吊带杆位处吊带采用 $\phi 25$ 精轧螺纹钢,为方便底模架大行程的调节,在主桁前横梁与底模架前横梁间设有一组倒链,此组倒链只是用于浇筑混凝土之前调整模板高程。浇筑混凝土过程中,倒链处于松开状态,倒链布置位置见图 8-30。

④内、外模滑移梁。在挂篮空载纵移过程中,底模架由置于挂篮前横梁上及置于后挑梁上的吊带反吊。内模、外模则由内、外模滑移梁支撑,外模滑移梁长 10m,由两根 20 槽钢拼制。前端反吊在挂篮前横梁上,后端固定在滑移梁后锚上,中间通过滑移托轮组支撑。在挂篮纵移前,拆除滑移梁后锚,通过中间滑移托轮组实现滑移梁的纵移,由滑移梁支撑外模一起纵移到位。挂篮纵移到位后,拧紧后锚拉杆,使外模下部贴紧已浇节段混凝土,调节外模前吊杆,在滑移梁的支撑下,即可调节外模前端高程。在浇筑节段混凝土过程中,外模一直由滑移梁支撑。在外模滑移梁后端,设置有滑移梁工作平台,以便滑移梁后锚拆除、托轮组的移动等工作。内模滑移梁的工作原理与外模滑移梁基本相同。外模滑移梁安装位置见图 8-31。

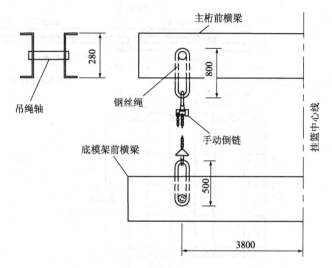

图 8-30　倒链布置简图(尺寸单位:mm)

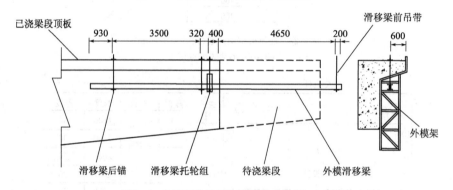

图 8-31　外模滑移梁安装示意(尺寸单位:mm)

为保证挂篮纵移过程中外模不晃动,外模滑移梁托轮组上部钢板做成斜状,通过 $\phi 25$ 螺纹钢筋拧紧,使其与已浇梁段悬臂板底部密贴。外模滑移梁托轮组构造见图 8-32。挂篮纵移到位、滑移梁后锚固定后,即可松开托轮组螺杆螺母,取除螺杆,顺滑移梁移动托轮组到下一位置。外模滑移梁实际结构见图 8-33。

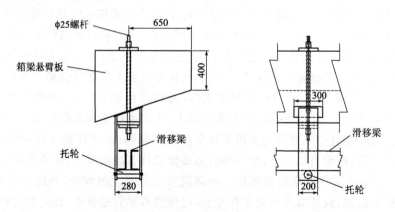

图 8-32　外模滑移梁托轮组构造示意(尺寸单位:mm)

(5)模板

挂篮模板包括底模、外模、内模、端模组成。

①底模。底模为整体钢模,由∠75×75×8角钢和厚度4mm钢板组焊而成,直接安放在底模架上。底模长6094mm,略小于箱梁底宽6100mm,以便于外侧模与底模间加设密封条。底模由两块宽2200mm的模板组拼而成,两块模板间用φ18螺栓连接在一起,底模板结构见图8-34。

图8-33 外模滑移梁结构　　　　图8-34 底模板结构示意(尺寸单位:mm)

②外侧模。外侧模由侧模架及面板焊制而成。侧模架用∠63×63×6角钢、8号槽钢焊接而成,面板采用厚度4mm钢板,外侧模宽为4200mm、高7920mm。沿宽度方向分为2段,宽度分别为2100mm,沿高度方向分为4段,高度从上到下分别为3400mm、750mm、2250mm、1500mm,以适应悬臂灌注时梁段高度的变化。单边外侧模共分为8块,各块之间通过角钢用螺栓连接成整体,随着梁高的减小,逐渐拆除下面的侧模。在浇筑节段混凝土时,外侧模架底部由焊在底模架上的丝杆加固,与底模顶紧,中部用套管螺栓与内模连在一起,上部用撑拉结合梁固定两边外侧模架。外侧模架布置间距为840mm。侧模底部丝杆加固结构见图8-35。

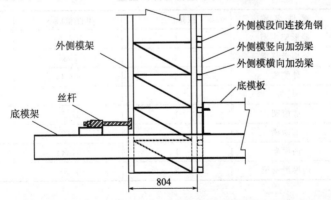

图8-35 外侧模丝杆顶紧装置构造示意(尺寸单位:mm)

③内模。设计内模时,应考虑两个因素:一是箱梁腹板厚度变化;二是箱梁腹板高度变化。0号块前端部箱梁腹板厚度为70cm,到10号块前端部腹板厚度渐变至40cm,10号块以后腹

板厚均为40cm,各段上、下倒角尺寸不变。为方便内模的调整,内模架做成高度、宽度可调整的结构形式。顶部内模架上设有螺孔及滑槽,通过滑槽很方便地可以调整内模架的宽度。竖向内模架分成不同长度的若干段,各段上均设有螺孔,错动连接螺孔位置,即可调整内模架的高度。内模架两个下倒角也通过螺栓与竖向内模架连接。

内模面板采用组合钢模,顶板倒角处面板另行加工,底板顶面不设内模。与外侧模相同,内模架下也设置滑移梁,滑移梁后部锚于已浇梁段顶部,前端通过悬吊系统吊在主桁前横梁上。

为方便内模的拆除,在内模架顶部设置了开启丝杆,内模架可以以箱梁上倒角为转轴转动,浇筑混凝土时,通过丝杆顶紧内模架顶梁于竖向杆,内模架中部及下部用型钢对称加固。

第四节 挂篮计算

挂篮结构检算包括以下内容:①确定荷载;②主桁杆件强度和挠度计算;③主桁前上横梁强度检算;④底模架前后横梁强度检算;⑤吊杆验算;⑥挂篮走行稳定性检算。

按《公路桥涵施工技术规范》(JTG/T 3650—2020)规定:挂篮重量和悬臂浇筑最重梁段质量比不宜超过0.5,且应控制在设计给定范围内;挂篮前端总变形不能超过20mm(包括吊带、桁架、后锚等引起的变形);混凝土浇筑施工、走行时抗倾覆安全系数应大于2,锚固系统安全系数、斜拉水平限位系统、上水平限位安全系数均应不小于2。

一、挂篮荷载确定

挂篮设计检算以本章第三节实例中全桥最重块件1号块为对象,1号块共55.5m³,重1470.8kN,挂篮自重477.8kN。其中主桁重102.67kN,挂篮其他部件重量和为376.13kN,挂篮验算考虑1.4的安全系数。作用于主桁各部件重量见表8-1,挂篮其他部件如底模后锚等直接作用于已浇梁段,在计算挂篮杆件受力时不考虑。

作用于主桁各部件重量　　　　表8-1

序号	部件名称	数量(个)	单件重(kN)	总重(kN)
1	菱形架主桁	1	102.67	102.67
2	外模滑移梁	2	7.31	14.62
3	外侧模	2	50.44	100.88
4	吊带	2	9.19	18.32
5	底模架	1	87.38	87.38
6	前横梁	1	8.2	8.2
7	内模架	1	64.41	64.41
8	内模滑移梁	2	7.31	14.62

二、挂篮主桁杆件强度计算

在浇筑混凝土时,底模架、内模架、外侧模等后部已经固定在已浇0号段的顶、底板上,因此挂篮单片主桁前端承受的荷载P应为底模、侧模、内模、底模架、新浇混凝土等重量和的四

分之一,吊带、前横梁等直接作用于主桁,P 应包含其 1/2,P 大小为:

$P = 1.4 \times \left[\dfrac{1}{4} \times (底模架+外侧模+内模架+外侧模滑移梁+内模滑移梁+新浇混凝土) + \right.$

$\left. \dfrac{1}{2} \times (前横梁+吊带) \right]$

$= 1.4 \times \left[\dfrac{1}{4} \times (87.38+100.88+64.41+14.62+14.62+1470.8) + \dfrac{1}{2} \times (8.2+18.32) \right]$

$= 1.4 \times (438.2+13.26) = 632.044 \text{kN}$

单片主桁杆件受力计算简图见图 8-36。

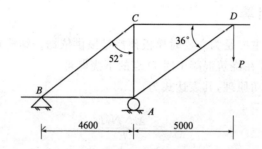

图 8-36　主桁杆件受力计算简图(尺寸单位:mm)

根据各节点内力平衡原理,计算各杆件内力结果见表 8-2。

主桁杆件内力计算值　　　　　　　　　　　　　　表 8-2

杆 件 号	长度(mm)	计算杆件内力(kN)	计算杆件应力(MPa)
AB	4600	870.48	
AC	3600	680.09	
DC	5000	−870.48	−55.48
AD	6160	1075.97	68.58
BC	5841	−1104.65	−70.4

注:杆件受拉为负,受压为正。

主桁所有杆件截面积均相同(但布置不同),均采用 2 根 28b 槽钢＋2 根 20a 槽钢焊接制成,其截面积均为 $A = 15690 \text{mm}^2$,杆件应力计算如下:

拉杆 DC: $\sigma_{DC} = N_{DC}/A = -870.48 \times 10^3/15690 = -55.38 \text{MPa}$

拉杆 BC: $\sigma_{BC} = N_{BC}/A = -1104.65 \times 10^3/15690$
　　　　　　 $= -70.4 \text{MPa}$

压杆:压杆截面见图 8-37。

$I_x = 2 \times (1913.7+5130.45) = 14088.3 \text{cm}^4$

$I_y = 2 \times (242.144+10.616^2 \times 45.62) + 2 \times$
　　　 $(143.6+16.855^2 \times 32.83)$
　　　 $= 29707.6 \text{cm}^4$

$I_x < I_y$,沿 x 轴失稳控制压杆设计。

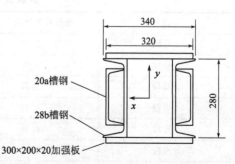

图 8-37　压杆截面示意(尺寸单位:mm)

$\lambda = \mu L/i$,压杆两端均按铰支,μ 取 1.0,$i = \sqrt{I_x/A} = \sqrt{14088.3/156.9} = 9.48$cm。

杆 AB:长度为 4600mm,$\lambda = 460/9.48 = 48.5$。

杆 AC:长度为 3600mm,$\lambda = 360/9.48 = 37.97$。

杆 AD:长度为 6161mm,$\lambda = 616/9.48 = 64.98$。

杆 AD 轴压、长细比最大,控制设计。

$\sigma_{AD} = N_{AD}/A = 1075.97 \times 10^3/15690 = 68.58$MPa。

$\phi_{AD} = 0.786 - (0.786 - 0.78) \times 0.98 = 0.78$。

$\sigma_{AD} = 68.58 \leqslant \phi_{AD} \times [\sigma] = 0.78 \times 170 = 132.6$MPa,符合规范要求。

三、挂篮主桁挠度计算

计算挂篮挠度的目的主要是为立模时模板预抬量提供依据。结构在自重作用下的挠度在架立时已经发生,故只计算在浇筑混凝土时 D 点的下挠即可。

D 点下挠计算采用虚功原理,其表达式为:

$$\Delta L = \frac{\sum \overline{N} N_P L}{\dfrac{E}{A}} \tag{8-1}$$

式中:ΔL——D 点下挠值;

$\overline{N}$——D 点作用单位力时,杆件内力值;

N_P——在新浇筑混凝土作用下,杆件内力值;

L——各杆件长度值;

E——杆件弹性模量,各杆件均为 Q235A 钢,其值为 2.1×10^5MPa;

A——各杆件横截面积,各杆件横截面积相同,其值为 15690mm²。

主桁各杆件在 D 点作用单位力时的内力见表 8-3。

D 点作用单位力时各杆件内力 表 8-3

杆件号	AB	AC	AD	BC	CD
$\overline{N}$	1.3764	1.076	1.7013	−1.7467	−1.376

浇筑各节段时 D 点计算下挠值见表 8-4。

浇筑各节段时 D 点计算下挠值 表 8-4

节段号	挂篮计算挠度(mm)	节段号	挂篮计算挠度(mm)
1 号段	5.18	8 号段	4.01
2 号段	4.84	9 号段	4.03
3 号段	4.57	10 号段	3.92
4 号段	4.32	11 号段	4.11
5 号段	4.62	12 号段	3.97
6 号段	4.35	13 号段	4.11
7 号段	4.15	14、15、16 号段	3.97

四、挂篮主桁前横梁应力检算

挂篮主桁前横梁内力计算简图见图 8-38。

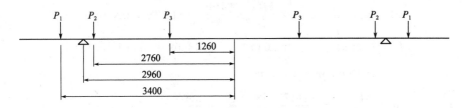

图 8-38 挂篮主桁前横梁计算简图(尺寸单位:mm)

图中,P_1 为外侧模及外模滑移梁产生的外力;P_2 为新浇混凝土产生的外力;P_3 为内模及内模滑移梁产生的外力,以节段最重的 1 号段为计算对象。

$P_1 =$ 一侧外模重量$/2+$一根外模滑移梁重量$/2=50.44/2+7.31/2=28.87$kN

$P_2 = 1$ 号段混凝土重量$/4+$底模$/4=1470.8/4+87.38/4=389.5$kN

$P_3 =$ 内模重量$/4+$一根内模滑移梁重量$/2=60.41/4+7.31/2=18.76$kN

支点反力:$P=437.13$kN

跨中弯矩:$M=P_1\times 3400+P_2\times 2760+P_3\times 1260-P\times 2960=-97089.2$kN·mm

$\sigma=M/W=97089.2\times 10^3\times 180/(32363.68\times 10^4)=53.9MPa\leqslant[\sigma]=170$MPa

五、挂篮主桁前横梁挠度检算

挂篮主桁前横梁荷载弯矩、单位力弯矩分布见图 8-39。

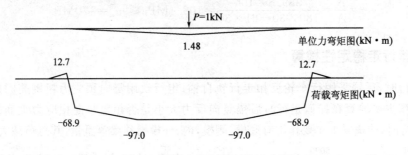

图 8-39 挂篮主桁前横梁弯矩分布图

图乘后得到前横梁跨中挠度为:

$$\delta=\frac{\sum M\cdot \bar{M}}{EI}=\frac{7.0795\times 10^{11}\times 10^3}{2.1\times 10^5\times 32363.68\times 10^4}$$
$$=10.41\text{mm}\leqslant L/400=5920/400=14.8\text{mm}$$

六、挂篮底模架前横梁应力检算

挂篮底模架前横梁受力计算简图如图 8-40 所示。

$$q=\frac{1470.8/2+87.38/2}{6100}=0.1277\text{kN/mm}$$

支座反力：

$$N=0.1277\times 6100/2=389.5\text{kN}$$

跨中弯矩：

$$M=N\times 5520/2-q\times \frac{6100}{2}\times \frac{6100}{4}=481179.58\text{kN}\cdot\text{mm}$$

$$I_x=(12651.8+3530.04)\times 4+(68.09+39.91)\times 18^2\times 4$$

$$=204695.36\times 10^4\text{mm}$$

$$\sigma=\frac{M\cdot y}{I}=\frac{481179.58\times 10^3\times 360}{204695.36\times 10^4}$$

$$=84.6\text{MPa}\leqslant[\sigma]=140\text{MPa}$$

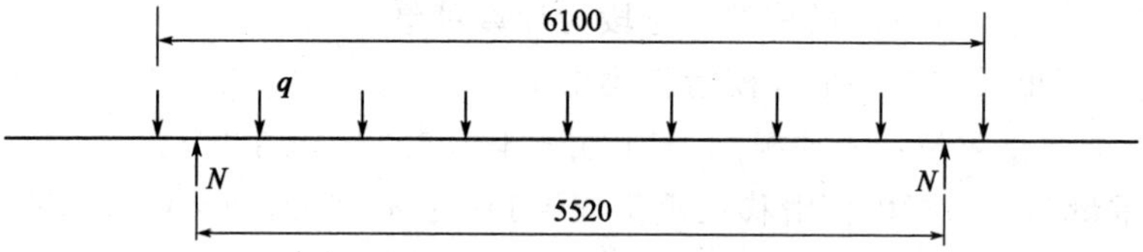

图 8-40　底模架前横梁受力计算简图（尺寸单位：mm）

七、挂篮吊带应力检算

吊带荷载为 389.5kN，其横截面宽为 180mm，采用厚 30mm 的钢板加工，中间孔直径为 61mm，其应力为：

$$\sigma=\frac{N}{A}=\frac{389.5\times 10^3}{180\times 30-61\times 30}=109.1\text{MPa}\leqslant[\sigma]=170\text{MPa}$$

八、挂篮行走稳定性检算

挂篮走行时，后锚采用行车轮反扣走行轨自锚，走行轨用竖向预应力粗钢筋固定。挂篮行走稳定性检算主要验算在挂篮走行时后锚竖向反力大小是否超出竖向预应力钢筋的张拉力。

挂篮走行时，前横梁上主要作用有底模，侧模，内、外模滑移梁等重量，其总荷载大小 P 为：

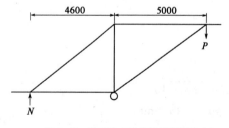

图 8-41　挂篮行走稳定计算简图
（尺寸单位：mm）

$$P=\frac{1}{2}(\text{底模重量}+\text{侧模重量}+\text{内模滑移梁重量}+\text{外模滑移梁重量}+\text{内模重量})+\text{主桁前横梁重量}$$

$$=\frac{1}{2}(87.38+50.44\times 2+7.31\times 2+7.31\times 2+64.41)+8.2=149.16\text{kN}$$

挂篮走行稳定性计算简图见图 8-41。

挂篮后锚总反力 $N=P\times 5000/4600=162.13\text{kN}$，每侧主桁后锚反力为 $N/2=81.07\text{kN}$，每根竖向预应力粗钢筋的张拉力为 306.7kN，走行时按每侧一根竖向预应力固定轨道，其抗倾覆系数 $K=306.7/81.07=3.78$。

九、底模后锚螺杆应力检算

后锚螺杆采用材料为 45 号钢的 M80 双头螺杆,共两个。浇筑混凝土时,每个螺杆承受的拉力为:

$$N=\frac{新浇混凝土重量+底模架重量}{4}=\frac{1470.8+87.38}{4}=389.55\text{kN}$$

45 钢的屈服强度为 352MPa,考虑 1.5 的材料安全系数,其允许应力为 234MPa,螺杆的允许承载能力为:$40\times40\times3.14\times234=1175.6\text{kN}$,安全系数 $K=1175.6/389.55=3.02$。

第五节　挂篮安装

一、挂篮试压

按《公路桥涵施工技术规范》(JTG/T 3650—2020)要求:挂篮现场组拼后,应全面检查其安全质量,并进行模拟荷载试验,符合挂篮设计要求后方可投入使用,预压荷载取值可采用 1.05~1.10 倍最大梁段重量;挂篮总变形不能超过 20mm(包括吊带、桁架、后锚等引起的变形)。挂篮预压可采用两种方式:一种方式在地面上只对主桁片进行加载,这种试压方式简单,因在地面上进行,操作简单,但只能反映主桁片的受力性能,不能反映包括吊带、模板、支撑条件等挂篮总的变形及内力。试验时,在主桁上放置液压千斤顶,利用千斤顶对主桁施加外荷载,试验布置见图 8-42。

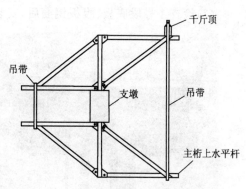

图 8-42　挂篮试压布置示意

另一种试压方式是在挂篮主桁、横向连接系、支撑、反吊系统、模板系统在 0 号块全部组拼完成、形成完整挂篮体系后,在模板上施加荷载,如图 8-43 所示。这种试压方式加载相对困难,但可反映主桁、模板等整个挂篮的变形及受力情况。原来这种试压方式常采用在模板上加重物施加荷载,现在施工常采用在墩底设置锚固点,在锚固点和挂篮模板间设置高强精轧螺纹钢筋或预应力钢绞线束,利用张拉千斤顶施加荷载。这种试压方式不需要重物,加载吨位大,加载方便。试压所加荷载的大小按最重节段重量及模板的重量和的 1.2 倍考虑。

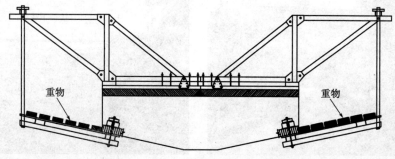

图 8-43　拼装完成后在 0 号块上试压示意

二、挂篮安装

如果采用只对桁片进行试压,挂篮试压完毕后,将单片主桁运至桥墩下,准备吊装,挂篮吊装在0号段纵向预应力钢绞线和竖向预应力粗钢筋张拉完毕后进行,步骤如下:

(1)将0号段轨道所在位置顶面清理干净,凿出接茬面,测量放样,定出轨道所在位置,铺设轨道,并用连接器、精轧螺纹钢、锚具将轨道固定在已张拉的竖向预应力粗钢筋上,在已安装完毕的轨道上标出主桁前支座所在位置。

(2)单片吊装主桁。将前支座对准轨道安装标记,并临时支撑牢固,用同样方法安装另一片主桁,调整两片主桁的间距、位置后,安装自锚车轮组和中横联、后横联。

(3)安装前横梁、后挑梁及悬吊装置。

(4)利用0号段托架的平台安装挂篮底模、外模,并将其于悬挂装置连接,同时安装工作平台、底模后锚。

(5)调整底模高程。

(6)安装1号段底板、腹板钢筋及预应力孔道。

(7)检查1号段底板、腹板钢筋后,安装1号段内模,将内模后锚于0号段顶板,前端悬吊于主桁前横梁,校准、加固,完成挂篮的安装。

(8)同一个T构的两个挂篮应一起安装。

图8-44 浇筑1号块时挂篮连接为一体

如果采用挂篮全部安装好后进行试压,在试压结束后,应重新调整挂篮底模高程,检查各锚固点的锚固情况,在检查合格后,再安装钢筋。

在现场实际中,往往由于0号块长度不足以安装两个对称的挂篮。此时,可将两个挂篮的下水平杆拆除一段,并将两个挂篮连接在一起,如图8-44所示。待浇筑完成1号块、张拉完1号块纵向预应力束后,打开两个挂篮的连接在一起的下水平杆,向两个方向前移,前移到一定距离,接长下水平杆;有时也可不将两个挂篮连成整体,在完成1号块施工后推出一定长度,再接长下弦杆长度,见图8-45、图8-46。

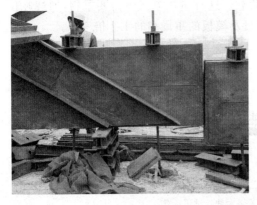

图8-45 浇筑0号块时分开

图8-46 挂篮推出后接长下弦杆

如果在浇筑 1 号块时两个挂篮下水平杆连接在一起,此时进行挂篮拼装好后挂篮的试压并不能反映挂篮的真实受力、变形情况,所测得的主桁变形不能指导后期挂篮本身预拱度的设置。

三、挂篮前移

挂篮前移在张拉完本段纵向预应力钢绞线以后进行,包括安装轨道、松开底模、松开侧模、松开内模、挂篮前移等工作。

1. 铺设轨道

在新浇筑节段混凝土强度达到设计强度的 50% 后,安装并锚固轨道。先清理轨道所在位置箱梁顶面的杂物、放样、锚固轨道,然后安装纵移动力倒链,倒链前端挂在轨道上,后端挂在挂篮前支座拉环上。在铺设轨道时,应使轨道顶顺直,其顶面应控制在同一高程上,以防移动挂篮时爬坡或溜坡,应使固定轨道的锚杆及竖向预应力粗钢筋旋入连接器的长度相同。

2. 松开模板

张拉完纵向预应力钢绞线后,先松开侧模顶紧丝杆和内、外模间拉杆,再松开内、外模滑移梁吊杆。而后拆除底模后锚,放松底模前吊杆,使底模、侧模离开梁体 10cm 左右,利用内模架上的丝杆拉紧内侧模,使内模离开梁体。

3. 挂篮前移

解除挂篮后锚,使自锚车轮卡在走行轨道上,拉动前移倒链,通过车轮的滚动及前支座下的四氟板滑动,达到挂篮前移的目的,见图 8-47。挂篮前移时,底模后部挂在后挑梁上,前端挂在主桁前横梁上,外侧模、内侧模前端通过滑移梁挂在主桁前横梁上,后端直接挂在滑移梁上。在挂篮纵移过程中,为防止挂篮由于惯性作用发生倾覆,防止自锚车轮失灵,在后挑梁上安装钢丝绳,后端固定在已张拉的竖向预应力钢筋锚具上。在挂篮前移过程中,应使两片主桁的倒链同时拉动,同一个 T 构的两个挂篮应对称前移,以防桥墩承受过大的不对称荷载。

a)

b)

图 8-47 挂篮采用倒链为动力前移

除采用倒链作为前移动力外,还可以采用张拉千斤顶施加动力。具体方法为在轨道前端设置锚固点,挂篮后端设置反力座,在锚固点和反力座之间安装高强精轧螺纹钢筋,在挂篮反力座后端安装张拉千斤顶,通过张拉千斤顶对挂篮施加前移动力,见图 8-48。

挂篮前移过程示意见图 8-49。

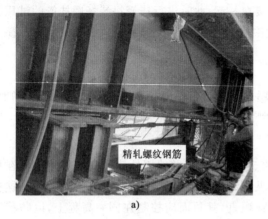
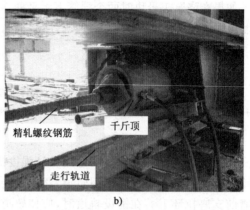

图 8-48 挂篮采用张拉千斤顶前移

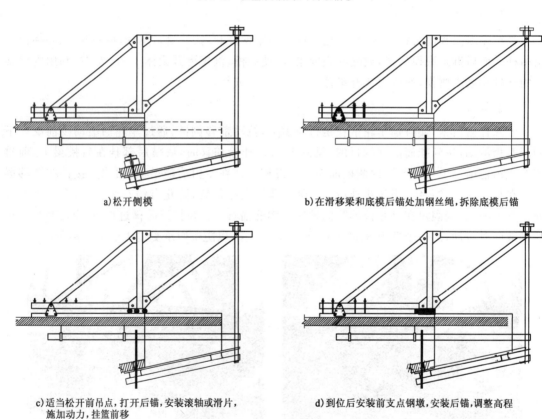

a) 松开侧模　　　　　　　　　　b) 在滑移梁和底模后锚处加钢丝绳,拆除底模后锚

c) 适当松开前吊点,打开后锚,安装滚轴或滑片,　　d) 到位后安装前支点钢墩,安装后锚,调整高程
施加动力,挂篮前移

图 8-49 挂篮前移过程示意

四、挂篮安装、前移过程注意事项

如前所述,挂篮是悬臂对称浇筑施工过程中主要的临时结构,除进行必要的计算,在使用前必须进行试压外,由于挂篮本身结构、受力特性的特点,在安装、使用过程中应注意一些细节。

1. 桁片间连接

不论三角形还是菱形挂篮,多是由两片主桁片组成,其横向刚度一般较小。在浇筑混凝土过程中,即使要求控制浇筑混凝土的对称性,对一端挂篮来说,难免有一定的横向受力偏差,两片主桁可能存在横向受力不均衡。因此,不论采用哪种挂篮,两片主桁间应设置足够的横向连接(图 8-50),以增强主桁的横向刚度。横向连接最好采用由型钢焊接成的桁架,并与主桁可靠连接。现场发现有些单位横向连接采用单根型钢,其自身刚度不足,不能保证两片主桁间横向连接及横向刚度,见图 8-51。

图 8-50 采用桁架作为横向连接

图 8-51 采用单根型钢作为横向连接

2. 前吊点锚固方式

在挂篮安装就位后,要根据挂篮试压情况及理论计算情况对每个节段设置预拱度。预拱度设置主要通过调整前吊带处的高程,前吊带高程调节一般采用设置手动千斤顶顶起吊带,见图 8-52。此处锚固处理方式比较关键,如果此处锚固不牢,在浇筑混凝土过程中可能会出现吊带向下滑动,引起挂篮预拱度设置不准或可能造成新浇混凝土节段和已浇混凝土节段接缝上端出现裂缝。在调整完预拱度后,对采用钢板做吊带的挂篮,可采用钢销将吊带锚固在前横梁上;对于采用精轧螺纹钢筋的吊带,则可很方便地采用另外的螺母锚固在前横梁上,绝对不允许直接采用千斤顶甚至液压千斤顶作为锚固装置,防止在浇筑混凝土或混凝土凝固过程中前吊带出现向下的滑移。

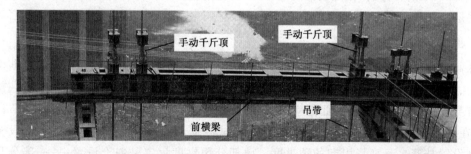

图 8-52 前横梁吊带锚固

3. 挂篮前支点

挂篮前支点承受在浇筑混凝土时产生的压力,压力较大,如果此处发生向下竖向变形,整个主桁将绕后锚点转动,挂篮前端底模将产生较大的竖向变形,因此挂篮前支点必须采用刚度、承载能力较大的钢支墩。在挂篮前移过程中,需要在前支点处设置滚轴或四氟乙烯滑板。在挂篮前移到位后,应将挂篮顶起,将滚轴或滑片取出,换成钢支墩,以防前支点处发生向下的竖向变形。某桥在挂篮前移时采用滚轴,挂篮前移到位后未更换成钢支墩,在浇筑混凝土时滚轴被压变形,引起了挂篮底模前端较大的变形,对梁的线形产生较大影响,还有施工单位将橡胶支座作为前支点,也会引起竖向变形,见图 8-53。

4. 主桁后锚点锚固

挂篮后锚点在浇筑混凝土时将承受较大拉力。目前现场后锚多采用主梁腹板内精轧螺纹钢筋接长后,在挂篮下水平杆后部加设螺母锚固。在连接高强精轧螺纹钢筋时,两侧钢筋应进入连接器各一半,防止由于连接长度不足引起后锚拉力不足。精轧螺纹钢筋应顺直,否则可能引起精轧螺纹钢筋在连接处受剪。螺母应和挂篮下水平杆密贴,不能有杂物,国内出现过由于精轧螺纹钢筋不顺直引起剪断,造成挂篮坠落事故,见图 8-54。

图 8-53 前支点设置为橡胶支座

图 8-54 精轧螺纹钢筋不顺直

5. 底模后锚点锚固

在浇筑混凝土时,底模后锚点采用高强螺栓和已浇梁段箱梁底板锚固。挂篮前移过程中,需要将此锚固点打开,由滑移梁承受此部分模板重量。浇筑混凝土前,应检查此处锚固点螺母是否拧紧,如果没有拧紧,在浇筑混凝土时,此处会出现明显的台阶。在挂篮前移前,应检查此处锚固是否打开。

6. 挂篮前端预拱度设置

悬臂对称浇筑挂篮设置预拱度的原因是挂篮在浇筑混凝土时会发生变形,后期浇筑的混凝土、张拉的预应力束对先期施工的节段都有影响。挂篮预拱度包含两部分:一部分是挂篮自身变形而设的预拱度,此值应根据挂篮试压过程测试数据确定。由于每个节段重量不同,在试压时应得到对应每个节段的变形测试数据,并根据测试结果对每个节段施工时的挂篮设置挂篮自身变形引起的预拱度。此部分预拱度肯定是向上设置;另一部分是由于混凝土徐变、后期施工各节段混凝土重量、张拉预应力束等影响的节段预拱度。此值由监控单位计算,此部分预拱度设置可能向上、也可能向下,挂篮总的预拱度应是各节段二者的代数和。

第六节 合龙段施工

合龙段施工是将相邻的悬臂浇筑 T 构和边跨现浇段或两相邻的悬臂 T 构连接在一起。合龙过程将使结构从静定向超静定或向多次超静定转化,结构受力体系将发生变化。因此,合龙段施工是悬臂浇筑连续梁、连续刚构中非常重要的施工步骤。

一、合龙顺序

以三跨连续梁为例,在合龙时先合龙边跨,还是先合龙中跨,对结构产生的二次内力将有影响。在设计过程中已根据合龙顺序进行了结构计算,确定了合龙顺序,因此在施工过程中必须按设计规定的合龙顺序进行合龙。

二、合龙临时固结

在浇筑合龙段混凝土前,应将相邻的边跨现浇段和 T 构悬臂端或两相邻 T 构悬臂端通过劲性骨架、临时预应力束连接在一起,形成刚性连接。在外界温度变化时,由刚性连接承受拉力或压力,尽量减小合龙段混凝土在外界温度变化时内力,称为合龙段临时固结。在相邻段连接在一起后,结构将从静定转化为超静定或转向多次超静定,梁体在外界温差变化时将不能自由伸缩。如果不设置刚性临时固结,浇筑完合龙段混凝土后,外界降温时 T 构将回缩,将对合龙段混凝土产生拉力;外界升温,T 构伸长,将对合龙段混凝土产生压力。混凝土是一种特殊材料,其强度随龄期延长而增加。如果在浇筑龄期不长、强度较低情况下有温差变化,将使合龙段混凝土被拉裂或压碎。

按临时固结设置方式分为体内固结和体外固结。体内固结指在相应预应力孔道设置钢管,钢管通过法兰或焊接在相邻节段混凝土上,在其内部穿入临时钢束,张拉钢束,由钢管承受压力、预应力束承受拉力,形成相邻节段的刚性固结。由于钢管放置在混凝土体内,浇筑完合龙段混凝土后,将不能被取出。体外固结指在混凝土截面外设置型钢,将型钢焊接在节段端部预埋钢板上,在部分孔道中穿入预应力束,张拉预应力束,利用型钢承受压力、钢束承受拉力,型钢在混凝土截面以外,合龙段混凝土达到强度、张拉完或部分合龙段钢束后,拆除截面外型钢,这种方式型钢可反复使用。目前现场主要采用这种方式作为合龙段的临时固结,见图 8-55、图 8-56。

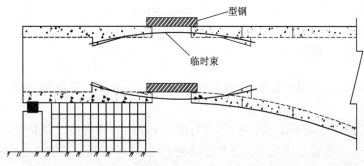

图 8-55 边跨合龙体外临时固结示意

图 8-56 合龙段型钢

三、墩顶临时固结拆除

在第一次合龙段施工完成后,结构由原来的简支悬臂 T 构成为超静定结构,其他合龙段的施工一般在已合龙跨墩顶临时固结拆除后进行。拆除墩顶临时固结后,T 构墩顶由固结转换为铰接,由永久支座承受墩顶内力,见图 8-57。在拆除墩顶临时固结时,墩顶四周应对称进行,对于墩顶设置混凝土支墩的临时固结,拆除时比较困难,因此在进行墩顶混凝土支墩设计施工时,可考虑将支墩分成若干段、穿过混凝土支墩的钢筋表面包裹塑料布、设置硫黄水泥砂浆等,便于支墩混凝土拆除。

图 8-57 墩旁支柱拆除

四、合龙施工注意事项

合龙段施工要求:低温下合龙,设置足够临时支撑,尽快浇筑混凝土,加强合龙段混凝土的养护。

合龙段施工要求在当天低温下进行,这与混凝土受力特性有关。混凝土的抗压强度较高,而抗拉强度较低,在低温下浇筑完成合龙段混凝土后,随时间延长其强度也在提高,而随温度升高,T 构将伸长,将对合龙段混凝土产生压力,大部分压力将被临时支撑承受。这样,随温度升高，合龙段混凝土受到的是压力而不是拉力，和混凝土抗压强度高的受力特性相适应。

合龙段形成临时固结后，应尽快进行合龙段混凝土的施工，张拉永久束，使结构能尽快形成整体。放置时间过长型钢连接处焊缝、钢板下混凝土会承受多次拉压作用，有可能造成此处出现裂缝，见图 8-58 和图 8-59。

图 8-58　预埋钢板周边出现裂缝

图 8-59　预埋钢板周边混凝土起皮

第七节　连续刚构桥施工

大跨连续刚构是预应力混凝土桥梁的主要结构形式之一，我国最早修建的大跨预应力混凝土连续刚构为 1988 年建成通车的广州洛溪大桥。目前，国外最大跨度预应力混凝土连续刚构桥梁为挪威的新斯托尔马桥（New Stolma），其主跨达到 301m；国内最大跨度的预应力混凝土连续刚构桥梁为广东虎门大桥辅航道桥，其主跨为 270m。据不完全统计，我国范围内主跨超过 120m 的连续刚构桥已有 70 多座，主跨 240m 以上的连续刚构桥有一半以上在中国，我国在大跨度预应力混凝土连续刚构桥的建造技术上已经处于世界领先水平。

大跨连续刚构的主要结构特点是墩梁固结，一般桥墩较高，结构形式多采用双柱式，其 0 号块施工时不需要做墩顶临时固结，悬臂对称浇筑施工和连续梁没有差别。施工主要区别是在中跨合龙段施工时可能会采用顶开施工。

在运营管理中发现，国内不少大跨连续刚构桥出现不同程度的病害，集中体现为箱梁开裂和主跨梁体下挠问题。箱梁裂缝表现最多的是腹板裂缝。裂缝主要分布如下：主拉应力产生的腹板斜裂缝，主要分布于距支座 $L/4$ 跨附近的腹板上；锚后拉应力产生腹板斜裂缝；连续梁边跨端部的腹板斜裂缝；竖向正应力产生腹板水平裂缝，该类裂缝主要发生在边跨支座附近和中跨 $L/4 \sim 3L/4$ 之间，且均位于腹板上缘；竖向正应力和主拉应力作用下的腹板水平、斜向组合裂缝，该类裂缝主要发生在边跨支座附近和中跨 $L/4 \sim 3L/4$ 之间，水平裂缝位于腹板上缘，斜裂缝约呈 45°分布；箱梁顶板、底板裂缝主要有预应力锯齿块锚后裂缝、预应力钢束水平转向受力裂缝。

连续刚构桥另一主要病害是主跨梁体下挠。广东南海金沙大桥主桥是一座三跨预应力混凝土连续刚构桥，跨径布置为 66m+120m+66m，于 1994 年建成通车，2000 年检查发现主跨跨中挠度已达到 22cm 左右，主跨箱梁腹板有大量的斜裂缝。虎门大桥辅航道桥为一座三跨预应力混凝土连续刚构桥，跨径布置为 150m+270m+160m，于 1997 年建成通车，2003 年检查发现,与成桥时相比,左幅桥跨中累计下挠达 22.2cm,右幅桥跨中累计下挠达 20.7cm,腹板出现了斜裂缝,跨中区段截面下缘出现了横向裂缝。三门峡黄河公路大桥主桥为一座六跨预应力混凝土连续刚构桥,跨径布置为 105m+4×140m+105m,于 1992 年建成通车。2002 年 6 月对该桥检查时发现,跨中区域下挠最大达到 22cm,梁体有大量裂缝。黄石大桥为一座五跨预应力混凝土连续刚构桥,跨径布置为 162.5m+3×245m+162.5m,该桥运营 7 年后,与成桥时相比各跨跨中均有明显下挠,大桥北岸次边跨 2 号墩和 3 号墩之间主梁跨中下挠累计已达 30.5cm,箱梁出现了大量的裂缝。连续刚构桥后期的挠度过大会使跨中主梁下凹,破坏桥面的铺装层,影响桥梁的使用寿命和行车舒适性,甚至危及高速行车时的安全。

  国内有关专家对大跨连续刚构桥跨中下挠、主梁开裂问题的成因进行了大量的分析研究,认为引起以上现象的主要原因如下:混凝土徐变计算模式采用不当,实际发生徐变和理论计算结果有明显差异;对预应力孔道摩阻损失估计不足,导致梁体内有效预应力不足;施工过程质量原因引起有效预应力降低,如预应力孔道压浆不密实,造成孔道内积水、锈蚀甚至断裂,导致钢束的有效预应力发生大幅度的降低,施工过程中混凝土内加入早强剂虽提高了混凝土的早期强度,但对混凝土的弹性模量影响不大,使混凝土在弹性模量不高情况下进行张拉,势必引起后期徐变的增大;竖向预应力钢筋施工质量的偏差造成竖向预应力的损失过大甚至失效,导致结构抗剪能力下降,主拉应力增大,梁体腹板出现大量斜裂缝,裂缝的出现进一步削弱结构整体刚度,造成主梁跨中的进一步下挠。

  针对大跨连续刚构使用过程中存在的问题,在施工过程中应采取相应措施,这些措施中除合龙段顶开施工外,对悬臂浇筑连续梁中也是适用的。

一、孔道摩阻控制

  在大跨连续刚构桥中,长预应力束较多,孔道摩阻实际值和理论值的偏差将引起梁体内有效预应力的减小。为准确掌握孔道内实际摩阻及偏差系数,必须对孔道实际摩阻系数进行实测,并根据实测结果对张拉控制应力进行调整。

  除对摩阻系数进行实测、调整张拉控制应力外,在每个节段混凝土施工过程中,应在波纹管内加设 PVC 管,以防在浇筑混凝土时波纹管发生变形,造成后期穿束困难、引起附加的摩擦力,增大孔道摩擦阻力。

  节段接头处波纹管的连接应平顺,波纹管坐标应按设计要求设置,并和钢筋骨架绑扎牢固,避免波纹管出现折点、不平顺现象,以减小可能的预应力钢束和波纹管的接触。

二、张拉时间控制

  对于节段施工桥梁,每段施工时间会影响整个工期。以往设计只对张拉时混凝土强度有明确要求,为尽快达到强度要求值,施工单位会在混凝土中加入早强剂,以提高混凝土的早期强度,但早期强度的增大对后期强度、弹性模量影响不大,混凝土弹性模量及张拉时龄期对结构瞬时变形及后期徐变影响较大,应在控制张拉混凝土强度同时,控制混凝土弹性模量及混凝土龄期。目前,在高速铁路、部分高速公路桥梁设计文件中,都对张拉时混凝土强度、弹性模量、龄期有具体要求,一般要求混凝土强度、弹性模量均应达到设计强度的 100%,张拉龄期不少于 5d,但在施工过程中施工单位为加快施工进度,往往控制不严或只控制混凝土强度,给大跨刚构或连续梁桥的后期下挠埋下隐患。

三、孔道压浆质量控制

资料显示,有黏结预应力混凝土的极限承载能力较无黏结混凝土极限承载能力高20%左右,预应力孔道压浆质量将影响预应力钢束和混凝土的黏结力,同时影响后期预应力钢束的锈蚀。以往孔道压浆存在很大隐患,多次现场压浆孔道开孔表明:预应力孔道压浆质量非常差,孔道内几乎无水泥浆;现在桥梁结构中正推行真空压浆,但由于孔道密封性差或因为操作复杂,现场在长束预应力孔道中应用的较少,如何更有效地控制孔道压浆质量仍是业界应关注的问题之一。

四、竖向预应力高强精轧螺纹钢筋施工质量控制

竖向预应力钢筋一般采用高强精轧螺纹钢筋,设置竖向预应力钢筋的目的是提高箱梁的预剪力,减小主梁主拉应力。在实际工程中,由于以下原因的影响,竖向预应力体系很难达到设计要求:①受梁高限制,竖向预应力筋长度较短,张拉伸长量很小。如果螺母不能拧紧,高强粗钢筋发生回缩,损失应变较大,预应力损失很大,不能保证竖向预应力钢筋的有效预压应力;②竖向预应力粗钢筋张拉后,往往采用从箱梁内部压浆、顶部出浆方式。在浇筑混凝土施工、拆除内模过程中,常发生堵塞竖向预应力孔道、损伤压浆孔情况,影响压浆效果,注浆质量不易保证;③在长期运营阶段,车辆荷载对桥面不断冲击,若封锚质量不好,可能会导致粗钢筋锚头逐渐松动,造成竖向预应力完全失效。

为保证竖向高强钢筋的张拉质量,应首先使施工单位重视控制竖向预应力钢筋张拉、锚固的重要性。具体操作时可设置若干竖向预应力钢筋锚下传感器,检验竖向预应力钢筋张拉、锚固后有效预应力大小,根据实测有效预应力大小,采取相应施工控制措施。在张拉施工过程中,可采取分两次张拉方法,即在第一次张拉完成后,进行桥面铺装以前,再对所有竖向预应力钢筋进行一次张拉:一方面可补足由于混凝土徐变、高强钢筋松弛引发的预应力损失;另一方面可对所有高强钢筋张拉效果进行一次检验。

现在一般的竖向预应力孔道压浆均采用在箱梁底部内侧留压浆孔,从此处压浆、箱梁顶面出浆,如图8-60所示。但在混凝土振捣过程中,由于不能观察到底部情况,容易使预留压浆孔处漏浆,且在后期箱梁内模拆除时容易损坏压浆孔。某桥由于竖向预应力孔道进浆口处漏浆,造成大量竖向预应力孔道不能从压浆口处进浆,不得不在进浆口上部重新钻孔压浆,压浆质量很难保证,更重要的是由于下部漏浆,造成后期张拉竖向预应力筋时箱梁底部无竖向预应力或不足,减小了结构的预压主应力。为避免此影响,可采用图8-61方式将相临竖向钢束在底部连接在一起,这样不仅可使压浆、出浆均在箱梁顶面,减轻劳动强度,也可避免由于拆除内模对压浆孔损伤,确保孔道压浆质量。

在施工过程中,如果采用顶板压浆、出浆方案,在绑扎钢筋时,应将两根竖向预应力钢筋预埋钢管用铁丝拉紧,连接管接头应用胶带缠牢,以防浇筑混凝土过程中漏浆,造成孔道的堵塞。

竖向预应力筋预留孔道可采用铁皮管,也可采用波纹管,见图8-62。

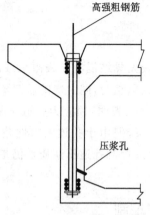
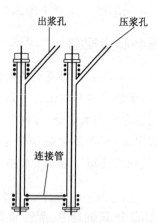

图 8-60　压浆孔在箱梁底部内侧　　　图 8-61　压浆、出浆均在箱梁顶部

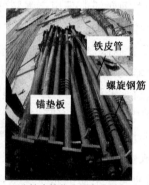

a) 金属波纹管作为预留孔道　　　b) 铁皮管作为预留孔道

图 8-62　竖向预应力钢筋预留孔道

五、T 构顶开施工

国内连续刚构合龙段施工顺序中,既有先合龙边跨、再合龙次边跨、中跨,也有先合龙中跨、再合龙次边跨、边跨。资料显示:连续刚构结构中的最终恒载内力与施工合龙的工序有关。不同的施工工序,它们的初始恒载内力不同,并且在体系转换过程中由徐变引起的内力重分布的数值也不同。采用先边跨后中跨合龙顺序施工时,结构稳定、受力对称,并便于结构内力调整。两种合龙工序相比,采用先中跨后边跨合龙工序施工时,内力变化曲线幅度明显较大,成桥后内力相对较大,结构呈悬臂状态时稳定性差。

连续刚构的结构特点是桥墩较高,一般采用薄壁结构,墩梁固结,在二期恒载、混凝土徐变、温差作用下,桥墩会发生水平位移,造成中跨跨中挠度增大。因此,不论采用哪种合龙顺序,都可以在合龙前对 T 构进行顶开施工,即顶梁,顶梁的目的是在合龙前对 T 构施加水平顶力,使 T 构中跨在合龙前产生和二期恒载、活载相反的转角、水平位移、竖向位移,从而抵消部分由于混凝土徐变等引起的中跨下挠,调整成桥后结构的内力和线形,如图 8-63 所示。顶梁施工一般采用顶裸梁,即所有模板均不密贴,所有钢筋、预应力管道均留一端为自由端。顶梁施工采用大吨位张拉千斤顶,可采用 4 台千斤顶,左右对称布置在箱梁悬臂端腹板顶、底板上,分级施加到设计顶开力。顶开过程按张拉力和位移控制,并以顶开力控制为主。顶开过程中应观测悬臂端的竖向位移、水平位移变化及桥墩顶部水平位移变化。达到设计顶开力后,应立即对两相邻悬臂端进行临时锁定,即安装合段临时固结型钢、张拉临时预应力束,实现两相邻悬臂端的临时固结,然后浇筑合龙段混凝土;边跨合龙时一般不再进行顶开施工。

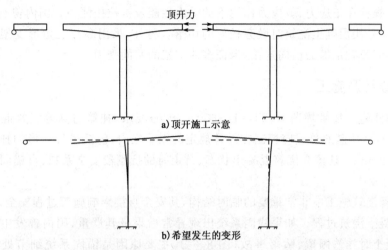

图 8-63 连续刚构顶开施工示意

顶开力计算可按以下原则确定:先计算在 1000d(3 年)终极徐变、不施加顶开力时墩顶、中跨跨中的水平位移,然后按在最大悬臂情况下施工水平顶开力。顶开力一般不超过按抵消 1000d(3 年)终极徐变时对应节点产生水平位移的 30%,具体的百分比要根据不同的桥梁结构而定。

在连续刚构合龙过程中,如果实际合龙温度和设计合龙温度存在偏差,应对由于合龙温差产生的影响对顶开力进行优化。分析表明:温度变化与 T 构各节点水平位移成线性比例关系,且升温将使各节点产生的水平位移方向与收缩徐变产生的各节点水平位移方向相反。因此,若合龙时温度和设计合龙温度存在温差,就要使各节点产生水平位移,就必须采取预顶推的方法来消除合龙温差产生的效应;若实际合龙温度高于设计合龙温度,即在高温状态下合龙,则要增大顶推力来抵消合龙后温差产生的不利降温效应;若实际合龙温度低于设计合龙温度,即在低温状态下合龙,则合龙后合龙温差会产生有利的升温效应。

由合龙温差产生的合龙变形需优化的顶推力为:

$$P_{i\Delta T} = \frac{\Delta T \cdot \delta_{i\Delta T}}{\delta_i^1} \tag{8-2}$$

式中:$P_{i\Delta T}$——因合龙温差各节点所需调整的顶推力(kN);

ΔT——设计合龙温度与实际合龙温度的差值(℃);

$\delta_{i\Delta T}$——升温或降温 1℃ 各节点的水平位移(mm)(结构降温效应与升温效应相反);

δ_i^1——单位水平顶推力作用下各节点水平位移。考虑合龙温差优化后顶开力为:$P_{i优化} = P_i \pm P_{i\Delta T}$,若采用高温合龙,式中取正值,若采用低温合龙,式中采用负值。

第八节 悬臂浇筑施工质量及安全控制

一、0 号块支架

根据桥墩高度、现场场地情况,0 号块支架可采用墩梁支架、满堂支架、墩旁托架等多种形式。对于墩梁支架、满堂支架,应注意检算支架基础承载能力、梁的变形。对于桥墩较高的情况,常采用在桥墩上设置预埋螺栓,将多片三角形支架固定在桥墩上,形成由多片三角形支架形成的桁架。此种托架中,上部预埋螺栓不但承受拉力,还要承受剪力,受力较复杂。在设计时,应分别检算螺栓在正应力、剪应力作用下的受力性能及抗拉拔能力。国内曾有因螺栓抗剪能力不足造成 0 号块混凝土浇筑时墩旁托架的塌落。另外,采用多片三角形支架形成的桁架时,应注意支架间设置足够的横向连接,保证多片支架的共同受力。

二、挂篮设计及施工

按《公路桥涵施工技术规范》(JTG/T 3650—2020)要求,挂篮与悬臂浇筑混凝土的重量比不宜大于 0.5,且挂篮的总重应控制在设计规定的限重之内,包括吊带变形的挂篮最大变形总和应不大于 20mm。挂篮在浇筑混凝土状态、行走时的抗倾覆安全系数、自锚固系统的安全系数均不应小于 2。

挂篮是悬臂浇筑施工中非常重要的临时结构,其安全直接影响施工过程安全,尤其是挂篮前移过程和混凝土浇筑过程。如果锚固系统出现异常后果极其严重,国内曾发生过挂篮前移过程、浇筑混凝土时挂篮倾覆、坠落事故(图 8-64),主要原因是锚固系统细节处理不当造成的,为避免此类事故的发生除在设计时考虑足够的安全系数外,在施工过程中应有专人负责锚固装置安装细节。

三、混凝土浇筑

悬臂浇筑施工是分段对称浇筑混凝土,节段之间混凝土的抗拉强度相对较低,为保证相临段混凝土可靠的连接,在拆除端模后,应将端面混凝土表面浮浆凿出,且在浇筑下段混凝土时,应将端面混凝土用水打湿、清理干净,见图 8-65。

图 8-64 某桥施工过程挂篮坠落

图 8-65 混凝土端面凿毛

由于是在两端挂篮上浇筑混凝土,两端混凝土的浇筑速度不同将引起 T 构的不平衡弯矩。在大悬臂时此弯矩对临时支撑的受力不容忽视。如施工不当将引起严重后果,国内某悬臂浇筑连续梁采用钢管桩作为临时墩,在即将合龙时由于 T 构两端浇筑速度差异较大,在倾覆弯矩作用下使钢管失稳,整个 T 构的坠落,造成极大的经济损失和不良社会影响,见图 8-12。

四、合龙段施工及 0 号块临时约束的拆除

合龙段施工及临时约束拆除过程是悬臂浇筑连续梁体系转换过程，在悬臂浇筑连续梁施工中是非常重要的施工工序。合龙段临时支撑设置完毕后，T 构由静定结构转化为超静定结构，由于外界温度变化引起 T 构的伸缩将受到限制，会对合龙段混凝土施加较大的压力（升温）、拉力（降温），如果合龙段临时支撑设置不当，将造成合龙段的压碎或拉裂。国内某斜拉桥就是因为合龙段临时支撑设置不当，造成了合龙段的压碎。合龙段的临时支撑在设计图中一般会给出，施工时按照设计图施工即可。

0 号块临时约束的目的是使连续梁悬臂施工时 T 构和桥墩固结，在合龙段施工过程中，应按照设计要求逐步解除 0 号块临时固结。目前 0 号块临时约束方式有很多，对于在 0 号块和桥墩间设置大量普通钢筋的约束方式，在拆除此约束时往往需要时间较长。解除约束时应保证四角对称进行，以防 0 号块出现偏移和受力不均现象。

五、线形控制

悬臂浇筑连续梁线形控制是保证桥梁顺利合龙，确保成桥线形的关键工作之一。由于后续施工节段对先期施工节段影响、混凝土徐变、预应力松弛、合龙顺序、结构尺寸偏差、挂篮自身变形等因素，在施工各节段混凝土时，需要设置预拱度。除挂篮自身变形引起的预拱度可通过挂篮预压得到外，其他因素引起的预拱度需要有专门资质的监控单位利用专业软件计算得到。作为施工单位，在节段立模时，应将挂篮自身变形、监控单位提供的预拱度一起考虑，并及时测量各节段在浇筑混凝土、张拉、挂篮前移等工况下的变形，及时反馈给监控单位，作为监控单位调整高程的依据。在测量节段变形、设立节段高程时，应尽量在每天早上日出前进行，以避免日照、温度变化对测量的影响。

六、预应力施工

连续梁、连续刚构预应力施工工艺和简支梁基本相同，在本书第五、第六章中已介绍过有关预应力施工技术，在此不再介绍，但在连续梁、连续刚构桥预应力施工中，笔者曾处理过两起由于预应力施工技术造成的连续梁、连续刚构施工事故，在此介绍事故原因，希望对今后类似桥梁预应力施工有所帮助。

某桥为三跨连续梁，采用对称悬臂浇筑施工，在进行合龙段永久束张拉时，中跨合龙段混凝土底板发生大面积剥离，普通钢筋、波纹管裸露，底板混凝土被剥离成上、下两层。经分析认为发生事故的原因该桥中跨箱梁底板曲线较小，施工时未设置防崩钢筋，底板两层钢筋网片间没有设置拉筋，底板混凝土无法承受张拉底板预应力束时产生向下的径向力，造成底板混凝土的剥离，见图 8-66。

另一起事故的桥梁为三跨连续刚构，中跨合龙后张拉中跨永久束时，在桥梁中跨一侧 1/4 跨附近发生箱梁底板一个节段混凝土的剥离，如图 8-67 所示。经分析认为发生此起事故的原因有两个：一是未按设计要求设置底板上、下两层钢筋网拉筋；二是施工过程中钢束定位不准确，存在局部不平顺，张拉钢束时底板混凝土产生局部过大向下（管道偏上）拉力，造成底板混凝土的剥离破坏，见图 8-68。

a) 波纹管、普通钢筋露出

b) 底板混凝土剥离成上下两层

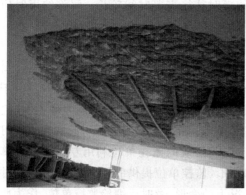
c) 底板混凝土发生大面积剥离(1)

d) 底板混凝土发生大面积剥离(2)

图 8-66　合龙段底板混凝土剥离破坏

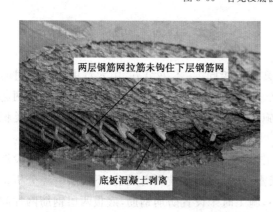

图 8-67　底板混凝土剥离破坏

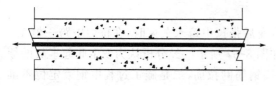
a) 管道顺直时无竖向拉力

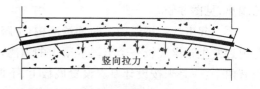
b) 管道向上造成张拉时对混凝土产生向下拉力

图 8-68　管道安装对张拉时混凝土受力影响

第九章 悬臂拼装连续梁桥施工

第一节 悬臂拼装连续梁施工原理及步骤

悬臂拼装连续梁和悬臂对称浇筑连续梁施工均将主梁沿梁纵轴划分为若干个节段。和悬臂对称浇筑不同的是,悬臂对称拼装连续梁是将节段先在预制场采用长线法或短线法预制,然后将预制完成的节段运至桥位,采用悬拼起重机将节段安装到位,节段间可以采用湿接缝、胶接缝、干接缝或干湿交替接缝,然后通过纵向预应力钢束将节段连接为整体。悬臂拼装连续梁节段间设置剪力键,节段间剪力通过镶合的剪力键和预应力钢束传递。

由于悬臂拼装施工时对节段预制精度要求较高,节段拼装时线形调整余量有限,因此,悬臂拼装施工方法主要在跨径60~80m的中等跨径连续梁桥中应用,在采用悬臂拼装施工的斜拉桥中主跨跨度为200~350m。

国内最早采用悬臂拼装施工的桥梁为1964年修建完成的河南五陵卫河桥,该桥跨径为25m+50m+25m,结构形式为T形刚构;随后修建了江门外海桥(跨径为:55m+7×110m+55m,1988年5月建成通车)、京杭大运河韶村桥(跨径为:32.5m+50m+32.5m,1992年12月建成通车)、上海长江隧桥(跨径为:3×6×60m+2×6×60m+2×7×60m,2009年10月通车)、广州市轨道交通4号线黄阁至冲尾站高架桥(连续梁桥5座,均采用3跨一联,其中跨度最大联为45m+70m+45m,2007年通车)、深圳海湾桥大陆侧非通航孔桥(跨径为:6×72m+57m+6×69m,2007年通车)等连续梁桥。江西丰城赣江桥(跨径为:12×40m+55m+4×70m+55m+8×70m,1992年通车)T形刚构、辽宁长兴岛桥(跨径:82.2m+176.0m+83.2m,1981年9月通车)、上海泖港大桥(跨径为:32.5m+26m+26.5m+200m+26.5m+26m+22.5m,1982年通车)、蚌埠桥(跨径为:38m+76m+224m+76m+38m,1989年10月通车)、凤台桥(跨径为:38m+76m+224m+76m+38m,1990年5月通车)、天津永和桥(跨径为:25.15m+99.15m+26099.15m+25.15m,1987年建成通车)、宜昌夷陵长江大桥(跨径为:38m+38.5m+43.5m+2×348m+43.5m+38.5m+38m,2001年通车)、澳门西湾大桥(澳门侧跨径为:5×60m+2×60m+110m+180m+110m+9×60m+7×60m+45m,其中正桥为110m+180m+110m斜拉桥,其他为连续梁,2004年12月通车)等混凝土斜拉桥,采用悬臂拼装施工方法已修建完成的桥梁大部分为等截面箱梁,个别采用了变截面箱梁。

悬臂拼装预应力混凝土连续梁施工包含节段预制、节段运输、节段拼装(基准块安装)、纵向束张拉、合龙段施工等主要施工步骤。在每个主要施工步骤中,根据具体情况又可采用不同的方法,节段预制分为长线法、短线法,节段运输可采用汽车或轮渡,0号块可采用预制或现浇,节段拼装可采用干拼或胶拼,合龙段可采用预制或现浇等,各主要施工步骤具体施工方法、工艺将在后续内容中介绍。

第二节 节段预制方法

悬臂拼装预应力混凝土连续梁的主要特点是节段预制,节段预制可与桥梁下部结构施工同时进行,需要专门的预制场地,目前国内外节段常用预制方法分为两种:长线法和短线法。按现行《公路桥涵施工技术规范》规定,短线法或长线法预制场地布置应便于节段预制、移运、存放及装车(船)出运;台座应稳定、坚固,在荷载作用下,其顶面沉降应控制在2mm以内。

一、长线法预制节段方法

长线法预制节段是指将一跨或至少半跨悬臂节段在预制场台座上相互匹配预制,先期施工节段与后期施工节段相临的端面作为后期施工节段的一侧端模,在预制若干节段、先期浇筑的节段达到设计要求的强度后,将先期浇筑的节段采用大型龙门式起重机吊出台座,移至存梁台座。长线法预制节段台座根据节段形状及预制场地质情况确定。对于纵向变截面的节段、台座周转不多的情况,台座可以采用土牛或石砌的方式;对于等截面节段、台座周转次数较多的工程,由于需要多次调整台座顶面高程、线形,以适应不同跨考虑预拱度的线形,一般应采用混凝土支墩支撑、钢底模板。混凝土支墩和钢底模板间设置竖向调节螺栓,以便调整钢底模板的顶面高程及线形。图9-1为采用石砌(土牛)作为台座示意图,图9-2为采用混凝土支墩、钢底模板台座。

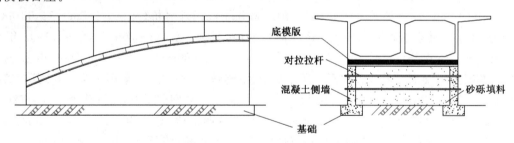

图9-1 石砌(土牛)台座结构

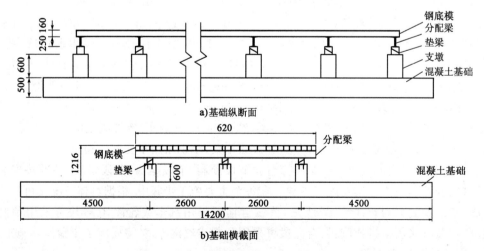

图9-2 某桥混凝土台座结构(尺寸单位:mm)

深圳湾桥非通航孔节段预制采用长线法,其台座结构为:

$$台座结构\begin{cases}基础:钢筋混凝土\\支墩:钢筋混凝土\\高度调节装置:铁垫片或螺栓丝杆\\横梁:型钢\\面板纵、横向加劲肋:型钢\\面板:钢板\end{cases}$$

深圳湾桥长线台座结构见图 9-3,台座结构示意见图 9-4。

图 9-3 深圳湾桥长线台座结构

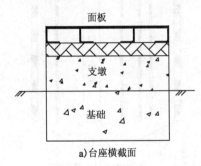
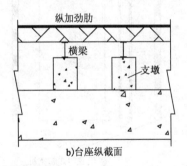

图 9-4 深圳湾桥台座结构示意

对于需要调整台座顶面高程、线形的台座,一般在横梁(垫梁)处加垫片或设置竖向调整螺栓实现;在施工过程中,应注意台座基础的处理,如果处于较软弱地质,应对基础进行处理,以防在预制节段过程中台座沉降,造成预制节段尺寸、线形出现过大偏差,引起悬臂拼装困难。

长线法预制节段顺序一般应根据后期悬臂拼装顺序进行,且 0 号块两侧对应节段预制龄期最好相近。对于 0 号块墩顶现浇的桥梁,每个 T 构两侧悬臂可形成两个独立工作面进行节段预制,见图 9-5;对于 0 号块也需要预制的桥梁结构,如果以 0 号块为预制起始位置向两侧对称预制,见图 9-6;只有在一个完整 T 构全部预制完成后,才能从端部将节段从台座上移出,预制期间占用台座时间过长,不利于台座的周转,为提高预制效率,可采用从一个 T 构一侧开始顺序预制,见图 9-7。

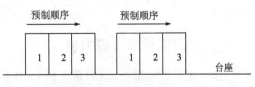

图 9-5 0 号块现浇时预制顺序

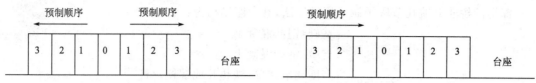

图 9-6　0 号块预制时制梁顺序 1　　　　　图 9-7　0 号预制时制梁顺序 2

台座顶面高程、线形应按设计高程、线形并考虑预拱度后设置。

二、长线法预制节段场地布置

长线法预制节段需要较大的场地，且应配置足够的起吊设备。场地中应包括制梁台座、存梁台座、运梁轨道、制梁区龙门式起重机、存梁区龙门式起重机，如果采用轮渡运输节段，还应该包括栈桥等。

图 9-8 为长线法预制节段预制场典型总体布置；图 9-9 深圳湾桥节段预制场地。

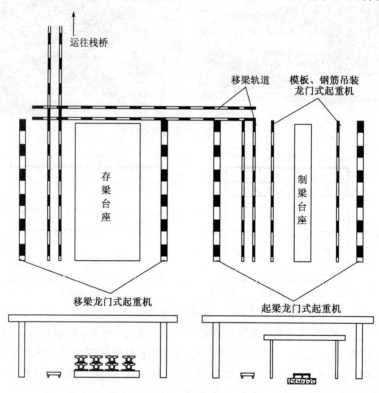

图 9-8　长线法预制节段典型场地布置示意

三、悬臂拼装节段剪力键

悬臂浇筑连续梁中，纵向普通钢筋、预应力钢束均通过节段间接缝。接缝截面剪力传递可通过现浇混凝土、纵向普通钢筋、预应力钢束，悬臂拼装节段间（干拼、胶拼）无纵向普通钢筋穿过，只有纵向预应力钢束穿过，节段间通过剪力键咬合在一起，接缝截面剪力传递通过纵向预应力束及剪力键实现。剪力键按位置分为底板、腹板、顶板剪力键，顶、底板剪力键主要用于悬臂拼装定位，腹板剪力键主要用于抗剪及定位，剪力键结构见图 9-10、图 9-11。

图 9-9　深圳湾桥节段预制场地

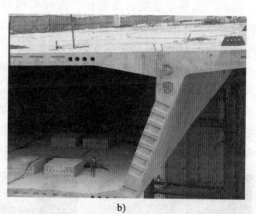

图 9-10　腹板剪力键结构

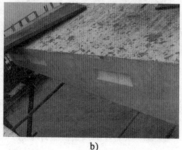
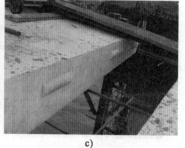

图 9-11　顶板剪力键结构

第一个预制节段的剪力键通过端模实现,后续匹配节段的剪力键通过和其相临节段已形成的端面做端模实现。

四、长线法预制节段起梁设备配置

悬臂拼装预制节段端部设有剪力键,用于节段接缝处剪力传递及悬臂拼装时对位。在预制节段时,各节段相互匹配,通过剪力键咬合在一起。长线法预制节段需要将节段提起后才能将节段脱开台座,由于剪力键的相互咬合作用,需提起相临若干节段,因此用于长线法起梁的龙门式起重机起吊能力不能只考虑起吊最大节段质量。实际工程情况表明，起吊时往往需要将相临2～3个节段同时提起，如图9-12所示。因此，应按最大节段质量的2倍来确定龙门式起重机的起吊能力。

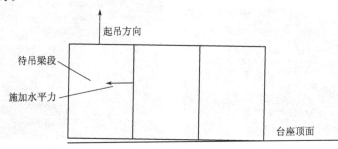

图9-12 起梁示意

深圳湾大桥非通航孔悬臂拼装连续梁预制节段质量大多在120t左右，配置起梁龙门式起重机时，考虑了2.5倍的增大系数，配置了300t龙门式起重机起梁，在起梁过程中，避免了节段间剪力键的损坏，顺利完成了预制任务。

长线法预制节段起梁时，应先采用龙门式起重机垂直、反复小量程起吊，然后使龙门式起重机吊钩适当向脱开方向斜置，同时借助设置在箱梁内腹板上水平千斤顶施加水平力，将需要起吊节段移出台座。在起梁时，不但要求需要移出台座的节段混凝土强度达到设计要求，且和其相邻起码三个节段混凝土强度也应达到设计强度，否则在起梁时可能会造成剪力键的损伤，影响后期节段悬臂拼装的精度。图9-13为某桥在起梁过程中造成的剪力键损伤情况。

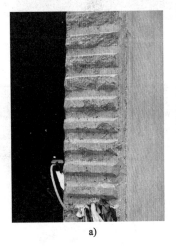
a)

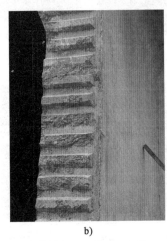
b)

c)

图9-13 剪力键损伤情况

五、短线法预制节段方法

短线法预制节段是一种在有限场地上进行桥梁节段预制的有效方法，该方法只采用1套模板（有一端为固定端模）进行节段预制。预制从第1个节段开始，第1个节段在固定端模和浮动端模之间浇筑，此节段称为起始节段，然后将该节段前移作为匹配节段，作为端模进行第2节段浇筑，以保证相临节段之间的匹配质量，重复以上过程，将第i节段前移，作为第$i+1$节段的端模，进行第$i+1$节段的浇筑，逐次循环完成各节段的预制，短线法节段预制工艺流程示意见图 9-14。图 9-15 和图 9-16 为实际短线法制梁过程。

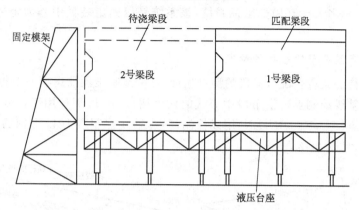

图 9-14　短线法预制节段工艺流程示意

图 9-15　短线法第 1 个节段预制

图 9-16　短线法节段匹配预制

短线法预制过程中，节段空间位置的调整通过液压调整系统实现。

六、短线法预制节段线形控制

短线法预制节段时，只有相邻两个节段相互匹配，容易产生几何形状、空间位置的偏差，由于悬臂拼装时调整余量很小。因此，短线法预制节段施工过程中节段几何形状、空间位置的控制特别重要。

由于受混凝土弹性模量、箱梁截面尺寸偏差、箱梁自重偏差、有效预应力差异、混凝土收缩、徐变等影响，箱梁实际挠度与计算挠度存在较大偏差，在节段预制时，应考虑以上影响并设置预拱度。对于位于曲线上采用短线法预制节段施工，在预制节段时，更要控制各节段的空间位置。根据桥梁设计线形及施工预拱度，可得到桥梁的制造线形，根据制造线形，在预制过程中进行每个节段相应的线形控制，即可控制整个桥梁的线形。

以下为短线法预制节段过程线形控制具体步骤及内容：

1. 坐标系统设立

在短线法预制节段时，需要建立两个坐标系统，一个为总体参考系统(Global Reference System，GRS)，该系统用于确定整个桥梁的外形变化。在该系统中，每个节段接缝都有确定的三维坐标数据，称之为桥梁总体坐标系统；另一个为预制单元参考系统(Casting Cell Reference System,CCRS),预制单元参考系统描述每一节段从浇筑节段(W/C)到匹配节段(M/C)的三维数据变化,称之为预制局部坐标系统,该系统是以固定端模中心为坐标原点的参考系统,见图9-17。

2.控制点的布置及节段线形的确定

为便于测量待浇梁段及配合梁段的测点坐标,每一预制梁段须设置6个控制测点(4个高程控制点和2个轴线控制点),沿节段中心线的两个测点(FH,BH)用于控制平面位置,沿腹板设置的4个测点(FL,FR,BL,BR)用以控制高程,轴线控制点为U形钢筋埋件,高程点为十字头镀锌螺栓,见图9-18。

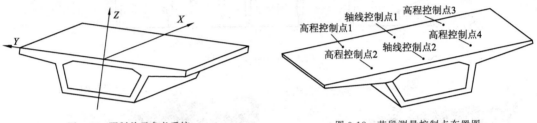

图9-17 预制单元参考系统　　　　　图9-18 节段测量控制点布置图

在预制节段时,根据其在空间整体坐标系下的线形和空间位置,可以将其转换成相对节段自身的局部坐标系(预制几何数据库),通过预埋控制点形成三条控制线,桥梁成形时在空间整体坐标系下所有节段的平竖曲线和在接缝处的横坡均由这三条控制线决定,即连接位于节段顶面中心线上FH_i、BH_i的线确定一条节段平面线形,称为水平控制线;连接位于腹板顶部FR_i、BR_i和FL_i、BL_i的两条线确定节段立面线形和连接横坡,称为高程控制线,见图9-19。

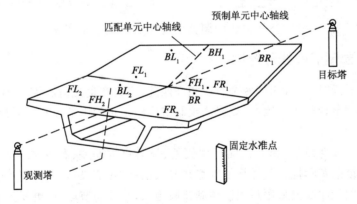

图9-19 节段匹配预制几何控制示意

3.节段预制误差的修正方法

水平控制线或者高程控制线的误差,都可以在下一个节段预制时直接修正,模拟一条通过节点1、2、3…i和k的三次样条曲线[图9-20中$\rho(x)$],且保证其在边界节点上保持和理论控制曲线相同的切线斜率,利用这样的样条曲线替代直接纠正法后,修正夹角β_1改善成为β'_1(它仍有可能不满足限制要求$|\beta_{\max}|$),待浇筑节段修正的理论控制线经过若干个节段后再次与原理论控制线重合。

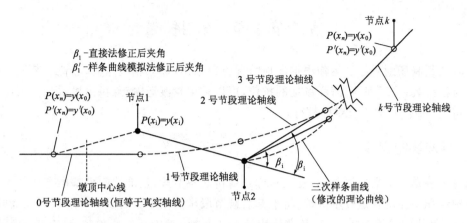

图 9-20 三次样条曲线拟合法示意

为了达到修正理论横坡的目的,应将边界点的位置靠近匹配节段接缝面来作为确定样条曲线的一个约束条件,从而使样条曲线方程有唯一的表达方式。其做法是:先假定边界点位置,使其尽量靠近匹配节段的接缝面,在新的边界条件上构造样条曲线,以判断修正的控制线上的误差是否小于允许值,若不满足条件则改变边界点,并使其移动至靠外一个节点上。

4. 预制过程几何控制

预制过程几何控制通过 GEOMPRO 软件实现,其主要功能是通过控制各预制节段匹配的空间位置,从而达到节段拼装后梁体的线形,以满足设计线形的要求。该软件将箱梁各节段控制点的坐标及预拱度以数据库的形式输入,结合所给定的理论值及梁段在匹配生产时的实测值,经过必要误差修正,精确地计算出已成形梁段在匹配位置时应处的空间位置,其控制过程如下:

①测量及调整匹配节段的精确位置。执行此勘验时必须有监督员在场的情况下进行两组独立的测量并以平均值作为评价。

②控制点埋设。控制点预埋件必须在混凝土凝固前放置在浇筑节段的顶板上。

③测量浇筑节段及匹配节段测点坐标也应进行两组独立的测量并取平均值作为评价。

④将测量结果输入到 GEOMPRO。

确定已浇筑节段在作为下一循环匹配节段时的位置(包括施工误差的纠正)见表 9-1,重复以上①～④的步骤,直到整孔梁段预制完成。

GEOMPRO 数据输入和输出   表 9-1

数 据 输 入	数 据 输 出
梁段几何数据库	误差纠正(确定下一待浇梁段各控制点坐标,包含前一待浇节段的测点安装误差)
预拱度值	梁段在配合段位置的定位(确定匹配梁段定位)
已成形梁段测量数据	已成形梁段在总体坐标系的定位(形成节段拼装几何控制图)

短线法预制节段过程线形控制的核心是根据当前测试结果,提出对后续节段几何尺寸、线形的修正。

第三节 节段拼装

节段从预制场到桥位的运输根据场地情况可以采用汽车、轮渡运输;陆地上节段可以采用汽车吊对称拼装;位于河流、海洋场地的桥位,可以采用轮渡运输,悬拼吊机拼装。不论采用哪种方式拼装,每个T构均应对称进行。

一、基准块的安装

悬臂拼装是以基准块为基础,逐段对称悬臂拼装各节段,基准块起到基准定位作用。如果基准块轴线和平面位置定位不准确,将引起后续节段拼装困难。对于0号块墩顶现浇的桥梁,0号块和1号块间采用湿接缝,其基准块应该为1号块;对于0号块预制、没有设置湿接缝的桥梁,其基准块为0号块,相对于0号块现浇的桥梁,其安装难度较大。

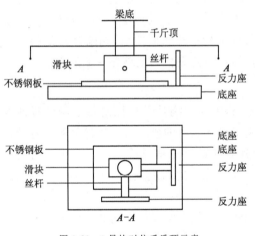

图9-21 0号块对位千斤顶示意

深圳湾大桥非通航孔悬臂拼装连续梁包含0号块所有节段均为预制,0号块的四角高程、纵轴、横轴线出现偏差,将直接影响后期节段悬臂拼装速度及质量。为确保0号块四角高程、轴线符合设计要求,在0号块四角箱梁底部各设置一个可以纵、横向移动的对位千斤顶见图9-21。对位千斤顶的工作原理是利用手动液压千斤顶实现竖向顶、落梁,利用滑块底部涂润滑脂来降低滑块与不锈钢板之间的摩擦系数,由纵、横移丝杠推动梁体沿横向、纵向移动,在0号块腹板四个角分别设置对位千斤顶,通过丝杠的移动及千斤顶的起、落,多次调整后实现0号块高程与纵、横轴线的调节。

二、墩旁支架

不论0号块是否预制,为给悬拼起重机留出足够的安装位置,需要在支架上拼装1号、2号或3号块。墩旁支架的结构形式根据桥位实际情况确定,可以采用钢管、碗扣支架,不论采用哪种支架,均应具有足够的刚度,并便于节段的对位调整。

深圳湾大桥非通航孔悬臂拼装时要求1号、2号块均应在支架上拼装,并要为悬拼起重机留出足够的长度。现场实际情况:由于墩柱以下为另外施工单位施工,在承台、墩柱上未留预埋件;该桥位于海水浸泡环境,承台、墩柱等结构表面均进行了两遍水泥基渗透型防水材料处理,如破坏其表面将对其耐久性不利,不能在承台、墩柱表面打孔。根据以上实际情况,采取的措施为:在墩柱两侧各设置2根$\phi 800 \times 8$钢管;在钢管顶部设置斜撑,以增大支架的长度;为增加支架的稳定性,利用墩柱施工时模板拉筋孔设置对拉螺杆,钢管横撑顶在墩柱上,钢管横撑与墩柱间设置5mm厚的橡胶垫以保护墩身混凝土表面不被损伤;支架顶部设置型钢,形成安装平台。支架纵断面见图9-22;横桥向截面见图9-23;水平截面见图9-24。

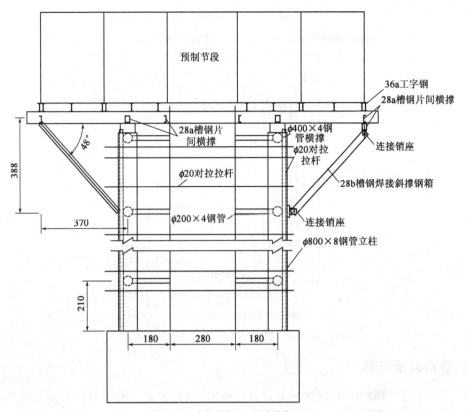

图 9-22 支架纵断面(尺寸单位:cm)

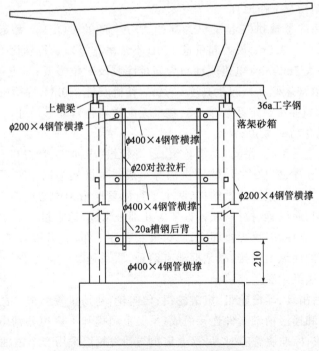

图 9-23 支架横桥向截面(尺寸单位:cm)

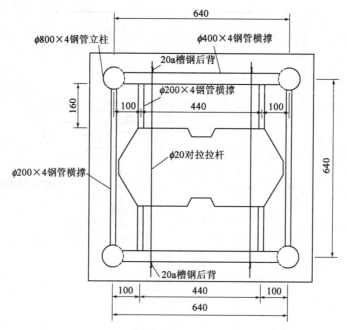

图 9-24 支架水平截面(尺寸单位:cm)

三、悬拼起重机

对于跨越既有线路、河流、海洋的悬臂拼装桥梁,节段拼装一般用悬拼起重机进行节段的拼装,悬臂起重机有多种型号,工作基本原理相同。下面以深圳湾大桥悬臂起重机结构为例,说明悬拼起重机的结构及工作原理。

深圳湾大桥选用的悬臂拼装起重机为郑州大方生产的DQP150型起重机,其技术参数为:适应梁节长度1.95~3.5m,最大起重量150t(不含吊具等),走行速度0~0.6m/min(液压驱动),起升速度0~0.7m/min(电机驱动);为满足涂胶及对位需要,吊点可水平移动,平移范围-100~+500mm(液压驱动);起生高度27.9m,整机质量350kN,提梁机自身质心位置距前支点0.8m,空载纵移抗倾覆稳定系数≥1.5(整机无配重走行),外形尺寸(长×宽×高)7.8m×9.75m×5.7m,整机总功率<50kW。

结构由主框架、起吊系统(吊具、动滑轮组、定滑轮组、导向轮、卷扬机)、纵向调节机构、纵移机构及滑道、可调支撑、张拉平台、锚固机构等组成。主框架为两个平行的菱形桁架通过3片连接框架连接成整体,为主要承重结构,两个平行的菱形桁架中心间距7.55m,桁架中心高度4m,由三角形臂架、底纵梁、拉杆、联系框架等几部分组成,总重量约100kN。三角形臂架左右各1个,由上纵梁、立柱、斜撑焊接而成;底纵梁左右各1件,底纵梁与臂架法兰连接,拉杆2件,拉杆两端与臂架的底纵梁销接,联系框架有两种,联系框架一共2件,与臂架法兰连接;联系框架一共2件,与底纵梁法兰连接。

提升系统主要由吊具、动滑轮组、定滑轮组、导向轮、卷扬机等组成。吊具由吊梁上扁担1件、吊梁下扁担2件和连接销轴2件连接而成;吊梁上扁担和下扁担分别由2根40a槽钢和2根32a槽钢组焊而成,标准块施工时,吊梁上扁担与动滑轮组采用2个销轴连接。合龙块施工时,如需2台提梁机提1节合龙块,则需拆除吊梁上扁担,使吊梁下扁担直接与动滑轮组销轴连接；吊装节段梁时，吊梁下扁担与梁节通过前吊杆锚固。前吊杆共 8 根，采用 $\phi32$ 高强精轧螺纹钢筋，锚固时每根前吊杆应配 4 个螺母、2 个垫板、1 个找平垫圈。

动滑轮组共 2 件，定滑轮组共 2 件，轴承均采用 42222E，参数见《滚动轴承、圆柱滚子轴承、外形尺寸》(GB/T 283—2007)。导向轮共 2 件，轴承选用 42316E，定滑轮组安装在纵向调节机构的滑座上。导向轮的支架与主框架上弦内侧牛腿上安装时四周应焊接牢靠，焊缝高度不小于 12mm。

100kN 机械卷扬机共 2 台，布置在提梁机的尾部，同时起到空机走行时的配重作用，每台卷扬机(含钢丝绳)质量不超过 5t。钢丝绳的倍率为 10，其走绳方式为：钢丝绳一端固定卷扬机上；另一端通过导向轮，在动滑轮组和定滑轮之间进行缠绕，最后固定在定滑轮组挂轮上。

纵向调节机构共 2 件，每件由油缸和滑座组成，油缸驱动滑座带动定滑轮组纵向移动，实现梁节平移、对位作业，油缸行程为 620mm，型号为 HSGK$\phi110/\phi63$。

纵移机构共 2 件，每件由 2 个支座和一根油缸组成，其中一个支座焊于主框架的下弦上；一个支座通过两个销轴安装于滑道上；纵移滑道共 10 节，每节长度 1.75m，由 2[20a 组焊而成，每节质量 160kg，接头采用 M24 法兰螺栓连接，纵移滑道对称布置在桥梁中心线的两侧，两侧滑道间距 7.55m。

可调支撑共 4 件，位于主框架下弦和纵移滑道之间，最大调节行程 300mm，可调支撑的底部为球铰，用于主框架下弦的调平和支撑。调平时采用 2 台 200kN 手动千斤顶进行调平，可调支撑锁紧。DQP150 型悬拼起重机吊装节段如图 9-25 所示。

所有起重机正式使用前均进行试吊，试吊考虑三种工况：空载试验、100%等载、超载试吊。试吊程序如下：检查整机的安装、定位情况及水平和支撑情况，并使起重机处于水平状态，检查

图 9-25 DQP150 型吊机悬拼起重机吊装节段

液压系统及电器系统工作性能是否正常；空载试验：分别驱动 2 台卷扬机，下放吊具至节段预制梁处，提升至安装高度，反复运转卷扬机 2～3 次，检查是否有异常情况；驱动纵向调节油缸来回运动 2～3 次，并使定滑轮组推至起吊位置，同时下放吊具至梁节顶面位置；检查各处液压管路是否漏油，检查前支点处支承情况及各处制动器工作性能是否正常，完成空载试验。

100%等载、超载试验：分别驱动 2 台卷扬机，下放吊具至梁节顶面，穿好吊梁精轧螺纹钢筋，拧紧螺帽，缓慢吊起等载试吊，使 2 台卷扬机同时受力，再次检查支承和锚固情况；同时启动 2 台卷扬机，使梁节吊离驳船约 10cm 后下放，重复 2 次，无误后再次提升 10cm 静置 30min，同时检查桥面起重机各部位工作性能是否正常；提升梁约 1.0m 高度位置，静置 30min 后下放梁至驳船上；检查起重机各设备运转情况是否正常，完成等载试吊试验；采用水箱加载，增加试吊重量，再次重复以上步骤进行 130%超载试验。

四、悬臂拼装

当采用 0 号块和 1 号块间设置湿接缝的施工工艺时，首先应利用起重机调整好 1 号块的

空间位置、1号块临时固定，浇筑0号块和1号块间的湿接缝。湿接缝缝宽一般0.5m左右，施工时采用起重机将两侧1号块同时吊起，提升到拼装高度。启动纵移机构，使1号块梁段与0号块梁段靠拢，对准定位后，检查缝宽，同时对1号梁段与0号梁段的纵、横向的中心进行定位测量，并利用水平顶或导链进行桥梁纵坡和中线的调整。1号块纵向坡度、纵向中线、横向坡度调整符合设计要求后，迅速焊接定位型钢。型钢焊接应对称快速进行，可以预先将0号块一端先行焊接定位，1号块定位准确后，再进行加强补焊；安装湿接缝的底模及侧模，绑扎湿接缝钢筋、横向预应力束、纵向预应力束波纹管，在1d最低温度时段浇筑湿接缝混凝土，并及时进行养护。湿接缝混凝土强度达到80%时张拉顶板、腹板及底板永久预应力束，前移起重机，准备胶拼2号梁段。

如前所述，对于0号块、1号块间不设湿接缝的施工工艺，先在支架上胶拼1号、2号块，顶面长度足够后，安装起重机，进行后续段的胶拼。

胶拼节段的安装过程为：将T构两侧待拼节段同时吊起进行节段间试拼，试拼过程中注意剪力键咬合时用力不得过大，需缓慢移动对位，梁节空间位置初调对位试拼无误后，利用起重机顶部纵向调节液压系统将节段顶推开，留出涂胶空隙(30cm左右)，在两片梁节间放置涂胶用钢爬梯，涂胶人员在拼装梁段匹配断面黏结密封圈后，自上而下均匀涂抹环氧树脂，涂抹厚度宜控制在3mm以内，以免局部涂胶厚度过大出现倒挂等现象影响胶拼质量和梁体外观；安装接缝处拉杆，梁段接缝吻合后张拉拉杆，张拉力由设计提供，以保证接缝间在压力作用下被压实、硬化，穿节段间体内预应力束，张拉节段间体内预应力束，前移起重机，完成一个节段的胶拼。

深圳湾大桥节段试拼时空间位置控制标准为：中线横向偏差±5mm、纵向偏差±5mm；拼接缝竖向/横向错位：±5mm；横截面转动：节段顶面高程相对误差：±5mm/15.15m；节段拼装过程中空间位置控制标准：竖向和横向偏离设计线形不大于25mm。

深圳湾大桥拼装过程见图9-26。

图9-26 深圳湾桥节段拼装过程

五、胶拼缝施工

胶拼缝的作用是提高悬拼块件间的抗剪能力，改善接缝处的应力传递，使接缝能承受拉力，提高抗裂性，增强悬臂结构的整体性。胶拼缝的强度除与选用的胶结材料、配合比有关外，还与胶接缝的施工操作工艺有密切关系,如胶拼缝施加压力不足(小于 0.2MPa)、胶接面处理不佳(油脂未除去,胶合面潮湿)、硬化温度不合适、作业时间超过规定等,均能引起胶接缝强度降低,因此,选择适当材料、合理的施工工艺是保证胶接缝质量的关键。

1. 树脂胶材料

为选择适应桥位处环境,应选择多种型号的材料进行试验,确定胶拼材料可按以下原则进行:在桥位气候环境下正常工作;根据不同气候条件,可操作时间控制在 3h 内;胶拼厚度可控制在 3mm 以内;涂胶后,在一定压力下(0.2MPa 左右)固化后达到张拉强度的时间尽量短,不同温度下控制在 5~12h;其他力学性能指标(抗拉、抗折、抗压、抗劈、抗剪以及弹性模量等)必须满足设计要求。国内悬臂拼装桥梁中采用的胶拼材料情况如下:宜昌夷陵长江大桥经过比选后为适应宜昌界面潮湿、阴雨天气时正常工作,选用了 GR-38 环氧材料,并通过多次试验,确定了在不同气候环境下不同配合比,其中掺入了水泥和外加剂;澳门西湾大桥采用胶结材料为 concersive1441EL 触变性环氧环氧黏结浆体,另外还掺有石英砂;深圳湾大桥采用的胶结材料为 Sikadur742、Sikadur31SBAS02 环氧树脂系列。

现行《公路桥涵施工技术规范》中,也要求胶黏剂宜采用机械拌和,且在使用过程中应连续搅拌并保持其均匀性。胶黏剂应涂抹均匀,覆盖整个匹配面,涂抹厚度宜不超过 3mm。对胶缝施加临时预应力进行挤压时,挤压力宜为 0.2MPa,胶黏剂应在梁体的全断面挤出,且胶结缝的挤压应在 3h 以内完成;当施工时间超过明露时间的 70% 时,在固化之前应清除被挤出的胶结料。胶黏剂在涂抹和挤压时,应采取措施对预应力孔道的端口处进行防护,防止胶黏剂进入孔道内。

2. 胶拼前准备

胶拼前应检查节段端面涂胶面是否清理干净,将由于张拉过程漏油用磨光机打磨干净。

3. 施工工艺流程

(1)拌胶:将环氧树脂 A 组(白色)分先用带叶片的低速电钻搅拌 2~3min,然后倒入环氧树脂 B 组分(黑色),同样用带叶片的电钻搅拌。搅拌过程中,电钻要上下反复移动,叶片也随电钻反复上下旋转搅拌,直至黑色的条纹全部融入白色中,形成灰色的胶,整个搅拌过程约 5min,拌和后的胶很稀,直接涂抹粘不上,会向下淌,涂胶厚度不够,涂胶匹配面质量差,可以向胶内掺入适当砂。掺砂量和拌胶时的天气温度有关,温度低时(低于 15℃)胶很稠,每次掺砂 5kg 左右(对应 A 组分 14.44L,B 组分 5.56L);温度高时(高于 25℃)胶很稀,掺砂 10~12kg,掺砂最多不能超过 15kg(对抗压强度影响不大,但会降低抗剪强度),掺砂分 2~3 次添加,每次 3~4kg,便于搅拌,搅拌方法和拌胶一样用低速电钻,拌一桶胶从开始到结束约需 10min。

(2)涂胶:把搅拌好的胶倒入事先准备好的干净小桶里,涂胶人员戴上一次性橡胶手套,用手往匹配面上涂胶。一般情况下先涂底板和腹板,涂腹板时,由上往下涂,最后涂顶板。涂胶时,每涂一小块,用掌心或手掌先边缘刮一下,控制厚度在 1~1.5mm。涂完后,每个部位逐步检查,有漏涂或涂得不够均匀的部位,局部重新涂抹。预应力孔道周围和孔道之间涂胶一定要均匀,不得漏涂或涂得过厚。漏涂会造成后期孔道压浆漏浆,涂抹过厚可能造成胶体进入孔道内,造成后期穿束困难。涂胶完成后,在孔道上粘贴 1cm 厚海绵圈,见图 9-27。

(3)张拉挤胶:张拉顶、底板高强精轧螺纹钢筋临时束,使胶体在有压力情况下挤密,见

图 9-28～图 9-30。终张拉结束后,把腹板挤出的胶刮干净,用刮下的胶修补匹配面上损坏的小缺陷(碰坏、缺角部分)。节段拼缝效果见图 9-31。

图 9-27 节段端面涂胶

图 9-28 箱梁顶板底张拉挤胶

图 9-29 箱梁顶板顶张拉挤胶

图 9-30 箱梁底板张拉挤胶

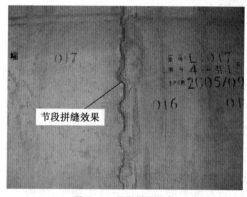

图 9-31 节段拼缝效果

六、悬臂拼装过程几何线形控制及调整

悬臂拼装不同于悬臂浇筑,悬臂浇筑在施工过程中,可以通过各节段立模过程调节轴线、高程,由于各节段采用预制,悬臂拼装在节段拼装时高程、轴线调整范围有限,否则可能造成节段接缝处缝隙过大,影响后期涂胶作业,给通过接缝钢束的耐久性埋下隐患。基准块的安装精度将可能引起后续节段发散式偏差,因此在悬臂拼装施工过程中,基准块的安装精度相当重要。

在悬臂拼装过程中,应建立施工挠度观测组,制定切实可行的挠度观测方案,观测每一节段不同工序产生的挠度,并进行适时汇总整理,与节段拼装几何控制图进行比较。当拼装节段的几何误差超出验收标准(表9-2)时,在后续节段拼装时采取措施进行调节。

节段拼装验收标准　　　　　　　　　表9-2

项　目	悬臂拼装允许偏差(mm)	合龙端允许偏差(mm)
高程	±20	±20
轴线	±10	±20
里程	±10	±10

在T构悬臂拼装过程中高程、轴线发生偏差时,应根据监控指令进行纠偏,纠偏主要方法见表9-3。

悬臂拼装线形调整方法　　　　　　　　　表9-3

序号	纠偏方法	说　明	备　注
1	垫片厚度1mm、3mm垫片	为常规方法,偏差较大时采用,此时黏结剂厚度应根据垫片调整	可用于调整轴线、高程
2	临时预应力调整	相应调整上、下缘临时预应力值,同时要求调整上、下缘涂胶厚度	可用于调整高程
3	调整起重机松钩荷载	高程发生较大偏差时采用	调整高程

采用垫片调节时,一般在箱梁腹板与顶、底板交角处,设置厚度1~3mm的楔形垫片调整,用于调整相临节段间的夹角,从而调整桥梁高程及轴线。每次调整量不宜过大,可通过后续若干段的调整来实现,垫片材质可采用环氧树脂垫片。

第四节　长线、短线法预制节段比较

长线、短线法预制节段在悬臂拼装桥梁施工中均有应用实例,两种节段预制方法各有优缺点,从场地、台座、起梁、施工难易程度几个方面比较见表9-4。

长线、短线法预制节段比较　　　　　　　　　表9-4

项　目	长　线　法	短　线　法
场地	需至少一个T构半边或全长场地	最少3~4个节段长度
台座	专门设计、施工台座	无需台座
起梁	需考虑剪力键影响配置龙门式起重机	可不考虑剪力键作用
节段安装施工难易程度	采用一个或半个T构顺序预制,节段间更易安装	需考虑节段误差积累,节段预制精度要求更高

第五节　悬臂拼装、悬臂浇筑施工方法比较

悬臂拼装、悬臂浇筑施工方法在连续梁、连续刚构及斜拉桥中都得到广泛应用。从目前应用情况看,悬臂拼装连续梁的跨度一般在90m以下,悬臂浇筑施工的桥梁结构应用较悬臂拼装施工更多,桥梁跨度更大,这和悬臂拼装节段安装过程线形控制难度较大有很大关系。为更进一步了解两种施工方法的优缺点,下面从工期、徐变对结构受力影响、线形控制难度、施工机

具、对场地要求、梁体截面形式、预应力体系等几个方面进行对比。

一、工期

悬臂浇筑施工是在桥位上采用挂篮逐段进行现场浇筑，每个节段在浇筑完混凝土后都要在混凝土达到设计要求强度、弹性模量后才能进行张拉、压浆工作。为减小运营期间结构的变形，现在悬臂浇筑施工的桥梁对张拉时混凝土的强度、弹性模量均要求达到100%设计值，且对张拉时混凝土龄期有明确要求，一般每个现浇节段正常循环时间在7d左右，而悬臂拼装施工在进行桥梁下部结构（甚至在进行桩基）施工同时，即可开始进行节段的预制，节段预制和桥梁下部结构交叉进行，相互不制约，节段安装只是节段的吊装过程，正常情况下每天可完成2～3个节段的安装，施工速度较快，整个桥梁的施工工期可大大减短。

二、徐变对结构受力影响

悬臂拼装施工中，节段可在进行桥梁下部施工同时开始预制，安装时混凝土龄期较长，可达60～90d，后期张拉时混凝土产生的徐变较小，而悬臂浇筑施工时为加快上部结构施工速度，在混凝土达到设计要求强度后，会尽快进行张拉工作，一般张拉时混凝土龄期在5d左右；在后期运营期间，徐变作用下桥梁的徐变变形较大，有效预应力减小，国内曾发生由于混凝土徐变造成桥梁主跨下挠过大、结构混凝土开裂等情况。因此，采用悬臂拼装施工对减小运营期间结构徐变引起的病害是非常有利的。

三、线形控制

对于大跨混凝土连续梁、连续刚构或斜拉桥，由于混凝土徐变、后期节段浇筑混凝土、张拉预应力束、结构体系转换等影响，需要对每个节段设置预拱度。由于施工期间材料、结构尺寸、张拉工艺等影响，即使对施工过程进行仿真分析，所设置的预拱度和实际发生的结构变形也存在差异。采用悬臂浇筑施工时，可以根据每个节段的变形、应力反应，及时修正仿真分析模型中相关参数，并对后期施工的节段进行指导；在施工过程中，可以通过调整模板的方式对后续待浇节段的轴线、高程进行调整，线形控制、合龙难度相对较低，而悬臂拼装施工中，安装时节段已在预制场进行预制，在吊装过程中只能通过在节段缝隙间垫垫片、调整上、下、左、右张拉力的方式微调结构线形和高程，如采用短线法预制节段，节段间在预制过程中不能进行整个T构或半个T构匹配，对节段预制的尺寸、线形偏差要求更高。

四、施工机具

悬臂浇筑施工是采用在挂篮上进行节段混凝土的浇筑、张拉及压浆工作，需要在挂篮上挂设具有足够刚度的模板，其自身重量较大，结构相对复杂。悬臂拼装时需要配置悬拼起重机，其主要功能是进行节段的吊装、对位，并作为张拉、压浆的平台，结构构造相对简单，自重也较轻。

五、场地要求

悬臂浇筑采用挂篮在桥位进行节段的对称浇筑，主要工作在挂篮上完成，上部结构施工不需要大块施工场地。采用长线法预制节段时，至少需要半跨长度台座；为加快施工进度，在多跨桥梁中还需要设置多条台座,因此台座需要较大的施工场地;节段预制完成后,需要设置有存梁场地,即使采用多层存梁,需要场地也较大。长线法制梁时,还需要配置大吨位起梁龙门式起重机,即使采用短线法制梁,也需要在存梁区设置龙门式起重机;采用水路运输节段时,还需要设置栈桥,作为将节段运至运输船的通道。因此,在节段预制场需要配置设备较多。

六、梁体截面

在悬臂浇筑施工的连续梁中,梁体一般采用变截面箱梁,以便和梁体受力相适应。在悬臂拼装施工中,如果采用变截面箱梁,台座施工比较麻烦,所以国内近年修建的悬臂拼装连续梁多采用等截面箱梁,以方便台座及模板的周转,提高节段生产速度及设备利用率。

七、预应力体系

悬臂拼装连续梁中,为保证节段接缝处不至开裂,影响钢束耐久性,一般设计为全预应力体系,即在使用荷载作用下控制截面不出现拉应力;在钢束锚固方式上,锚头位置设置在节段端面以内,即采用深埋锚的方式设置锚具。悬臂浇筑施工连续梁接缝间采用现浇,且有普通钢筋通过,接缝抗剪强度较高,可以采用全预应力体系、部分预应力体系,为方便施工,节段端面锚头设置在端面以外。

第十章　钢管混凝土拱桥施工

第一节　钢管混凝土拱桥分类

世界上最早修建的钢管混凝土拱桥是苏联1937年在彼得格勒用集束的小直径钢管混凝土作为拱肋修建的跨越涅瓦河101m下承式拱桥,1939年又在西伯利亚依谢季河建成了跨度140m的上承式钢管混凝土拱桥。国内第一座钢管混凝土拱桥是四川旺仓大桥,该桥1991年4月竣工通车,大桥全长365m,主桥长244.03m,主跨为跨径115m钢管混凝土下承式等截面悬链线系杆拱桥,拱肋截面为哑铃形,设计荷载为汽20,挂100;自四川旺仓大桥开始,国内陆续修建了几百座钢管混凝土拱桥。

根据钢管混凝土两种材料在受力和施工中的作用,应用钢管混凝土修建的拱桥分为两大类:第一类为钢管内填混凝土,即成桥时钢管表皮外露,与钢管内填核心混凝土共同作为结构的主要受力组成部分,施工时先安装空钢管(即裸拱),钢管合龙后,再向钢管内浇筑混凝土,钢管在浇筑混凝土施工时的劲性骨架参与后期受力;国内已修建的此类代表性桥梁有1991年竣工、主跨为115m的四川旺仓大桥,1995年竣工、主跨为200m的广东南海三山西大桥,2000年修建、主跨为360m的广东丫髻沙大桥,2005年修建、主跨为460m的四川巫山长江大桥。第二类钢管混凝土拱桥是钢管内填外包混凝土,钢管表皮不外露,钢管主要作为施工劲性骨架,先内灌混凝土形成钢管混凝土,再在此外挂设模板,在钢管外浇筑混凝土,此类钢管混凝土拱桥也可称为钢管混凝土劲性骨架拱桥,有时也称为钢筋混凝土拱桥,其跨度一般在100m以上;国内已修建完成的此类代表性桥梁如1996年8月竣工完成、主跨312m中承式拱桥——广西邕宁邕江大桥,1997年竣工、主跨420m上承式钢管混凝土劲性骨架箱形混凝土拱桥——重庆万州长江大桥。

钢管混凝土拱桥可按行车道相对拱肋位置、结构体系分为两种类别。按行车道位置分为上承式、中承式、下承式。上承式是指行车道在拱肋以上,主要用于跨越峡谷和桥面高程较高的桥梁,其上部结构包括拱肋、拱上立柱、盖梁及桥面系,见图10-1;下承式指行车道在拱肋以下,一般在两个拱脚之间,由拱肋、吊杆、横梁、纵梁、桥面铺装等组成;中承式指行车道在拱肋中部,行车道中间部分由吊杆悬挂在拱肋上,两侧通过立柱支撑在拱肋或地基上,见图10-2;中承式、下承式钢管混凝土拱桥主要在地势平坦、桥梁建筑高度受限制时使用。

钢管混凝土拱桥按结构体系可分为简单体系拱桥、组合体系(拱、梁组合体系)与刚性系杆拱桥。简单体系拱桥是出现最早、应用最为广泛的拱桥,简单体系拱桥为有推力拱,拱的水平推力直接由桥墩或基础承受,在此类桥梁中,桥面系为局部受力与传力,不考虑与主拱联合受力,见图10-3。

图 10-1 上承式钢管混凝土拱桥　　　　图 10-2 中承式钢管混凝土拱桥

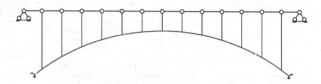

图 10-3 简单体系拱桥结构示意

拱、梁组合体系按行车道与主拱的组合方式不同,分为无推力和有推力两种。无推力拱梁组合桥中(图 10-4、图 10-5),拱和梁在两端固结,中间用吊杆连接,简支在墩台上,为外部静定、内部超静定结构,拱的水平推力由系梁承担,根据拱肋和系梁的相对刚度大小及吊杆的布置形式可分为:吊杆垂直布置时,柔性系杆刚性拱($I_{系杆}/I_{拱肋}<0.1$)——系杆拱,刚性系杆柔性拱($I_{系杆}/I_{拱肋}>10$)——朗格尔拱,刚性系杆刚性拱($I_{系杆}/I_{拱肋}<10$)——洛泽拱;当用斜吊杆代替直吊杆(单组交叉)时,称为尼尔森拱(图 10-6);当吊杆为多组交叉斜吊杆时,称为网拱(图 10-7)。拱梁组合体系钢管混凝土拱桥中主要采用刚性系杆刚性拱。

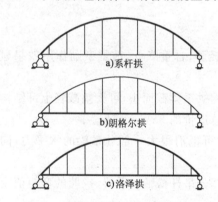

图 10-4 无推力拱梁组合体系结构示意图

图 10-5 钢管混凝土系杆拱桥

图 10-6 尼尔森拱结构示意

图 10-7 网拱结构示意

尼尔森拱由瑞典尼尔森提出,并于 1929 年获得专利;在尼尔森基础上,1955 年 Per Tveit 在特隆赫姆技术学院提出了网拱,同年申请专利。目前欧洲、日本已修建多座网拱桥梁。部分网拱桥资料见表 10-1。

部分网拱桥资料一览表　　　　　　表 10-1

桥　名	跨径(m)	桥宽(m)	建成年份	桥　名	跨径(m)	桥宽(m)	建成年份
日本东京 Arakawa 拱桥	144	—	1996	日本 New Hamadera 桥	254	—	1991
菲律宾 Bamban 拱桥	174	12.44	—	日本 New Kizu-gawa 桥	495	11.25	1994
捷克 Bechyně 拱桥	41	7.3	2003	德国 New Main 桥	150	7	—
德国 Beneckeallee 拱桥	63	21	1995	日本 Nishinomiyako 桥	252	31.2	1994
挪威 Boldstadstraumen 拱桥	84	—	1963	德国 Nordring 桥	135	—	2002
德国 Fehmarnsund 桥	248	—	1963	日本 Okamura 桥	228	—	1995
日本 Goshiki Zakura 桥	142	—	2002	日本 Osaka Monorail Yodogawa 桥	5×106	—	1997
台湾 Hualien Liwu 桥	150	—	—	日本 Ounoura 桥	195	—	1972
日本 Kishiwada 桥	445	—	1994	美国普罗维登斯河桥	121	47	2008
日本 Lake Fuchu 桥	—	—	—	日本 Scsoko 桥	139	—	1984
台湾麦克阿瑟二号桥	—	—	—	日本 Shibichari 第五桥	144	8	—
日本 Mizuho 桥	148.8	28	1986	挪威 Steinkjer 桥	80	—	1963
日本 Nada 桥	190	18	1983	日本 Tashirogahae 桥	—	—	—
日本 Nagara 桥	153	—	1980	日本 Terashima 桥	160	—	1988
日本 Nakanoseto 桥	251	—	1998	日本 Uchu 桥	180	9.25	—
日本 New Fukuzaki 桥	58	18.5	1966	日本 Utsumi 桥	220	—	1990

注："—"表示相关资料暂缺。

网拱是由拱肋、系杆、斜吊杆和桥面系梁板等协同工作的组合结构体系，以系杆、斜吊杆的水平分力承受拱脚的水平推力为主要特征。这种体系与桁架结构相似，拱肋、系杆相当于桁架的上下弦杆，斜吊杆不仅承受节点荷载，而且参与承重结构工作，能减少拱肋和系杆中的弯矩，拱肋和系杆主要以轴力为设计控制内力。

与竖吊杆拱桥相比，网拱有以下优点：

(1)由于吊杆数量的增加，所建桥梁体积更小、更轻盈，自重降低，地震激励作用效果显著降低，因此抗震性能更好。

(2)和一般竖吊杆拱桥相比，由于吊杆间距更小，网拱系梁截面小，可大幅减轻上部结构自重，增大桥梁跨径，并减小下部结构工程数量，可节约总造价的 35%～45%。

(3)由于采用斜吊杆，吊杆轴力分解出的水平推力可抵消很大一部分系梁的水平力，同时系梁的弯矩值也大大降低，从而可大大减少钢筋用量。

(4)所有吊杆断面相同，能同时对抗拉作出贡献，部分吊杆松弛对系梁、拱肋的弯矩值变化影响不大。

(5)由于施工主要采用预制拼装，可以减少现浇系梁需要的大量模板、支架安装和混凝土浇筑工作，可加快施工进程。

(6)网拱造型美观，可使桥梁获得较强的美感，是山区、风景区较好的桥型选择。

国内已修建完成若干尼尔森拱桥，如 2005 年建成通车的宣(城)杭(州)铁路复线控制性工程——东苕溪特大桥，该桥主跨 112m，为铁路大跨度尼尔森体系提篮式系杆拱桥；京沪高速铁路上也采用了此桥型，结构设计参数和宣杭线上的东苕溪特大桥类似，主跨也为 112m，下承式双线，拱肋采用提篮式钢管混凝土拱桥，拱轴线矢跨比为 1/5，系杆(或系梁)采用单箱三室预应力混凝土箱梁，系杆和主拱的竖向弯曲刚度比约为 5.3∶1。

有推力拱梁组合桥主要用于上承式,由主拱和桥面系主梁共同受力,拱的推力仍由墩台承受。与简单体系拱桥不同的是,桥面系主梁为纵桥向连续结构,最常见的做法是桥面系纵梁与长短柱固结。当主拱跨径较大时,桥面系纵梁分为若干联,图10-8、图10-9分别为有推力刚性梁柔性拱梁拱组合桥(倒朗格尔拱)、刚性拱刚性梁梁拱组合桥(倒洛泽拱)。

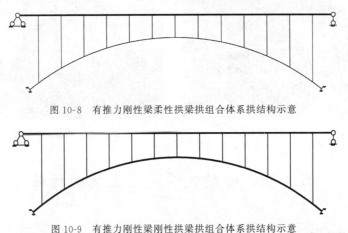

图10-8　有推力刚性梁柔性拱梁拱组合体系拱结构示意

图10-9　有推力刚性梁刚性拱梁拱组合体系拱结构示意

有推力拱梁组合桥是国外大跨径拱桥常用的结构形式,沪蓉西高速公路支井河特大桥是国内钢管混凝土拱桥中典型的有推力拱梁组合钢管混凝土拱桥,见图10-10。

广深客运专线水田中桥也是国内应用的有推力梁拱组合钢箱混凝土拱桥典型之一(图10-11),该桥为1跨80m下承式拱桥,结构形式采用钢箱梁与钢管混凝土拱桥组合结构,桥全长88.0m。桥拱肋采用钢管混凝土结构,设计矢高22.857m,矢跨比$f/L=1/3.5$。拱轴线为二次抛物线,设计拱轴线方程为:$y=x^2/70+4x/3.5$。全桥分两榀拱肋,每榀拱肋横截面为变高度圆端形截面,截面宽1m,截面高2.0～3.0m。拱肋钢管由16mm、20mm、28mm三种厚度的钢板卷制拼接而成,钢管内填充C55微膨胀混凝土,两榀拱肋间横向中心距14.5m。两榀拱肋间共设置5道横撑,各横撑由2根$\phi600\times12$主钢管和10根$\phi300\times10$连接钢管组成,钢管内不填充混凝土。

图10-10　成桥后支井河大桥

图10-11　广深客专水田中桥

在工程实践中,有些钢管混凝土拱桥不设置拱肋间的横向连接,称为无风撑钢管混凝土拱桥,见图10-12;有些钢管混凝土拱桥两侧拱肋不在平行的竖直面内,两侧拱肋向桥梁纵向中心线方向倾斜,像篮子提手一样,称为提篮式钢管混凝土拱桥,见图10-13。

图 10-12 无风撑钢管混凝土拱桥

图 10-13 提篮式钢管混凝土拱桥

第二节 桥梁钢管混凝土拱肋材料

一、桥梁钢管拱肋材料

桥梁结构中采用的钢管结构按制造方法分为电焊接钢管和无缝钢管两类。电焊接钢管又分为直缝焊接管和螺旋缝焊接管。小跨径桥梁中所需拱肋直径较小,可直接从市场上购买成品无缝钢管加工拱肋。采用无缝钢管时,由于受市场供应规格限制,管径和壁厚常常受限制,造价也相对较高。目前钢管混凝土桥梁结构中,多采用根据桥梁设计情况在工厂或桥位处利用钢板(或钢卷)采用直缝(或螺旋焊缝)加工成管节,经接长后形成拱肋吊装节段。

直缝焊管和螺旋焊缝管常采用 Q235、Q345、Q370、Q420 钢,Q 是屈服点汉语拼音的第一个字母,后面的数字代表该钢号的屈服点,如 Q420 中的 420,表示该钢号的最小屈服强度为 420MPa。此外,在有些钢管混凝土拱桥中也采用了 16Mnq 钢或 15MnVq 钢,主要是 16Mnq 钢,这两种钢是现行行业标准《桥梁用结构钢》(GB/T 714—2015)中的钢号,其中 q 是汉字桥字的第一个字母,是用于铁路、公路桥梁结构的专用钢材。

卷管钢材应符合《碳素结构钢》(GB/T 700—2006)、《低合金高强度结构钢》(GB/T 1591—2018)和《桥梁用结构钢》(YB/T 10—1981)等规范的要求。钢管焊接必须采用对接焊缝,并达到与母材等强度的要求。无缝钢管必须符合《结构用无缝钢管》(GB/T 8162—2018)的要求。根据钢材的厚度或直径情况,钢材的强度设计值和焊缝的强度设计值见表 10-2~表 10-4。

钢材的强度设计值　　　　　表 10-2

钢 材		抗拉、抗压和抗弯 f_s (MPa)	抗剪 f_v (MPa)
牌号	厚度或直径(mm)		
Q235	≤16	215	125
	>16~40	205	120
	>40~60	200	115
	>60~100	190	110

续上表

钢材		抗拉、抗压和抗弯 f_s (MPa)	抗剪 f_v (MPa)
牌号	厚度或直径(mm)		
Q345	≤16	310	180
	>16～35	295	170
	>35～50	265	155
	>50～100	250	145
Q370	≤16	350	205
	>16～35	335	190
	>35～50	315	180
	>50～100	295	170
Q370	≤16	380	220
	>16～35	360	210
	>35～50	340	195
	>50～100	325	185

钢材的物理性能指标 表10-3

弹性模量 E(MPa)	剪变模量 G(MPa)	线胀系数 α(以每℃计)	质量密度 ρ(kg/m³)
206×10^3	79×10^3	12×10^{-6}	7850

焊缝的强度设计值(MPa) 表10-4

焊接方法和焊条型号	构件钢材		对接焊缝				角焊缝
	牌号	厚度或直径(mm)	抗压 f_c^w	焊缝质量为下列等级时,抗拉 f_t^w		抗剪 f_v^w	抗拉、抗压和抗弯 f_f^w
				一级、二级	三级		
自动焊、半自动焊和E43型焊条的手工焊	Q235钢	≤16	215	215	185	125	160
		>16～40	205	205	175	120	
		>40～60	200	200	170	115	
		>60～100	190	190	160	110	
自动焊、半自动焊和E50型焊条的手工焊	Q345钢	≤16	310	310	265	180	200
		>16～35	295	295	250	170	
		>35～50	265	265	225	155	
		>50～100	250	250	210	145	
自动焊、半自动焊和E55型焊条的手工焊	Q390钢	≤16	350	350	300	205	220
		>16～35	335	335	285	190	
		>35～50	315	315	270	180	
		>50～100	295	295	250	170	
	Q420钢	≤16	380	380	320	220	220
		>16～35	360	360	305	210	
		>35～50	340	340	290	195	
		>50～100	325	325	275	275	

按四川省交通厅公路规划勘察设计研究院编写的《公路钢管混凝土桥梁设计与施工指南》要求，钢管的外径不宜小于100mm，也不宜大于2000mm，钢管壁厚不宜小于4mm，钢管的外径与壁厚之比宜在 $33 \leqslant d/t \leqslant 100$ 范围内，常用含钢率 $\alpha_s=0.04\sim0.20$，钢管混凝土的套箍指标（不宜小于0.6）：

$$\theta=\frac{A_s f}{A_c f_c} \tag{10-1}$$

式中：A_s——钢管截面积；

A_c——混凝土截面积；

f——钢管抗压强度设计值；

f_c——混凝土轴心抗压强度设计值。

二、桥梁钢管内混凝土材料

按中国工程建设标准化协会标准《钢管混凝土结构设计与施工规程》（CECS 28：2012）及四川省交通厅公路规划勘察设计研究院编写的《公路钢管混凝土桥梁设计与施工指南》要求，钢管内普通混凝土强度等级不应低于C30，目前钢管内混凝土强度可达到C80。按《公路钢管混凝土桥梁设计与施工指南》要求，混凝土强度等级与钢材等级应相互匹配，要求见表10-5。

钢管内混凝土与钢管强度等级匹配表 表10-5

钢材	Q235		Q345				Q370				
混凝土	C30	C40	C40	C50	C60	C70	C40	C50	C60	C70	C80

钢管内混凝土强度等级评定按《混凝土结构设计规范》（GB 50010—2010）执行，以标准尺寸（150mm）立方体试件在28d龄期用标准试验方法测定的具有95%保证率的抗压强度设计值见表10-6。

混凝土的强度设计值和弹性模量 表10-6

混凝土强度等级	C30	C35	C40	C45	C50	C55	C60
抗压强度设计值 f_c(MPa)	14.3	16.7	19.1	21.1	23.1	25.3	27.5
抗压强度设计值 f_t(MPa)	1.43	1.57	1.71	1.80	1.89	1.96	2.04
弹性模量 E(MPa)	3.00	3.15	3.25	3.35	3.45	3.55	3.6

由于钢管内混凝土采用对称顶升压筑，为确保钢管内混凝土密实及方便施工，钢管内混凝土在施工时应具有良好的和易性，同时应确保钢管内混凝土在凝固后不致产生过大收缩，造成钢管内混凝土和管壁间出现缝隙，降低钢管的套箍作用。混凝土水灰比不宜大于0.4，在配置混凝土时可掺入适量的外加剂，按《公路桥涵施工技术规范》（JTG/T 3650—2020）关于泵送混凝土配合比的规定：胶凝材料用量宜不小于 $300 kg/m^3$，水泥宜采用硅酸盐水泥、普通硅酸盐水泥、矿渣硅酸盐水泥或粉煤灰硅酸盐水泥；细集料宜采用中砂。

三、吊杆构件及材料

在中承式、下承式钢管混凝土拱桥中,由吊杆将桥面系反吊在拱肋上,将车辆等产生的疲劳、静力荷载等传递给拱肋。吊杆在中承、下承式钢管混凝土桥梁中是非常重要的构件,要求吊杆具有较高的承载能力、稳定的高弹性模量(低松弛)、良好的耐疲劳和抗腐蚀能力,便于施工,造价合理。吊杆相当于对桥面系施加多点弹性支撑,任何一根吊杆的内力变化都会引起其他吊杆的内力变化,在疲劳荷载和环境作用耦合情况下,吊杆受力情况复杂。近几年国内已发生多起由于吊杆断裂引起钢管混凝土拱桥桥面系垮塌的实例。图 10-14 为国内某中承式钢管混凝土桥由于端部吊杆的断裂造成的桥面坍塌,图 10-15 和图 10-16 为国内某下承式钢管混凝土拱桥由于吊杆的断裂造成的整个桥面垮塌。

图 10-14 某中承式钢管混凝土拱桥吊杆断裂

图 10-15 某下承式钢管混凝土拱桥吊杆断裂造成桥面系垮塌(1)

图 10-16 某下承式钢管混凝土拱桥吊杆断裂造成桥面系垮塌(2)

在斜拉桥中,国内也有由于斜拉索腐蚀引起拉索坠落或由于拉索腐蚀造成桥梁出现病害不得不换索的实例。某斜拉桥于 1989 年竣工,其拉索采用高强钢丝,自内向外有四层防护:镀锌层、水泥压浆层、聚乙烯含碳黑防老化层及多道环氧树脂玻璃钢缠带包裹加强层。在通车 6 年后有一条斜拉索自行断裂、坠落,有些索也有明显松弛现象。经现场开剖检查斜拉索发现,斜拉索上部均有空浆段,有未凝结糊状的水泥浆体,浆体 pH 值为 12,浆体水泥浆中氯离子含量为 0.06%~0.09%。斜拉索钢丝均有不同程度的锈蚀、断裂、坠落,出现松弛的斜拉索锈蚀更为严重,钢丝锈蚀程度自下而上逐步增加,与所压注的水泥浆体状况有明显的对应关系。经分析,出现拉索腐蚀的原因是包裹拉索的水泥浆不凝结且未充满,使钢丝产生电化学腐蚀,而一定量的氯离子及钢丝承受的拉应力加速了钢丝的腐蚀。该桥拉索上、下段水泥浆填充情况分别见图10-17和图10-18。

图10-17　拉索下段水泥浆填充情况

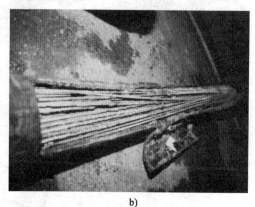

图10-18　拉索上段水泥浆填充情况

1988年12月建成通车的重庆嘉陵江石门大桥在通车16年后,对拉索索力检测时发现部分拉索因腐蚀出现拉应力下降现象,并于2005年换索36根,其他索在后续5年内更新。该桥每个拉索由200多根直径5mm、互不绞缠的直钢丝组成,每隔50～70cm用0.8mm的一束(15根左右)细铁丝捆绑,钢丝表面镀锌处理。拉索钢丝表面采用镀锌工艺处理,拉索钢丝采用橡胶防护套保护,捆扎成束的钢丝采用热塑封方法,包裹在橡胶防护套内,橡胶护套把套内钢丝与外界空气物理隔离,橡胶护套壁厚10～15mm。经分析:拉索腐蚀的原因是因为橡胶防护套老化而出现大量微孔、裂纹和裂缝,不能有效隔绝空气、水气、水和腐蚀介质。这些物质进入护套后,容易在钢丝表面形成水膜,使钢丝发生电化学腐蚀,水膜中溶解的腐蚀介质,如SO_2和橡胶挥发物,对锌层腐蚀有明显加速作用。

云南三达地怒江大桥于1994年11月通车,在使用11年后的2004年,在检查斜拉桥拉索使用性能时,发现拉索存在严重病害。外观主要表现为:拉索外套PE材料老化严重,见图10-19;个别拉索有若干钢丝完全断裂,见图10-20;锚头有严重锈蚀、墩头断裂、离位,见图10-21、图10-22;后经拨开拉索外保护橡胶后发现:拉索钢丝锈蚀严重,有明显锈坑出现,见图10-23。

图 10-19 斜拉索外套老化、破损

图 10-20 斜拉索断丝情况

a)无锈蚀

b)轻度锈蚀

c)一般锈蚀

d)严重锈蚀

图 10-21 墩头锚锈蚀情况比对

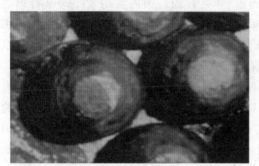
a)墩头严重锈蚀

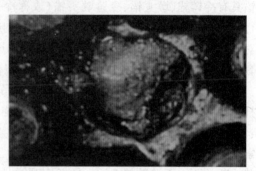
b)墩头断裂

图 10-22 墩头病害

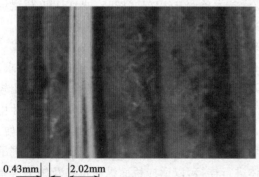
a)

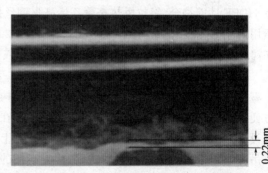
b)

图 10-23 钢丝锈蚀定量比对

在山西太原西北绕城高速公路汾河大桥检测中,也发现该矮塔斜拉桥拉索存在安全隐患,具体为:拉索减振器偏置,使拉索在承受车辆荷载、温差变化伸缩时受到偏压,使拉索端部可能承受剪力,拉索外 PVC 管划痕明显,见图 10-24;拉索端部保护罩上注油孔螺母脱落,保护罩内油脂不饱满,梁上索导管和拉索间密封不严,隔离带内排水不畅、积水,致使积水进入拉索端部防护罩内,个别夹片已开始锈蚀,锚垫板上有明显锈斑,见图 10-25。这些都会对桥梁的安全运营形成隐患。

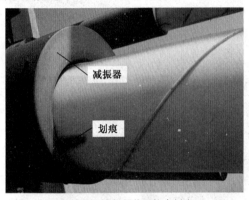
图 10-24 减振器偏置拉索划痕

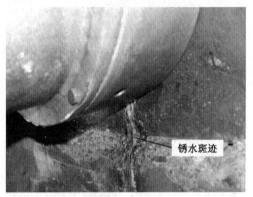
图 10-25 锚垫板上锈水斑

拱桥吊杆结构和斜拉桥斜拉索类似,常用的有平行钢筋索、平行钢丝索、平行钢绞线索,常用锚具有冷铸锚、墩头锚、冷铸墩头锚(或称冷铸锚)和夹片锚。国内常用 $\phi 5$、$\phi 7$ 平行钢丝或平行钢绞线拉索,配套冷铸锚或夹片式锚具。随着对吊杆耐久性重要性的认识,近年国内加强了对吊杆防腐的重视,已不再采用在防护套内压注水泥浆的方式,倾向采用镀锌钢丝、钢绞线,外套多层 PE 防护,一般在工厂做成成品索,以保证拉索质量。

柳州欧维姆机械股份有限公司针对拱桥吊杆实际需要,研制了 OVMLZM 系列拱桥专用吊杆,其性能为:静载性能达到《预应力筋用锚具、夹具和连接器》(GB/T 14370—2015)的要求:锚具效率系数 $\eta_a \geqslant 95\%$,极限延伸率 $\xi \geqslant 2\%$;疲劳性能达到《斜拉桥热挤聚乙烯高强钢丝拉索》(GB/T 18365—2018)的要求;吊杆应力上限 $0.4\sigma_b$,应力下限 $0.28\sigma_b$,经 200 万次脉冲加载后断丝不大于总数的 5%。吊杆宏观弹性模量:$E \geqslant 1.9 \times 10^5$ MPa。索体外层 HDPE 静态应力衰减增量系数:$\lambda \geqslant 0.30$;柔性纠正装置最大转动量:$n = \pm 4°$;防水性能:全防水结构;索体 HDPE 性能符合《斜拉桥热挤聚乙烯高强钢丝拉索技术条例》(GB/T 18365—2015)和《桥梁缆索用高密度聚乙烯塑料护套》(CJ/T 297—2016)的要求。高强钢丝性能:抗拉强度 $\sigma_b \geqslant 1670$ MPa,其他性能不低于《桥梁缆索用热镀锌或锌铝合金钢丝》(GB/T 17101—2019)的要求。

OVMLZM 吊杆体系为可换式系统(图 10-26),主要有四种类型,以满足不同场合要求。Ⅰ型吊杆系统是基本吊杆,主要适用于新建结构及预埋管有足够尺寸空间的场合,其安装比较方便,成本较低,实际工程应用较多;Ⅱ型吊杆在Ⅰ型吊杆的基本结构上,下端采用按永久性构件设计的刚性拉杆,把下锚头移至桥面结构以上,从而使下端锚头的防腐、检查维修十分方便。该吊杆适用于中间吊杆及下端防腐、检查不便的场合;Ⅲ型吊杆是在Ⅱ型吊杆基础上的改进吊杆,刚性吊杆与索体间通过内设球形装置的连接体进行连接,以适应桥面纵向位移及施工误差对下端拉杆的影响,减少其附加内力。该吊杆主要适用于短吊杆及施工误差较大的场合;Ⅳ型吊杆是一种单向铰连接系统,特别适合桥面系为钢结构的桥梁结构。

第十章 钢管混凝土拱桥施工

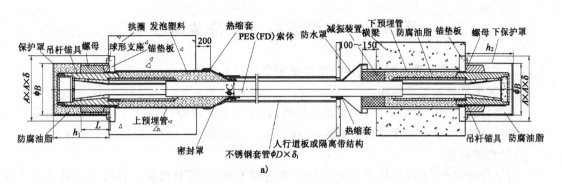

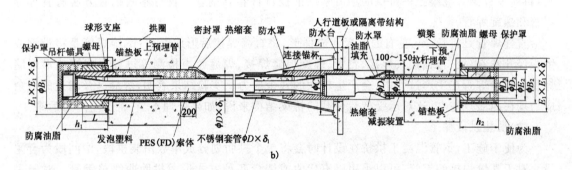

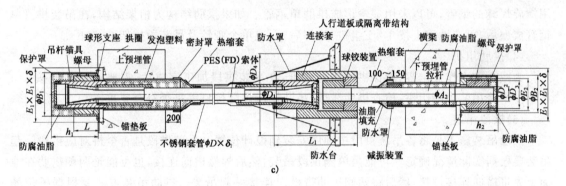

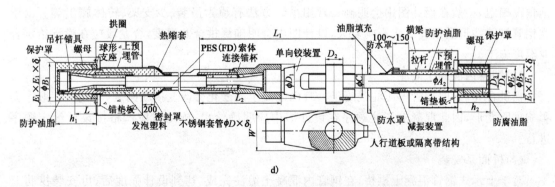

图 10-26 OVMLZM 结构体系(尺寸单位：mm)

第三节 钢管混凝土拱桥施工步骤

上、中、下承式钢管混凝土拱桥的主要施工步骤如下：

(1) 确定钢管加工拱轴线

在进行加工钢管拱肋前，应根据设计拱轴、后续施工顺序等，确定拱肋预拱度。根据预拱度及设计拱轴线，确定钢管加工拱轴线，并在加工场地按此加工轴线进行1∶1放样。

(2) 卷制钢管

对于跨度较小、采用成品管作拱肋的钢管混凝土拱桥，可直接从市场购买成品管加工拱肋，目前多数钢管混凝土拱桥拱肋均需采用钢板自行卷制钢管。自行卷制钢管方法有直焊缝焊管和螺旋焊管。

直缝焊管是将长2m左右的钢板卷成桶形，将直缝焊接后形成管节；螺旋焊管是将带钢或钢板经开卷、整板、带钢接头焊接、卷管、螺旋焊缝焊接、焊缝超声检测等过程形成螺旋形焊缝焊管。螺旋焊管在生产过程中，会产生较大的残余应力。实验结果表明，焊缝区及附近的残余应力均在屈服点左右，这对承受疲劳荷载的桥梁结构来说，如果处理不当，将产生严重后果。

(3) 吊装拱段加工

为便于施工，钢管混凝土拱桥在设计时会将单个拱肋划分成单数吊装拱段，中间段为合龙段。对于直缝焊接的钢管，可以采用以直代曲或煨弯两种方式形成拱肋曲线单钢管。对于采用螺旋焊缝的钢管，可以采用煨弯形成拱肋单钢管。如果拱肋结构为桁架结构，在吊装拱段单钢管成型后，可在地面上按1∶1组拼、施焊后，形成单个哑铃及吊装段桁架。

(4) 拱肋组拼

为减少空中作业内容、确保拱肋制造精度，在吊装拱段加工完成后，需要在地面上按1∶1将至少半跨吊装拱段组拼，检查拱肋线形、吊装拱段焊缝接口等是否符合要求。

(5) 拱段吊装

拱段吊装施工是将各吊装拱段按顺序安装到设计位置。吊装拱段是否全桥对应拱段一起吊装要根据实际情况确定。可能是单侧拱段吊装，然后焊接横向连接，也可能是两侧拱肋在地面上先将横向连接焊接，然后将两侧拱肋带横向连接一起吊装。拱肋吊装方法要根据桥位场地情况确定，一般在设计图中会明确。常用吊装方法有缆索吊装、少支架、转体施工等。由于空钢管拱肋线形受温差变化影响较大，设计图中会明确裸拱合龙温度，合龙段应在设计给定合龙温度施工。

(6) 钢管内混凝土灌注

裸拱合龙后，向钢管内压注混凝土。管内混凝土的硬化会改变拱肋刚度，不同压注顺序会影响拱肋变形，因此混凝土压注顺序在设计图中应明确给出，施工时应严格按设计给定顺序进行。

(7) 桥面系安装

对于上承式钢管混凝土拱桥，在钢管内混凝土灌注完成、达到设计强度后，可安装拱肋上立柱、盖梁，安装桥面系；对于中、下承式钢管混凝土拱桥，在钢管内混凝土灌筑完成、达到设计强度后，可安装吊杆、横梁、纵梁、桥面铺装等。

第四节　钢管拱肋制作

钢管混凝土拱桥拱肋截面形式有多种，与结构跨度、承受荷载有关。一般跨度较小的可采用单管，对于跨度较大的结构，会采用哑铃形或桁架截面，钢管混凝土拱桥拱肋常用截面形式见图10-27。

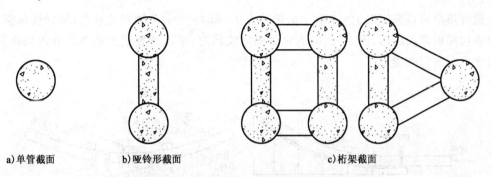

a)单管截面　　　b)哑铃形截面　　　c)桁架截面

图 10-27　钢管混凝土拱桥拱肋截面结构示意

一、以直代曲形成吊装段拱肋单管

采用直缝钢管的拱肋由于受钢板尺寸限制，每节圆管长度均较短，一般采用若干直管节以直代曲方式拟合拱肋曲线。有些钢管混凝土桥在制作拱肋时，先将若干直管节焊接成10m左右的直管，然后再煨弯成拱肋曲线，以若干曲线拟合拱肋线形。放样时，折点应在计入预拱度后的拱轴曲线上，为避免以直代曲可能造成的拱肋拱轴曲线和设计拱轴偏差过大，参照《日本道路桥梁设计计算书》中钢桥篇钢管构造一章第12.6.7条规定，以分段直线代替曲线时的分段长度应符合式(10-2)的要求，且相邻管节长度不应过于悬殊，见图10-28。

$$\theta \leqslant 0.04d/L \tag{10-2}$$

式中：θ——折角，圆弧拱时$\theta=L/R_0$；

　　　d——钢管直径(m)；

　　　L——直线段长(m)；

　　　R_0——拱的曲率半径(m)。

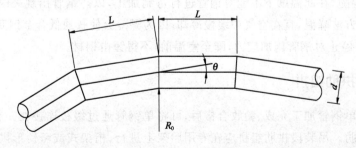

图 10-28　以直代曲示意

以直代曲也称为虾弯成形。

二、采用煨弯形成吊装段拱肋单管

煨弯成形基本原理是将由若干直焊缝管节焊接而成或由螺旋焊缝加工的钢管放置在胎具上方,经加热钢管呈塑性后,通过施力将钢管弯制成设计线形。目前国内对钢管拱主弦管煨弯主要采用氧气、乙炔火焰加热弯制、中频弯管机弯制及远红外线—全液压自动弯管机弯制三种方法。

钢管热弯可以采用图 10-29 所示的两种方法,图 10-29a)为固定式热弯,钢管被顶推前进并沿靠模线形弯曲成形;图 10-29b)为钢管固定式热弯,采用拆装式加热器组分段加热钢管,同时予以顶压弯曲成形。

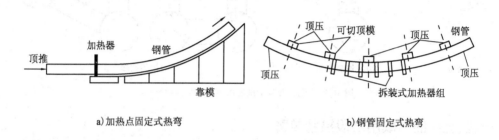

图 10-29 钢管热弯方法示意

钢管煨弯注意事项:

(1)钢管超弯量确定

钢管加热受外力作用会弯曲,温度降低、外力撤除后,会发生一定的反弹。如果不设置钢管超弯量,可能会造成钢管弧线线形偏离靠模或定形托架的预设线形。因此,在设计靠模、定形托架线形时,应设置超弯量,超弯量的大小应根据工艺措施等试弯制后确定。

(2)加热程序

钢管煨弯顺序一般从中间向管端逐个环带进行,可采用从中间开始向两侧对称加热或先从管中向一端煨弯,完成后再将加热箱移至另一侧,从中间向另一端煨弯。

(3)加热温度控制

加热温度宜控制在 700~800℃ 之间,不宜超过 900℃,钢材在加热到 250℃ 左右时,钢材性能变脆,称为蓝脆,在此温度下不能对钢管进行弯制加工,以防钢管出现裂纹。火工弯曲矫正后不得用冷水方法降温,宜在空气中缓慢冷却,因为骤冷会使普通低合金钢变脆。钢材温度低于 600℃ 时,应停止对钢管施加应力,降至室温前,不得锤击钢材。

三、吊装段拱肋组拼

吊装段拱肋单钢管加工完成、验收合格后,可将单钢管通过缀板连接在一起,形成哑铃形拱肋或桁架式拱肋。吊装段拱肋组拼应在专用胎架上进行,桁架式或哑铃形拱肋吊装拱段组拼一般采用卧位法。缀板和钢管的焊接可采用单面坡口焊缝,下垫陶瓷垫片,这样工况下即可进行两侧缀板的焊接,可避免吊装拱段的翻身,减少吊装作业量,加快施工进度。

第五节　钢管拱肋缆索吊装施工

钢管拱肋吊装应根据桥位场地情况，由设计单位确定。目前常采用的方法有缆索吊装、少支架、转体施工等。

缆索吊装施工也称斜拉悬臂法，是拱桥施工中常用的拱肋吊装方法之一，基本原理是利用缆索吊机将拱桥各吊装段拱肋分别吊运至设计位置，并用扣索将各吊装段临时固定，直至吊装完成。缆索吊装适用于跨越深峡谷、深水等桥位。

一、缆索起重机

缆索起重机设备组成：

(1) 塔架

塔架是缆索起重机的主要结构之一，一般采用万能杆件组拼，杆件和基础一般采用固结。对于塔较高的情况，为减小塔架底部的弯矩，也可以采用铰接；对于塔底铰接的塔架，应设置足够的缆风绳确保塔架稳定。用于锚固扣索的扣塔可以单独设置，也可以将扣索锚固在塔架上，即塔扣一体化。采用塔扣一体化时，由于后续吊装段会对塔架变形产生影响，需要进行大量计算，考虑此影响对拱轴线形影响，并设置预拱度。

对于底部固结的塔架，塔顶位移限值为 $H/400$（H 为塔高），对于底部铰接的塔架，塔顶位移限值为 $H/150 \sim H/100$。

(2) 地锚

地锚连接主缆索，将主缆内力传递给地层，地锚结构可根据桥位场地情况确定。可采用重力式地锚、锚桩等，为便于主缆垂度调整，在地锚前端可设置张拉横梁。张拉横梁通过高强螺栓连接在地锚上，主缆锚固在张拉横梁上，需要调整主缆垂度时，可通过千斤顶张拉高强粗钢筋，调节张拉横梁位置。地锚受力安全系数要求在 1.5 以上。

(3) 扣索

扣索是在拱段吊装完成后，临时固定各拱段的主要设施。在拱肋没有合龙前，拱肋结构呈悬臂状，扣索是保证此悬臂结构安全的主要结构。目前扣索主要采用高强钢丝束或高强钢绞线。一般在吊装拱段前端焊接耳板，钢绞线或钢丝束前端设置 P 锚，将 P 锚挂设在耳板上。在吊装拱肋过程及温差变化时，钢管拱肋高程会有变化，设计耳板时，应特别注意在拱肋高程变化时，钢绞线根部侧面不能接触耳板，以防钢绞线受到剪力，造成钢绞线的断裂。扣索在风荷载作用下可能会引起颤振，使其端部侧面接触锚固点发生断裂，在施工时可采取相应措施，避免此事故的发生。

(4) 主缆索、牵引索、起重索、跑车及支索器

主缆索、牵引索和起重索均为钢丝绳，目前我国钢丝绳技术标准为《重要用途钢丝绳》(GB 8918—2006)，各种钢丝绳技术标准可参见该规范。

主缆索为缆索起重机主要承重结构，一般采用较粗的钢丝绳，根据承受荷载大小可由若干根组成。为确保主缆受力均匀，每侧单根主缆穿过地锚上滑轮，形成每侧单根多束主缆。主缆的设计垂度可采用缆索起重机跨度的 $1/18 \sim 1/13$，主缆安装类似悬索桥主索安装。

跑车支撑在主缆索上,通过牵引索的拉动可沿顺桥向两个方向移动,下部通过夹板固定起重索滑轮组,其典型结构见图10-30。

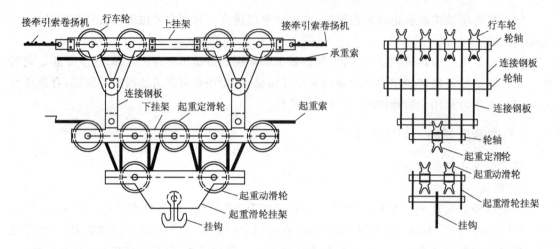

图10-30　跑车结构示意

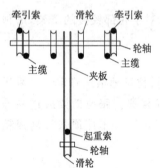

图10-31　支索器结构示意

支索器按一定间距安放在牵引索、主缆、起重索之间,用于支撑各索相对位置的装置,避免在施工过程中各索缠绕在一起。各牵引索用钢丝绳连接在一起,跑车移动方向侧支索器挤紧,另一侧支索器展开,支索器间距一般在30m左右一道。支索器结构示意见图10-31。

(5)索鞍

索鞍布置在主塔顶部,一般设计为滑轮结构,牵引索、主缆、起重索从其滑轮轮槽内穿过,主要作用是保证牵引索、主缆、起重索不和塔架直接接触,避免塔架杆件棱角刻伤缆索,同时减小缆索和塔架摩擦阻力。典型索鞍结构见图10-32、图10-33。

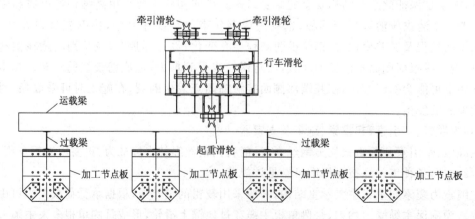

图10-32　索鞍结构立面示意

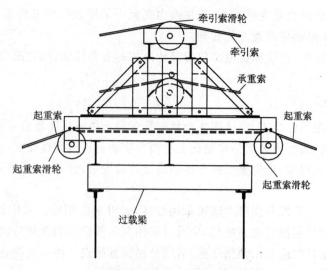

图 10-33 索鞍结构侧面示意

二、缆索起重装施工

1. 缆索起重机试吊

缆索起重机是钢管拱肋缆索吊装拱肋的主要临时结构,其安全对拱肋吊装至关重要,在正式吊装前,应进行试吊,以检查缆索起重机的性能。试吊前应制定试吊方案,并上报有关部门审批。试吊试验一般分空载反复运转、额定荷载试验、动载试验和最大静载试验。

空载反复运转一般在起重机上挂 2~3t 重物,在跨中位置来回牵引,做放下、提升等动作,做跑车制动试验,检验电器设备完好情况,同时检查卷扬机在轻载下的刹车情况,作为操作练习。

额定荷载试验、动载试验和最大静力试验的目的是检验地锚、塔架、跑车、索鞍、缆索的承载能力,验证缆索起重机各构件和制动器的功能,根据试吊测试数据,验证设计数据是否准确。试验荷载工况可分为 50% 额定荷载、100% 额定荷载、110% 额定荷载、120% 额定荷载等,每个荷载工况下可开展如下试验:

(1) 跑车位于一侧塔架附近,起吊重物离开地面 10~20cm、悬空静置 10~20min,测量塔架顶部水平偏位、地锚位移、塔架杆件受力等。

(2) 起吊重物离开地面 2~3m,做上下起落运动及水平牵引,检查卷扬机的制动性能和跑车牵引速度。

(3) 分别将跑车置于另一侧塔架附近、跨中位置,按以上两项内容,检测主缆索垂度、主缆内力、塔架顶部偏位、地锚位移、塔架杆件受力等。

(4) 主缆垂度、内力观测:主缆垂度可仅在跑车位于跨中时进行,采用全站仪测量,主缆内力采用测力计测试。

(5) 塔顶位移观测:在塔顶设置永久观测点,通过全站仪测量其空间坐标位置,确定塔顶空间位置变化。

(6) 地锚位移观测:在地锚上设置观测点,通过全站仪测量观测点空间坐标位置的变化,观测地锚位移。

(7)塔架底部杆件内力及变形观测:杆件内力观测可采用表面钢弦传感器测量,杆件变形可采用全站仪通过空间坐标位置变化观测。

在试吊过程中,塔架、地锚和机电部位及其他连接的重要部位,均应派专人值班看守,发现问题及时上报、处理。

2. 拱肋吊装施工

如前所述,为方便吊装施工,设计图中会将钢管混凝土拱桥拱肋划分成若干吊装段。对于设置两根拱肋的拱桥,每个吊装段会在地面上将两个拱肋通过横撑连接在一起,吊装时整体起吊;对于设置三个以上拱肋,可先进行两个拱肋吊装段的安装、合龙,然后再进行其他拱肋吊装段的安装、合龙。

靠近拱脚的第一吊装段和拱脚之间可采用铰接,也可采用刚接。采用铰接有利于后期拱肋线形的调整。拱肋吊装段安装完成后,应及时采用在吊装段前端设置"八"字缆风,以增加拱肋的抗风稳定性。吊装时应在吊装拱肋前、后端分别设置吊点。两吊点应独立设置起重系统,以方便吊装拱段前后端高程的调整,便于钢管拱肋空间对位。

吊装拱肋段间一般采用高强螺栓连接,待全桥合龙、调整完拱肋线形后,再施焊连接为整体。吊装拱段前端高程应根据计算,考虑后续节段吊装、扣索拆除等影响,设置预拱度。在吊装拱肋过程中,应及时观测拱肋中线偏差,并通过缆风调整中线偏差。

拱肋合龙是钢管混凝土拱肋安装施工的关键工艺之一,钢管合龙时应确保环境温度和设计合龙温度相符。安装合龙前,应在设计合龙温度附近多次、反复测量两拱肋悬臂端距离,根据此距离确定合龙段长度,通过调整扣索拉力,使拱肋两端抬起,将合龙段起吊到设计位置,缓慢调整两端拱肋高程,将合龙段和两端拱肋焊接在一起。

图 10-34 为拉西瓦黄河大桥拱肋缆索吊装过程,图 10-35 为该桥合龙段拱肋吊装。

图 10-34　拱肋缆索吊装

图 10-35　合龙段吊装

扣索一般在拱肋合龙完成后即行拆除,扣索拆除应采用多次往复进行。

按现行《公路桥涵施工技术规范》要求,扣索宜采用多根钢绞线或高强钢丝束,并应根据使用环境设防腐护套,扣索强度安全系数应大于2;对钢绞线扣索,应有防止扣索松弛以及减少风致振动影响的可靠措施。

第六节 钢管拱肋转体施工

转体法施工是钢管混凝土拱桥拱肋安装中广泛采用的方法之一。按转动方向分为平转施工和竖转施工,有时又将这两种方法结合在一起,即在拱肋安装时先平转再竖转或先竖转再平转。

一、平转施工

1. 平转施工原理及转盘结构

平转施工的原理是在和设计桥位相同平面一定角度位置上,分别安装钢管拱肋,拱脚下安装平面转盘,利用张拉设置在转盘上的一对预应力钢绞线束形成平面力偶,带动钢管拱肋平面转动到设计位置,拱肋合龙、固定转盘,形成无铰拱。

平转施工适合在上跨铁路、公路、深谷的场地修建钢管混凝土拱桥,平转施工方法在连续梁、斜拉桥、连续刚构等桥型均成功得到应用。平转施工方法分有平衡重和无平衡重两种,对于斜拉桥、连续梁、连续刚构等上部恒载在墩两侧基本对称的结构,一般以桥墩轴心为转动中心,为使中心降低,转盘设于墩底部,由于转动中心两侧基本对称,不需要设置平衡重。对于单跨拱桥,上部结构一侧悬臂长,两侧重量不平衡,在转动前应在拱肋相反方向一侧布置临时压重。

图 10-36 为单跨拱桥平转示意。

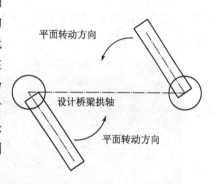

图 10-36 单跨拱桥平转示意

由于在相对平整、开阔的场地上进行拱肋的安装,拱肋吊装段可采用汽车式起重机进行安装,此方法的主要结构为平面转盘。

平转施工不但广泛应用在拱桥中,在连续梁、连续刚构、斜拉桥等桥梁结构形式中也有广泛的应用。图 10-37 为某连续梁平转跨越既有铁路线,图 10-38 为某连续梁平转跨越既有铁路桥。

图 10-37 连续梁平转跨越既有铁路线

图 10-38 连续梁平转跨越既有铁路桥

平转法转动体系主要由转动体系(转盘和环道)、转动牵引系统组成(图 10-39)。转动体系是平转法施工的关键,由上、下转盘和转轴组成,下转盘和基础连接,上转盘和上部结构一体,围绕转轴转动,根据转盘形状分为平面转盘和球面转盘。平面转盘由直径 100～300mm 钢轴轴心、不锈钢板、四氟乙烯板(四氟乙烯蘑菇头)组成的中心支撑及环形不锈钢板、四氟乙烯板组成的环形滑道组成。

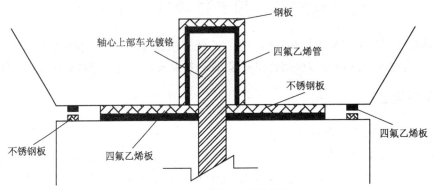

图 10-39　平面转盘立面结构示意

施工时先安装下转盘,下转盘和基础连接为整体。目前现场常采用四氟乙烯蘑菇头代替四氟乙烯板,以最大限度减小上、下转盘的摩擦阻力,蘑菇头镶嵌在下转盘上。某桥平面转盘结构及安装过程见图 10-40。

a) 安装下转盘　　　　　　　　　b) 安装环道钢板

c) 安装四氟乙烯蘑菇头　　　　　d) 在下转盘上涂抹润滑层

图 10-40

e) 安装上转盘　　　　　　　　　　f) 进行上转盘以上上部结构施工

图 10-40　平面转盘结构及安装施工过程

按以上设置四氟乙烯蘑菇头的转盘设计静摩擦系数为 0.1,动摩擦系数为 0.06。球形转盘结构见图 10-41。

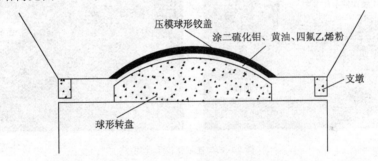

图 10-41　球形转盘结构立面示意

平转动力一般在上转盘上设置一对平行钢绞线束,通过连续张拉千斤顶张拉,对上转盘形成一个平面力偶,在力偶作用下使上转盘平面转动。为使平转连续进行,用于提供转体动力的千斤顶一般采用连续张拉千斤顶,两台连续张拉千斤顶由一台主控台控制,以确保两台千斤顶同步、形成平面力偶,见图 10-42～图 10-45。

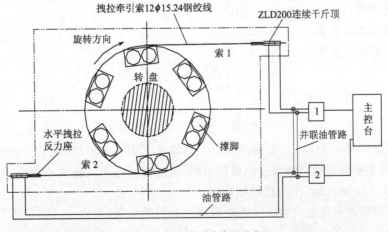

图 10-42　平转动力布置示意

图 10-43 连续梁上转盘

图 10-44 缠绕在上转盘的钢绞线

图 10-45 连续张拉千斤顶

某桥转体总重量 W 为 141304kN,启动时静摩擦系数为 0.1,静摩擦力 $F=W×\mu=141304$kN；转动过程中的动摩擦系数为 0.06,动摩擦力 $F=W×\mu=8478$kN。转体拽拉力计算如下：

$$T=\frac{2}{3}\cdot\frac{RW\mu}{D} \qquad (10-3)$$

式中：R——球铰平面半径(cm),$R=190$cm；

W——转体总重量(kN),$W=141304$kN；

D——转台直径(cm),$D=1080$cm；

μ——球铰摩擦系数。

启动时所需最大牵引力：

$$T=\frac{2}{3}\cdot\frac{RW\mu}{D}=1657.3\text{kN}$$

转动过程中所需牵引力：

$$T=\frac{2}{3}\cdot\frac{RW\mu}{D}=994.4\text{kN}$$

该桥转体选用两台 ZLD200 型液压、同步、自动连续牵引力系统(牵引力系统由连续千斤顶、液压泵站及主控台组成),形成水平旋转力偶,通过拽拉锚固且缠绕于直径 1080cm 的转台圆周上的 12ϕ15.24 钢绞线,使得转动体系转动。

转体的牵引动力系统由两台 ZLD200 型连续牵引千斤顶,两台 ZLDB 液压泵站及一台主控台(QK~8)通过高压油管和电缆连接组成。每台 ZLD200 型连续牵引千斤顶公称牵引力

2000kN，额定油压 31.5MPa，由前后两台千斤顶串联组成，每台千斤顶前端配有夹持装置。助推千斤顶采用 YCW150A 型穿心式千斤顶 3 台（配备 ZB4-500 电动油泵 3 台）。将调试好的动力系统设备运到工地进行对位安装后，往泵站油箱内注满专用液压油，正确连接油路和电路，重新进行系统调试，使动力系统运行的同步性和连续性达到最佳状态。

ZLD200 自动连续转体系统由千斤顶、泵站和主控台三部分组成。其主要特点是能够实现多台千斤顶同步不间断匀速顶进牵引结构旋转到位，以主控台保证同步加压。本系统兼具自动和手动控制功能，手动控制主要用于各千斤顶位置调试和转体快到位前的小距离运动，自动控制作为主要功能用于正常工作过程。

转盘设置有二束牵引索，每束由 12 根强度为 1860MPa 的 $\phi 15.24$ 钢绞线组成。预埋的牵引索经清洁各根钢绞线表面的锈斑、油污后，逐根顺次沿着既定轨道排列缠绕，穿过 ZLD200 型千斤顶。先逐根对钢绞线预紧，再用牵引千斤顶整体预紧，使同一束牵引索各钢绞线持力基本一致。

牵引索的另一端设 P 锚，已先期在上转盘灌注时预埋入上转盘混凝土体内，出口处不留死弯；预留的长度要足够并考虑 4m 的工作长度。牵引索安装完到使用期间应注意保护，特别注意防止电焊灼伤或电流通过，另外要注意防潮防淋避免锈蚀。

牵引反力座采用钢筋混凝土结构，反力座预埋钢筋深入下部承台内，反力座混凝土与下转盘混凝土同时浇筑，牵引反力座槽口位置及高度准确定位，与牵引索方向相一致。

2. 平转施工称重原理及方法

由于平转施工常应用于跨越既有铁路、公路，为确保交通运输安全，转体施工应尽量在短时间内完成。为确保转体顺利完成，在正式转体前常要求对其称重试验，以测试其不平衡力矩、偏心距、摩擦力矩及摩擦系数。

称重试验在施工支架拆除后、正式转体前进行，一般包含以下内容：

①转动体部分的纵桥向不平衡力矩。
②转动体部分的纵向偏心距。
③转体球铰的摩阻力矩及摩擦系数。
④完成转体梁的配重。

(1) 测试原理

采用球铰转动测试不平衡力矩，这种方法采用测试刚体位移突变的方法进行测试，受力明确，而且只考虑刚体作用，而不涉及挠度等影响因素较多的参数，结果比较准确。

当脱架完成后，整个梁体的平衡表现为以下两种形式之一：

①转动体球铰摩阻力矩（M_Z）大于转动体不平衡力矩（M_G），此时，梁体不发生绕球铰的刚体转动，体系的平衡由球铰摩阻力矩和转动体不平衡力矩所保持。

②转动体球铰摩阻力矩（M_Z）小于转动体不平衡力矩（M_G），此时，梁体发生绕球铰的刚体转动，直到撑脚参与工作，体系的平衡由球铰摩阻力矩、转动体不平衡力矩和撑脚对球心的力矩所保持。

转动体球铰摩阻力矩大于转动体不平衡力矩情况：

设转动体重心偏向甲端侧，在乙端侧承台实施顶力 P_1[图 10-46a]。当顶力 P_1 逐渐增加到使球铰发生微小转动的瞬间，有：

$$P_1 \cdot L_1 + M_G = M_Z \tag{10-4}$$

设转动体重心偏向甲端侧,在甲端侧承台实施顶力 P_2[图 10-46b]。当顶力 P_2 逐渐增加到使球铰发生微小转动的瞬间,有:

$$P_2 \cdot L_2 = M_G + M_Z \tag{10-5}$$

解方程(10-4)和方程(10-5),得到:

不平衡力矩:
$$M_G = \frac{P_2 \cdot L_2 - P_1 \cdot L_1}{2}$$

摩阻力矩:
$$M_Z = \frac{P_2 \cdot L_2 + P_1 \cdot L_1}{2}$$

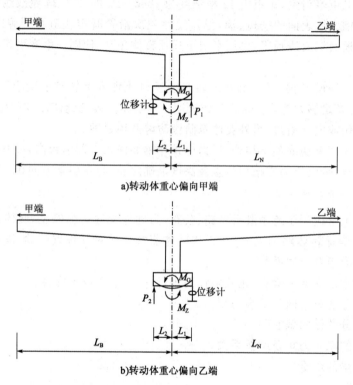

图 10-46 转动体两种平衡状态

转动体球铰摩阻力矩小于转动体不平衡力矩情况:

设转动体重心偏向甲端侧,此种情况下,只能在甲端侧承台实施顶力 P_2[图 10-46b]。当顶力 P_2(由撑脚离地的瞬间算起)逐渐增加到使球铰发生微小转动的瞬间,有:

$$P_2 \cdot L_2 = M_G + M_Z \tag{10-6}$$

当顶升到位(球铰发生微小转动)后,使千斤顶回落,设 P'_2 为千斤顶逐渐回落过程中球铰发生微小转动时的力,则

$$P'_2 \cdot L_2 = M_G - M_Z \tag{10-7}$$

解方程(10-6)和方程(10-7),得到:

不平衡力矩:
$$M_G = \frac{P_2 \cdot L_2 + P'_2 \cdot L_2}{2} \tag{10-8}$$

摩阻力矩：

$$M_Z = \frac{P_2 \cdot L_2 - P_2' \cdot L_2}{2} \tag{10-9}$$

(2)摩阻系数及偏心距

转动体球铰静摩擦系数的分析计算称重试验时，转动体球铰在沿梁轴线的竖平面内发生逆时针、顺时针方向微小转动，即微小角度的竖转。摩阻力矩为摩擦面每个微面积上的摩擦力对过球铰中心竖转法线的力矩之和，见图10-47。

由图10-47可以得到：

$$dM = \sqrt{(R\sin\theta\cos\theta)^2 + (R\cos\theta)^2}\,dF$$

$$dF = \mu_Z P\,dA,\ dA = R\sin\theta \cdot d\beta \cdot R \cdot d\theta,\ P_{\text{竖}} = P\cos\theta$$

$$P_{\text{竖}} = \frac{N}{\pi R^2 \sin^2\alpha}$$

所以

$$M_Z = \mu_Z \frac{RN}{\pi \sin^2\alpha} \iint \cos\theta\sin\theta\sqrt{\sin^2\theta\cos^2\beta + \cos^2\theta}\,d\beta\,d\theta\,\beta \in [0, 2\pi]$$

当 $\alpha = \dfrac{\pi}{6}$ 时，代入公式进行积分可以得到：

$$M_Z = \mu_Z \frac{RN}{\pi\sin^2\alpha} \times 0.732619 = 0.93328\mu_Z RN$$

此时

$$\mu_Z = \frac{M_Z}{0.9328RN}$$

当 $\alpha = \dfrac{\pi}{5.75}$ 时，$\mu_Z \approx \dfrac{M_Z}{RN}$，此时与平面摩擦的结果基本一致。

所以，当球铰面半径比较大，而矢高比较小时，即 α 比较小时，可将摩擦面按平面近似计算。根据研究成果及工程实践，使用四氟乙烯片并填充黄油的球铰静摩阻系数和偏心距为：

球铰静摩阻系数：

$$\mu = \frac{M_Z}{0.98RN} \tag{10-10}$$

转动体偏心距：

$$e = \frac{M_G}{N} \tag{10-11}$$

式中：R——球铰中心转盘球面半径；

N——转体重量。

(3)测点布置及设备

梁脱架后，对撑脚进行观察。如果发现所有撑脚均未与滑道钢板接触，说明梁的平衡处于"转动体球铰摩阻力矩大于转动体不平衡力矩"的状态，即状态1。根据该状态的测试方法，在梁的承台底面布置如图10-48所示的千斤顶和位移传感器，实施梁的不平衡力矩测试。

二、竖转施工

竖转施工原理是在较设计拱肋位置低的支架上拼装拱肋，然后利用拱脚处的转轴作为转动中心及设置在拱脚处的扒杆作为竖转承力机构，用钢丝绳将拱肋在竖直面内转动到设计位置。竖转所需机具有卷扬机、扒杆、钢丝绳、转轴等。竖转结构见图10-49；竖转转角结构见

图10-50;某桥竖转施工见图10-51。

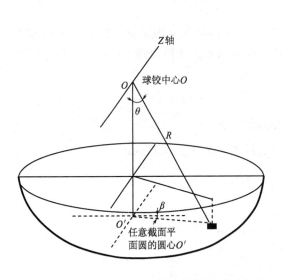

图10-47 转动体球铰绕Z轴转动摩擦系数计算示意图

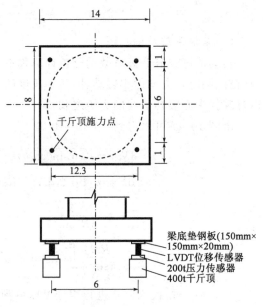

图10-48 千斤顶、位移传感器布置立面图(尺寸单位:m)

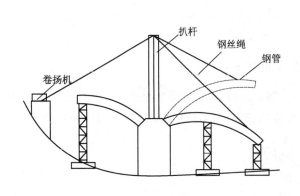

图10-49 竖转结构示意

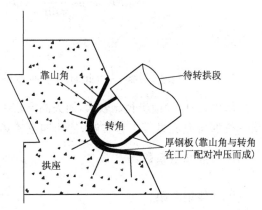

图10-50 竖转转角结构示意

图10-51 某桥竖转施工

第七节 少支架及满堂支架上拱肋安装施工

少支架、满堂支架上拱肋安装是将吊装拱段安放在支架上,在支架上进行吊装拱段的拼装、焊接。拱肋节段的吊装采用汽车吊进行,施工难度相对较低,适用于无水或水较少、拱肋离地面不高的桥位。少支架施工一般沿拱肋纵向按一定间距设置,支架可采用万能杆件、军用墩等。在支架顶部应设置可进行竖向、水平位置调节的千斤顶;满堂支架一般用在提篮拱拱肋的安装,由于使用支架数量较多,往往可能不经济。少支架施工见图10-52、图10-53,满堂支架施工见图10-54。

支架施工要求和采用支架现浇混凝土梁施工类似。

图10-52　少支架布置(1)

图10-53　少支架布置(2)

a)

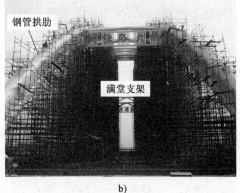
b)

图10-54　满堂支架上安装钢管拱肋

第八节　钢管混凝土对称顶升压注施工

一、混凝土对称顶升压注施工原理及方法

钢管混凝土拱桥钢管内混凝土灌注一般采用两端对称顶升压注工艺,跨径很小的钢管混凝土拱桥也可以采用常规浇注施工。混凝土对称顶升压注时在靠近拱脚弦管、缀板内腹板顶部开孔,在此焊接设有阀门的进料口,以便连接混凝土输送泵管(在拱肋钢管和缀板上开孔);在拱顶钢管、腹板内设置隔板、排气孔,排气孔高度应为1.5~2.0m,管径一般为15cm左右。从两端同时对称向钢管内压注混凝土,待排气孔冒出和压入端同浓度的混凝土后,将压入端阀门封闭,拆除混凝土输送管,进行下一管混凝土的压注。设置排气孔可使钢管内空气在压注混凝土时能排出,从而减小顶升压力,同时由于拱顶排气孔有一定高度,排气孔内混凝土产生的压力差也可增大拱肋钢管内混凝土的压力,使其更加密实。如果桥梁跨度较大,也可以沿拱肋按一定间距设置若干个排气孔,这些排气孔的主要作用是排气,因此这些排气孔可比较小(直径20mm),露出钢管以上也不用太高(200mm)。设置隔板的目的是保证两端混凝土均能密实,并可使每端为减少压力、润滑管道在开始放置的水泥浆能完全排出。如果拱桥跨度较大,往往会采用多级泵站,即在拱肋上设置多个压入口,此时,应在相隔位置设置排气孔和隔板。对称顶升压注混凝土施工见图10-55。

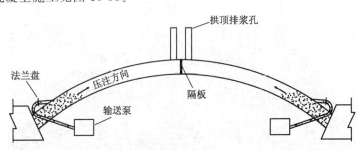

图10-55　对称泵送顶升压注混凝土施工示意

在正式压注混凝土前,常在钢管底部先开孔,用清水从拱顶排气孔冲洗管道,将管道内灰尘、焊渣、浮锈冲洗干净,然后将拱底部开孔封闭。为减小顶升压力,可先向钢管内压入1~2m³砂浆,以润滑孔道、减小顶升混凝土时摩擦力,然后再压注混凝土。压浆口阀门及拆除输送管后的结构分别见图10-56、图10-57。

钢管内混凝土灌注应选择气温相对稳定的时段进行,灌注时气温应大于5℃,若钢管表面温度大于60℃,应在钢管表面采取覆盖、洒水等降温措施。

混凝土输送泵额定输送扬程应大于1.5倍灌注高度,输送泵额定速度应满足下式要求:

$$v \geqslant 1.2 \frac{Q}{t} \tag{10-12}$$

式中:v——输送泵额定速度(m^3/h);

　　　t——混凝土终凝时间(h);

　　　Q——要求灌注的混凝土量(m^3)。

图 10-56　压浆口阀门及泵管

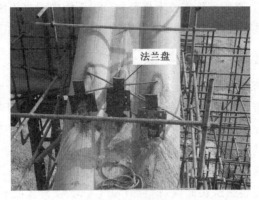
图 10-57　压浆后阀门

输送泵管直径一般选用 125mm，输送泵管和钢管拱肋夹角越小，泵送阻力越小，对钢管的冲击力也越小；为确保拱肋内混凝土和钢管密贴，在拱顶排气孔冒出和压入端同浓度混凝土后（图 10-58），即可停止泵送混凝土。同时可采取向拱顶排气孔内插入振捣棒振捣的方式，以增大拱顶部分混凝土的密实程度（图 10-59）。待管内混凝土达到设计要求强度后，即可拆除压入端法兰、拱顶排气孔（图 10-60），并用原切口处钢板补回到原来位置，并焊接牢固。

图 10-58　排气孔冒出混凝土

图 10-59　在排气孔插入振捣棒振捣

钢管内灌注混凝土注意事项：应连续灌注，不能停顿，以防堵管；两端应对称进行，以防钢管出现不对称变形；拱顶应设分隔板，以便两侧均能灌满；拱顶分别设出浆口，以使管内混凝土更加密实。

在灌注混凝土过程中，可根据两端混凝土用量及敲击钢管，判断混凝土灌注位置及饱满程度。灌注完成后，可用超声波检测管内混凝土的饱满程度。在钢管混凝土中，如果混凝土配合比收缩较大，即使在灌注时饱满，终凝后在拱顶附近和钢管壁间也会存在缝隙，如果出现此类情况，可在拱顶附近将钢管开孔，向内部压入水泥浆。

图 10-60　拆除法兰后待封闭部分

按现行《公路桥涵施工技术规范》要求,钢管内混凝土压注应在混凝土初凝时间内完成,混凝土压注完成后应及时关闭设于压注口的倒流截止阀。钢管拱缀板间混凝土不宜采用压注施工。

二、钢管混凝土压注事故

在对称顶升压注混凝土过程中,如处理不当,往往会出现意想不到的事故。

某桥跨布置为 1 跨 80m 下承式拱桥,结构形式采用钢箱梁与钢管混凝土拱桥组合结构,桥全长 88.0m。桥拱肋采用钢管混凝土箱形结构,设计矢高 22.857m,矢跨比 $f/L=1/3.5$,拱轴线为二次抛物线,设计拱轴线方程为:$y=x^2/70+4x/3.5$。全桥分两榀拱肋,每榀拱肋横截面为变高度圆端形截面,截面宽 1m,截面高 2.0~3.0m,拱肋钢管由 16mm、20mm、28mm 三种厚度的钢板卷制拼接而成,钢管内填充 C55 微膨胀混凝土,两榀拱肋间横向中心距 14.5m。

在灌注钢管混凝土过程中,钢管内发出闷响,拱脚附近钢管侧面出现 50mm 以上的侧向变形后,立即在拱脚附近钢管侧面开孔,将混凝土放出,清理管内混凝土发现钢管内横向拉杆大量断裂,见图 10-61。

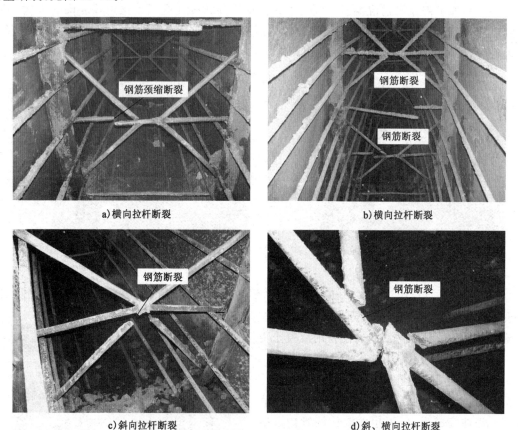

图 10-61 钢管内钢筋断裂

在原设计图中,每段拱肋均设有如图 10-62a)所示的角钢加劲钢箍(刚性箍筋)3 道,分别在每吊装段拱肋的接口处与中部;并在拱肋内部每隔 2m 设置一道如图 10-62b)所示的柔性箍筋;另外在拱肋内部其余部分,每隔 0.5m 设有一道横向拉筋,如图 10-62c)所示。内部箍筋整体布置见图 10-63。

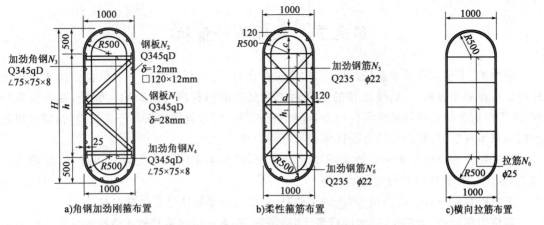

图10-62 拱肋内配筋设置(尺寸单位:mm)

a)角钢加劲刚箍布置　　b)柔性箍筋布置　　c)横向拉筋布置

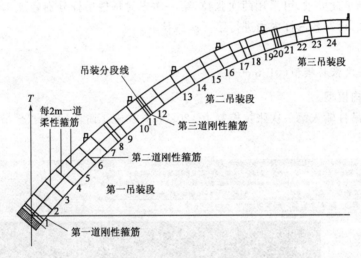

图10-63 内部箍筋示意图

通过对拱肋内部检查,发现拱肋内部并没有按照要求设置间距0.5m的横向拉筋,是造成此次事故的直接原因。在哑铃形截面拱肋混凝土压注施工中,也时有拱脚附近缀板发生过大横向变形事故(图10-64)。这些事故的起因均是箱形截面在呈流态混凝土压力作用下,将承受较大的水平力,造成其产生过大的横向变形。因此,对于箱形截面或哑铃形截面腹板部分,应特别重视水平拉杆的设置,尤其是拱脚附近承受较大压力的区域更是如此。对于哑铃形截面拱肋,设置拉杆虽可减小缀板变形,但如果螺帽和拱肋接触处密封不好,将大大降低压注混凝土时的压力,为避免此现象的发生,螺母下面一定要设置橡胶垫圈。

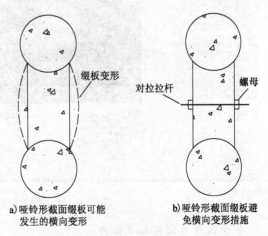

a)哑铃形截面缀板可能　　b)哑铃形截面缀板避
发生的横向变形　　　　　免横向变形措施

图10-64 哑铃形截面缀板变形及措施

第九节　拱桥吊杆张拉

在中承、下承式拱桥及系杆拱桥中,常需进行吊杆张拉,设计图中一般只会给出成桥后吊杆内力。在施工过程中,后续张拉的吊杆对先期张拉的吊杆内力有影响。因此,在张拉吊杆前,需要根据张拉顺序及最终吊杆内力,进行施工过程计算,得到每根吊杆张拉内力,以确保张拉完全部吊杆后,吊杆内力符合设计恒载吊杆内力要求。

吊杆张拉内力计算方法一般采用未知系数法,以往多采用解多元方程组计算,目前现有 MIDAS CIVIL 软件可方便进行的计算。

下面以算例形式介绍利用 MIDAS CIVIL 采用未知系数法计算吊杆张拉力。

某桥为钢箱拱,梁简支,拱梁间设置 13 对吊杆,要求在桥面系其他荷载施加前各吊杆内力为 240kN。为满足此要求,可采用两次张拉,第一次先对每根吊杆分别施加 120kN 张拉力,然后根据计算结果,再对各吊杆内力进行第二次张拉。

具体步骤如下:

1. 建立第一次张拉模型(01.mcb)

(1)建模结构模型。

(2)给每根吊杆输入第一次张拉控制力 120kN,并在施工阶段(吊杆 7～吊杆 1)分批张拉,见图 10-65。

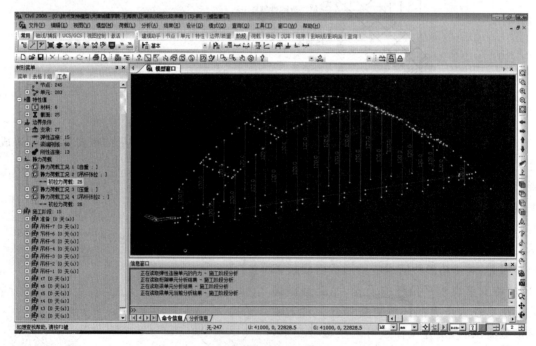

图 10-65　建立模型,对每根吊杆施加 120kN 拉力

2. 输入第二次张拉单位力

为了采用未知荷载系数法来求解每根吊杆的第二次张拉控制力,首先输入单位张拉力

10kN(或者其他数值也可,最后求出未知荷载系数后,相乘即可),定义 T7～T1 施工阶段,将每根二次单位张拉力分配到相应施工阶段,见图 10-66。

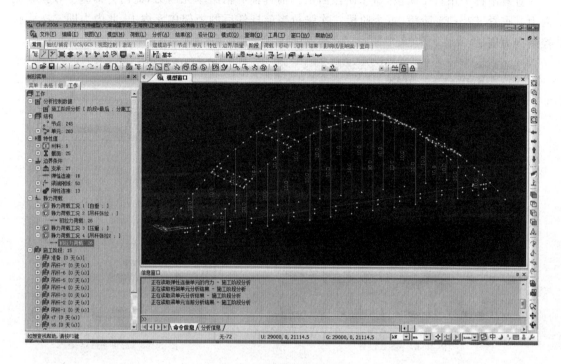

图 10-66　吊杆施加单位张拉力

3. 参数设置

(1)运行分析后打开"结果＞未知荷载系数",见图 10-67。

(2)定义项目名称:任意定义。

(3)步骤名称:选择最后一个施工阶段"成桥"。

(4)目标函数类型:任选,可给出不同的优化结果。

(5)未知荷载系数符号:选正负或正(拉力为正)。

(6)在表格里,勾选 T7～T1,此 7 个阶段就是我们要求解的。其他阶段荷载系数均为 1。

(7)定义约束条件(即通过调整未知系数,来满足我们的约束条件),见图 10-68。

(8)约束条件类型有反力、位移、桁架单元内力、梁单元内力,即任何约束条件都可以定义,程序会自动计算出满足多个约束条件的解。当然也有无解的可能性。例如 $A+B=0$ 和 $A+B=2$ 的情况。根据本模型,定义所有吊杆的最终最大索力不超过 240kN,即对每根吊杆单元约束其桁架单元内力不超过 240kN。参考模型:01.mcb。

4. 求未知系数

点击"求未知荷载系数",跳出如图 10-69 所示对话框。将图 10-69 中的系数,143.3、11.915、14.016……乘 10kN,替换原 01.mcb 模型的二次张拉单位力 10kN,带入后的模型见 02.mcb(图 10-70)。

5. 运行分析

查看吊杆7-吊杆1阶段,每个阶段激活当前杆件的桁架单元内力,此内力即施工张拉控制内力。查看T7~T1阶段,每个阶段二次张拉当前杆件后的桁架单元内力,此内力即二次张拉控制内力值。

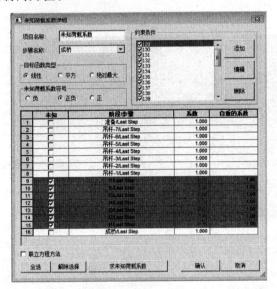

图10-67 参数设置

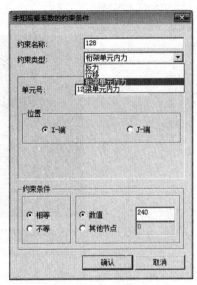

图10-68 约束条件定义

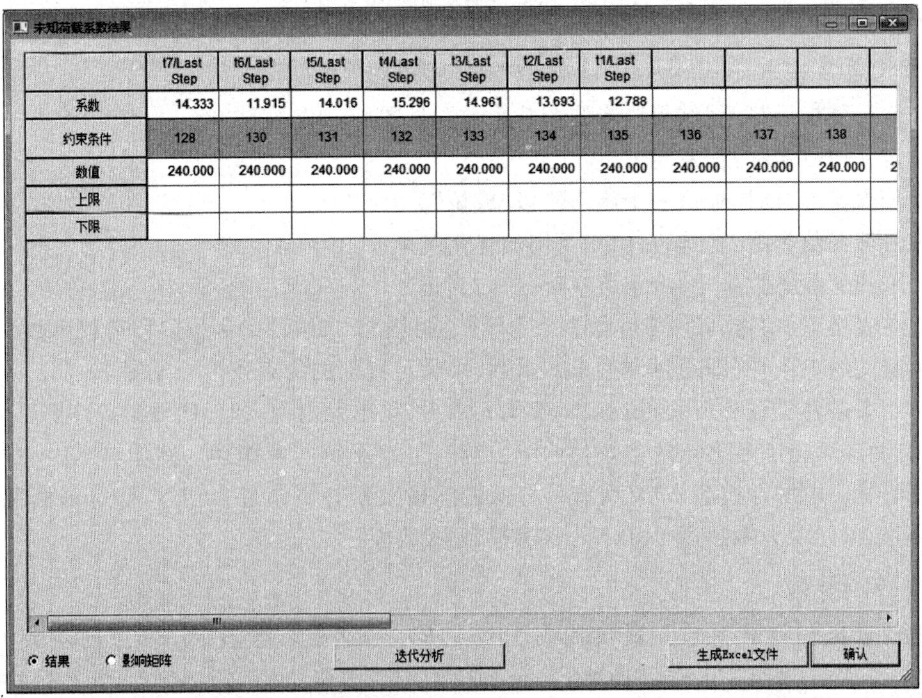

图10-69 未知系数

第十章 钢管混凝土拱桥施工

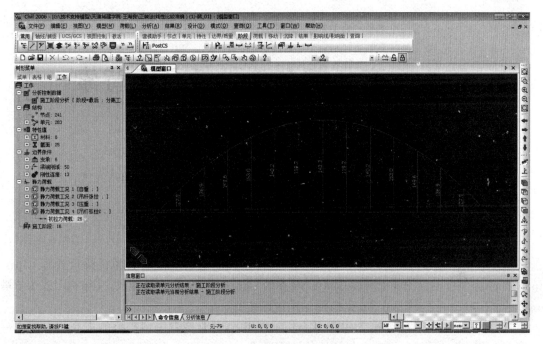

图 10-70 吊杆张拉内力计算

第十一章　部分斜拉桥及无背索斜拉桥施工

第一节　部分斜拉桥发展及结构特点

一、部分斜拉桥发展

部分斜拉桥又称为矮塔斜拉桥、低塔斜拉桥,其先驱应属瑞士著名的桥梁设计师 Christian Menn。他所设计的瑞士跨越 Ganter 峡谷的 Ganter 桥于 1980 年建成,其结构形式为 7 塔 8 跨,全长 678m,主跨跨度 174m。该桥主要特点如下:

(1)索塔高度只有 11.1m,为主跨 174m 的 1/15.7,而常规双塔斜拉桥的塔高与主跨比一般为 1/4~1/7,最早开创了部分斜拉桥的结构形式。

(2)索塔两侧的斜拉索各自用混凝土包裹,形成了后来斜拉桥的一个新分支——板拉桥。

1988 年,法国著名设计师 Jacques Mathivat 在设计法国西南的 Arête Darre 高架桥时首次提出了低塔斜拉桥的概念,其设计主要构思为:主跨 100m 的预应力混凝土箱梁和塔固结,斜拉索穿过低塔上的索鞍,更像预应力混凝土的体外索而不像斜拉索,索鞍相当于体外索的转向点,这些索的应力变化幅度和一般斜拉桥的拉索相比大大减小,因而可以不考虑斜拉索的疲劳而提高其允许拉应力值,这些拉力对梁体除了提供水平压力外,其垂直分力还减小了梁的有效自重,但最终此方案在该桥中未能采用。

日本在掌握 Arête Darre 桥信息后对这种桥型进行了深入研究,认为它在技术、经济上都有很多优点。1994 年日本建成了第一座部分斜拉桥——小田原港桥,其跨度为 74m+122m+74m,桥面宽 13.0m。其后该桥型在日本得到迅速发展,先后建成了屋代南铁路桥、屋代北北铁路桥、冲原桥、蟹泽大桥、新唐柜大桥、木曾川桥等。至 2001 年,日本已建成了这种桥梁近 20 座,桥梁跨度从初期的 122m 发展至 275m,桥宽从 13m 发展到 33m。除日本外,菲律宾于 1999 年建成了第二曼达—麦克坦大桥,其主跨为 185m,桥面宽 21m;老挝也于 2000 年建成了巴色桥,其跨度为 143m,桥宽 11.8m。

1996 年由大桥局设计院严国敏教授将部分斜拉桥介绍到我国,国内发展相对较晚,但近年发展迅速。2000 年 9 月建成一座颇有影响的部分斜拉桥——芜湖长江大桥,该桥为公铁两用,结构形式为双层桥面钢桁架梁,主梁高 13.5m,分跨为 180m+312m+180m,主塔在公路面以上仅 32.27m,塔高与主跨之比为 32.27/312=0.10。

国内最早修建的 PC(预应力混凝土)结构部分斜拉桥为 2001 年完成的漳州战备大桥,其跨径布置为 80.8m+132m+80.8m,桥面宽 27.0m,主塔结构高 17.8m,采用实心矩形截面,顺桥向 3.0m,横桥向宽 1.7m,布置在中央分隔带处,塔身上部对应斜拉索设有两排计 20 个鞍座,主桥主梁为单箱三室大悬臂箱形梁,箱梁顶板宽27m,底板宽16.24~17.0m,梁底下缘纵向按二次抛物线变化,根部最大梁高3.8m,跨中及边跨直线段梁高2.4m,采用塔梁固结、塔墩分离的结构体系。继漳州战备大桥后,国内陆续修建了兰州小西湖大桥、山西太原西北绕城高速汾河大桥、京承高速公路潮白河大桥、山西汾柳高速离石高架桥、澳凼三桥(世界首座双层交通预应力斜拉桥)、山东济南惠青黄河公路大桥等一系列PC结构部分斜拉桥。国内外部分主跨超过100m的部分斜拉桥见表11-1。

国内外部分主跨超过100m的部分斜拉桥   表11-1

桥梁名称	国别	跨径布置(m)	桥面宽度(m)	塔高(m)	边跨/中跨	塔高/主跨	梁高(m) 最小	梁高(m) 最大	建成年份	用途
小田原港桥	日本	74+122+74	13	10.7	0.61	1/11.4	2.2	3.5	1994	公路桥
屋代南桥	日本	65+2×105+65	12.8	10.0	0.62	1/10.5	—	2.5	1995	铁路桥
冲原桥	日本	66+180+77	12.8	16.0		1/11.3	3.0	5.5	1997	公路桥
蟹泽桥	日本	99.3+180+99.3	16.5(净)	21.0	0.55	1/8.6	3.3	5.6	1998	公路桥
唐柜新桥(西)	日本	74.1+140+69.1	11.89	12.0		1/11.7	2.5	3.5	1998	公路桥
森尼贝格桥	瑞士	59+128+140+134+65	12.37	14.8		1/9.5			1998	公路桥
唐柜新桥(东)	日本	66.1+120+72.1	11.7	12.0		1/10.0	2.5	3.5	1998	公路桥
第二曼达—麦克坦桥	菲律宾	111.5+185+111.5	21	18.3	0.60	1/10.1	3.3	5.1	1999	公路桥
芜湖长江大桥	中国	180+312+180	21.92(公路) 12.5(铁路)	34.0	0.58	1/9.2	—	13.5	2000	公铁两用
巴色桥	老挝	123+143+91.5	14.3	15.0		1/9.5	3.0	6.0	2000	公路桥
士狩大桥	日本	94+3×140+94	22.0	10.1	0.67	1/13.9	3.0	6.0	2000	公路桥
又喜纳大桥	日本	109.3+89.3	11.3	26.4		1/4.1	3.5	6.0	2000	公路桥
佐敷大桥	日本	60.8+105+57.5	9.3	12.3		1/8.5	2.1	3.2	2000	公路桥
木曾川桥	日本	160+3×275+160	33.0	30.0	0.58	1/8.3	4.0	7.0	2001	公路桥
揖斐川桥	日本	154+4×271.5+157	33.0	30.0		1/9.1	4.0	7.0	2001	公路桥
日本帕劳友好桥	帕劳	82+247+82	11.6	27.0	0.33	1/9.1	3.5	6.0	2001	公路桥
都田川桥	日本	133+133	19.9(单幅)	20.0		1/6.65	4.0	6.5	2001	公路桥
漳州战备大桥	中国	80.8+132+80.8	27.0	16.5	0.66	1/8	2.4	3.8	2001	公路桥
芦北桥	日本	60.75+105+57.713	9.25~12.25				1.7	3.2	2001	公路桥
保津桥	日本	34+50+76+100+76+32	15.3~18.3	10.0		1/10	—	2.8	2001	公路桥
新川大桥	日本	38.5+45+90+130+80.5	20.5	13.0		1/10	2.4	4.0	2002	公路桥
指久保桥	日本	114+114	9.2	22.0		1/5.2	3.2	6.5	2002	公路桥
兰州小西湖斜拉桥	中国	81.2+136+81.2	27.5	17.0	0.60	1/8	2.6	4.5	2003	公路桥
太原汾河大桥	中国	90+150+90	26.0	28.781	0.6	1/5.2	2.2	4.5	2003	公路桥
日见桥	日本	91.75+180+91.75	9.75(净)	16.0	0.51	1/11.25	—	4.0	2004	公路桥
新名西桥	日本	88.5+122.3+81.2	19.0~23.0	16.5	0.72	1/7.4	—	3.5	2004	公路桥

续上表

桥梁名称	国别	跨径布置（m）	桥面宽度（m）	塔高（m）	边跨/中跨	塔高/主跨	梁高(m)最小	梁高(m)最大	建成年份	用途
银川市丽兴路一号部分斜拉桥	中国	30+70+70+30	60	30	0.42	1/1.2			2004	公路桥
济南惠青黄河公路大桥	中国	133+220+133	20	30	0.6	1/7.3	3.5	7.5	2005	公路桥
澳函三桥	中国	110+180+110	12.95（上层公路），8（下层）	桥面以上48	0.61	1/3.75	—	6.13	2005	公路桥
京承高速潮白河大桥	中国	72+120+120+72	29.5（净）	21.5	0.6	1/5.58	2.2	4.2	2006	公路桥
曹娥江大桥	中国	60.125+110+60.125	48		0.55		2.88	3.48	2006	公路桥
常澄高速公路常州东互通斜拉桥	中国	70.15+120+70.15	28	31	0.58	1/3.9	2.6	4.1		公路桥
常州东环公路京杭运河桥	中国	70.15+120+70.15	26.5	31	0.58	1/3.87	2.6	4.1		公路桥
唐山曹妃甸一号路纳潮河大桥	中国	80+120+80	37.5	18.35	0.66	1/6.54	2.8	5.0	2010	公路桥
塘汉快速路永定新河特大桥	中国	85+145+85	43	20	0.58	1/7.25	3.0	5.0	2010	公路桥
沙湾特大桥	中国	137.5+248+137.5	34	31	0.55	1/8	3.8	9.0	2011	公路桥
长山大桥	中国	140+260+140	23	11.838	0.53	1/21.96	4.5	9.0	在建	公路桥

二、部分斜拉桥结构特点

部分斜拉桥和一般意义上的斜拉桥相比具有以下特点：

1. 塔高

部分斜拉桥的塔高一般为主跨的 1/12(0.08)～1/8(0.125)，约为一般斜拉桥主塔与主跨比(0.2～0.25)的 1/3～1/2；提出此桥型的 Mathivat 则认为最适宜的塔高为主跨的 1/15，即 $0.067L_0$。

2. 斜拉索倾斜度(H/V)

部分斜拉铁路桥斜拉索倾斜度一般在 1/4～1/3.4，部分斜拉公路桥斜拉索倾斜度在 1/5.22～1/2.85，一般斜拉桥在 1/2.5～1/2。

3. 结构分跨

部分斜拉桥边跨、中跨跨径比一般为 0.6 左右。而一般意义的斜拉桥边跨、中跨跨径比为 0.4；梁式桥边跨、中跨跨径比在 0.6～0.7。

4. 斜拉索布置

部分斜拉桥斜拉索一般布置在边跨跨中、中跨 1/3 附近区域，梁上索距一般为 3～5m，对称布置在索塔两侧，兰州小西湖斜拉桥、漳州战备大桥斜拉索布置示意分别见图 11-1 和图 11-2。

第十一章　部分斜拉桥及无背索斜拉桥施工

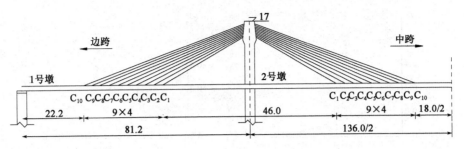

图 11-1　兰州小西湖斜拉桥斜拉索布置示意(尺寸单位:m)

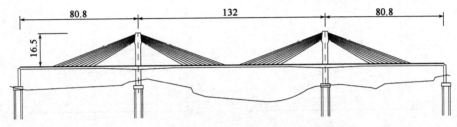

图 11-2　漳州战备大桥斜拉索布置示意(尺寸单位:m)

5. 边跨、中跨无索区长度

为减小塔高,在部分斜拉桥中加大了跨中无索区长度,在已建成的部分斜拉桥中,铁路桥边、中跨无索区长度在 $0.11\sim0.23L_0$ (L_0 为主跨跨度)之间;公路桥边、中跨无索区长度在 $0.129\sim0.224\,L_0$ 之间,最大为 $0.4\,L_0$。日本木曾川桥主跨 275m,跨中无索区长 100m,和近代密索体系斜拉桥中一般只留 5m 左右的合龙段无索区相比有较大差异。

由于斜拉索对称布置,加大中跨无索区长度的同时,也加大了边跨无索区的长度,在部分斜拉桥中,边跨无索区长度比较分散,最小为 $0.097L_1$(L_1 为边跨跨长),最大为 $0.48\,L_1$(日本木曾川桥),一般在 $(0.23\sim0.33)L_1$ 之间,平均 $0.28\,L_1$。一般斜拉桥强调边索的锚固作用,边跨边部的无索区长度一般为零。

6. 靠塔背无索区长度

由于部分斜拉桥梁高加大,尤其是变高度梁根部高度加得更大,在靠近塔处也出现了一段无索区,此长度变化在 $0.11\sim0.22L_0$ 之间,平均 $0.16L_0$。一般斜拉桥靠塔无索区很短,其主梁零号块不过伸出 2~3 个索距,有的在塔处设有垂直吊索。部分斜拉桥各主要参数与主跨跨长 L_0 的关系如图 11-3 所示。

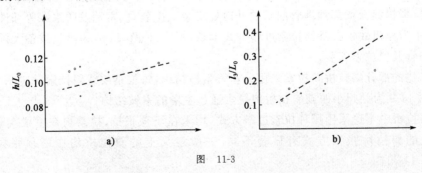

图 11-3

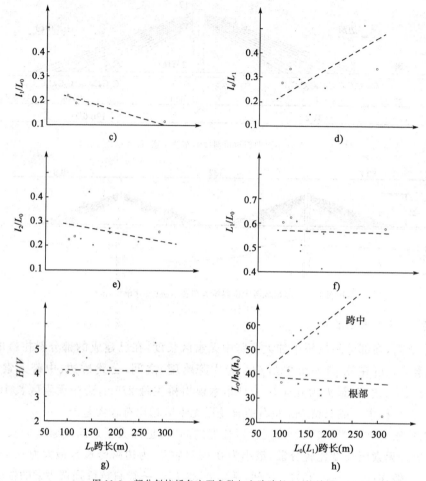

图 11-3 部分斜拉桥各主要参数与主跨跨长 L_0 的关系

l_1-靠塔单侧无索区长度;l_2-塔两侧单侧布索区长度;l_3-中跨跨中无索区长度;l_4-边跨最外索到边支点长度;L_0-主跨跨长;L_1-边跨跨长;H/V-拉索倾斜度;h_0-主跨梁根部高度;h_c-主跨跨中梁高度

7. 斜拉索多以索鞍形式通过主塔,且多不调索

国内早期修建的部分斜拉桥在塔内及主梁内设置预埋钢管,预埋钢管在施工时起到定位作用,运营时起到便于换索作用,预埋管内置内导管,梁部内导管顺接不锈钢护套,不锈钢护套再顺接 HDPE 护套;塔部内导管(内管)在斜拉索张拉到位后与抗滑锚筒共同传递斜拉索的不平衡力,在抗滑锚筒及梁部预埋管的末端开口处安装减振装置、索箍及防水罩等部件。

图 11-4 为漳州战备大桥斜拉索过塔方式示意,图 11-5、图 11-6 为漳州战备大桥斜拉索塔顶索鞍内外管及斜拉索安装。

后期修建的部分斜拉桥斜拉索采用分丝管索鞍结构,每根钢绞线斜拉索对应一个分丝管,图 11-7~图 11-9 为兰州小西湖斜拉桥斜拉索通过主塔的索鞍结构。

部分斜拉桥中不论采用哪种拉索过塔方式,均未在塔顶张拉,拉索均在主梁端张拉,这和传统意义上的斜拉桥张拉方式有显著不同,一般意义上的斜拉桥均在塔顶张拉拉索,见图 11-10、图 11-11。

第十一章　部分斜拉桥及无背索斜拉桥施工

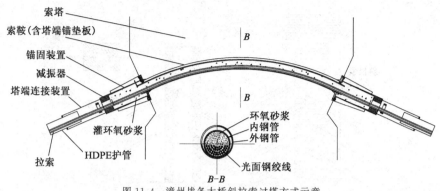

图 11-4　漳州战备大桥斜拉索过塔方式示意

图 11-5　漳州战备大桥斜拉索塔顶索鞍内外管

图 11-6　漳州战备大桥顶塔斜拉索安装

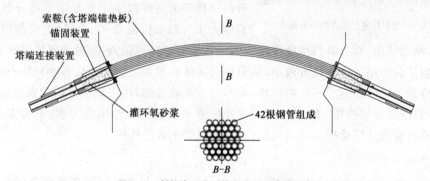

图 11-7　斜拉索以分丝管方式通过索塔示意

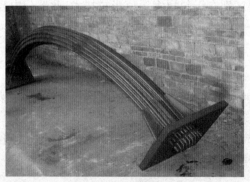

图 11-8　分丝管索鞍结构

图 11-9　分丝管结构

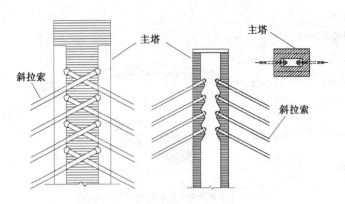

图 11-10　一般斜拉桥斜拉索通过索塔方式示意

图 11-11　一般斜拉桥主塔内斜拉索张拉

8. 斜拉索应力

部分斜拉桥拉索张拉力多采用 $0.6R_y^b$，比一般斜拉桥采用的 $0.4R_y^b$ 提高 50%，由于拉索张拉力提高，从而可以提高昂贵钢丝的利用率，降低造价。部分斜拉桥中拉索可以提高张拉力的原因是：其应力变化幅度较小，为 15～51MPa，而一般意义斜拉桥拉索应力变化幅值为 43～108MPa，因此可以不考虑疲劳影响，而可以按采用一般体内索的张拉力值。部分斜拉桥应力变幅减小主要是由于部分斜拉桥主梁高度大于一般斜拉桥 2～2.5 倍，主梁分担的荷载远大于拉索，换句话说，部分斜拉桥桥梁结构的承载能力是以主梁为主；拉索基本位于靠塔一段，那里在后期活载作用下梁体挠度较小，从而拉索的伸长和应力增量也较小；这一点是这种桥型和斜拉桥最关键的差别。一般斜拉桥，尤其当主梁较柔细时，主要依靠斜拉索来起到弹性支点的作用；对于部分斜拉桥，主梁较强壮，这些拉索主要起到体外预应力索、平衡支点负弯矩、降低一般刚构桥或连续梁桥支点梁高的作用，即加固主梁的作用。

9. 主梁施工方法

部分斜拉桥主梁的施工方法主要采用悬臂对称浇筑，和连续梁主梁悬臂浇筑施工方法相同，部分斜拉桥和一般斜拉桥连续梁施工的主要区别在于斜拉索等值张拉技术，此部分内容将在后面介绍。

10. 结构体系

部分斜拉桥结构体系常采用以下形式：

(1) 塔、梁固结，梁、墩分离。主梁和桥塔刚性固结在一起，主梁和桥墩间设置支座，主梁受力方式和连续梁相同。

(2) 塔、梁、墩固结。主梁、桥塔和桥墩完全固结在一起，主梁和桥墩关系类似于连续刚构；

(3) 塔、墩固结，墩、梁分离。桥塔和桥墩固结，主梁和桥墩间设置支座。

部分斜拉桥结构体系见图 11-12。

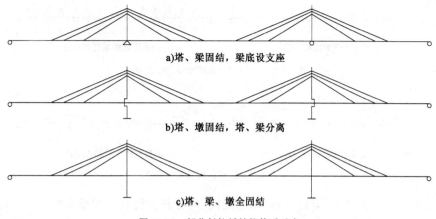

图 11-12 部分斜拉桥结构体系示意

第二节 部分斜拉桥受力特点

一、连续梁、斜拉桥、部分斜拉桥受力区别

连续梁是以梁的直接受弯、受剪来承受竖向荷载;斜拉桥是以主梁的受压和索的受拉来承受竖向荷载。为分析部分斜拉桥受力特点,下面以连续梁到斜拉桥主梁受力演变过程来说明,图 11-13 为三跨连续梁结构及弯矩图,其中支点和跨中弯矩较大,在单纯竖向荷载作用下梁的轴力为零,若要使梁体所受弯矩减小,最有效的办法是减小主梁的跨度,即增加支点数量,设想在图 11-14 中增加 4 个支点,把三跨连续梁变为七跨连续梁,则梁体弯矩大大降低,其结构及弯矩见图 11-15。

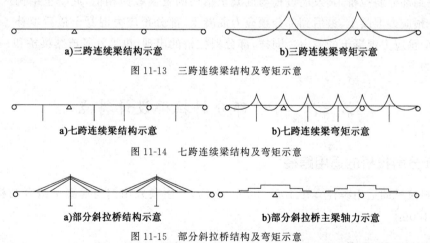

图 11-13 三跨连续梁结构及弯矩示意

图 11-14 七跨连续梁结构及弯矩示意

图 11-15 部分斜拉桥结构及弯矩示意

若所增加的 4 个支点用斜拉索代替,把单根较大的索分成若干的索布置在附近,则形成部分斜拉桥,见图 11-15。为了进一步减小梁的弯矩,可继续增加支点,减小梁的跨度,当支点增加到一定数量时,则梁的弯矩相当小,见图 11-16。此时,把支承用斜拉索代替则形成斜拉桥,见图 11-17。

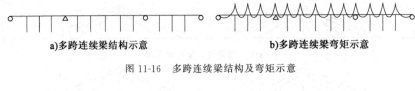

图 11-16 多跨连续梁结构及弯矩示意

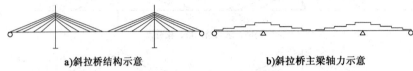

图 11-17 斜拉桥结构及弯矩示意

比较图 11-13～图 11-17 可以发现，从连续梁、部分斜拉桥到一般意义的斜拉桥，主梁承受弯矩逐渐减小，而承受轴力却逐渐增加，连续梁的主梁以承受弯矩为主，一般意义的斜拉桥以承受压力为主，而部分斜拉桥的主梁则以受弯、受压为主。

二、连续梁、斜拉桥、部分斜拉桥受力原理

根据以上连续梁、斜拉桥、部分斜拉桥受力区别分析，连续梁以梁直接受弯、受剪承受竖向荷载，其内力有弯矩、剪力，轴力为零；一般意义的斜拉桥以梁的受压和拉索的受拉承受竖向荷载，其内力中弯矩很小，轴力、剪力较大；部分斜拉桥以主梁的受弯、受压、受剪和拉索的受拉承受竖向荷载，索的作用相当于对连续梁设置多个柔性弹性支撑，主梁承受内力包括弯矩、剪力和轴力。

就结构特性而言，部分斜拉桥是介于连续梁桥与斜拉桥之间的一种新桥型，如果说连续梁桥属于刚性桥型，斜拉桥属于柔性桥型，部分斜拉桥则属于一种刚柔相济的新桥型。从连续梁桥、斜拉桥到部分斜拉桥，其发展过程与混凝土结构的发展极为相似，混凝土结构从普通钢筋混凝土、全预应力混凝土，最后到部分预应力混凝土，部分预应力混凝土最后填补了普通钢筋混凝土与全预应力混凝土的空白。同样，部分斜拉桥的出现，也填补了连续梁桥和一般意义斜拉桥之间的空白。

第三节 PC 部分斜拉桥设计特点

一、部分斜拉桥的适用跨径

部分斜拉桥的适用跨径宜在 100～300m 之间，若主梁采用钢与混凝土组合结构，其跨径有望突破 400m。

二、结构体系选择

部分斜拉桥结构体系可采用塔、梁固结，梁、墩分离的方式，在梁和墩之间设置支座。塔、墩固结，塔、梁分离，塔、墩、梁固结三种方式，第一种形式适用于跨度不太大的桥梁，支座吨位不致过大，其特点是塔根部弯矩较小，塔两侧索力差较小，结构整体刚度较小；第二种形式适用

于跨度稍大,墩高较矮的桥梁,其特点是塔墩弯矩较大,塔两侧索力差较大,结构整体刚度较第一种形式大;第三种形式适用于跨度稍大,墩高较大的桥梁,结构体系类似于连续刚构。

三、跨径比例选择

部分斜拉桥刚度比一般意义斜拉桥大,跨径比例接近于连续梁,其边、中跨比值采用 0.52～0.65,在特殊情况下,边、中跨比值也可小于 0.5。这时,边跨需采取措施,解决负反力问题。

四、主梁截面形式选择

部分斜拉桥主梁承受相当大的弯矩,主梁截面形式与斜拉桥有很大不同,更接近连续梁。一般情况下,大部分连续梁采用的截面形式,都能适用于部分斜拉桥,在选择截面时,应注意如下问题:

(1)部分斜拉桥更适宜采用变高度截面,其塔墩处梁高可采用相同跨度连续梁高的一半左右,在特殊情况下,主梁也可采用等高度,此时梁高与跨度之比可采用 1/45～1/35。

(2)在选择主梁截面形式时,需注意斜拉索的布置及锚固要求。

五、斜拉索设计

根据桥面布置及景观要求,可采取单索面及双索面,各斜拉索可采用相同的索截面。斜拉索在梁上布置在边跨中及 1/3 中跨附近,索距不宜太大,宜为 3～5m,以适应受力及施工要求,主、边跨的索应对称于塔布置。塔上拉索宜采用鞍座形式通过,每根索对应 1 个鞍座,鞍座的设计应考虑换索的需要,位于塔两侧拉索出口处应设计锚固装置,克服索的不平衡拉力;斜拉索的应力可采用较高值,最大可达 $0.6 R_y^b$。由于梁的刚度大,斜拉索倾角小,斜拉索一般宜采用一次张拉。

六、主塔设计

由于部分斜拉桥的拉索具有主梁体外索的特征,索对梁提供竖向分力的同时,也对梁提供较大的轴压力,以使梁能承受弯矩,因此索的倾角较小,塔高不需太大,其高度可采用主跨的 1/12～1/8,相当于一般意义斜拉桥塔高的 1/3～1/2。由于塔高较矮,一般不存在失稳问题,主塔可采用实心截面,以方便设计和施工。

第四节 部分斜拉桥索鞍结构及试验

一、索鞍结构

在部分斜拉桥结构特点中已介绍过部分斜拉桥斜拉索以索鞍形式通过主塔,索鞍结构有两种,较早设计的部分斜拉桥——漳州战备大桥索鞍结构为内、外管(图 11-4),后期设计的部分斜拉桥索鞍基本采用分丝管结构,见图 11-7。两种索鞍结构对比见表 11-2。两种索鞍结构横截面对比见图 11-18。

两种索鞍抗滑锚性能比较见表 11-3。

内、外管和分丝管索鞍结构比较 表 11-2

内、外管		分 丝 管	
优点	缺点	优点	缺点
索鞍由内管和外管组成,相对简单,制作索鞍的成本稍低	1.索过内管时容易打绞,施工存在一定的难度。 2.内管下层钢绞线在张拉完成后,会受到上面几根和侧面钢绞线的挤压,受力情况很差;无法单根调索。 3.由于内管灌浆后的情况无法检查,钢绞线防腐质量难以保证。 4.索鞍的内管和外管的接触部位及外管的底部会引起局部应力集中,有可能使混凝土开裂。 5.换索复杂	1.由于索鞍内设置有可分丝的小钢管,容易穿索,施工非常便利。 2.一根无黏结钢绞线只通过一个小钢管,不存在相互挤压问题,受力情况得到明显改善。 3.小钢管内的无黏结钢绞线不剥PE,索在索鞍里的防腐较好。 4.索鞍起到分散、均匀传递载荷作用,转向鞍下部混凝土的应力分布比较均匀,无应力集中现象。 5.换索及单根调索便利	索鞍的加工工艺稍复杂,成本相对稍高

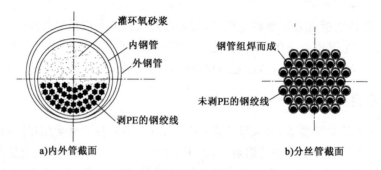

图 11-18 两种索鞍横截面比较

两种索鞍抗滑锚性能对比 表 11-3

内、外管	分 丝 管
由于整束钢绞线在抗滑锚内只有外圈得到充分的环氧砂浆的握裹,每根钢绞线的握裹力是不均匀的	由于每根钢绞线在抗滑锚筒内均是分散的,因而每根钢绞线所受环氧砂浆的握裹力是均匀的,抗疲劳性能好

二、索鞍结构试验

索鞍结构试验有两项内容:一项为索鞍节段模型试验,另一项为抗滑锚试验。在抗滑锚试验中,又包括单根环氧砂浆与单根环氧涂层钢绞线黏结试验、整孔抗滑锚节段模型试验。

1. 索鞍节段模型试验

在内外导管索鞍、分丝管索鞍首次应用时,都进行了索鞍节段模型试验,节段模型试验目的主要是检验新型索鞍下混凝土是否开裂、钢筋分布是否合理,从而对新型索鞍结构合理性及受力性能进行评价,以指导设计及施工。下面就采用不同索鞍结构的部分斜拉桥索鞍节段模型试验加以介绍。

中山市岐江大桥结构形式为 80.8m+132m+80.8m 三跨预应力混凝土双塔单索面部分斜拉桥,主塔高 20.96m。该桥主桥为左右幅整体式设计,桥面宽 31m,索鞍结构为分丝管索鞍。索鞍节段模型试验基本参数如下:综合考虑各方面因素,节段模型试验的缩尺比例为 1/1.4,转向器采用 19-ϕ15.24,模型设计时,混凝土采用 C50,钢筋采用Ⅰ、Ⅱ级钢,选取受力最不利 C_1 束为试验索孔,C_2 束为试验备用索孔,试验模型节段含 C_1、C_2 两层索孔,节段模型试验的基本参数见表11-4。模型外观尺寸为:长5260mm、宽2400mm、高2640mm,质量31t。

中山岐江大桥索鞍节段模型相似关系(模型/原型)　　表11-4

几何相似比	索 力	配筋率	应 力	弹性模量
1/1.4	1/1.96	1/1	1/1	1/1

试验方案见图11-19,节段模型试验见图11-20。

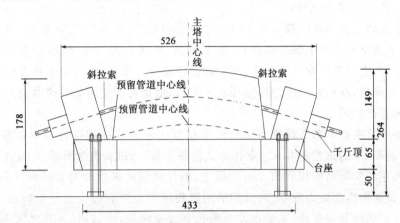

图11-19　试验加载方案(尺寸单位:cm)

图11-20　节段模型试验

索鞍节段模型试验为静力荷载试验,主要测试设计索力下转向器下方混凝土内部应力分布情况。该桥应变测点布置见表11-5。

中山岐江大桥索鞍节段模型试验测点布置　　表11-5

构　件	测试方向	位　　置		数　量
转向鞍下部混凝土	横向	第一层	边缘、L/6、L/3、L/2、2L/3、5L/6	7
		第二层	L/6、L/3、L/2、2L/3、5L/6	5
		第三层	L/3、L/2、2L/3	3
	纵向	L/2		4

注:整个模型共计应变测点32个。

中山岐江大桥索鞍节段模型试验结论:

(1)模型试验结果表明:纵桥向压应力最大值为2.18MPa,远小于混凝土抗压强度35.0MPa;

在鞍座下 11cm 范围内,实测值由 1.89MPa 降至 1.12MPa,说明索塔内混凝土不会开裂。

(2)从模型测试结果可以看出,主塔鞍座处采用新型转向鞍构造形式,转向鞍下部混凝土的应力分布比较均匀,无应力集中现象,说明该转向鞍起到分散、均匀传递荷载作用。凿开混凝土模型未发现转向鞍管外有变形现象。因此,可以说明该结构的设计比较合理,可行。

综上所述,可以认为主塔鞍座采用新型索鞍构造的设计是可行的;主塔结构在设计荷载作用下的受力是比较合理、安全的。

漳州战备大桥主桥是我国第一座 PC 结构部分斜拉桥,结构形式为单索面三跨 80.8m+132m+80.8m 预应力混凝土部分斜拉桥,塔梁固结、塔墩分离,主塔截面为实心矩形截面,塔身上部设有索鞍,索鞍采用双重管结构,外管埋设于混凝土塔内,内管置于外管内,斜拉索穿过内管,在施工完毕后,在内钢管灌注高强环氧砂浆,以增加其承受两侧斜拉索拉力差能力,该类型索鞍为国内首次采用。

漳州战备大桥主桥索鞍节段模型试验模型相似比为 1/1.6,根据计算分析及结构试验要求综合考虑,选取 C_6 为试验索孔,C_5 束孔为试验备用索孔,试验模型节段含 C_5、C_6 两层索孔。模型混凝土采用和实际结构相同的 C50 混凝土,斜拉索最大张拉力为实际设计最大张拉力的 1/1.5。为测试结构内部应力分布、内部的横向劈裂应力及外表面应力分布特点,在结构内部布置多个测点钢筋计及应变砖,主要布置于索孔下方及两侧,测试内、外管之间不吻合度引起圆管不同横向劈裂应力。在顺弯管轴线方向 5 个横截面布置钢筋计及应变砖,其中一个测试断面采用应变砖,另外 4 个测试断面采用钢筋计,应变砖在索孔区正下方 2cm 处。多测点钢筋计中心分别位于索孔正下方 2cm 及 5cm 处,另外还布置测试其他两方向应力传统钢筋计,竖向钢筋计中心距索孔 7.5cm,水平距索孔约 2.5cm。在主塔索鞍试验段侧面布置 45 个应变片,在拉索作用一侧面布置 27 个应变片,在另一侧面布置 18 个应变片。加载结构见图 11-21。

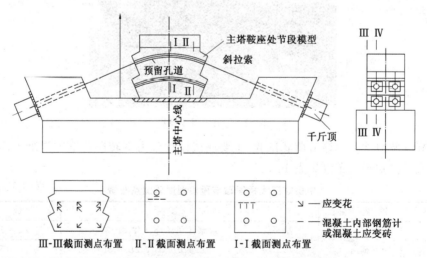

图 11-21 漳州战备大桥索鞍节段模型试验测点布置及加载结构示意

漳州战备大桥主桥索鞍节段模型试验结果为:索鞍节段模型在 2400kN 拉索索力(设计最大控制索力)作用下结构表面未出现裂缝;模型在 1920kN 拉索索力作用下主塔鞍座 C_6 索索孔正下方局部拉应力达到 3.123MPa,已超过 C50 混凝土极限抗拉强度,当索力达到 2400kN 时,该处应力达到 3.585MPa,超过极限抗拉强度 20%,但从该测点回零分析,该处没有残余应变,不存在内部裂缝,除该点外其余大部分位置拉、压应力未超过规范允许值,结构内部未出现裂缝;模型在加载至 1.5 倍设计荷载后卸载回零,各测点残余变形均很小,可以认为结构处于弹性工作状态。表 11-6 列出了两种不同索鞍形式索鞍节段模型试验对比。

内、外管和分丝管索鞍节段模型应力比较 表 11-6

漳州战备大桥(内外管索鞍)	中山市岐江大桥(分丝管索鞍)
1. 纵桥向压应力最大值 28.6MPa,接近于混凝土抗压强度 35.0MPa;	1. 纵桥向压应力最大值 2.18MPa,远小于混凝土抗压强度 35.0MPa;
2. 在鞍座下拉应力量值为 2.67MPa	2. 在鞍座下拉应力量值为 1.89MPa

从表 11-6 可以看出,分丝管索鞍下混凝土受力更加均匀,混凝土拉、压应力更小。因此,国内后期修建的部分斜拉桥,索鞍结构均采用分丝管结构。

2. 环氧砂浆与单根环氧涂层钢绞线黏结试验

环氧砂浆与单根环氧涂层钢绞线黏结试验是将单根环氧涂层钢绞线放置在试模内,在试模和钢绞线间灌注环氧砂浆,当环氧砂浆达到一定强度后,采用前卡千斤顶张拉环氧涂层钢绞线,观察钢绞线端部滑移及应力分布情况,试验试件结构示意见图 11-22,加载示意见图 11-23。测试过程见图 11-24,测试构件见图 11-25,应变测点见图 11-26。

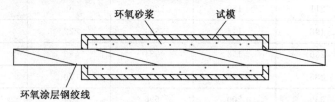

图 11-22 单根环氧涂层钢绞线与环氧砂浆黏结试验试件结构

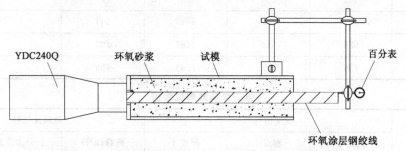

图 11-23 单根环氧涂层钢绞线与环氧砂浆黏结试验加载装置

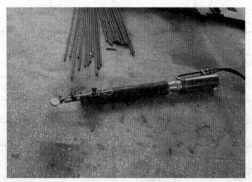

图 11-24 测试过程

图 11-25 测试试件

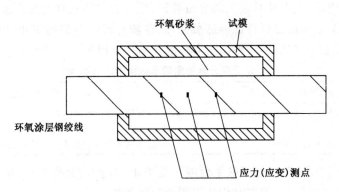

图 11-26 应变测点布置

表 11-7~表 11-9 为某桥单根环氧涂层钢绞线抗滑测试结果。

第一次加载测试数据　　　　　　　　　　　表 11-7

千斤顶油压 (MPa)	应变值(με)			荷载及位移	
	测点 2	测点 3	测点 4	荷载(kN)	百分表读数(0.01mm)
0	211	159	297	0	0
5	198	144	294	22	0
10	230	153	384	46	0
15	285	167	535	70	0
20	359	200	696	94	0
25	442	234	873	117	0
30	523	272	1049	141	0
35	626	314	1284	165	0
40	739	362	1536	189	0

第二次加载测试数据　　　　　　　　　　　表 11-8

千斤顶油压 (MPa)	应变值(με)			荷载及位移	
	测点 2	测点 3	测点 4	荷载(kN)	百分表读数(0.01mm)
0	363	223	536	0	0
5	327	201	504	22	0
10	366	217	602	46	0
15	414	237	736	70	0
20	489	263	914	94	0
25	563	295	1095	117	0
30	648	325	1290	141	0
35	748	367	1516	165	0
40	858	412	1764	189	0

第三次加载测试数据　　　　　　　　　　　表 11-9

千斤顶油压(MPa)	应变值(με)			荷载及位移	
	测点 2	测点 3	测点 4	荷载(kN)	百分表读数(0.01mm)
0	382	237	561	0	0
5	403	245	611	22	0
10	435	255	708	46	0
15	492	276	864	70	0
20	562	301	1043	94	0
25	635	317	1234	117	0
30	772	378	1517	141	0
35	936	443	1907	165	0
40	—	—	—	189	0

注：1.因张拉过程中百分表读数基本不变，百分表读数均视为 0。
　　2.三次测试间隔时间 2～3min，测点未重新调零。

3.整束环氧涂层钢绞线黏结试验

采用分丝管索鞍可有效解决拉索张拉后钢绞线相互挤压、打绞，和环氧砂浆的握裹面积减少，鞍座内受力状况差的问题，为验证分丝管索鞍在灌注环氧砂浆对索的握裹力及在不对称受载情况下拉索的抗滑力，有关单位对 31 孔、55 孔分丝管索鞍的抗滑性进行了试验研究，31 孔试验装置结构见图 11-27，实际加载装置见图 11-28。

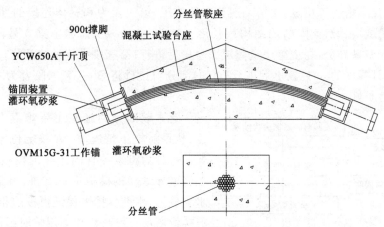

图 11-27　31 孔试验装置结构示意

试验方法：两端千斤顶同时张拉至 3000kN，保压。环氧砂浆固化后，用一端千斤顶在原荷载基础上施加一偏载模拟抗滑力(2700～3300kN，差值 600kN)，慢慢逐级加载(先放后加)，并用百分表观察两侧锚固装置的位移，记录数据。每级加载后卸载，观察百分表是否恢复。

试验结果：在一端千斤顶施加±300kN 荷载模拟抗滑力，锚固装置和索的位移在 0～0.05mm

图 11-28　31 孔实际加载装置

之间,卸载后百分表恢复为初始值,位移量基本上认为是构件本身的微弱变形,而不是索的滑移;另一端千斤顶油压及百分表读数不变,模拟的±300kN抗滑力没有传递到另一端。

第五节 部分斜拉桥施工方法

一、索塔施工

部分斜拉桥中主塔结构形式一般采用实心矩形截面,其受力及构造特点如下:为适应布置斜拉索需要,有索鞍区域沿顺桥向截面增大,对于塔梁固结、梁墩分离及塔、梁、墩固结结构形式的部分斜拉桥,塔底部将承受斜拉索传递的巨大竖直分力及斜拉索在不对称荷载作用下引起的弯矩,此部分受力复杂,压应力很高;不论采用内、外管索鞍还是采用分丝管索鞍,其位置的差异将直接影响斜拉索的空间位置。在《公路桥涵施工技术规范》(JTG/T 3650—2020)中,对部分斜拉桥施工质量要求除符合一般斜拉桥相应规定外,索鞍的预埋钢管尚应符合下列规定:管口高程的允许偏差为±10mm,管口坐标的允许偏差为±10mm,且两边同向,即对部分斜拉桥索鞍的定位精度提出了更高要求;索鞍下混凝土将承受压力及索鞍切削作用引起的拉力。因此,《公路桥涵施工技术规范》(JTG/T 3650—2020)中明确提出对索鞍下混凝土应采取措施,保证索鞍区下方混凝土的密实性,振捣时不得碰撞索鞍区的预埋钢管。

对于部分斜拉桥主塔,施工关键为塔根部质量控制,索鞍定位精度控制及索鞍下混凝土质量控制。为确保主塔施工质量,主塔一般分三段施工,第一段为和梁体连接的部分(对于塔梁固结、墩梁分离或塔、墩、梁固结的结构),长度一般为0.3m左右,和主梁0号段一起浇筑施工;第二段为无索鞍部分,在主梁浇筑完成2号段后进行;第三段为有索鞍部分,在第二节混凝土强度达到设计强度的80%以上后进行。有的部分斜拉桥将第一、第二段合为一段一起浇筑施工,其整体性更好。

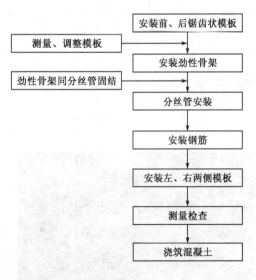

图11-29 有索鞍段索塔施工流程

有索鞍部分的施工主要难点在于索鞍的定位,从目前施工情况看,索鞍定位常采用两种方式。一种为将索导管固定在钢模板上,先在地面上将索导管和钢模板进行试拼,将索塔侧面模板水平放置,水准仪抄平保证模板的相对水平,螺栓连接索塔前、后模板,顶面用临时组件固定,调整、检查模板的各部位尺寸;在组装好的模板上,准确钻眼并用螺栓固定塔内锚垫板;安装第一排分丝管,水准仪抄平,拉线找出分丝管的水平位置,支垫临时支撑,固定分丝管;分丝管位置确定后,将分丝管和塔内锚垫板焊接,将分丝管和模板的相对位置确定下来;然后再安装另一排分丝管,其施工流程见图11-29。索鞍段模板拼装及安装分别见图11-30和图11-31。

图 11-30　索鞍段模板地面拼装　　　图 11-31　有索鞍段模板及钢筋

有索鞍段索鞍定位的另一种方法是在先在地面上安装、试拼定位型钢骨架,并将索鞍分丝管安放在型钢骨架上,索导管采取在地面上与劲性骨架组装、初调,在塔上微调的方法进行。劲性骨架应具有较大的刚度,并应按以下工艺施工:测量工作必须在无日照、无温度变形影响的夜间或日出前进行,位置调整完成后应进行复查,确认无误后再全面施焊,测量仪器必须具有较高精度,测量要反复复核,确保无误;测量定位后,要固定牢靠,不允许碰撞,更不允许在索导管上牵引导链;灌注混凝土时,索导管附近应特别注意振捣,确保索鞍下及锚垫板下混凝土振捣密实。此种完全利用劲性型钢骨架定位的方法和一般斜拉桥中主塔锚固区施工方法类似。图 11-32 为芜湖长江大桥主塔锚固区索导管定位示意,图 11-33 为某部分斜拉桥主塔索鞍安装过程示意。

图 11-32　主塔锚固区索导管定位　　　图 11-33　索鞍安装

对于部分斜拉桥,索鞍下混凝土的振捣质量至关重要,在进行主塔混凝土配合比设计时,应使混凝土具有良好的和易性和流动性;混凝土下料应采用导管,使混凝土自由下落高度控制在 1m 以内,边浇筑混凝土,边提升导管,避免混凝土离析;混凝土振捣除采用插入式振捣棒外,在钢模板外设置附着式振捣器,并在合适位置设置观察孔,观察混凝土振捣情况,并采用敲击模板方式判断混凝土振捣密实情况。

二、斜拉索的下料及准备工作

部分斜拉桥斜拉索和一般斜拉桥斜拉索结构形式有所区别,一般采用多根钢绞线形成一

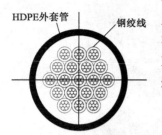

图 11-34 部分斜拉桥斜拉索横截面

根斜拉索束。自由段(除索鞍内、梁端锚固区)防腐分四层:第一层为在单根光面钢绞线上涂环氧,形成环氧涂层钢绞线;第二层在单根钢绞线上涂专用防腐油脂;第三层在单根钢绞线外包PE;第四层在整束拉索外包 HDPE,其横截面示意见图 11-34。斜拉索测试见图 11-35。

部分斜拉桥斜拉索的锚固方式采用夹片式锚具锚固。

一般意义的斜拉桥多采用由多根钢丝形成的钢丝束,两端设置冷铸锚,见图 11-36 和图 11-37。

图 11-35 部分斜拉桥斜拉索测试

图 11-36 一般意义斜拉桥斜拉索及锚头

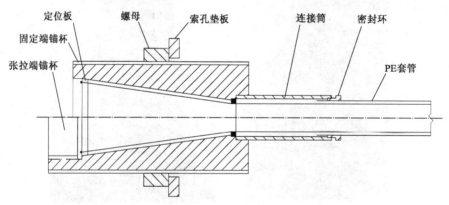

图 11-37 冷铸锚结构示意

部分斜拉桥斜拉索的钢绞线由厂家成盘供应,在挂设斜拉索时需要逐根挂设、逐根张拉,其工艺流程见图 11-38。

1. 下料

(1)下料长度

按下列公式列表计算出无应力状态下的自由长度,校核无误后供下料人员执行。

①料长度计算公式为:

$$L = L_0 + 2L_1 + 2A_1 + L_3 + L_4 + 5 \tag{11-1}$$

式中:L_0——边、中跨锚固端垫板底面之间的中心线或弧长(由设计院提供)(cm);

A_1——锚固端锚具外露长度(cm);
L_1——锚固端张拉时工作长度(cm);
L_3——有圆管限制的垂度影响长度(cm);
L_4——塔梁施工误差的影响长度(cm)。

图 11-38 部分斜拉桥斜拉索挂设、张拉工艺流程

②锚固端及鞍座内钢绞线 HDPE 护套剥除长度：
锚固端
$$L_{固} = L_1 + A_1 + A_2 + \Delta L + L_5 + 5 \tag{11-2}$$
鞍座内
$$L_{鞍} = L_6 - 2L_7 \tag{11-3}$$

式中：A_2——支承筒长度(cm);

ΔL——该索张拉伸长量(cm);

L_5——HDPE 护套进入锚具内的长度(cm);

L_6——鞍座两端塔顶锚定板中心线长度(弧长)(cm);

L_7——HDPE 护套进入塔顶锚定板内长度(cm),取 25cm;

其余符号意义同上。

(2)断料

在铺垫好的下料场地上直线固定好机械下料线或卷扬机,安装好龙门式起重机,沿线量好所需的下料长度,校核后用红色油漆作做标记。然后将绞线盘放置到放线基架上,利用卷扬机钢丝绳端部的索夹夹紧钢绞线并将之牵引行走至标记线,然后切断。

下料时注意：

①发现 HDPE 护套有破损之处，应马上修补，若损坏严重难以修补，则应弃用此段钢绞线。

②为了保证钢绞线下料长度准确，除保证钢绞线行走路线直线外，还应遵守长度丈量、标识和复核的下料原则。

(3) 剥 HDPE 护套及钢绞线清洗

钢绞线下料完成后，须将钢绞线两端和中间索鞍部内部分的 HDPE 护套按给定的长度除掉。剥皮时应注意刀具或锯片一定不能伤及钢绞线本身。清洗钢绞线时要将两端钢绞线端头打散并用清洗剂清洗干净，中间索鞍内部分钢绞线由于无法打散，去油渍时应尽量将表面擦洗干净。

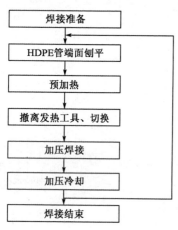

图 11-39 HDPE 焊接工艺流程

(4) 镦头

钢绞线清洗完成后，在钢绞线两端打散后在端头约 12cm 长度范围内切掉外圈 6 丝，保留中心丝，然后将钢绞线复原。用镦头器将两端的中心丝镦成半圆形镦头，以供挂索牵引用。

(5) 运输

在下料完成后，将钢绞线逐根卷回索盘，经运输后并吊至桥面便于挂索的位置。运输过程中仍要注意保护 HDPE 免遭损坏。

2. HDPE 管焊接

HDPE 段管的连接采用发热式工具对焊方式。其焊接工艺流程见图 11-39。

HDPE 管焊接前，将管材放置于夹紧装置内并将之夹紧，在压力作用下用平行机动旋刀削平两个管材的被焊端面，以保证这两个端面的焊接质量。HDPE 管焊接时，根据管材规格，其焊接条件见表 11-10。

HDPE 管焊接时，根据管材规格，其焊接条件　　表 11-10

规格	预热温度(℃)	卷边高度 $H=1.0$mm 时的预热压力(MPa)	预热完成后加热时间(s)	允许最大切换时间(s)	焊接压力(MPa)	冷却时间(min)	备注
$\phi 180\times 8$	210 ± 10	1.1	69	4	1.1	10	

在焊接过程中，特别注意的是无论如何焊接压力都必须保持至焊缝完全冷却硬化后才能撤去。

3. 施工平台

(1) 塔外平台：由于塔柱采用万能杆件拼装辅助施工，故塔外工作平台可利用万能杆件拼装件上搭设施工平台。

(2) 梁下平台：由于梁段采用悬臂现浇法施工，梁体内张拉、调索时不需要悬挂平台，只要求在梁顶板上预留吊点孔即可安装锚具、撑脚、千斤顶等工作。

4. 锚固端锚具安装

梁下锚固端锚具安装前应检查锚孔，使之保持清洁无污。由于锚具分别由多个零部件组成,出厂前已作调整,运到工地后不得随意拧动密封装置及定位螺栓。

锚具安装就位时要求:

(1)安装前锚具的锚孔均应事先编上对应孔号,注意注油孔在下,排气孔在上。

(2)中、边跨锚具组装件的锚板上明显成排的中排孔的中心线必须严格保持在同一垂直平面内。

(3)锚板的中心线与承压板(锚垫板)的中心线应力求保持一致,两者偏差不得超过 5mm。

(4)中、边孔锚板的相应锚孔也必须相互对齐,以确保各绞线的平行性。

5. 调整护管

在距梁下预埋管口约 20cm 的预埋管内壁位置上,均布焊上 3 个挡块,并将调整护管放进预埋管内的挡块上。

6. HDPE 套管吊装

套管安装前,应先将套管按给定的长度把两端锯好并刨平,然后将之运至中央分隔带旁。

安装时,在套管内穿上一根临时辅助索和再朝塔柱一端的套管端头附近一定位置上装上专用管夹,然后用 10kN 卷扬机将套管一端吊至塔上管口附近,即可预紧临时辅助索。预紧后,套管就固定地落在辅助索上。

7. 张拉支座安装

将张拉支座吊装到锚固端锚具端部,然后按支座下的定位板孔对准部位再用螺杆将张拉支座与锚板连接稳固。

8. 挂索顺序

由于该拉索绞线在塔上内管是相互紧密叠加排列的,因此该拉索的挂索顺序只能由下排到上排单根挂索张拉。临时辅助在挂第一根绞线后拆去,上端用绳子拉索于预定位置。

三、斜拉索挂设及张拉

1. 斜拉索挂设

斜拉索挂设工艺流程见图 11-40。

挂索前,梁下锚具的锚孔内穿上 $\phi 5$ 的牵引钢丝,随后用该牵引钢丝牵引出带穿束器的牵引钢丝绳至桥面管口。

桥面上作业人员将绞线一端与牵引钢丝绳连接,连接牢固后,将该端绞线向锚具内推送,直至该端绞线穿出锚孔达到规定工作长度,拆出牵引钢丝绳,装上临时工作夹片,用专用打紧器打紧锚固。

一端穿束结束后,桥面工作人员随即将另一端与从 HDPE 套管和索鞍内穿下来的牵引钢丝绳相连接。确认牢固后,开动卷扬机直到将该端绞线索引并穿出另一端锚孔达到规定工作长度,拆出牵引钢丝绳,装上工作夹片,用专用打紧器打紧锚固,单根挂索完毕。

在单根挂索时,应注意钢绞线的 HDPE 护套的保护和打

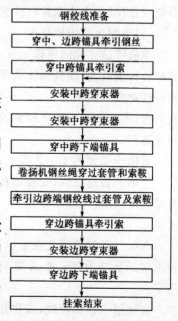

图 11-40 挂索工艺流程

绞现象发生,同时还要注意索鞍内钢绞线的叠加排列位置。钢束挂设过程见图11-41。

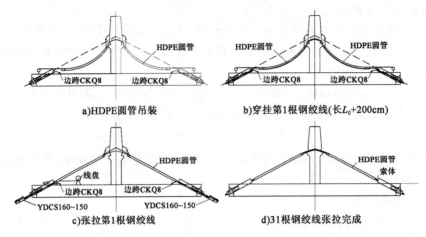

图 11-41 挂索过程示意

2. 斜拉索张拉技术

一般意义上的部分斜拉桥斜拉索由多根平行钢绞线组成,安装时逐根挂设、逐根张拉,为保证斜拉索钢绞线不打绞(尤其是对于内外管索鞍),一般先挂设、张拉最下面的钢绞线。由于同一束内多根钢绞线分次张拉,后张拉的钢绞线会对先期张拉的钢绞线内力产生影响。因此,在部分斜拉桥斜拉索单根张拉时,需要对其张拉力进行控制,以保证每根钢绞线内力值基本一致。国内几个部分斜拉桥斜拉索索力控制要求如下:同一束内各根钢绞线内力离散偏差控制在理论值±3%以内;一对斜拉索索力的偏差不大于整索索力理论值的±1%;斜拉索整索索力误差不大于理论索力的±2%;为保证斜拉索内力符合以上要求,一般采用"先单根等值张拉,后整束张拉"的方法张拉斜拉索。

(1) 单根等值张拉技术

单根等值张拉的原理如下:先张拉一根钢绞线到一定索力后,安装锚下传感器。然后张拉其他各根钢绞线,使其张拉值等于第一根钢绞线的传感器显示的索力值,这样就可以避免张拉和温度对变形的影响。为保证整束斜拉索中各根钢绞线索力的均匀性,应尽量提高单根钢绞线的张拉初应力,减少各根钢绞线间的相对误差。单根钢绞线的张拉顺序应采用自下而上的顺序进行。

具体步骤如图 11-42 所示。

穿第一根钢绞线,安装单孔测力传感器,连接读数仪 A,数字置零,在传感器后安装单孔工具锚组件,按设计要求张拉第一根钢绞线,记录数字显示器 A 数值,操作步骤如图 11-42a)所示。

在第二根钢绞线上安装单孔测力传感器,连接读数仪 B,将 B 数字置零,张拉第二根钢束,使 B 显示数字为显示器 A 显示数字+夹片内缩导致应力损失,锚固,操作步骤如图 11-42b)所示。

安装第三根钢绞线,张拉并使此束显示器 B 显示数字为显示器 A 显示力值+夹片内缩导致的应力损失值,锚固,操作步骤如图 11-42c)所示。

按对称、交错顺序重复,直至最后一根,记录最后一根钢束的显示器读数 B;拆除第一根钢束上工具锚,安装工作锚、工作夹片,张拉第一根钢束至读数仪 B 显示值与张拉最后一根钢绞线时的记录读数 A 一致,锚固,操作步骤如图 11-42d)所示。

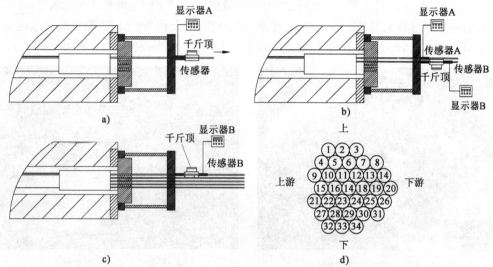

图 11-42 等值张拉过程示意

单根拉索张拉见图 11-43,整根拉索张拉见图 11-44。

图 11-43 单根钢绞线张拉

图 11-44 斜拉索整体张拉

（2）整束斜拉索索力测定

整束斜拉索索力的测定采用千斤顶油表和频谱仪双控。斜拉索张拉时,不单通过油表的读数确定斜拉索的控制应力,还要通过频谱仪检测斜拉索的应力状态,实现千斤顶油表和频谱仪双控。频谱仪分析法检测的方法如下:将高度灵敏的传感器牢固地绑扎在斜拉索上,通过斜拉索的自然振动,通过放大器传到采集箱,将振动信号滤波、放大和频谱分析,确定斜拉索的自振频率,根据自振频率与斜拉索应力关系,确定斜拉索应力,测试过程见图11-45,索力仪见图11-46。

图11-45　斜拉索索力测试

图11-46　索力仪数据采集仪

假定索的两端为铰接,索力和其频率间的关系有:

$$T = \frac{4WL^2}{n^2 g} f_n^2 \tag{11-4}$$

式中：T——索力；

W——单位索长的重量；

g——重力加速度；

f_n——索的第 n 阶自振频率；

L——索的计算长度；

n——振动阶数。

第六节　无背索斜拉桥

一、无背索斜拉桥结构特点

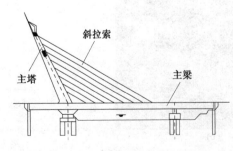
图11-47　典型无背索斜拉桥结构形式

无背索斜拉桥是指只在主跨一侧设置斜拉索,在背离主跨一侧不设置斜拉索,即只在主跨一侧设置斜拉索,典型无背索斜拉桥结构形式见图11-47。

无背索斜拉桥结构形式和受力特点和一般斜拉桥有本质区别,其结构和受力特点如下：

（1）无背索斜拉桥是通过塔身向边跨倾斜一定角度所产生的自重弯矩来平衡主梁的恒载及部分活载,

塔、梁在活载作用下的受力与塔梁刚度相关,一般情况下,索塔的刚度会比主梁大很多,形成弱梁强塔结构。

(2)无背索斜拉桥斜拉索常采用竖琴形或扇形,采用扇形索面的无背索斜拉桥在外观和受力上大体相当,辐射形索面明显对无背索的索塔带来太大的塔身弯矩,目前在无背索斜拉桥中没有应用的实例。

(3)无背索斜拉桥一般采用塔、梁、墩固结体系,只有在跨径较小的无背索斜拉桥中采用塔梁固结、塔墩分离的形式。其孔跨布置可以为单跨式,也可以是多跨式。

(4)索塔倾角在40°~60°的范围内时,可以得到较低的拉索和桥塔造价,并且在这一范围桥塔倾角的变化并不会引起拉索和桥塔造价的显著变化。

(5)无背索斜拉桥主梁常用的三种类型有:钢梁、混凝土梁和钢—混凝土组合梁,钢梁最轻,对应塔身体积最小,桥塔造价最低,但钢主梁自身在造价上最昂贵,混凝土梁和钢梁相反,钢—混凝土组合梁的相关指标居中。

鉴于以上索塔的受力特点,大跨度无背索斜拉桥的索塔多采用钢箱受力结构,内部则填充平衡梁重所需的混凝土,也有索塔采用混凝土塔身来提供平衡重,并通过施加竖向预应力来增强其抗弯能力。

由于无背索斜拉桥独特的外观、与众不同的造型,近年在国内外得到迅速发展,国内外主跨超过100m的无背索斜拉桥见表11-11。

国内外主跨100m以上无背索斜拉桥　　表11-11

桥名	主跨(m)	桥宽(m)	索塔形式	索塔倾角	主梁形式	主梁高度(m)	拉索形式	拉索倾角	桥址	建成时间(年)
洪山大桥	206	33.2	C,独柱	58°	CC	4.4	竖琴	25°	长沙	2004
Alamillo桥	200	32	S(F),独柱	58°	CC	4.4	竖琴	24°	西班牙	1992
KumDang桥	160	30	S(F),独柱	60°	SB	—	竖琴	22.5°	韩国	2002
太阳桥	140	15.5	S(F),倒Y形	60°	SB	2.4	扇形	41°~22°	哈尔滨	2000
孝南互通匝道桥	140	16	C,双柱	70°	SB	2.5	竖琴	25°	孝感	2005
Marainsky桥	123.3	26.1	S,A形	57°	SC	3	扇形	36°~19°	捷克	1998
白鹭大桥	120	29	S(F),独柱	58°	CC	2.7	竖琴	25°	景德镇	2011
石湖大桥	100	37	S(F),双柱	58°	LS	2.4	类竖琴	26°~29°	苏州	2003
常州京杭运河常金大桥	120	37.5	S(F),双柱	57°	SB	2.2	竖琴	26°	常州	2008
苏州市宝带西路桥	100	37	S(F)		SB		竖琴		苏州	

注:1.索塔形式中 C:混凝土塔;S:钢塔;S(F):钢塔(混凝土填芯)。
　　2.主梁形式中 CC:钢—混凝土组合脊骨梁;SB:钢箱梁;SC:钢脊骨梁;LS:双纵梁的格构钢梁。

二、无背索斜拉桥施工

由于无背索斜拉桥塔身倾斜,斜塔自身不能维持平衡,因此无背索斜拉桥的施工不能像常规斜拉桥那样采用"先塔后梁、梁体悬拼(浇)"的方法,而需要保证在施工过程中塔梁的平衡,因而一般采用"先梁后塔"的工序,表11-12列出了部分无背索斜拉桥的施工概况,从表中可以看出，钢主梁及索塔钢箱采用工厂制作，现场分段拼装的工艺占多数，也有的主梁钢结构部分采用顶推法施工。

主跨100m以上无背索斜拉桥施工概况　　　　　　　　表11-12

桥　　名	主梁施工方法	索塔施工方法
洪山大桥	顶推法	塔梁连接处吊装，拉索区爬模工艺浇筑
Alamillo桥	排架支撑上分段拼装	分段吊装
KumDang桥	顶推法	分段吊装
太阳桥	排架支撑上分段拼装	塔身分离部转体形成，拉索区分段吊装
孝南互通匝道桥	移动支架上分段拼装	爬模工艺浇筑
Marainsky桥	临时墩支撑，浮吊分段拼装	分段吊装
白鹭大桥	双向顶推	转体施工
石湖大桥	架梁吊机分段拼装	分段吊装
常州京杭运河常金大桥		分段吊装
长春轻轨伊通河桥	满堂支架现浇	分段浇筑

无背索斜拉桥中主梁的安装、架设施工和其他类型桥梁采用的顶推法、分段吊装等基本相同，主要区别在于斜塔的施工。对于钢结构主塔，其施工工序为：塔节段安装定位→塔节段环缝焊接→斜拉索张拉→混凝土浇筑。对于混凝土结构主塔，无索区施工工序为：劲性骨架安装→钢筋接长绑扎→模板提升、安装→混凝土浇筑→混凝土养护；有索区施工工序为：劲性骨架安装→钢筋接长绑扎→预埋件安装→模板提升、安装→上一节段斜拉索挂索张拉→混凝土浇筑→混凝土养护。

无论是钢结构还是混凝土结构主塔，塔的安装及斜拉索的挂设交叉进行，相互影响，在施工过程中应对主塔施工过程进行仿真分析，对主塔进行预拱度设置，以确保主塔施工完成后其线形符合设计要求。图11-48为宝鸡代家湾单塔无背索斜拉桥主塔预拱度设置情况。在主塔施工过程中，需要对主塔安装定位进行测控及在施工过程中对主塔变形进行观测，实践表明：在控制点粘贴反光片，利用索佳2130R全站仪进行观测完全满足施工精度要求。

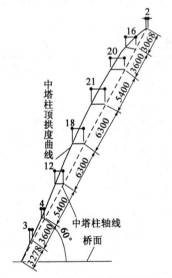

图11-48　宝鸡代家湾无背索斜拉桥主塔预拱度设置（尺寸单位：mm）

第十二章 钢桥施工

第一节 概 述

近年来,我国钢桥得到迅速发展,已建成包括芜湖长江大桥、上海卢浦大桥、润扬长江大桥、苏通长江大桥、香港昂船洲大桥、上海闵浦大桥、武汉天兴州大桥等为代表的钢桥,并在连续梁、拱桥、斜拉桥、悬索桥等桥式中均有应用。钢桥的主梁截面形式主要包括全焊钢箱梁、钢桁梁、钢箱组合梁、钢管桁架组合梁,从基本构件结构外形和构造,可将钢桥划分为杆系、板系和管系结构。

钢桥由杆件、板单元等零件组成运输单元,在工地拼接成安装段,然后可采用缆索吊装、顶推、拖拉、支架上拼装等进行主梁的安装架设。钢桥节段及杆件一般在工厂内制造,并多以焊缝连接,在工地将节段拼接在一起可采用焊接、高强螺栓连接或铆接三类。从目前国内应用情况看,铆接基本不采用,本章所介绍内容不包括铆接连接。

钢桥施工的一般流程为:零件制造、组拼、焊接,杆件矫正,高强螺栓连接副及摩擦面处理、试拼装,表面清理和厂内涂装,验收,包装,存放及运输,工地安装,现场防腐处理等。本章主要介绍钢桥零件制造、焊接,杆件矫正,高强螺栓连接副及摩擦面处理、试拼装,钢结构防腐等内容,主梁安装可参考其他章节已介绍的缆索吊装、支架拼装等方法和原理。

第二节 焊接工艺试验及评定

焊接是钢桥施工必经的环节,其质量直接影响钢桥上部结构的质量及使用安全。焊接工艺试验及评定是根据拟采用的钢材牌号、焊接材料、焊接方法及工艺等,进行各种焊缝的焊接,并对焊接构件进行力学试验,以评定焊接工艺的合理性,为正式焊接工艺确定提供技术依据。焊接工艺评定试验及评定是钢桥施工中非常重要的环节之一。

一、焊接工艺试验及评定条件

按《公路桥涵施工技术规范》(JTG/T 3650—2020)要求,有下列情况之一的,在正式焊接前,应进行焊接工艺试验及工艺评定。

(1)首次使用的钢材和焊接材料。
(2)钢材牌号或质量等级改变。
(3)焊接材料改变。
(4)焊接方法或焊接位置改变。
(5)衬垫材质改变。

(6)焊接电流、焊接电压或焊接速度改变±10%以上,或焊接线能量增大10%以上。

(7)坡口形状和尺寸改变(坡口角度减少100以上,钝边增大2mm以上,无衬垫的根部间隙变化2mm以上,有衬垫的根部间隙变化超过-2mm或+6mm时)。

(8)预热温度低于规定下限温度20℃。

(9)电流种类及极性改变或电弧金属过渡方式改变。

(10)加入或取消填充金属。

(11)母材焊接部位涂车间防锈漆。

二、试板尺寸选择

用于焊接试验的试板宜选用碳当量偏标准上限的母材;对接接头试板、全溶透或部分溶透的角接接头和T形接头试板应根据设计图选择有代表性的板厚 t 进行评定,经核准后其评定对满足 $0.75t_1 \leqslant t \leqslant 1.5t_1$ 条件的产品厚度有效(t 为试板厚度,t_1 为产品厚度),但产品的接头形式、坡口形状及钝边尺寸应与试板相一致。

角焊缝试板可按每一焊脚尺寸选定一种板厚组合进行评定试验,经核准后其评定对同一焊脚尺寸的各种板厚均有效;试板长度应根据样坯尺寸、数量(含附加试样数量)等因素综合考虑,自动焊不得小于600mm,手工焊、CO_2 气体(混合气体)保护焊不得小于400mm。

三、焊接工艺试验检验内容及评定

1. 焊缝外观检验

焊接完毕且待焊缝冷却至室温后,对焊缝进行外观检查,要求焊缝不应有裂缝、未熔合、夹渣、未填满弧坑、漏焊以及超过表12-1规定的缺陷。

焊缝外观质量标准　　　　　　　表12-1

项目	简　图	质量标准(mm)	
气孔		横向对接焊缝	不允许
		纵向对接焊缝、主要角焊缝	直径小于1.0	每米不多于3个,间距不小于20cm,但焊缝端部10mm之内不允许
		其他焊缝	直径小于1.5	
咬边		受拉杆件横向对接焊缝、桥面板与U形肋角焊缝及竖向加劲肋角焊缝(腹板侧受拉区)	不允许
		受压杆件横向对接焊缝及竖向加劲肋角焊缝(腹板侧受压区)	$\Delta \leqslant 0.3$
		纵向对接及主要角焊缝	$\Delta \leqslant 0.5$
		其他焊缝	$\Delta \leqslant 1.0$
焊脚尺寸		主要角焊缝	$K_0^{+2.0}$
		其他焊缝	$K_{-1.0}^{+2.0*}$

续上表

项目	简图	质量标准(mm)	
焊波		角焊缝	任意25mm范围内高低差 $\Delta \leqslant 2.0$
余高		不铲除余高的对接焊缝	焊缝宽 $b>20$mm 时, $\Delta \leqslant 3.0$
			焊缝宽 $b \leqslant 20$mm 时, $\Delta \leqslant 2.0$
余高铲磨后表面		横向对接焊缝	不高于母材0.5
			不低于母材0.3
			粗糙度 $50\mu m$

注:手工角焊缝全长10%区段内允许 $K_{-1.0}^{+3.0}$。

2. 焊缝无损检验

焊缝外观检验合格后,应对试板沿焊缝全长进行超声波探伤,超声在焊接24h后进行,质量等级、检验方法、检验部位按《公路桥涵施工技术规范》(JTG/T 3650—2020)相关规定执行。

3. 力学性能试验

(1)焊缝力学性能试验试件、检验项目

焊缝力学性能试验试样应按照现行国家标准 GB/T 2650～2654 的规定执行,样坯截取位置应根据焊缝外形及探伤结果,在试件的有效利用长度内做适当分布,试样加工前允许对样坯进行冷矫正。

T形接头和角接接头熔透焊缝冲击试样按以下规定取样:当未开坡口侧板厚 $t \geqslant 30$mm 时,按图12-1、图12-2进行。

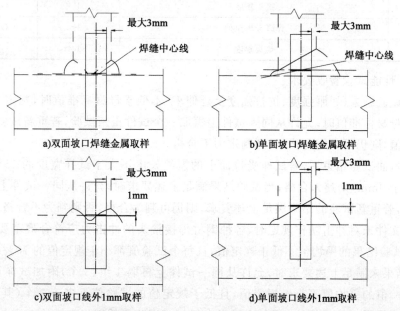

图12-1 T形接头熔透焊缝的冲击试样取样

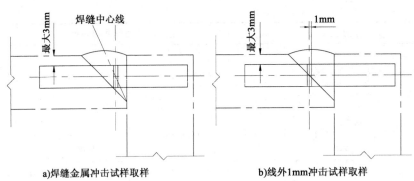

a) 焊缝金属冲击试样取样　　　　　　b) 线外1mm冲击试样取样

图 12-2　角接接头熔透焊缝的冲击试样取样

焊缝力学性能试验项目、数量及试验方法按表12-2执行。

焊缝力学性能试验项目、试样数量及方法　　　　表12-2

试样形式	试验项目		试样数量(个)	试验方法
对接接头试件	接头拉伸(拉板)		1	GB/T 2651
	焊缝金属拉伸		1	GB/T 2652
	接头弯曲		1	GB/T 2653
	低温冲击	焊缝金属	3	GB/T 2650
		熔合线外1.0mm或0.5mm	3	
	接头硬度		1	GB/T 2654
T形接头和角接接头熔透角焊缝接头	焊缝金属拉伸		1	GB/T 2652
	低温冲击	焊缝金属	3	GB/T 2650
		熔合线外1.0mm或0.5mm	3	
	接头硬度		1	GB/T 2654
T形接头角焊缝试件	焊缝金属拉伸		1	GB/T 2652
	接头硬度		1	GB/T 2654

(2) 力学性能试验验收要求

① 拉伸试验结果(屈服强度、抗拉强度及延伸率)不低于母材标准值时,判定为合格;当试验结果低于母材标准值时,允许从同一试件上再取一个试件重新试验,若重新试验的结果不低于母材标准值,则仍可判定合格,否则判定为不合格。

② 接头弯曲试验结束后,若试样受拉面上的裂纹长度不大于试样宽度的15%,且单个裂纹长度不大于3mm,则判为合格;当试验结果满足上述要求时,允许从同一试件上再取一个试样重新试验,若重新试验的结果满足上述要求,则仍可判为合格,否则判为不合格。

③ 设计文件未对冲击功作规定时,各种钢材焊接接头的冲击力应符合规范要求。若一组(3个)冲击试验结果的平均值不低于规定值,且每个试验值都小于规定值的70%时,判定为合格;当试验结果未满足上述要求时,允许从同一试件上再取1组(3个)附加试样重新试验,若总计6个试验值的平均值不小于规定值,且低于规定值的试验值不多于3个(其中,不得有2个以上的试验值低于规定值的70%,也不得有任何一试验值低于规定值的50%),则仍可判定

为合格,否则判为不合格。

④在宏观断面上做焊接接头的硬度试验并记录结果,要求 HV≤380。

⑤力学性能试验结束后,当发现试样断口上有超差的缺陷时,应查明产生该缺陷的原因并判断试验结果是否有效。

每一评定应做一次宏观断面酸蚀试验,试验方法应符合现行国家标准《钢的低倍组织及缺陷酸蚀检验方法》(GB/T 226—2015)的规定,焊缝成型系数应为1.3～2.0。

不同材质焊接接头的拉伸、冲击、弯曲等力学性能应按性能要求较低的材质进行评定。

4. 焊接工艺评定报告

焊接工艺评定报告应包含以下内容:

(1)母材和焊接材料的牌号、规格、化学成分和力学性能等。

(2)试板图。

(3)试件的焊接条件、施焊日期、工艺参数。

(4)焊缝外观和无损检测结果。

(5)力学性能试验及宏观断面酸蚀试验结果。

(6)结论及评定人员签字。

第三节 钢桥制造工艺

一、放样

放样包括作样和号料两个主要工序。

1. 作样

作样即制作样板或样条。样板(样条)是采用薄铁皮制成,外形、尺寸和需要加工的杆件完全相同的板,其上应标识零件的切割线及栓孔位置,作样应根据加工图和工艺文件进行,应预留制作和安装时的焊接收缩余量及切割、刨边和铣平等加工余量。

样板(样条)是加工钢结构零件的标尺,要求其应具有较高的精度。

样板(样条)上要注明产品名称、杆件编号、钢号、规格、数量、栓孔位置等。

2. 号料

号料是利用样板(样条),在钢料上将钢结构零件的切割线画出的过程。号料时应根据加工图和工艺文件进行,并预留制作和安装时的焊接收缩余量及切割、刨边和铣平等加工余量。

号料应严格按配料单指定的钢料材质、规格进行,当钢料不平直或有锈蚀、油漆等污物时,应矫正清理后再号料,号料外形尺寸的允许偏差应为±1mm。主要杆件下料时,应保证主要应力方向与钢板轧制方向一致。

二、钢板下料

钢板下料也称为切割,是将号料完成的钢材沿切割线将钢板加工成钢材零件。目前钢板下料的切割方法有焰切、剪切、联合剪冲和锯切。

剪切下料是利用剪切机,将钢板切断,常用于切割厚度较小的钢板,为次要零件或下料后需要机加工的板材边缘。目前对16Mn钢板,可剪切厚度20mm以下钢板。芜湖长江大桥采用的钢材为14MnNbq,板厚10mm以下的矩形板采用了剪切下料。

焰切又称气割下料,是利用乙炔和氧气的混合气体的火焰切割下料,设备成本低、操作方便,可切割的钢板厚度大。对于剪切下料不能进行的厚钢板,或者形状特殊的板材,多采用气割下料。

芜湖长江大桥对不具备剪切条件的板材,按以下规定采用气割下料:

(1)所有板材或杆件的外露边缘,均采用精切下料。主要零部件的自由边缘焰切面双侧到棱,到棱半径 $1.0mm \leqslant R \leqslant 2.0mm$,以消除凸凹不平,并沿纵向过渡匀顺,对节点板圆弧部位修磨匀顺。

(2)形状不规则件及较小件,如整体节点杆件上的节点板、拼接板、填板、鱼形板等均采用数控切割。

(3)各类杆件的盖腹板等矩形板均采用门切机切割。

(4)工艺特定的部位,如整体节点杆件盖板的手孔及箱形、H形腹杆腹板上的手孔等部位,均采用手工切割,切割后对切割面进行认真修磨。

《公路桥涵施工技术规范》(JTG/T 3650—2020)中对切割和剪切进行如下规定:

(1)钢板在下料前应进行辊平、抛丸除锈、除尘及涂防锈底漆等处理,主要受力零件下料时,应使钢板的轧制方向与其主要受力方向一致。当钢板的纵横向力学性能相近,并满足设计要求时,可不受此限制。

(2)切割前应将料面的浮锈、污物清除干净;钢料应放平、垫稳,割缝下面应留有空隙;切割工艺应根据其评定试验结果编制,切割表面不应产生裂纹。

(3)零件宜采用精密(数控、自动、半自动)切割下料。在数控切割下料编程时除应考虑焊接收缩量外,尚应考虑切割热变形的影响,剪切仅适用于次要零件或剪切后仍需加工的零件;手工气切割仅适用于工艺特定的或气割后仍需加工的零件。

(4)采用切割工艺时,钢板厚度不宜大于12mm,剪切边缘应平整,无毛刺、反口、缺肉等,剪切的尺寸允许偏差应为±2mm,边缘缺棱应不大于1mm,型钢端部垂直度应不大于2mm。采用手工气割时,其尺寸的允许偏差应为±2mm。

(5)精密切割表面硬度应不超过HV350,切割面垂直度应不大于0.05倍板厚,且不大于2.0mm;主要零件的切割边缘表面不应有崩坑,表面粗糙度 R_a 应不大于25μm。

三、钢料矫正

钢板在轧制、储运、切割过程中,可能导致钢材变形,为保证后续制孔等工序的精度,在转下道工序前,需要对钢板进行矫正,这个工序称为钢材变形的矫正。矫正钢板变形的方法很多,在常温下进行的称为冷矫正,冷矫正包括机械矫正和手工矫正。如果将钢材加热到一定温度,然后对其进行矫正,则称为加热矫正,根据加热状况,又分为全加热矫正和局部加热矫正。

按《公路桥涵施工技术规范》(JTG/T 3650—2020)要求,零件矫正前,剪切的反口应修平,切割的挂渣应铲净;零件矫正宜采用冷矫,冷矫时环境温度不宜低于-12℃,矫正后的零件表面不应有明显的凹痕或损伤;采用热矫时,温度应控制在600~800℃,矫正后零件温度应缓慢冷却,降至室温以前,不得锤击钢料或用水降温。主要受力零件冷作弯曲时,环境温度不宜低于-5℃,内侧弯曲半径不得小于板厚的15倍,小于者应热煨,热煨的加温温度、高温停留时间、冷却速率应与所加工钢材的性能相适应。冷作弯曲后的零件边缘不得产生裂纹。

板件矫正平面度在每米范围内应小于或等于1mm,U形肋可采用辊轧或弯曲成型。

零件机加工应符合以下规定:零件边缘的加工深度应不小于3mm,当边缘硬度不超过HV350时,加工深度不受此限;加工面的表面粗糙度R_a不得大于$25\mu m$;顶紧加工面与板面垂直度偏差应不小于0.01倍板厚,且不得大于0.3mm。零件应根据预留加工量及平面垂直度要求,两边均匀加工,并应磨去边缘的飞刺、挂渣,使端面光滑匀顺。

四、制孔

对于有高强螺栓连接的钢结构,在零件矫正完成后,应在零件上钻出穿过高强螺栓的孔。目前主要构件的螺栓孔均采用机器样板钻空。机器样板是钻孔用的样板,由母体和钻孔套组成,见图12-3。

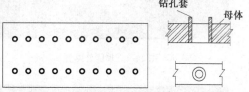

图12-3 覆盖式机器样板及钻孔套结构示意

样板母体一般由厚度12~15mm的钢板加工而成,其上有孔,钻孔套按设计位置嵌固在母体孔内。钻孔时,将机器样板覆盖在料件上,样板和料件对齐后,用卡具卡紧,钻头通过样板上的钻孔套钻孔,钻孔套较母体略高,起到钻头导向作用,从而保证准确制孔。钻孔套是经过渗碳淬火处理的旋制钢构件,硬度比钻头大2~3洛式硬度,可保证在钻孔过程中钻孔套不被损坏。

按《公路桥涵施工技术规范》(JTG/T 3650—2020)要求,螺栓孔钻制成正圆柱形,孔壁表面粗糙度R_a不应大于$25\mu m$,孔缘应无损伤和不平,且无刺屑,螺栓孔不得采用冲孔、气割孔。螺栓孔孔径、孔距偏差应符合规范要求。

五、组装

组装是将切割成型的料件或零件拼装焊接在一起,形成基本构件,或将基本构件焊接为整体。

对采用埋弧焊、CO_2气体保护焊及低氢型焊条手工焊等方法焊接的接头,在组装前应将待焊区域的铁锈、氧化皮、污垢、水分等有害物清除干净,使其露出金属光泽,清除范围参见相应规范要求。组装必须在胎架上进行,每次组装前均应对胎架进行检查,确认合格后再组装,组装时应将相邻焊缝错开,错开最小距离也应符合规范要求。

采用先孔法的杆件,组装时必须以孔定位,采用胎型组装时,每一孔群应打入的定位冲钉不得少于2个,冲钉直径不小于设计孔径0.1mm。

大型钢箱梁的梁段应在胎架上组装,胎架应具有足够的刚度和几何精度,且在横向应预设上拱度,组装前应按工艺文件要求检测胎架的几何尺寸。在组装过程中监控测量应避开日照的影响。

六、焊接

焊接是钢结构施工过程中非常重要的环节之一,如果焊接质量出现问题或者焊缝边缘存在毛边、不圆顺等缺陷,会给结构承载能力留下极大隐患。笔者曾进行过钢结构足尺节点的低周往复试验,绝大部分节点都是由于节点处焊缝存在缺陷,造成钢结构节点的脆性断裂。图 12-4～图 12-9 为该试验各节点焊缝不同破坏形式。

图 12-4　焊缝处撕裂

图 12-5　加劲板处不圆顺造成的撕裂

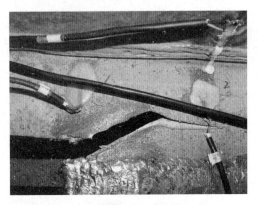

图 12-6　焊缝端部缺陷造成钢板撕裂

图 12-7　焊缝和钢板间撕裂

图 12-8　加劲板端部磨修缺陷造成钢板断裂

图 12-9　开孔边不圆顺造成钢板撕裂

试验过程中发现由于焊缝缺陷造成的破坏均是脆性的,因此在施工过程中,应特别重视焊接工艺的控制及质量的检查,确保焊缝质量。对于承受疲劳荷载的桥梁结构,焊接质量的控制更加重要。

1. 焊接工艺的编制及焊接一般要求

(1)在工厂或工地首次焊接工作前,或材料、工艺有变化时,必须按本章第二节内容进行焊接工艺评定试验,对于大型钢结构工程,需要在焊接工艺评定试验基础上,编制焊接工艺规则或焊接工艺细则,包含一般要求、焊接材料、工艺附图(杆件形状、焊缝尺寸、坡口、板厚等)、预热和道间温度、定位焊、焊接规范、辅助措施、防变形措施、焊缝修磨和返修焊等。

(2)焊接过程中应严格遵循焊接工艺规则或细则,不得随意改变焊接参数,焊接材料应根据焊接工艺评定确定,焊剂、焊条应按产品说明书烘干使用。对储存期较长的焊接材料,使用前应重新按标准检验,CO_2 气体保护焊的气体纯度应大于 99.5%。

(3)焊接工作宜在室内或防风、防晒设施内进行,焊接环境的相对湿度应小于 80%;焊接环境的温度,对低合金高强度结构钢不应低于 5℃,普通碳素结构钢不应低于 0℃,主要杆件应在组装后 24h 内焊接。

(4)施焊前应清除焊接区有害物,施焊时母材的非焊接部位严禁焊接引弧,焊接后应及时清除熔渣及飞溅物。多层焊接时宜连续施焊,且应控制层间温度,每一层焊缝焊完后,应及时清理检查,应在清除药皮、熔渣、溢流和其他缺陷后,再焊下一层。

(5)焊前预热温度应通过焊接性试验和焊接工艺评定确定;预热范围宜为寒风每侧 100mm 以上,且宜在距离寒风 30～50mm 范围内测温。

2. 焊接工艺的实施

焊接是钢结构工程施工中非常重要的环节,将直接影响结构的使用性能和承载能力。焊接工艺的实施必须按照已制定的焊接工艺细则或规则进行。

以下是《公路桥涵施工技术规范》(JTG/T 3650—2020)对焊接工艺的要求:

(1)定位焊

①所采用焊接材料的型号应与焊件材质相匹配,施焊前应按照施工图及工艺文件检查坡口尺寸、根部间隙等,如不符合要求应处理改正。定位焊焊缝应距设计焊缝端部 30mm 以上,焊缝长应为 50～100mm,间距应为 400～600mm,焊缝的焊脚尺寸不得大于设计焊脚尺寸的 1/2,焊缝不得有裂纹、气孔、夹渣、焊瘤等缺陷,否则应处理改正,如有焊缝开裂应查明原因,清除后再焊。

②埋弧自动焊应在距设计焊缝端部 80mm 以外的引板上起、熄弧,焊接中不应断弧,如有断弧应将停弧处刨成 1:5 斜坡,并搭接 50mm 再引弧施焊,焊后搭接处应修磨圆顺。

(2)圆柱头焊钉的焊接技术要求

①圆柱头焊钉焊接的工艺参数应通过焊接工艺评定确定,并应采取确定的工艺参数在试板上焊接 10 个圆柱头焊钉,其中 5 个做拉伸试验,5 个做弯曲试验,全部试验结果应符合现行国家标准《电弧螺柱焊用圆柱头焊钉》(GB/T 10433—2002)的规定。

②焊接前应清除圆柱头焊钉头部及钢板待焊部位(大于 2 倍圆柱头焊钉直径)的铁锈、氧化皮、油污、水分等有害物,使钢板表面显露出金属光泽。受潮的瓷环在使用前应在 150℃烘

箱中烘干 2h。

③每台班开始焊接圆柱头焊钉前或更换焊接条件时,应按规定的焊接工艺在试板上试焊两个圆柱头焊钉,焊后应按本节标题七"焊接检验"的规定进行检验,合格后方可在梁段上正式焊接。

④圆柱头焊钉应平位施焊,少量立位及其他位置的焊钉可采用手工焊接;施焊前焊工应检查所用设备、工具,保证能正常工作时方可施焊。

(3)焊缝磨修和返修焊时的技术规定

①焊件上的引板、产品试板或临时连接件应采用气割切除,并磨平切口,且不应损伤母材。焊脚尺寸、焊波或余高等超出规范规定上限值的焊缝及不超差的咬边应修磨匀顺,所有表面的修磨均应沿主要受力方向进行,使磨痕平行于主要受力方向。

②焊缝咬边超差或焊脚尺寸不足时,可采用手工电弧焊或 CO_2 气体保护焊进行返修焊。采用自动焊返修焊缝时,应将清除焊缝部位的两端刨成 1∶5 的斜坡后再进行焊接。返修焊缝应按原焊缝质量要求检验,同一部位的返修焊不宜超过两次。

③焊接缺陷宜采用碳弧气刨清除,在清除缺陷时应刨出利于返修的坡口,并采用砂轮磨掉坡口表面的氧化皮,露出金属光泽,焊接裂纹的清除范围除应包括裂纹全长外,尚应由裂纹端外延 50mm。

④缺焊焊缝长度超过周长的 1/4 或因其他顶点不合格的圆柱头焊钉应予更换重新焊接。施焊长度未超过周长的 1/4 时可采用小直径低氢焊条补焊,补焊时应预热 50～80℃,并应从缺焊焊缝端部 10mm 外引、熄弧,焊脚尺寸应不小于 6mm。

七、焊接检验

(1)焊接完毕后且待焊缝冷却至室温后,应对所有焊缝进行外观检查,焊缝不应有裂纹、未熔合、夹渣、未填满弧坑、漏焊以及超出表 12-1 规定的缺陷。

(2)焊缝经外观检查合格后方可进行无损检测,无损检测应在焊接 24h 后进行。箱形杆件棱角焊缝探伤的最小有效厚度为 $\sqrt{2t}$(t 为水平厚度,以 mm 计),当设计有熔深要求时应从其规定。焊缝无损检测的质量分级、检验方法、检验部位和等级应符合相应规范要求。

(3)进行局部超声波探伤的焊缝,当发现裂纹或较多其他缺陷时,应扩大该条焊缝探伤范围,必要时可延至全长,进行射线探伤或磁粉探伤的焊缝,当发现超标缺陷时应加倍检验。

(4)圆柱头焊钉焊接后应保证焊钉底角在 360°范围内焊缝饱满,焊缝无气孔、夹渣、裂缝等缺陷,咬边深度不应大于 0.5m,且最大长度应不大于 1 倍的焊钉直径。焊缝外观检验合格后应随机抽取各部位圆柱头焊钉总数的 1‰ 进行 30°弯曲检验,弯曲后圆柱焊钉的焊缝和热影响区不应有肉眼可见的裂纹,检验合格的圆柱头焊钉可保留其弯曲状态。

八、杆件矫正

零件在焊接形成杆件、构件过程中,由于焊缝及其附近钢料的收缩,会产生不同程度的各种焊接变形,如盖板蘑菇状变形、盖板和腹板不垂直、盖板不平、腹板弯曲、杆件扭曲及马刀形弯曲等,各种变形示意见图 12-10。

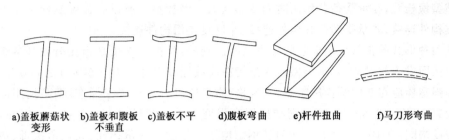

a) 盖板蘑菇状变形　b) 盖板和腹板不垂直　c) 盖板不平　d) 腹板弯曲　e) 杆件扭曲　f) 马刀形弯曲

图 12-10　杆件变形示意

为使杆件具有理想的外形尺寸,以保证结构具有足够的拼装精度,焊后杆件的焊接变形要进行矫正,矫正方式和零件矫正相同,也分为冷矫和热矫。按《公路桥涵施工技术规范》(JTG/T 3650—2020)要求,冷矫的环境温度不应低于5℃,矫正时应缓慢加力,冷矫的总变形量不应大于变形部位原始长度的2%。时效冲击值不满足要求的拉力杆件,不得冷矫。热矫时加热温度应控制在600~800℃,严禁过烧,且不宜在同一部位多次重复加热。矫正后的板单元、杆件和梁段表面不应有凹痕和其他损伤。

杆件矫正的允许偏差应符合规范要求。

九、高强度螺栓连接副与摩擦面处理

高强度螺栓在生产上全称为"高强度螺栓连接副"。在钢桥中经常采用高强度螺栓连接,摩擦面处理质量是高强螺栓副的关键。

高强度螺栓根据安装特点分为:大六角头螺栓和扭剪型螺栓。其中扭剪型只在10.9级中使用。高强度螺栓的性能等级分为:8.8级和10.9级。其中8.8级仅有大六角型高强度螺栓,在标示方法上,小数点前数字表示热处理后的抗拉强度;小数点后的数字表示屈强比即屈服强度实测值与极限抗拉强度实测值之比。8.8级的意思就是螺栓杆的抗拉强度不小于800MPa,屈强比为0.8;10.9级的意思就是螺栓杆的抗拉强度不小于1000MPa,屈强比为0.9。结构设计中高强度螺栓规格一般采用M16/M20/M22/M24/M27/M30,不过M22/M27为第二选择系列,正常情况下以选用M16/M20/M24/M30为主。

高强度螺栓在抗剪设计上根据设计要求分为高强度螺栓承压型和高强度螺栓摩擦型,摩擦型的承载能力取决于传力摩擦面的抗滑移系数和摩擦面数量,喷砂(丸)后生赤锈的摩擦系数最高。承压型的承载能力取决于螺栓抗剪能力和栓杆承压能力的最小值。在只有一个连接面的情况下,M16摩擦型抗剪承载力为21.6~45.0kN,而M16承压型抗剪承载力为39.2~48.6kN,性能要优于摩擦型。

在同时承受剪力和杆轴方向拉力时,摩擦型要求是螺栓承受的剪力与受剪承载力之比加上螺杆承受轴力与受拉承载力应力比之和小于1.0,承压型要求是螺栓承受的剪力与受剪承载力之比的平方加上螺杆承受轴力与受拉承载力应力比的平方之和小于1.0。也就是说在同种荷载组合情况下,相同直径的承压型高强度螺栓在设计上的安全储备要高于摩擦型高强度螺栓。

考虑到在强震反复作用下,连接摩擦面可能会失效,这时候的抗剪承载力还是要取决于螺栓抗剪能力和板件承压能力,因此抗震规范规定了高强度螺栓极限受剪的承载力计算公式。

尽管承压型在设计数值上占有优势,但由于其属于剪压破坏形式,螺栓孔为类似普通螺栓

的孔隙型螺栓孔,在承受荷载作用时的变形远大于摩擦型。所以高强度螺栓承压型主要用于非抗震构件连接、非承受动荷载构件连接、非反复作用构件连接。

这两种形式的正常使用极限状态也是有区别的:摩擦型连接是指在荷载基本组合作用下连接摩擦面发生相对滑移;承压型连接是指在荷载标准组合作用下连接件之间发生相对滑移。

高强螺栓应在专门螺栓厂制造,其规格、质量应符合现行国家标准《钢结构用高强度大六角螺栓》(GB/T 1228—2006)、《钢结构用高强度大六角螺母》(GB/T 1229—2006)、《钢结构用高强度垫圈》(GB/T 1230—2006)、《钢结构用高强度大六角螺栓、大六角螺母、垫圈技术条件》(GB/T 1231—2006)及《钢结构用扭剪型高强度连接副》(GB/T 3632—2008)的规定。高强度螺栓、螺母、垫圈的表面宜进行表面防锈处理;垫圈两面应平直,不得翘曲,其维氏硬度应为 HV329~436(HRC35~45)。

高强度螺栓连接副应由制造厂按批配套供货,并必须提供出厂质量保证书。进场后除应检查质量保证书外,尚应从每批螺栓中抽取 8 副进行检验,检验方法和结果应符合现行国家标准《钢结构用高强度大六角螺栓、大六角螺母、垫圈技术条件》(GB/T 1231—2006)及《钢结构用扭剪型高强度连接副》(GB/T 3632—2008)的规定。

在工地以高强螺栓栓接的杆件和梁段板面(摩擦面)必须进行处理,处理后的抗滑移系数值应符合设计规定,设计未规定时,抗滑移系数出厂时应不小于 0.55,工地安装前的复验值不小于 0.45。抗滑移系数试验用试件应按制造批每批制作 6 组,其中 3 组用于出厂试验,3 组用于工地复验。抗滑移系数试件应与杆件和梁段同材质、同工艺、同批制造,并应在同条件下运输、储存且摩擦面不得损伤。抗滑移系数的测试按如下方法进行:

1. 基本要求

制造厂和安装单位应分别以钢结构制造批为单位进行抗滑移系数试验,制造批可按单位工程划分规定的工程量,每 2000t 为一批,不足 2000t 的也视为一批,选用两种及两种以上表面处理工艺时,每种处理工艺应单独检验。每批 3 组试件。

抗滑移系数试验应采用双摩擦面的二栓或三栓拼接的拉力试件,见图 12-11。

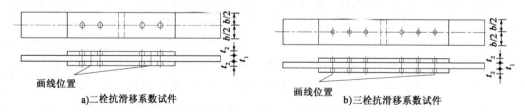

图 12-11 抗滑移系数试件的形式和尺寸

2. 试验方法要求

试验用试验机误差应在 1% 以内;试验用贴有电阻应变片的高强螺栓、压力传感器和电阻应变片应在试验前采用试验机进行标定,其误差应在 2% 以内。

测定抗滑移系数的试件为拉力试件。测定抗滑移系数的试件应由钢桥制造厂加工,试件与所代表的钢桥应为同一材质、同批制作、同一摩擦面处理工艺,使用同一性能等级和同一直径的高强度螺栓连接副,并在同条件下运输、存放。

测定抗滑移系数的试件为双面拼装试件,试件尺寸符合图 12-11 要求。试件钢板厚度应为所代表的钢桥中有代表性部件的钢板厚度,试件宽度 b 按表 12-3 确定。

试件板的宽度　　　　　表 12-3

螺栓直径 d(mm)	16	20	22	24
板宽度 b(mm)	100	105	105	110

试件板面应平整、无油污、孔边、板面无飞边、毛刺。组装试件时,先打入冲钉定位,然后逐个换成贴有电阻应变片的高强螺栓(或压力传感器),拧紧高强螺栓的预应力达到(0.95～1.05)P(P 为高强度螺栓设计预拉力)。将试件装在试验机上,使试件的轴线与试验机夹具中心线严格对中。

在试验中发生以下情况之一时,认为达到滑动荷载:试验机发生回针现象;X-Y 记录仪中变形发生突变;试件侧面画线发生错动。

抗滑移系数 f 按下式计算,取两位有效数字:

$$f = \frac{N}{m \sum P} \quad (12\text{-}1)$$

式中:N——由试验机测得的滑动荷载(kN),取 3 位有效数字;

m——摩擦面,取 $m=2$;

$\sum P$——与试件滑动荷载对应一侧的高强螺栓预拉力实测值之和(kN),取 3 位有效数字。

十、钢结构厂内试拼装

试拼装的目的是校验钢桥各部位的制造尺寸、精度和配合能否满足设计要求和工地安装要求,是钢桥制造过程中一项非常重要的工序。钢桥杆件在厂内加工完成后,必须进行厂内试拼装,以检查拼装后钢桥梁高、跨度、全长等参数是否符合规范要求,未经试拼装检验合格的,不能成批生产,按《公路桥涵施工技术规范》(JTG/T 3650—2020)要求,试拼装应符合以下要求:

(1)试拼装应在胎架上进行,胎架应有足够刚度,其基础应有足够的承载能力。胎架顶面(梁段底)纵、横向线形应与设计要求的梁底线形相吻合。杆件和梁段应解除与胎架间的临时连接,处于自由状态。

(2)板梁应整孔试拼装;简支桁梁的试拼装长度不宜小于半跨,且桁架宜采用平面试拼装;连续梁试拼装应包括所有变化的节点;对大跨径桥的钢梁,每批梁段制造完成后,应进行连续匹配试拼装,每批试拼装的梁段数不应少于 3 段,试拼检查合格后,应留下最后一个梁段并前移参与下一批次的拼装。

(3)钢索塔的塔柱(钢桥墩)应采取两节段立位匹配试拼装,合格后还应进行多节段水平位置的试拼装,每一批次的多节段水平位置试拼装应不少于 5 个节段。

(4)试拼装时应使板层密贴,冲钉不宜少于孔眼总数的 10%,螺栓不宜少于螺栓孔总数的 20%;有磨光顶紧要求的杆件,应有 75% 以上的面积密贴,采用 0.2mm 的塞尺检查时,其塞入面积不应超过 25%。试拼装时,应采用试孔器检查所有螺栓孔,桁梁主桁的螺栓孔应能 100% 自由通过较设计孔径小 0.75mm 的试孔器,桥面系和连接系的螺栓孔应 100% 自由通过较设计孔径小 1.0mm 的试孔器,板梁和箱梁的螺栓孔应能 100% 自由通过较设计孔径小 1.5mm 的试孔器,方可认为合格。

(5)试拼装应在无日照影响的条件下进行。

十一、表面清理和厂内涂装

为防止锈蚀,保证其使用寿命,钢桥必须进行涂装。涂装分为厂内涂装和工地涂装两道工序,涂装方案一般由设计提出。

1. 表面清理

表面清理是将钢结构表面的锈蚀、污物清理掉,应在涂装前进行,除锈应采用喷丸或抛丸的方法进行。

抛丸除锈的工作原理是利用机械设备的高速运转把一定粒度的钢丸靠抛头的离心力抛出,被抛出的钢丸与构件猛烈碰撞打击从而达到除去钢材表面锈蚀的一种方法。钢丸可分为铸铁丸和钢丝切丸两种。铸铁丸是利用熔化的铁水在喷射并急速冷却的情况下形成的粒度在 2~3mm 铁丸,表面很圆整,成本相对便宜但耐用性稍差。在抛丸过程中经反复的撞击铁丸被粉碎而当作粉尘排除。钢丝切丸是用废旧钢丝绳的钢丝切成 2mm 的小段,其表面带有尖角,除锈效果相对高且不易破碎,使用寿命延长,但价格有所提高。后者的抛丸表面更粗糙一些。

喷丸除锈的工作原理是利用高压空气带出钢丸喷射到构件表面达到的一种除锈方法。

按国家标准《涂覆涂料前钢材表面处理 表面清洁度的目视评定 第一部分:未涂覆过的钢材表面和全面清除原有涂层后的钢材表面的锈蚀等级和处理等级》(GB 8923.1—2011),喷射和抛射除锈,用字母"Sa"表示,分四个等级:Sa1——轻度的喷射后抛射除锈,钢材表面无可见的油脂、污垢、无附着的不牢的氧化皮、铁锈、油漆涂层等附着物;Sa2——彻底的喷射或抛射除锈,钢材表面无可见的油脂、污垢、氧化皮、铁锈等附着物基本清除;Sa2.5——非常彻底的喷射或抛射除锈,钢材表面无可见的油脂、污垢、氧化皮、铁锈、油漆涂层等附着物,任何残留的痕迹仅是点状或条状的轻微色斑;Sa3——使钢材表面非常洁净的喷射或抛射除锈,钢材表面无可见的油脂、污垢、氧化皮、铁锈、油漆涂层等附着物,该表面显示均匀的金属色泽。

按《公路桥涵施工技术规范》(JTG/T 3650—2020)要求,除锈等级应符合设计规定,设计未规定的,应达到 Sa2.5 级,表面粗糙度 R_a 应达到 $25\sim60\mu m$;对高强度螺栓连接面,除锈等级应达到 Sa3 级,表面粗糙度应达到 $50\sim100\mu m$,且除锈后的连接表面宜进行喷铝防锈处理或涂装无机富锌防滑涂料,同时应清除高强度螺栓头部的油污及螺母、垫圈外露部分的皂化膜。

2. 涂装

钢结构涂装分为防腐涂装和防火涂装两种,防腐涂装是利用涂层的保护作用,防止钢结构腐蚀,延长其使用寿命;防火涂装是利用防火涂料,使结构在遭受火灾时,能在构件所要求的耐火等级极限内不致倒塌。钢桥中涂装主要进行防腐涂装。

公路钢桥涂装方案应符合设计文件要求,并应符合《公路桥梁钢结构防腐涂装技术条件》(JT/T 722—2008)的要求。涂装施工时,杆件和梁段表面不应有雨水或结露,相对湿度不应高于 80%;环境温度对环氧类漆不得低于 10℃,对水性无机富锌防锈底漆、聚氨酯和氟碳面漆不得低于 5℃。在风沙天、雨天和雾天不应进行涂装施工,涂装后 4h 内应立即采取措施保护,避免遭受雨淋。

底漆、中间漆涂层的最长暴露时间不宜超过 7d,两道面漆的涂装间隔时间亦不宜超过 7d;若超过,应先采用细砂纸将涂层表面打磨成细微毛面,再涂装后一道面漆。喷铝应在表面清理后 4d 内完成,涂层间隔的时间要求应符合现行国家标准《热喷涂 金属零部件表面的预处理》(GB/T 11373—2017)的规定。

涂料涂层的表面应平整均匀,不应有漏涂、剥落、起泡、裂纹和气孔等缺陷,颜色应与比色卡一致;金属涂层的表面应均匀一致,不应有起皮、鼓包、大熔滴、松散粒子、裂纹和掉块等缺陷。每涂完一道涂层应检查干膜厚度,出厂前应检查漆膜总厚度。

十二、工地安装

按《公路桥涵施工技术规范》(JTG/T 3650—2010)要求,钢桥工地安装应符合以下要求:

1. 一般要求

钢桥宜根据跨径大小、河流或海域情况、起吊能力等选择安装方法。钢桥安装应按施工图、加工图和拼装简图进行,并应编制专项施工技术方案和安全技术方案。安装前应对临时支架、支承、吊机等临时结构和钢桥结构本身在不同受力状态下的强度、刚度及稳定性进行验算;钢桥工地安装时,不得在现场对结构杆件进行未被批准的临时性的焊接和切割作业。钢桥安装应进行施工过程控制,保证其内力、变形、线形及高程符合设计要求。

2. 钢桥工地安装时高强度螺栓连接施工相关规定

(1)由制造厂处理的钢桥杆件的摩擦面,在钢桥安装前应复验所附试件的抗滑移系数,合格后方可安装。

(2)高强度螺栓连接副的安装应在钢桥杆件中心位置调整准确后进行,高强度螺栓、螺母和垫圈应按制造厂提供的批号配套使用。安装时杆件的摩擦面应保持清洁、干燥,不得在雨中进行安装作业。

(3)高强度螺栓连接副组装时,应在板束外侧各置一个垫圈,有内倒角的一侧应分别朝向螺栓头和螺母的支承面。高强度螺栓的长度应与安装图一致,安装时其穿入方向应全桥一致,且应自由穿入孔内,不得强行敲入;对不能自由穿入螺栓的孔,应采用铰刀进行铰孔修整,铰孔前应将该孔四周的螺栓全部拧紧,使板层密贴,防止钢屑或其他杂物掉入板层缝隙中,严禁采用气割方法扩孔。

(4)安装施工时,高强度螺栓不得作为临时安装螺栓使用,亦不得采用塞焊对螺栓孔进行焊接。

(5)高强度螺栓连接副施拧前,应在施工现场按出厂批号分批测定其扭矩系数。每批号的抽验数量应不少于 8 套,扭转系数平均值和标准偏差应符合设计要求;设计未规定时其平均值偏差应在 0.11~0.15 范围内,其标准偏差应小于或等于 0.01。测定数据应作为施拧的主要参数。

(6)高强度螺栓的设计预拉力、施工预拉力应符合表 12-4 的规定。

高强度螺栓的预拉力 表 12-4

性能等级	螺纹规格 d(mm)	M20	M22	M24	M27	M30
8.8S	设计预拉力 P(kN)	125	150	175	230	280
	施工预拉力 P_c(kN)	140	165	195	255	310
10.9S	设计预拉力 P(kN)	155	190	225	270	355
	施工预拉力 P_c(kN)	170	210	250	300	390

(7) 施拧高强度螺栓时,应按一定顺序,从板束刚度大、缝隙大处开始,对大面积节点应从中间部分向四周的边缘进行施拧,并应在每天终拧完毕;施拧时,不得采用冲击拧紧和间断拧紧的方式作业。大六角头高强度螺栓的施拧,仅应在螺母上施加扭矩。

(8) 高强度螺栓施拧采用的扭矩扳手,在作业前后均应进行校正,其扭矩误差不得超过使用扭矩值的±5%。

(9) 采用扭矩法施拧高强度螺栓连接副时,初拧、复拧和终拧应在同一工作日内完成。初拧扭矩宜为终拧扭矩的50%,复拧扭矩等于初拧扭矩,终拧扭矩应按下式计算。

$$T_c = K \cdot P_c \cdot d \tag{12-2}$$

式中:T_c——终拧扭矩(N·m);

K——高强度螺栓连接副的扭矩系数平均值,按本节(5)要求测得;

P_c——高强度螺栓的施工预拉力(kN),按表12-4取值;

d——高强度螺栓公称直径(mm)。

(10) 高强度螺栓终拧完成后,应按下列规定进行质量检查:

检查应由专职质量检查员进行,检查用的扭矩扳手必须标定,其扭矩误差不得超过使用扭矩±3%,且应进行扭矩检查。

采用松扣、回扣法检查时,应先在螺栓与螺母上做标记,然后将螺母退回30°,再用检查扭矩扳手将螺母重新拧至原来位置测定扭矩,该值不小于规定值的10%为合格。

对主桁节点、板梁主体及纵、横梁连接处,每栓群应以高强度螺栓连接副总数的5%抽验,但不得少于2套,其余每个节点不少于1套进行终拧扭矩检查。扭矩检查应在螺栓终拧1h以后、24h之前完成。

每个栓群或节点检查的螺栓,其不合格数量不宜超过抽验总数的20%,如超过此值,则应继续抽验,直至达到累计总数80%的合格率为止。对欠拧者应补拧,不符合扭矩要求的螺栓应更换后重新补拧。

高强度螺栓拧紧检查验收合格后,连接处的板缝应及时用腻子封闭,并应按设计要求涂漆防锈。

3. 钢桥工地焊接连接施工相关规定

(1) 杆件的工地施焊连接应按设计规定的顺序进行。

(2) 箱形梁梁段间的焊接连接,施焊应按顶板、底板、纵隔板的顺序对称进行;梁段间的焊缝经检验合格后,应按先对接后角接的顺序焊接U形肋嵌补件。

(3) 当钢桥为焊接与高强度螺栓合用连接时,栓接结构应在焊缝检验合格后再终拧高强度螺栓连接副。

(4) 工地焊接前应做工艺评定试验,施焊应严格按已评定的焊接工艺进行。焊接前应对接头坡口、焊缝间隙和焊接板面高低差等进行检查,并应采用钢丝砂轮对焊缝进行除锈,且工地焊接应在除锈后12h内进行。

(5) 工地焊接时应设立防风、防雨设施,遮盖全部焊接处,工地焊接的环境要求为:风力应小于5级;温度应高于5℃,相对湿度应小于80%,在箱梁内焊接时应有通风防护安全措施。

第四节　钢管结构焊接

和其他钢结构相同,钢管结构在焊接前也应进行焊接工艺评定,首次采用的钢材和焊接材料必须进行评定,重新评定的条件和本章第二节序号一相同。钢管对接环焊缝是钢管结构中经常遇到的焊缝,其质量直接影响结构的安全。钢管对接环焊缝可采用无衬垫的双面熔透焊和有衬垫的单面坡口焊。单面坡口焊时管端坡口按图 12-12 加工,在钢管内设置厚度 4～6mm、宽 25～40mm 的环向钢衬垫或陶瓷衬垫。钢管对接错边量最大超差不大于 $0.1t$,超差长度范围不大于 $8t$(t 为对接钢管壁厚),且需对超差部分进行修磨过渡。

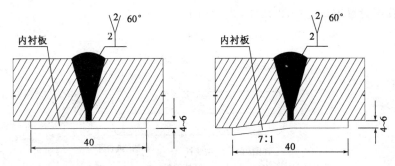

图 12-12　钢管对接坡口构造图(尺寸单位:mm)

对于钢管结构,焊接前应考虑焊接收缩余量或采取预防变形措施,选择减少焊接应力及变形的工艺措施,以减小焊接变形和残余应力:

(1)管结构合理的焊接顺序为:先焊接错开短焊缝,后焊接直通长焊缝、再焊接角焊缝,以便有较大的横向收缩余地;对于组合构件,应先焊受力较大的焊缝,后焊接受力较小的焊缝。

(2)尽可能采用对称焊接顺序,长焊缝可采用分段退焊法(即分段焊接,每段施焊方向与焊接推进总方向相反)、跳焊法,较厚焊缝采用多层多道焊等。

(3)可采用反变形法(即焊接前预留适当的收缩量或预先造成相反方向的适当大小的反变形来抵消焊后变形)、局部预加热法(减小焊件温度不均匀或造成反变形)等。

(4)对承受直接动力荷载结构的焊缝,可采用头部带小圆弧的小锤轻击焊缝,使焊缝得到延展,降低内应力。必要时可对构件进行整体或局部退火。

钢管的对接焊接,除应控制几何尺寸外,还应注意焊接变形的影响。焊接宜采用分段反向顺序,但分段施焊应尽量保持对称。钢管加工过程及合龙后接头的焊接应采用对称焊接,否则可能引起平面偏差。节段间环焊缝的施焊应对称进行,施焊前需保证节段间有可靠的临时连接并用定位板控制焊缝间隙,不得采用堆焊。合龙口的施焊作业应选择在结构温度相对稳定的时间内尽快完成。

相邻两条对接环焊缝的间距应符合设计要求。当设计无规定时,直焊缝接管不小于钢管直径,螺旋焊接管不小于 3m。每个节段内缀板与钢管之间的纵向焊缝、缀板之间的横向焊缝宜采用埋弧焊或气体保护焊。直缝钢管纵向对接时,纵向焊缝要错开 150mm 以上。对于哑铃形拱肋,宜将钢管卷管对接的纵向焊缝置于缀板空腔内,且每个节段内缀板与钢管之间的纵向焊缝、缀板之间的横向焊缝宜采用埋弧焊或气体保护焊。

卷制钢管纵向对接焊接,两端应设置焊缝的引板,其板厚、材质、坡口尺寸应与构件相同。焊接完后,将引板用气割切除,并对焊件边缘进行切割,严禁用铁锤击落,损伤母材。

所有焊缝尽量采用平焊,尽量避免仰焊或立焊,平焊焊不到的位置可将骨架翻身施焊。对施工图规定的开孔,如吊杆、混凝土浇筑孔、振捣孔等,应按照设计要求在开孔位置予以局部补强,由开孔而割出的开孔盖板应编号,并妥善保存,以防丢失。开孔盖板应在混凝土强度达到设计值的50%后,按设计要求进行补焊,焊接应平顺、光滑,不能漏焊或有突出,焊接时应采取措施不能烧伤混凝土。

支管与主管相贯连接的坡口焊缝,应达到下列要求:
(1)支管管端采用相贯线切割机成型,坡口尺寸由焊接工艺评定确认。
(2)支管管端设置坡口应按图12-13进行加工。

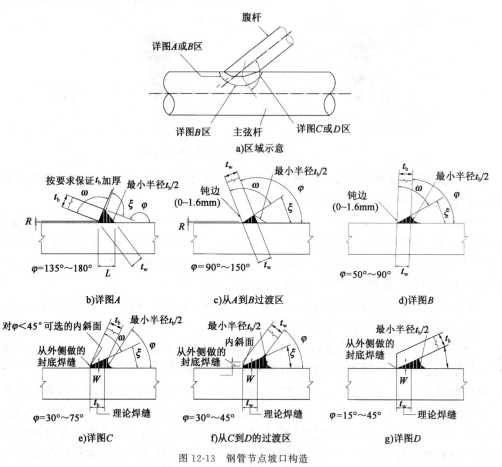

图12-13 钢管节点坡口构造

主管与支管的相贯接头采用部分溶透焊缝,溶透率不小于75%。焊缝根部间隙2~7mm。主管采用直焊缝时,对于环焊缝、纵焊缝和节点的相贯焊缝,应按图12-14所示的原则措施避让焊缝交叉点。

焊缝作业环境应符合以下要求:
(1)施焊前必须清除待焊区焊渣和表面的污物、油渍、氧化皮等,使其表面露出金属光泽。
(2)焊接作业时,手工电弧焊风速超过8m/s、气体保护焊及药芯焊丝电弧焊风速超过2m/s

的情况下,应设防风棚或采取其他防风措施。

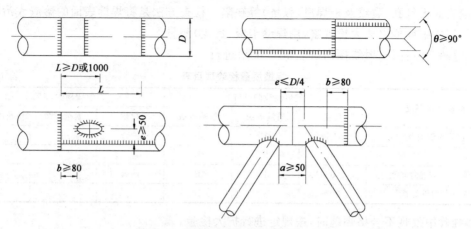

图 12-14　钢管错缝布置图(尺寸单位:mm)

(3)焊接作业时,空气相对湿度不得大于 85%。

(4)环境温度低于 0℃时不宜焊接。特殊情况下,应将构件焊接区域加热到 20℃以上且有必要的保温措施后方可施焊,焊接过程中均不应低于此温度。实际加热温度应根据构件的构造特点、焊接方法和焊接热输入等因素确定。

(5)多层焊接时必须将层间溶渣及缺陷清理干净;层间温度控制在 300℃以内;每层焊缝起弧位置应避开趾部区域。

焊缝焊接后应进行修磨,修磨方法推荐采用砂轮打磨;砂轮采用高速驱动、转速为 1500～4000r/min、且由碳—钨材料制作的砂轮;为了得到最佳打磨效果,打磨深度为 0.5～0.8mm,否则打磨效果不佳,其打磨位置见图 12-15。

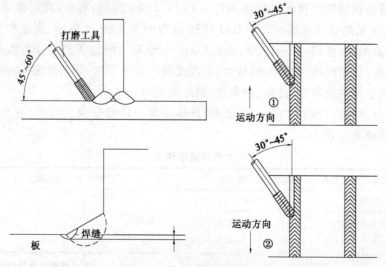

图 12-15　焊缝修磨工艺图

焊缝质量检验分目测法和无损探伤法两种,钢管结构所有焊缝在目测基础上,根据需要做无损探伤检验。

所有焊缝在焊接完成24h后,都需要进行目测检验,即检查焊缝实际尺寸是否符合设计要求,焊缝表面无气孔、裂纹及未焊满(弧坑)等缺陷。检查方法是将焊缝表面的熔渣或污物清理干净后,用肉眼或低倍放大镜观察,用焊缝卡板(量规)测量。

焊缝超声波探伤、射线探伤按表12-5要求进行。

焊缝质量检验项目表 表12-5

检验焊缝部位		超声波检验(UT)			射线检验(RT)		
		数量	质量等级	检验等级	数量	质量等级	底片等级
钢管环缝对接		100%	Ⅰ	B	抽查	Ⅱ	AB
钢管纵缝对接	空管	100%	Ⅱ	B			
	需灌注混凝土	100%	Ⅰ	B	抽查	Ⅱ	AB
管节点相贯焊缝		100%	Ⅰ	B			

如抽验中发现不合格焊缝时,按规定进行扩大检验。

超声波探伤方法和探伤结果分级按《焊接无损检测 超声检测技术、检测等级和评定》(GB 11345—2013),钢熔化焊T形接头角焊缝超声波检验方法质量分级按DL/T 542—2014,射线检验中钢熔化对接接头照相和质量分级按GB 3323,钢管环缝熔化焊对接接头射线透明工艺和质量分级按《无损检测 金属管道熔化焊环向对接接头射线照相检测方法》(GB/T 12605—2008),钢熔化焊角缝射线照相方法和质量分级按DL/T 541—2014。

第五节 钢结构涂装施工

一、涂装体系

按《公路桥梁钢结构防腐涂装技术条件》(JT/T 722—2008)要求,涂层体系保护年限内,涂层95%以上区域的锈蚀等级不大于ISO 4628规定的Ri2级,无气泡、剥落和开裂现象。按保护年限分为两类,普通型:10~15年,长效型:15~25年。按涂装部位分为六类:外表面;非封闭环境内表面;封闭环境内表面;钢桥面;干湿交替区和水下区;防滑摩擦面;附属钢构件,包括防撞护栏、扶手护栏及底座、灯座、泄水管、钢路缘石等。

腐蚀环境分类符合ISO 12944-2的要求,具体将腐蚀环境分为大气区、浸水区、埋地区三类,大气区腐蚀种类见表12-6。

大气区腐蚀种类 表12-6

腐蚀种类	单位面积质量损失/厚度损失(一年暴晒)				温和气温典型环境实例	
	低碳钢		锌		外部	内部
	质量损失 (g/m²)	厚度损失 (μm)	质量损失 (g/m²)	厚度损失 (μm)		
C1 很低	≤10	≤1.3	≤0.7	≤0.1	—	加热的建筑内部,空气洁净。如办公室、商店、学校和宾馆等
C2 低	10~200	1.3~25	0.7~5	0.1~0.7	污染水平较低。大部分是乡村地区	未加热的地方,冷凝有可能发生,如库房、体育馆等

续上表

腐蚀种类	单位面积质量损失/厚度损失(一年暴晒)				温和气温典型环境实例	
	低碳钢		锌		外部	内部
	质量损失 (g/m^2)	厚度损失 (μm)	质量损失 (g/m^2)	厚度损失 (μm)		
C3 中等	200～400	25～50	5～15	0.7～2.1	城市和工业大气,中等二氧化硫污染。低盐度沿海	具有高湿度和一些空气污染的生产车间,如食品加工厂、洗衣店、酿酒厂、牛奶场
C4 高	400～650	50～80	15～30	2.1～4.2	中等盐度的工业区和沿海区	化工厂、游泳池、沿海船舶和造船厂
C5-I 很高（工业）	650～1500	80～200	30～60	4.2～8.4	高湿度和恶劣气氛的工业区	总是有冷凝和高污染的建筑物和地区
C5-M 很高（海洋）	650～1500	80～200	30～60	4.2～8.4	高盐度的沿海和近岸区域	总是有冷凝和高污染的建筑物和地区

浸水区按水的类型将腐蚀环境分为淡水（Im1），海水或盐水（Im2）两类；按浸水部位的位置和状态分为水下区（长期浸泡在水下的区域）、干湿交替区（由于自然或人为因素水面处于不断变化的区域）、浪溅区（由于波浪和飞溅致湿的区域）。

埋地区环境定义为一种腐蚀类型 Im3。

钢结构桥梁涂装阶段分为三类：

初始涂装：新建桥梁钢结构的初次涂装（包含两年缺陷责任期内的涂装）；

维修涂装：桥梁在其运营全过程中对涂层进行的维修保养；

重新涂装：彻底的除去旧涂层、重新进行表面处理后，按照完整的涂装规格进行的涂装。

二、涂层体系要求

1. 涂层体系配套要求

按照腐蚀环境、工况条件、防腐年限设计涂层配套体系。

较高防腐等级的涂层配套体系也适用于较低防腐等级的涂层配套体系，并可参照较低防腐等级的涂层配套体系设计涂层厚度。C1和C2腐蚀环境下的涂层配套体系，可参考C3腐蚀环境的涂层配套体系进行设计。

涂层配套体系表中未列入车间底漆。一般情况下，所有配套都需要喷涂一道干膜厚度为 $20\sim25\mu m$ 的车间底漆。

按涂装部位列明的涂层配套体系表如下：

（1）外表面—暴露于大气环境中的桥梁钢结构外表面涂层配套体系，普通型见表12-7，长效型见表12-8。

桥梁钢结构外表面涂层配套体系（普通型）　　　　表12-7

配套编号	腐蚀环境	涂层	涂料品种	道数[a]/最低干膜厚（μm）
S01	C3	底涂层	环氧磷酸锌底漆	1/60
		中间涂层	环氧（厚浆）漆	1/80
		面涂层	丙烯酸脂肪族聚氨酯面漆	2/70
		总干膜厚度		210
S02	C4	底涂层	环氧磷酸锌底漆	1/60
		中间涂层	环氧（厚浆）漆	(1~2)/120
		面涂层	丙烯酸脂肪族聚氨酯面漆	2/80
		总干膜厚度		260
S03	C5-I C5-M	底涂层	环氧富锌底漆	1/60
		中间涂层	环氧（云铁）漆	(1~2)/120
		面涂层	丙烯酸脂肪族聚氨酯面漆	2/80
		总干膜厚度		260

注：a 道数为推荐值，下列各表同。

桥梁钢结构外表面涂层配套体系（长效型）　　　　表12-8

配套编号	腐蚀环境	涂层	涂料品种	道数/最低干膜厚（μm）
S04	C3	底涂层	环氧富锌底漆	1/60
		中间涂层	环氧（厚浆）漆	(1~2)/100
		面涂层	丙烯酸脂肪族聚氨酯面漆	2/80
		总干膜厚度		240
S05	C4	底涂层	环氧富锌底漆	1/60
		中间涂层	环氧（云铁）漆	(1~2)/140
		面涂层	丙烯酸脂肪族聚氨酯面漆	2/80
		总干膜厚度		280
S06	C5-I	底涂层	环氧富锌底漆	1/80
		中间涂层	环氧（云铁）漆	(1~2)/120
		面涂层	聚硅氧烷面漆	(1~2)/100
		总干膜厚度		300
S07	C5-I	底涂层	环氧富锌底漆	1/80
		中间涂层	环氧（云铁）漆	(1~2)/150
		面涂层（第一道）	丙烯酸脂肪族聚氨酯面漆/氟碳树脂漆	1/40
		面涂层（第二道）	氟碳面漆	1/30
		总干膜厚度		300
S08	C5-M	底涂层	无机富锌底漆	1/75
		封闭涂层	环氧封闭漆	1/25
		中间涂层	环氧（云铁）漆	(1~2)/120
		面涂层	聚硅氧烷面漆	(1~2)/100
		总干膜厚度		320

续上表

配套编号	腐蚀环境	涂层	涂料品种	道数/最低干膜厚(μm)
S09	C5-M	底涂层	无机富锌底漆	1/75
		封闭涂层	环氧封闭漆	1/25
		中间涂层	环氧(云铁)漆	(1~2)/150
		面涂层(第一道)	丙烯酸脂肪族聚氨酯面漆/氟碳树脂漆	1/40
		面涂层(第二道)	氟碳面漆	1/40
		总干膜厚度		330
S10	C5-M	底涂层	热喷铝或锌	1/150
		封闭涂层	环氧封闭漆	(1~2)/50
		中间涂层	环氧(云铁)漆	(1~2)/120
		面涂层	聚硅氧烷面漆	(1~2)/100
		总干膜厚度(涂层)		270
S11	C5-M	底涂层	热喷铝或锌	1/150
		封闭涂层	环氧封闭漆	(1~2)/50
		中间涂层	环氧(云铁)漆	(1~2)/150
		面涂层(第一道)	丙烯酸脂肪族聚氨酯面漆/氟碳树脂漆	1/40
		面涂层(第二道)	氟碳面漆	1/40
		总干膜厚度(涂层)		280

(2)封闭环境内表面涂层配套体系见表12-9。

封闭环境内表面涂层配套体系　　表12-9

配套编号	工况条件	涂层	涂料品种	道数/最低干膜厚(μm)
S12	配置抽湿机	底一面合一	环氧(厚浆)漆(浅色)	(1~2)/150
		总干膜厚度		150
S13	未配置抽湿机	底漆层	环氧富锌底漆	1/50
		面漆层	环氧(厚浆)漆(浅色)	200~300
		总干膜厚度		250~350

注:抽湿机需常年工作,以保持内部系统相对湿度低于50%。

(3)非封闭环境内表面涂层配套体系见表12-10,或采用与外表面相同的涂层配套体系。

非封闭环境内表面涂层配套体系　　表12-10

配套编号	腐蚀环境	涂层	涂料品种	道数/最低干膜厚(μm)
S14	C3	底漆层	环氧磷酸锌底漆	1/60
		面漆层	环氧(厚浆)漆(浅色)	(1~2)/100
		总干膜厚度		160
S15	C4,C5-I,C5-M	底漆层	环氧富锌底漆	1/60
		中间漆层	环氧(云铁)漆	(1~2)/120
		面漆层	环氧(厚浆)漆(浅色)	1/80
		总干膜厚度		260

(4)钢桥面涂层配套体系见表12-11。

钢桥面涂层配套体系　　　　表12-11

配套编号	工况条件	涂层	涂料品种	道数/最低干膜厚(μm)
S16	沥青铺装温度≤250℃	底漆层	环氧富锌底漆	1/80
		总干膜厚度		80
S17	沥青铺装温度>250℃	底漆层	无机富锌底漆	1/80
		总干膜厚度		80
S18		底漆层	热喷铝或锌	1/100
		总干膜厚度		100

(5)干湿交替区和水下区的涂层配套体系见表12-12。干湿交替区也可采用钢桥外表面的涂层配套体系,但应适当增加涂层厚度。

干湿交替区和水下区涂层配套体系　　　　表12-12

配套编号	工况条件	涂层	涂料品种	道数/最低干膜厚(μm)
S19	干湿交替/水下区	底—面合—	超强/耐磨环氧漆	(1~3)/450
		总干膜厚度		450
S20	干湿交替/水下区	底—面合—	环氧玻璃鳞片漆	(1~3)/450
		总干膜厚度		450
S21	水下区	底—面合—	环氧漆	3/450
		总干膜厚度		450

(6)防滑摩擦面涂层配套体系见表12-13。

防滑摩擦面涂层配套体系　　　　表12-13

配套编号	工况条件	涂层	涂料品种	道数/最低干膜厚(μm)
S22	摩擦面	防滑层	无机富锌涂料	1/80
		总干膜厚度		80
S23	摩擦面	防滑层	热喷铝	1/100
		总干膜厚度		100

注:配套S23不适用于相对湿度大、雨水多的环境。

(7)附属钢构件可选用表12-7中的涂层配套体系。

2.涂层体系性能要求

涂层体系性能要求见表12-14。

涂层体系性能要求　　　　表12-14

腐蚀环境	防腐寿命（年）	耐水性（h）	耐盐水性（h）	耐化学品性能（h）	附着力[a]（MPa）	耐盐雾性能（h）	人工加速老化（h）
C3	10~15	72	—	—	≥5	500	500
	15~25	144				1000	800

续上表

腐蚀环境	防腐寿命(年)	耐水性(h)	耐盐水性(h)	耐化学品性能(h)	附着力[a](MPa)	耐盐雾性能(h)	人工加速老化(h)
C4	10～15	144	—	—	≥5	500	600
	15～25	240	—	—		1000	1000
C5-I	10～15	240	—	168		2000	1000
	15～25	240	—	240		3000	3000
C5-M	10～15	240	144	72		2000	1000
	15～25	240	240	72		3000	3000
Im1		3000	—	72		—	—
Im2		—	3000	72		3000	—

注：1. 耐水性、耐盐水性、耐化学品性能涂层试验后不生锈、不起泡、不开裂、不剥落，允许轻微变色和失光。
2. 人工加速老化性能涂层试验后不生锈、不起泡、不剥落、不开裂、不粉化，允许2级变色和2级失光。
3. 耐盐雾性涂层试验后不起泡、不剥落、不生锈、不开裂。
a 无机富锌涂层体系附着力大于等于3MPa。

3. 涂料性能要求

涂料性能要求如下：

(1) 车间底漆

钢桥用车间底漆技术要求和试验方法见表12-15。

钢桥用车间底漆技术要求和试验方法　　　　　　表12-15

序号	项目	技术指标		试验方法
		含锌车间底漆	不含锌车间底漆	
1	在容器中状态	搅拌后无硬块，呈均匀状态		目测
2	不挥发物含量(%)	40～60	35～55	GB/T 1725
3	不挥发份中的金属锌含量(%)	30～50	—	HG/T 3668
4	表干时间(min)	≤5		GB/T 1728
5	焊接与切割	合格		GB/T 6747
6	弯曲与成型	合格		GB/T 6747

(2) 防锈底漆

钢桥用防锈底漆技术要求和试验方法见表12-16。

钢桥用防锈底漆技术要求和试验方法　　　　　　表12-16

序号	项目	技术指标			试验方法
		无机富锌底漆	环氧富锌底漆	环氧磷酸锌底漆	
1	容器中状态	搅拌均匀后无硬块，呈均匀状态；粉料呈微小均匀粉末状态			目测
2	不挥发份中的金属锌含量(%)	≥80	≥70	—	HG/T 3668

续上表

序号	项目		技术指标			试验方法
			无机富锌底漆	环氧富锌底漆	环氧磷酸锌底漆	
3	耐热性(℃)		400℃,1h漆膜完整,允许变色	250℃,1h漆膜完整,允许变色	—	GB/T 1735
4	不挥发份含量(%)		≥75		≥60	GB/T 1725
5	干燥时间	表干(h)	≤0.5	≤2		GB/T 1728
		实干(h)	≤8	≤24		
6	附着力,拉开法(MPa)		≥3	≥5		GB/T 5210
7	耐冲击性(cm)		—	50		GB/T 1732
8	抗滑移系数	初始时	≥0.55	—		GB/T 50205
		安装时(6个月内)	≥0.45			

注:1.无机富锌底漆包括醇溶型无机富锌底漆和水性无机富锌底漆。
2.如果富锌底漆采用鳞片状锌粉作填料,可降低锌粉用量,但漆膜表面电阻率应不大于 $10^9\Omega$。
3.无机富锌底漆用于防滑摩擦面时,不挥发份中的金属锌含量大于等于 70%。
4.耐热性能为用于钢桥面的富锌类防锈底漆的检测项目。
5.抗滑移系数为用于防滑摩擦面的无机富锌涂料检测项目。

(3)环氧封闭漆

环氧封闭漆技术要求和试验方法见表 12-17。

环氧封闭漆技术要求和试验方法 表 12-17

序号	项目		技术指标	试验方法
1	在容器中的状态		搅拌后无硬块,呈均匀状态	目测
2	不挥发物含量(%)		50～70	GB/T 1725
3	粘度,ISO-4 杯(s)		≤60	GB/T 6753.4
4	细度(μm)		≤60	GB/T 6753.1
5	干燥时间	表干(h)	≤2	GB/T 1728
		实干(h)	≤12	
6	附着力(MPa)		≥5	GB/T 5210

(4)环氧中间漆

环氧中间漆技术要求和试验方法见表 12-18。

环氧中间漆技术要求和试验方法 表 12-18

序号	项目		技术指标			试验方法
			环氧(厚浆)漆	环氧(云铁)漆	环氧玻璃鳞片漆	
1	在容器中的状态		搅拌后无硬块,呈均匀状态			目测
2	不挥发物含量(%)		≥75	≥75	≥80	GB/T 1725
3	干燥时间	表干(h)	≤4	≤4	≤4	GB/T 1728
		实干(h)	≤24	≤24	≤24	

续上表

序号	项目	技术指标			试验方法
		环氧(厚浆)漆	环氧(云铁)漆	环氧玻璃鳞片漆	
4	弯曲性(mm)	≤2	≤2	—	GB/T 6742
5	耐冲击性(cm)	50		—	GB/T 1732
6	附着力(MPa)	≥5			GB/T 5210

(5) 耐候面漆

耐候面漆技术要求和试验方法见表12-19。

面漆技术要求和试验方法　　　表12-19

序号	项目		技术指标			试验方法
			丙烯酸脂肪族聚氨酯面漆	氟碳面漆	聚硅氧烷面漆	
1	不挥发物含量(%)		≥60	≥55	≥70	GB/T 1725
2	细度(μm)		≤35			GB 6753.1
3	溶剂可溶物氟含量(%)		—	≥24(优等品) ≥22(一等品)		HG/T 3792—2006 附录B
4	干燥时间	表干(h)	≤2			GB/T 1728
		实干(h)	≤24			
5	弯曲性(mm)		≤2			GB/T 6742
6	耐冲击性(cm)		50			GB/T 1732
7	耐磨性 500r/500g(g)		≤0.06	≤0.05	≤0.04	GB 1768
8	硬度		≥0.6			GB/T 1730 B法
9	附着力(MPa)		≥5			GB/T 5210
10	适用期(h)		≥5			HG/T 3792—2006 中5.11
11	重涂性		重涂无障碍			HG/T 3792—2006 中3.12

三、工艺要求

涂装施工时,钢构件表面不应有雨水或结露,相对湿度应不高于80%;环境温度对环氧类漆不得低于10℃,对水性无机富锌防锈底漆、聚氨酯漆和氟碳面漆不得低于5℃。在风沙天、雨天和雾天不应进行涂装施工;涂装后4h内应采取保护措施,避免遭受雨淋。

底漆、中间漆涂层的最长暴露时间不宜超过7d,两道面漆的涂装间隔时间亦不宜超过7d;若超过,应先采用细砂纸将涂层表面打磨成细微毛面,再涂装后一道面漆。喷铝应在表面清理后4h内完成,涂层间隔的时间要求应符合国家标准《热喷涂　金属零部件表面的预处理》(GB/T 11373—2017)的规定。

涂装后,应在规定的位置涂刷钢构件标记。钢构件码放必须在涂层干燥后进行,对局部损伤的涂层,应按《公路桥涵施工技术规范》(JTG/T 3650—2020)第8.10.1条的规定进行表面处理,并按原设计涂层补涂各层涂料。

涂料涂层的表面应平整均匀,不应有漏涂、剥落、起泡、裂纹和气孔等缺陷,颜色应与比色卡一致;金属涂层的表面应均匀一致,不应有起皮、鼓包、大熔滴、松散粒子、裂纹和掉块等缺陷。每涂完一道涂层应检查干膜厚度,出厂前应检查漆膜总厚度。

面漆的工地涂装宜在桥梁钢结构安装施工完成后进行。对在施工过程中将厂内涂装层损伤的部位,应进行表面清理并按设计涂装方案规定的涂料、层数和漆膜厚度重新补涂。

第十三章　悬索桥施工

第一节　悬索桥结构形式及施工步骤

悬索桥是以悬吊支撑于索塔、锚固于锚碇或边跨加劲梁的缆索受拉为主要承重构件的桥梁结构形式。缆索锚固于锚碇的悬索桥称为地锚式悬索桥，其主缆的拉力由桥梁端部的重力式锚固体（锚碇）或岩洞式锚固体（岩锚）传递给地基，见图13-1；锚固于边跨加劲梁的悬索桥称为自锚式悬索桥（图13-2），其主缆的拉力直接传递给加劲梁，主缆水平分力以轴向压力方式传递给加劲梁，因此自锚式悬索桥跨度不大，否则为抵抗巨大的主缆水平分力，加劲梁的截面将非常巨大。

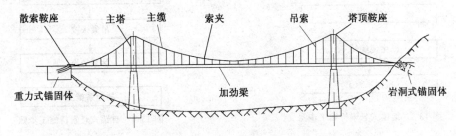

图13-1　地锚式悬索桥结构

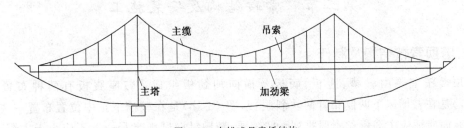

图13-2　自锚式悬索桥结构

悬索桥上部结构主要包括主塔、主缆、加劲梁、吊索、索鞍、索夹等。主塔顶部设有索鞍，供主缆固定，主塔是支撑主缆的重要构件，可采用钢结构或混凝土结构；主缆是悬索桥中主要的承重结构，大部分悬索桥布置两根主缆，一般由高强镀锌平行钢丝组成；加劲梁通过吊索悬挂在主缆上，其结构形式主要有桁架式、扁平钢箱式及混凝土箱梁；吊索上、下端分别连接在主缆和加劲梁上，将加劲梁上承受的荷载传递给主缆，一般以竖直方式布置；索鞍置于塔顶，通过它可将主缆的拉力以垂直力和不平衡水平力方式传递给主塔；索夹位于每根吊索和主缆的连接节点上，是主缆和吊索的连接件，以套箍的方式紧固在主缆上，通过夹紧主缆后产生的摩擦力抵抗滑移，同时固定主缆的外形。

地锚式悬索桥的施工步骤见图13-3；自锚式悬索桥施工步骤见图13-4。

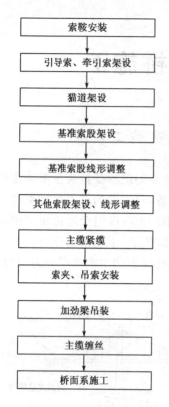

图13-3　地锚式悬索桥施工步骤

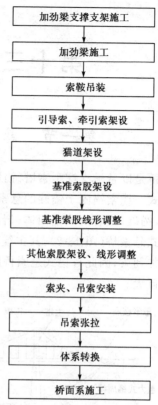

图13-4　自锚式悬索桥施工步骤

第二节　索鞍结构及安装施工

一、塔顶索鞍结构及制作

塔顶索鞍主要由鞍槽、腹板、底板及横向加劲板组成。鞍座腹板有两种布置方式，图13-5a)是在鞍槽以下两侧布置两块斜腹板，图13-5b)是在鞍槽下正中位置布置一块腹板。鞍槽横截面应适应主缆钢丝索股排列形状需要，鞍槽纵向圆弧半径一般不应小于主缆直径的8～12倍，为避免主缆钢丝被鞍槽口刻伤，主缆在出入鞍槽口处宜将此处鞍槽在纵向圆弧半径局部再减小一些，由于主缆在桥塔两侧（即边跨侧和中跨侧）倾斜度一般不同，因此塔顶索鞍座鞍槽纵向圆弧采用非对称的外形形状，见图13-6。

斜腹式索鞍见图13-7，索鞍运输见图13-8，安装后索鞍见图13-9。

塔顶索鞍由于尺寸及重量较大，鞍座凹槽需加工成精确的阶梯形圆弧曲面，无论粗坯的浇筑或加工均需由特殊设备完成。早期悬索桥的鞍座都是采用大型铸件制造，称为全铸式鞍座，这种鞍座必须在制造过程中分成几个块件来形成铸件，然后再将它们合在一起加工，最后再分块安装并通过高强螺栓连接后合在一起使用。近期的悬索桥鞍座上部鞍槽采用铸件，下部采用厚钢板焊接而成，此种鞍座称为铸焊式鞍座。

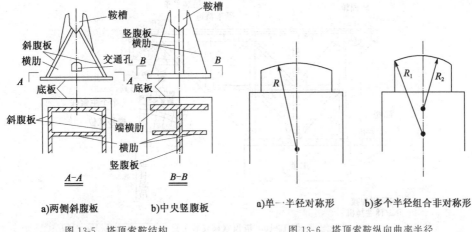

图 13-5 塔顶索鞍结构　　　　　图 13-6 塔顶索鞍纵向曲率半径

图 13-7 索鞍结构

图 13-8 索鞍运输

鞍座放置在底座上,底座放置在塔顶的钢结构隔栅上,底座和鞍座间设置聚四氟乙烯滑动副,以适应施工过程中鞍座的滑动。

二、塔顶索鞍安装

隔栅、底座和索鞍等构件制造完毕后,在塔顶安装吊装桁架,利用吊装桁架先吊装隔栅(图 13-10),利用精密水准仪及经纬仪等测量仪器,通过隔栅调整框架和设在隔栅底部的楔形钢垫块,调整隔栅的高程和平面位置,使隔栅定位误差在设计允许范围内,

图 13-9 安装后索鞍

经检查无误后浇筑隔栅混凝土。吊装底座和索鞍,具体为:先吊装边跨侧半个主索鞍,然后吊装中跨侧半个主索鞍,用高强螺栓将两个半索鞍连接在一起。为克服施工过程中主跨和边跨的不平衡力,减小由不平衡力产生的主塔偏移,塔顶索鞍在安装时向边跨侧设一定量的预偏值,在施工过程中逐渐顶推至设计位置,在主桥上部结构安装过程中,随着加劲梁和桥面铺装的完成,索鞍逐步顶推到位,最后割除隔栅千斤顶反力架。图 13-11 为塔顶索鞍吊装过程。

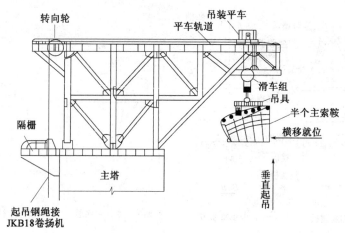

图 13-10 塔顶索鞍安装示意

图 13-11 塔顶索鞍吊装

三、散索鞍结构及安装

散索鞍是主缆进入锚碇之前的最后一个支撑主缆的构件,安装在锚碇散索鞍支墩顶部,其主要作用是将主缆经散索鞍后在水平、竖直两个方向转向分散并与锚固系统相连,同时应适应在温度变化以及主缆在拉力变化时主缆长度变化引起的相应变化要求。散索鞍结构由鞍槽、鞍座和底座组成,鞍槽一般采用铸件,鞍座采用钢板,鞍槽和鞍座间焊接在一起,为铸焊结构,鞍体和底座间通过辊轴或摆轴铰接,见图13-12。主缆经过索鞍前后状态见图13-13。

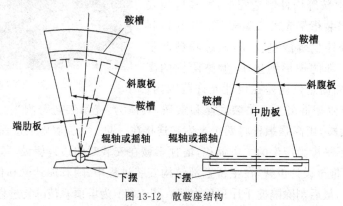

图 13-12 散鞍座结构

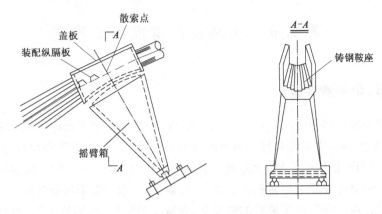

图 13-13　主缆经过散索鞍状态

对位于比较高支墩上的散索鞍,吊装方法可采用和吊装塔顶索鞍相同的方法,即采用在散索鞍支墩顶部的吊装桁架进行。图 13-14 为散索鞍吊装过程;图 13-15 为散索鞍实际结构;图 13-16 为主缆经过散索鞍前后的状态。

图 13-14　散索鞍吊装

图 13-15　散索鞍实际结构

图 13-16　主缆经过散索鞍前后状态

散鞍座在安装时向锚后方向设一定量的预偏角度,随着加劲梁吊装和桥面铺装的进行,鞍体逐渐转动到成桥设计位置,主缆索股架设完成后,用锌块填平鞍槽。

第三节　主缆架设前准备工作

一、引导索、牵引索架设

悬索桥主缆一般由多根 $\phi 5$ 或 $\phi 7$ 镀锌钢丝组成，采用 AS 法架设时每束索股可达 300～500 根钢丝，采用 PPWS 法架设时每束钢丝可分别采用 61、91、127、169 根组成稳定的六边形。主缆重量很大，且为保证工程质量，主缆钢丝束在工厂预制，运至桥位后直接架设。为便于主缆的安装、挂设，需要先安装引导索和牵引索，引导索、牵引索一般采用钢丝绳。引导索主要用于牵引索的牵引。在河底平坦无障碍的情况下，为减少封航次数，缩短工期，也可取消引导索的架设，直接架设牵引索。

先导索架设一般有陆地牵引架设、水上牵引架设和空中牵引架设方法。

1. 陆地人工、机械拖拉架设法

陆地人工、机械拖拉法工效较低，适宜在地形有利、跨度不大、无地面障碍物的情况下采用，不适用于高深陡坡、高压线、植物和农作物多的地方。马鞍山大桥南边跨上游侧牵引索及猫道承重绳即在地面上由铲车牵拉至南边塔，用塔吊提升绳头与牵引系统的拽拉器连接牵引。

2. 水上牵引架设法

（1）自由悬挂牵引法

先将两岸边跨索一端与卷扬机相连，一端临时固定在桥塔横梁上，拖轮与一岸的边跨索连接，封航后将其拖向对岸，与对岸索连接，然后启动两端卷扬机，拉起先导索完成架设。此法是常用的传统方法，施工简便，但桥梁跨度较大时封航时间较长。广东虎门大桥、厦门海沧大桥、日本大鸣门大桥采用该方法架设先导索。

（2）分段牵引江中对接法

将两岸先导索都拖至江中定位驳船临时固定，再用绳卡对接，然后启动两端卷扬机完成先导索架设。此法可缩短封航时间，但需要的船只数量较多。该法在宜昌长江大桥、武汉阳逻长江大桥、广州珠江黄埔大桥得到应用。

（3）浮索牵引法

在先导索上按一定间隔固定浮子，使其漂浮在水面上，用拖船牵引过江（海）。该法适用于暗礁等障碍物较多的水域，但施工工序复杂，受风浪影响大，封航时间长。日本因岛大桥、关门大桥采用该方法架设先导索。

3. 空中牵引架设法

（1）火箭发射牵引法

将先导索拴在经过改良的火箭尾部，火箭发射时先导索随弹头被带向另一岸。火箭速度快，飞行时间仅需几秒，但落点误差较大，可达 40～80m。火箭发射时，火焰温度在 1000℃以上，与火箭尾部相连的钢丝绳必须是特制的，其后再接工作索。该法较适用于山区，湖北四渡河大桥先导索采用该方法架设。

（2）直升机牵引法

在空中用直升机将先导索直接从一岸牵引到另一岸。直升机的抗风能力强、载重大、速度快，悬停中可调整方向，适应海上作业。该法要求放索架有较高的放索速度和反拉力，先导索与飞机的连接、配重、抛掷等操作难度较大。日本明石海峡大桥、浙江西堠门大桥采用该方法架设先导索。

（3）其他飞行器牵引法

如载人动力伞、热气球等，因安全性较差，且对风速、风向、飞行高度有严格要求而很少被采用。

二、猫道架设

猫道是主缆下临时的简易缆索桥，是悬索桥重要的临时结构之一，可作为主缆牵引过程中支撑平台、施工人员的通道，完成主缆的牵引就位、测量、调索、吊杆安装、主缆防腐等工作，与主缆轴线呈对称布置，猫道面到主缆中心竖直距离1.5m左右，以便于工人在猫道上进行相关工作。猫道结构见图13-17，某桥猫道见图13-18。

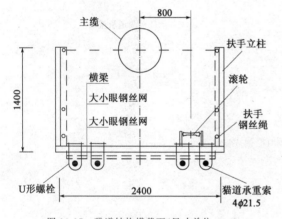

图13-17 猫道结构横截面（尺寸单位：mm）

图13-18 某桥猫道结构

猫道横桥向与主缆轴线呈对称布置，在上、下游对应于主缆中心下方各设一幅猫道，每个猫道宽度一般为3~5m，两个猫道间按一定间距设置横向通道；按猫道承重索在塔顶的跨越形式，分为分离式和连续式两种，分离式猫道以桥塔为界分为边跨和中跨，边跨承重索锚固于锚碇前墙和塔顶预埋件上，中跨承重索锚固于两主塔预埋件上；连续式猫道承重索以三跨连续方式布置，在塔顶设置支撑鞍，并通过在塔顶附近设置变位刚架及下压装置，使猫道和主缆线形保持一致。

1. 分离式猫道架设

汕头海湾大桥主缆猫道采用分离式，在导索渡海架设完成后，在中跨沿导索再架设一根直径33mm的临时支承索，该支承索利用南主塔往返式导索于空中拽拉过海到主塔顶，其两端分别锚固在南北两锚碇上。中跨猫道承重索的架设方向：自南塔到北塔，先将φ45的猫道承重索卷盘吊到南塔顶支架上，承重索用相隔为30m的滑钩吊挂于φ33的临时支承索上，后方溜放索盘，前方锚头由导索于空中拽拉过海；到位之前，承重索后方打梢于塔顶，前方以大吨位牵引器将猫道承重索锚头拉入塔顶锚箱内;返回导索,收回滑钩;再将猫道承重索后方的锚头拉入锚箱内,架设完成全部猫道承重索后,调整其线形,最后将猫道承重索两端的锚头锁定。汕头海湾大桥猫道承重索锚固、调节装置见图13-19,虎门大桥猫道承重索锚固、调节装置见图13-20。

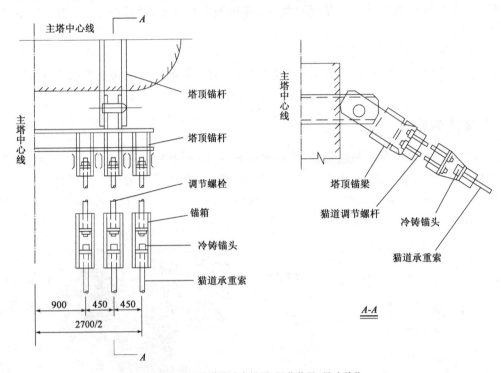

图13-19 汕头桥猫道承重索锚固、调节装置(尺寸单位:mm)

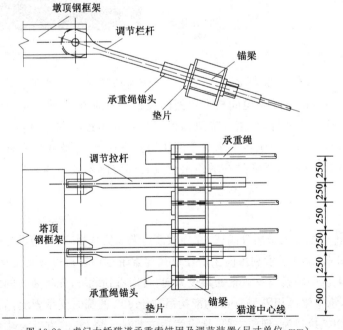

图13-20 虎门大桥猫道承重索锚固及调节装置(尺寸单位:mm)

猫道承重索架设完成后，架设猫道面钢丝网，猫道面大、小方眼钢丝网在地面上预制成30m长的猫道面层节段，卷放后吊运到塔顶的放盘支架上，在塔顶平台的上方，将猫道面层铺放于承重索上，安装猫道面同承重索间的连接螺栓，由导索拽拉猫道面前端横梁，使猫道面层沿承重索下滑，逐段拽拉下滑，逐段安装，直至跨中合龙。两侧猫道间横向连接通道(横向天桥)在塔顶安装，并随同猫道面层被拽拉到位，最后安装猫道扶手索、栏杆等。

2. 连续式猫道架设

连续式猫道中跨一般采用托架法间接架设，边跨采用直接上提法架设，架设过程中应按照上、下游对称，中、边跨对称的顺序各自独立架设，经主塔塔顶转索鞍，形成三跨连续猫道系统。连续式猫道施工流程为：猫道承重索制作→中跨托架承重索架设→托架安装→猫道承重索架设及调整→拆除托架及托架承重索→安装变位刚架及下压装置→猫道面层铺设及横向通道安装→制振系统安装→猫道系统门架安装→系统调试运行。

(1) 猫道承重索制作

为尽可能消除承重索非弹性变形，先对猫道承重索进行预张拉；将预张拉后的钢丝绳在最小破断力5%的持荷状态下按设计长度精确下料，然后按冷铸锚灌铸工艺完成锚头灌铸工作，最后进行整根钢丝绳破断试验，以验证承重索的强度和最小破断拉力值。

(2) 中跨托架承重索的架设

托架是拽拉猫道承重索时的空中支承，托架挂设在托架承重索上。润扬长江大桥每条猫道中跨设置两根 $\phi36$ 的托架承重索，分别临时锚固在塔顶预埋件上，首先将托架承重索放置在南主塔边跨侧放索架上，用塔式起重机将绳头提至塔顶，并与主牵引索拽拉器相连接，启动牵引系统，放索架提供一定的反张力，将托架承重索由南向北牵引，将承重索绳头分别挂设在两塔预埋件内，用卷扬机施加拉力，调整其垂度达到设计要求后锚固。

(3) 托架安装

在托架承重索上，用 $2\phi21.5$ 定位索按约100m间距固定14个托架。首先将 $2\phi21.5$ 定位索放置在南塔塔顶横梁放索架上，将定位索绳头与牵引索拽拉器连接，向北塔拽拉，当拉出100m左右时，将第一个托架挂在承重索上，并与 $\phi21.5$ 定位绳连接，当第一个托架被拽拉出100m左右后，安装第二个托架。如此反复，将全部托架安装到位，并将定位绳两端分别锚固在两侧桥塔预埋件上。

(4) 猫道承重索架设及调整

边跨采用直接提升时，将猫道承重索置于锚碇附近地面上，利用塔底附近的卷扬机，将承重索经地面托滚向主塔方向牵引，到达塔底后，利用塔式起重机或卷扬机将其提升至塔顶，并临时固定，将中跨承重索放置在塔底部，用塔式起重机将猫道承重索绳头提至塔顶，绕过滚筒后于牵引系统拽拉器连接，使承重索支撑在托架上，将猫道承重索拉至另一侧主塔；将中、边跨猫道承重索连接在一起，解除临时约束，调整承重索线形，锚固猫道承重索。

(5) 猫道面层铺设

在地面将组成猫道面层的各种材料，如防滑木条、粗面层网、横梁等按设计位置绑扎好，用塔式起重机将其吊至塔顶平台，安装横向通道桥，在靠近跨中侧设置配重，利用横向通道桥及配重块自重带动面网下滑，在开始时由于坡度较陡，为控制下滑速度，需在塔顶设置反拉力卷扬机。待面网中跨合龙后，拧紧面网和猫道承重索间螺栓，将面网固定在承重主缆上，而后进行猫道扶手索、栏杆以及侧面网的安装。

边跨也采用相同方法架设猫道,为减小主塔的不平衡受力,可先从塔顶向中跨铺设一定长度后,再铺设边跨猫道。

安装猫道过程中,应注意左右、边中跨间的作业平衡,并定期观测主塔的扭转和偏位,以防猫道安装过程中桥塔发生较大变位,影响主缆架设。

第四节 主缆架设

一、主缆架设方法

悬索桥主缆架设方法有空中纺线(AS)和预制丝股(PPWS)法两种。前者多在欧美等国家采用,后者多在中国、日本等国家选用。

1. 空中纺线(AS)法架设主缆

空中纺线法是用纺轮在两端锚碇的鞋跟间将钢丝反复绽放成环状的一束,然后再将数十束捆扎成一根主缆。纺轮每次可带一根钢丝,也可带几根,最多可带4根钢丝。送丝小车的最高速度为4m/s,按照预定次数送丝后,再进行捆扎作业。

2. 预制丝股(PPWS)法架设主缆

采用预制丝股法的主缆分为若干股,每股有若干钢丝组成,常用每股钢丝根数有61、91、127、169,每股钢丝根数越多、跨度越大,对架设主缆时吊装、拽拉等设备能力要求越高;在主缆钢丝根数相同情况下,纺线法主缆的钢丝股数相对较少,但每股钢丝束的根数很多,可达400～500根。图13-21为某桥采用PPWS架设主缆过程,图13-22为某桥塔顶索鞍处主缆安装。

图 13-21 PPWS法架设主缆

图 13-22 某桥塔顶索鞍处主缆安装

预制丝股法是在工厂将钢丝制成束,用拽拉器将钢丝束拉向对岸。钢丝束的张拉、移设就位、固定作业和调整作业对每束钢丝束均要进行,最后用紧缆机将钢丝束挤紧形成主缆。

润扬长江大桥每根主缆共184束索股,每股127根钢丝(图13-23),主缆架设时从1～184的编号顺序进行,首先架设1号基准索股,待基准索股线形调整完毕后,再依次开始一般索股的安装。基准索股为最先安装的索股。

索股拽拉到位后,利用塔顶门架上的导链滑车收紧并吊起钢丝束,再横移到鞍座上方。横移就位放入鞍座槽内的钢丝束处于自由悬挂状态,其平面位置已能满足设计要求,但其线形尚不能满足设计要求,需要进行垂度调整。钢丝束线型调整顺序按先中跨、后边跨的顺序进行,需要在温度稳定的夜间以垂度法进行调整。基准钢丝束和一般钢丝束垂度调整,采用两种不同方法。

基准索是以后各根索垂度调整的基准,须准确测量其垂度。基准索垂度调整采用绝对垂度法,必须考虑到钢束温度、环境气温、风力及天气条件,测量时可将激光全站仪置于塔顶,在跨中将接收光束的棱镜定尺悬挂于基准钢丝束底,将激光全站仪瞄准棱镜后即可自动输出高精度的测距、测角、测高数据,从而测得基准索跨中点的高程。若垂度偏小,通过调整鞍座位置,将塔顶鞍座处索向跨中放松少许,反之则收紧少许,之后重新测量跨中垂度,直至满足设计要求为止。中跨垂度调整完毕后,在索鞍处将索与鞍座固定牢固。

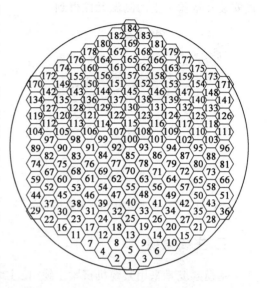

图 13-23 润扬长江大桥主缆截面及索股编号

边跨垂度测量时,可将测量仪器置于边墩顶,测出基准索边跨束底高程,垂度调整时,在钢丝束的锚头底配以穿心式千斤顶,钢丝束的收紧、放松通过千斤顶的拽拉调整锚头面的垫片厚度来实现,如图 13-24 所示。边跨基准索线形的调整以测定垂度和千斤顶的张拉力双控;边跨基准索调整之后,在散索鞍内应以打木楔和反压将其锁定。基准索调整完成后,应再进行连续几天的观测,要求主缆基准束跨中垂度偏差应控制在设计允许的 3cm 以内,上下游基准束跨中相对高程差则在 1cm 之内。

一般索的垂度调整采用相对垂度调整法,其原理是在各跨垂度调整点以相对垂度测量卡尺测出待调整索与基准索的相对垂度差(图 13-25),将实测垂度差值与理论垂度差值比较,得出相对垂度差 Δf,计算各跨的放松量 ΔS,由 ΔS 控制放松量,汕头大桥调整量按下式计算:

中跨
$$\Delta S = 0.4397 \Delta f \tag{13-1}$$

边跨
$$\Delta S = 0.2344 \Delta f \tag{13-2}$$

$$\Delta f = H - \Delta h_i - D - d_i \tag{13-3}$$

式中:$H - \Delta h_i - D$——待调索与基准索的实测垂度差;

d_i——待调索与基准索理论垂度差;

H、Δh_i——如图 13-25 所示;

D——钢丝束高度。

相对垂度测量前应将待调整束的垂度抬高 200~300mm,使其处于自由悬挂状态;一般束的调整顺序及放松方法与基准索相同。调整好的钢丝束在鞍座内必须及时索定。钢丝束调整后相临束的标准是似靠非靠、若即若离。

即使在温度稳定的夜间,各钢丝束温度也不相同,当安装钢丝束到一定数量而形成束群后,束群平均温度与待调束的温度会存在显著差别,计算放松量时应考虑这一影响。束温可通过安装在钢丝束上的测温元件得到。

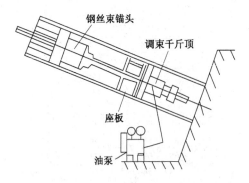

图13-24　基准束边跨垂度调整方法

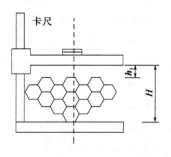

图13-25　钢丝束相对垂度测量

二、主缆紧缆

主缆紧缆是采用紧缆机挤紧主缆,使主缆成为孔隙率约为18%~20%的圆形断面,并用软钢带将主缆捆紧。主缆挤紧分初整圆和挤紧两步。

1. 主缆初整圆

初整圆的目的是为了下一步挤紧做准备,初整圆在气温稳定的夜间进行。首先在主跨$L/4$、$L/2$、$3L/4$,边跨$L/2$处确定钢丝束排列无差异,钢丝间是否平行,若有则及时调整。若钢丝束排列无变化,则用直径10mm小钢丝绳绕缆两圈,两端用导链滑车连于猫道横梁上,边收紧导链边用木槌敲打,初整圆后用钢带打包捆扎,捆扎间距在60m左右,以后以二分法,直到5m一道,主缆表面基本平顺,无凹凸不平现象,初整圆的主缆直径会减小,但孔隙率在24%~32%之间,显然还需要挤紧。

2. 主缆挤紧

主缆挤紧采用挤缆机进行,挤缆机的工作原理是利用径向布置的若干千斤顶,对主缆施加径向压应力,使其收紧。挤缆机结构见图13-26;挤缆施工见图13-27。主缆挤紧后的孔隙率目标控制值一般平均为20%,考虑到挤紧捆扎后主缆直径的回弹增大,在挤紧时适当调小缆径,并控制在18%左右。

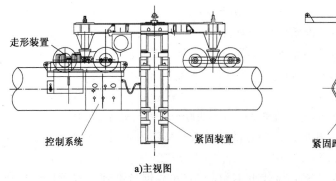

图13-26　挤缆机结构

挤紧主缆时,可采用4台挤缆机,首先从两主塔向中跨跨中挤紧,其后再从主塔分别向两边跨侧挤紧,挤紧间距可控制在1m左右,挤紧后,在挤紧压块前后各用钢带捆扎一道,间距0.5m。挤紧前应拆除钢丝束的定型包扎带和初整圆的捆扎带。开机前应控制千斤顶的顶压力,挤压块的压应力应小于主缆钢丝的横向允许压应力。在顶压过程中,可采用千斤顶顶压力和主缆直径尺寸双控标准,只要达到其一,即可停机,在挤紧机离开5m以后测量主缆的竖向、横向直径,计算孔隙率,直至符合设计要求。

三、索夹、吊索安装

将索夹安装在主缆上各设计位置,上紧螺栓即可。随着加劲梁的架设、恒载的增加,主缆直径会减小,索夹会发生松动,因此在加劲梁架设前后、主缆缠丝前要进行数次索夹的上紧工作。将索夹安装完毕后,将吊索安装到索夹上。图13-28为索夹结构;图13-29为索夹安装施工;图13-30为吊索安装施工。

图13-27 挤缆施工

图13-28 索夹结构

图13-29 索夹安装

图13-30 吊索安装

第五节 加劲梁安装施工

悬索桥加劲梁结构形式主要为钢桁梁、钢箱梁、混凝土箱梁,在设计中多将加劲梁划分成若干节段,在预制场将节段加工完成后,将节段吊装到设计位置。加劲梁的制造长度一般与钢桁梁的节间长度或纵向的吊索间距以及钢箱梁的纵向吊索间距相同,但架设节段一般由2个制造节段组拼而成,这样每个架设节段可由4个吊点的吊索来承吊,比较安全、方便。

加劲梁节段架设顺序可以采用先从主孔跨中及两侧桥台分别向桥塔的两侧推进,见图13-31a);也可采用从桥塔两侧分别向两侧桥台及主孔跨中推进,见图13-31b)。在工程实践中也有采用其他架设顺序的实例,如日本的明石海峡大桥,加劲梁的架设顺序是边跨从桥台向桥塔推进,主跨从桥塔向跨中推进,即边跨与主跨的加劲梁段分别采用图13-31a)、图13-31b)所示的架设顺序,无论采用哪种架设顺序,均须考虑主缆变形对加劲梁线形的影响,应在施工前尽可能先做模型试验与必要的计算分析进行研究比较后,再结合各桥自身特点加以解决。

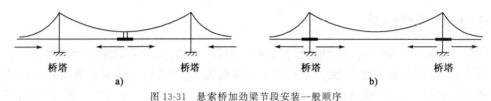

图 13-31 悬索桥加劲梁节段安装一般顺序

将预制节段安装到设计位置采用的方法主要有大型浮吊、缆载起重机,在我国矮寨大桥中采用了"轨索滑移法"架设主梁。

一、缆载起重机架设加劲梁

1. 缆载起重机结构

缆载起重机(图13-32)实际是可以在主缆上纵向移动的滑车,架设在两根主缆上。润扬长江大桥采用的缆载起重机单台主要性能指标如下:

(1)提升能力:370t;

(2)提升用千斤顶:2×185t;

(3)平均提升速度:36m/h;

(4)最大提升速度:58m/h;

(5)放索速度:58m/h;

(6)提升索股长度:250m;

(7)最大总质量(包括扁担):140t;

(8)允许最大主缆倾角:30°;

(9)主缆上平均行走速度:10m/h;

(10)卷扬机:每台起重机2部;

(11)工作允许风速:16m/s;

(12)非工作状态允许最大风速:55m/s。

2. 加劲梁节段吊装

水上施工的悬索桥,先在拼装场将两个相邻节段组装在一起,然后用拖船将节段运至设计安装位置,由缆载起重机将节段起吊到相应位置,将吊索挂在节段上,见图13-33。一般为了使加劲梁的线形在架设过程中能适应主缆的变形,各架设节段之间不立刻做刚性连接,此时上弦侧应相互靠拢而可设铰先作临时连接,而在下弦侧因张口(不闭合)而暂不连接,待全桥或某一区域的加劲梁段起吊安装完毕后再在上下弦侧补作永久性连接,但在之前,对只做临时连接的加劲梁区段要求应有足够的抗风能力。

第十三章 悬索桥施工

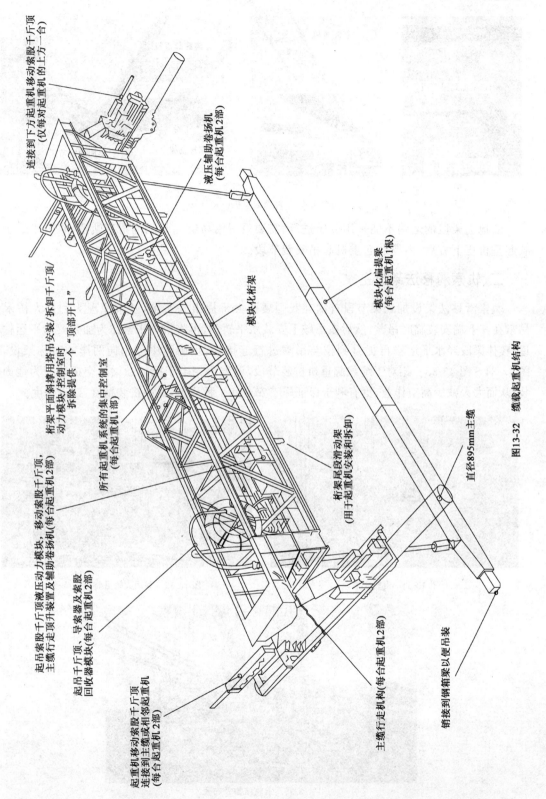

图13-32 缆载起重机结构

  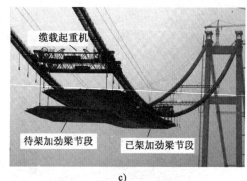

a)   b)   c)

图 13-33 缆载起重机吊装节段

陆地上梁段的运输不能采用驳船进行，需要设置沿桥纵向移动的滑移轨道，将节段运至缆载起重机正下方后，由缆载起重机起吊安装节段。

二、轨索滑移法架设主梁

轨索滑移法架设加劲梁节段首次在我国矮寨大桥提出并实施，基本原理为利用大桥永久吊索在其下端安装临时吊鞍，然后在吊鞍上安装水平轨索，再将轨索张紧作为加劲梁水平运输轨道，整体梁段经水平运输再提升到位与吊索进行连接，实现由跨中分别向两岸的对称架设，见图 13-34～图 13-38。相对于缆载起重机拼装节段，该方法相当于把加劲梁高空拼装变为地面拼装，从而大大减少高空作业，更有利于保证施工安全和工程质量，提高拼装精度、架设进度。

 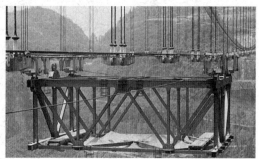

图 13-34 索轨安装   图 13-35 利用索轨吊装钢桁节段

图 13-36 索轨结构及布置

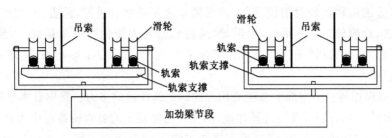

图 13-37　索轨滑移架设节段过吊索截面示意

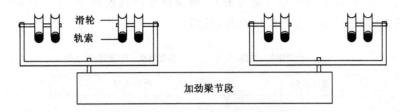

图 13-38　索轨滑移架设节段过吊索间示意

第六节　主缆缠丝施工

一、主缆缠丝的作用及时机

对于修建在海洋环境的悬索桥,环境水汽盐分较多,跨中或锚侧主缆低端位置常有汇水,在这种干湿交替环境下,金属构件极易发生电化学作用而腐蚀,对主缆钢丝防护十分不利。悬索桥主缆作为不可更换的永久结构,其耐久性决定整个大桥的使用寿命,而可靠有效的主缆防护是确保主缆耐久性的关键。目前悬索桥主缆多采用多重防护涂装体系,如我国西堠门大桥主缆防护采用:磷化底漆＋不干性密封膏(不干性防护腻子)＋$\phi 4mm$ 镀锌低碳钢丝＋磷化(环氧云铁)底漆＋密封剂＋聚氨酯面漆,如图 13-39 所示。

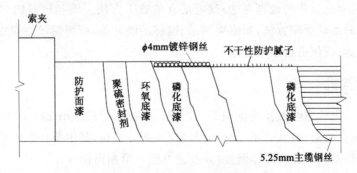

图 13-39　西堠门大桥主缆防护

主缆缠丝施工是在主缆上缠绕镀锌钢丝,目的是将主缆表面完全封闭起来,在主缆外表面构成一个具有足够压力的套箍,将两索间的主缆钢丝夹紧,使主缆的孔隙率最小,同时通过缠绕钢丝内外防护层隔绝大气环境,保证主缆(不受大气有害成分腐蚀)涂装效果,为主缆增加一层防锈措施,提高主缆耐久性。缠丝施工需要的钢丝有两种:一种为圆形钢丝,另一种为 S 形钢丝。

主缆缠丝施工可在加劲梁架设完毕,桥面铺装之前或之后进行,前者为"先缠丝,后铺装",后者为"先铺装,后缠丝"。"先铺装,后缠丝"缠绕钢丝张力变化受汽车荷载、主缆降温以及系统温差等因素影响;而采用"先缠丝,后铺装"施工工艺,除考虑以上影响外,还需考虑二期恒载引起的泊松效应。

缠丝时机应根据缠丝后主缆的缆径变化合理确定缠丝机的张力。根据日本悬索桥的施工经验,主缆张力达到70%后即可开始缠丝作业,国内外已经施工的悬索桥缠丝张力在2~2.8kN之间,不论采用多大的缠丝张力,最终要求缠绕在主缆上的钢丝在主缆达到设计恒载时,钢丝的残余张力应大于零,即应使钢丝有一定的张力,确保钢丝能紧紧缠绕,和主缆密贴。为得到不同时间钢丝的张力,可在钢丝上粘贴应变片,见图13-40。

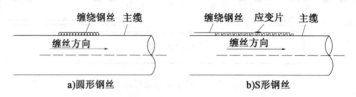

图13-40 主缆缠丝作业示意

二、主缆缠丝顺序

主缆缠丝顺序可根据工程具体情况确定。可先施工比较平坦的中跨主缆,后施工边跨主缆。中跨主缆由跨中向主塔方向缠绕,边跨由靠近散索鞍部位的主缆开始向塔顶方向缠绕,这种由低到高的缠绕顺序便于控制缠丝机的平衡和缠丝的间距。有些悬索桥主缆缠丝也采用不同的顺序,如我国西堠门大桥采用先边跨后中跨,边跨从锚碇向桥塔方向进行缠丝,中跨则由桥塔向跨中方向推进,和传统由低到高的缠丝顺序不同。

三、主缆缠丝试验

在进行大规模主缆缠丝施工前,应进行主缆缠丝试验,其目的有两个:了解缠丝机的机械性能,掌握缠丝机常见故障的处理办法;确定适宜的施工方法。缠丝试验内容一般有三项:主缆某些特殊位置的缠丝处理方法,如索夹两端、锚碇前墙处等;所缠钢丝的焊接工艺,包括钢丝的固结焊和对接焊;缠丝机过索夹方法。

四、主缆缠丝机

以我国西堠门大桥主缆缠丝为例说明。西堠门大桥缠丝机采用ZLC1000型缠丝机,该设备主要由主机、前夹持架、后夹持架与导向梁等四大部分组成,其主要性能参数为:

(1)缠绕钢丝:ϕ4mm低碳镀锌钢丝,经改进可缠S形断面钢丝;
(2)缠丝头数:2;
(3)缠丝张力:0~2.8kN(可调);
(4)缠丝线速度:0.09~1.1m/s(无级调速);
(5)主缆上行走方向控制:前进或后退均可;
(6)储丝筒容量:≤500kg/个(操作中为300kg/个);

(7)允许主缆最大倾斜角:35°;
(8)外形尺寸(长×宽×高)12.5m×2.99m×3.47m;
(9)整机质量:不含配重铁:12t,含配重铁 15t。

ZLC1000 型缠丝机特点:

(1)ZLC1000 型缠丝机遇到索夹和吊索时液压驱动,传感器控制,自动跨越,连续行走(只是当大齿圈跨越吊索时需停止旋转,开启活动门),增加了快速行走机构,可大幅度提高作业效率。

(2)旋转部分转速与走行速度自动匹配,做到缠丝1圈紧扣1圈,通过微调装置,可适应缠丝节距或直径公差的变化范围,稍做变化,能适应S形断面钢丝的缠绕。

(3)缠丝时钢丝张力可达 2.8kN,缠丝时的张力由数组摩擦轮的摩擦阻力形成,力的大小通过螺母施加的正压力大小来有效调整和固定。张力检测装置将张力产生的弹簧变形转换成位移变形量 ΔL,通过 $T=f(\Delta L)$ 的函数关系将信号传输给旋转齿圈上的无线发射装置,接收装置用数字将张力显示于显示屏上,确保缠丝张力值的有效控制与监测。

(4)可缠丝主缆节间全程,通过端部缠丝附件,克服索夹与齿圈间形成的死角,可缠丝至索夹端部,解决了索夹两端嵌入缠丝的难题。

五、主缆缠丝施工

我国西堠门大桥主缆缠丝施工流程见图 13-41。

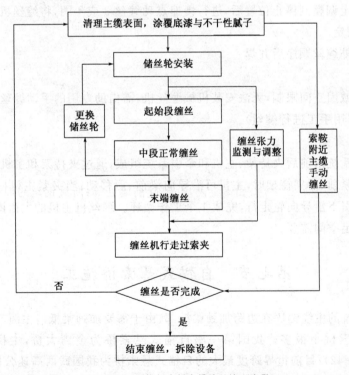

图 13-41 西堠门大桥主缆缠丝施工流程

(1)起始端的主缆缠丝

①安装储丝轮,并穿绕钢丝,主机行进至端部缠丝附件前端距索夹端部 20mm 处。

②将电机速度调至150r/min左右,用钢丝钳将缠丝丝头扭挂在索夹的螺栓上。

③正转点动缠丝机进行端部缠丝,缠至3圈后停机按要求进行并焊,用磨光机打磨焊坡,保留焊坡高度1mm,并将缠好的钢丝人工用木槌、木棒推入索夹端部槽内。

④继续电动进行端部缠丝3或4圈,人工推向索夹端部后停机,机器反向走行,直至端部缠丝附件的出丝与已缠好钢丝平齐后停车,完成起始端的缠丝。

(2)索夹节段间缠丝(正常缠丝)

①起始端部缠丝焊牢之后,即可进入正常缠丝,即两索夹端部以外的中间部分缠丝;首先调整好缠丝与行走的匹配,然后点动缠丝,待进入正常缠丝后,由慢到快进行缠丝作业,保证缠丝过程中缠丝张力大于2.3kN,注意张力指示数值的变化,若缠丝张力小于该值,则通过张紧装置上的调节螺母进行调节。

②在已缠好的主缆顶面,每隔1m需用铝热焊将缠丝固定,每个固定地方共3个焊点,焊点位于主缆的上半圈内(避免铝热焊焊剂流淌),尽量在钢丝的对接处固定。

③储丝轮剩余钢丝6圈左右时并焊钢丝,剪断剩余钢丝,卸去空储丝轮,利用前行走架挂梁更换储丝轮,2盘钢丝间采用对接焊连接。

(3)末端缠丝

①正常缠丝接近下一索夹时,如缠丝机达不到索夹端部,应先停车,将钢丝按端部要求并焊。

②将缠丝行走调整到停止位置后,进行慢速点动缠丝3或4圈,将缠丝机挤压入索夹端部环槽内,并焊接固定。

③理顺索夹外缠丝顺序后并焊。

(4)手动缠丝

索鞍附近区域因空间限制,无法安装机械缠丝机,需借助专用的手动缠丝机单头进行缠丝(在索夹位置则利用手工进行缠丝)。

(5)缠丝机过索夹

缠丝机行走系统由前后夹持架、主机和牵引系统组成,通过夹持架和主机交替夹紧方式移动缠丝机。当夹紧前、后夹持架时,主机可沿导向梁前、后移动;当夹紧主机松开夹持架时,夹持架可在倒链牵引下沿导向轮走行,完成1个工作循环。缠丝机主机的大齿圈设有活门,过索夹时可打开以满足空间需要。

第七节　自锚式悬索桥施工

自锚式悬索桥的主缆锚固在边跨加劲梁端部,由于需要加劲梁抵消主缆产生的水平力,其跨度比一般的悬索桥小很多。我国第一座自锚式悬索桥为金湾大桥,主桥跨径为24m+60m+24m(图13-42);目前世界跨度最大的自锚式悬索桥为我国武西高速公路桃花峪黄河大桥,该桥2011年11月贯通,2013年9月建成通车,主桥为160m+406m+160m三跨自锚式悬索桥(图13-43)。自锚式悬索桥加劲梁可以为混凝土箱梁、钢桁梁、钢箱梁、钢箱结合梁,主缆可以采用平行钢丝束或钢丝绳。

图 13-42　金湾大桥

图 13-43　桃花峪黄河大桥

自锚式悬索桥施工的重点为加劲梁预拱度控制及各种预埋件的精度控制,难点为吊索张拉过程中的索力调整。

一、加劲梁架设

由于自锚式悬索桥主缆锚固在边跨加劲梁端部,因此,自锚式悬索桥加劲梁的安装顺序和一般意义上悬索桥不同,应先安装加劲梁。对于采用现场浇筑的混凝土加劲梁,可在支架上进行加劲梁的现场浇筑,施工方法和支架现浇连续梁相同,见图 13-44;对于分段预制的钢箱、钢桁、钢箱组合加劲梁,应先在工厂进行节段的预制,然后将节段运至桥位上预先拼装的支架上,将各节段进行拼接后,形成加劲梁,见图 13-45。

图 13-44　墩梁支架上浇筑混凝土加劲梁

图 13-45　桃花峪黄河大桥施工场地总体布置

除采用支架上进行节段的拼装外,还可以采用顶推施工架设加劲梁。桃花峪黄河大桥加劲梁的架设就采用了连续顶推的方法,该桥主桥钢箱梁全长726m,共59节,其中有53节采用多点同步连续顶推法施工,该桥施工场地总体布置见图13-45。在顶推前,先沿桥梁纵向搭设钢管墩支架,作为加劲梁的临时支撑,见图13-46;在合适位置搭设加劲梁拼装平台,进行首段加劲梁的吊装,见图13-47。

图13-46 钢管墩支架搭设

图13-47 加劲梁拼装平台及首段加劲梁的拼装

在第一段加劲梁和导梁拼接完成后,将与导梁连接为一体的第一段加劲梁推出,进行后续节段加劲梁的安装,直至完成加劲梁的架设安装,见图13-48、图13-49。

图13-48 首个节段和导梁推出　　　　　　图13-49 导梁过主塔

二、主缆架设

国内类似工程实践中,自锚式悬索桥的主缆可以采用和一般意义悬索桥相同的平行镀锌钢丝束,也可以采用镀锌钢丝绳。采用镀锌平行钢丝时,主缆的架设方法采用和一般意义悬索桥相同的 PPWS 法架设。

国内抚顺万新大桥主桥为双索面自锚式钢筋混凝土悬索桥,主跨160m,边跨70m,主缆由85根 $\phi 54$ 镀锌钢丝绳组成,主缆经塔顶鞍座转向后,在边跨内索股由塔顶水平面进行空间旋转至锚固跨滑动索鞍出口处变为铅垂面,最后在锚固跨梁内首尾连接,形成环绕闭合结构。主缆架设施工中,考虑到自锚式悬索桥主缆架设时,加劲梁已施工完成,具备加劲梁面放索条件;环绕闭合钢丝绳主缆采用猫道放索时对猫道侧向刚度要求高,且牵引力损失较大,猫道上放索困难;钢丝绳主缆索股不同于平行钢丝索股,不会出现鼓丝现象,不需要处理丝股,因此采用了梁面展放主缆单股、单根索股闭合后整体起吊的无猫道法安装索股方案。单根索股起吊入鞍后,在主、边跨跨中测量支架上测量并控制索股线形,直至该索股线形满足设计及规范要求,再安装其他索股。主缆索股架设完成后,利用吊篮进行初紧缆,然后在主缆上设移动平台作为索夹及吊索安装工作平台。梁面放索时,在主梁顶面沿主塔内侧布置闭合钢丝绳作循环索(图 13-50),循环索带动主缆索股从放索盘中牵引出来,进入边跨主梁顶面,绕过主塔外侧,再进入主跨主梁顶的放索道上,接着绕过另一主塔外侧进入另一侧边跨主梁顶面,然后进入到锚固梁内主缆索股通道,转向到下游。同理从下游循环至放索端,索股首位相接,将主缆在梁面完全展开。索股接头连接前,必须检查同一根钢丝绳是否有扭转,若钢丝绳有扭转应先将钢丝绳放松,并顺直后方可连接接头。主缆起吊入鞍采用在两主塔附近设置的塔吊将单根钢丝绳索股,将索股标记点与索鞍对齐,将索股放入鞍槽内。

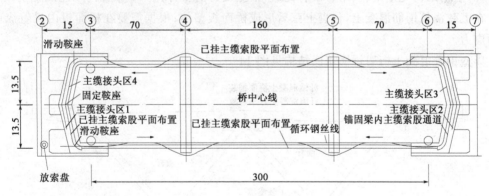

图 13-50　抚顺万新大桥主桥主缆挂设示意(尺寸单位:m)

三、吊索张拉及体系转换

自锚式悬索桥在主缆安装完毕后,挂设吊索,并通过张拉千斤顶对吊索施加拉力。吊索安装、张拉顺序需经过大量理论计算后确定。一般为中跨从跨中向两侧主塔、边跨从跨中向散索鞍和主塔进行,为使吊索张拉力及加劲梁结构线形符合设计要求,需经过多次吊索的张拉,达到设计及规范要求后,拆除加劲梁的临时支撑,实现结构的体系转换。

第十四章　钢管混凝土空间桁架组合梁式桥施工

第一节　钢管混凝土空间桁架组合梁式桥结构

由于具有抵抗正负弯矩及扭矩的良好性能,箱形截面是大跨桥梁结构中优先选用的截面形式。随着桥梁跨径的增大,桥梁结构恒载所占比例也随之加大,结构承载能力用于承担活载的比例相对减小,承载能力利用系数降低,造成对材料的浪费。如何通过利用新型材料及新型结构形式,减小上部结构恒载,并采用与之相适应的施工方法,简化施工程序,降低工程造价,一直是国内外桥梁工程界非常关注的问题之一。

钢管混凝土桁架是在实腹箱梁基础上,以"替代腹板体系"来代替箱形结构的实体腹板,在钢管混凝土桁架结构中,"替代腹板体系"采用钢管混凝土空间桁架,其具体构造方案如下:

(1)空间桁架的基本构造单元是正四棱锥。

(2)空间桁架组合结构的先期结构为钢结构,上弦的纵向及横向杆件均为槽钢或钢管,构成正交网络,腹杆、下弦杆及平联杆件均为空心钢管。

(3)主桁结构先期组装、平移及合龙后,根据受力需要,向上、下弦杆内压注混凝土。

在上弦浇筑钢筋混凝土,包裹上弦后形成桥面板整体;根据需要在桥面板内设置纵向、横向预应力。

典型钢管混凝土桁架桥横截面结构见图14-1。

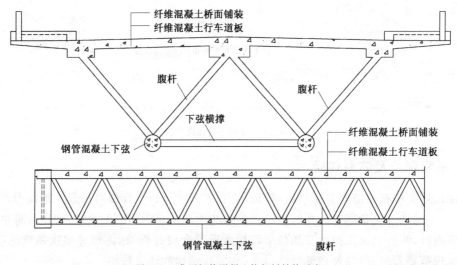

图14-1　典型钢管混凝土桁架桥结构示意

钢管混凝土空间桁架组合梁式桥上、下钢管内一般需灌注混凝土。由于行车道板较薄，桥面板常常会采用纤维混凝土，以增大混凝土的承载能力。该桥型已广泛应用于斜拉桥、连续梁桥中。国内外首次采用钢管混凝土空间桁架组合梁式结构的桥梁为1996年6月建成通车的佛山市南海区紫洞大桥(图14-2)，该桥主桥采用跨径组合为69m+140m+69m的双塔三跨单索面斜拉桥，主梁采用钢管混凝土空间桁架组合梁式结构，施工方法采用拖拉架设。该桥建成后，国内外又新建成湖北秭归县向家坝大桥、重庆万洲大桥(图14-3)、Lully高架桥等钢管混凝土空间桁架组合梁式结构，均取得了良好的经济社会效益。

钢管混凝土空间桁架组合梁式桥施工主要程序见图14-4。

图14-2　佛山市南海区紫洞大桥

图14-3　重庆万洲大桥

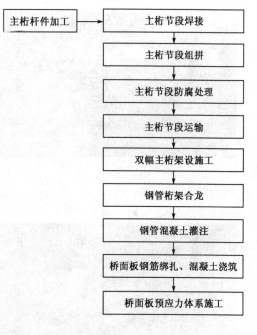

图14-4　钢管混凝土空间桁架组合梁式桥施工主要程序

第二节　主桁节段制造及组拼施工

钢管混凝土空间桁架组合梁式桥主桁一般为全焊空间钢管桁架结构，在制造主桁时，需先将上、下弦钢管及腹杆钢管焊接在一起，形成主桁节段。在进行主桁钢管杆件加工时，需考虑设计预拱度，并采用相贯方式对腹板端部坡口进行加工；将钢管拼接成一跨下弦管节段后(图14-5)，将下弦钢管位置定位放线并固定，检测其线形及空间位置，合格后安装腹杆，检查腹杆与下弦管的定位及空间位置、腹杆尺寸(图14-6)，进行上弦杆的安装就位，形成安装匹配的一跨主桁(图14-7)，主桁装配尺寸、高程等合格后，进行主桁杆件间的焊接(图14-8)。焊接工艺和钢结构加工工艺相同。单跨单幅组拼完成后，将组成单跨的各节段吊出(图14-9)，进行杆件防腐处理。

图 14-5 将钢管拼接成一跨下弦管节段

图 14-6 安装腹杆,检查腹杆尺寸

a)

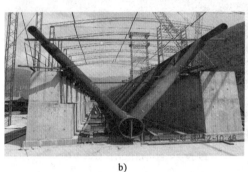

b)

图 14-7 安装、匹配的主桁

图 14-8 主桁杆件间焊接

图 14-9 主桁节段吊装

第三节 主桁安装施工

主桁安装施工可根据桥位场地情况确定。为了不影响桥下通车或通航,可以在两岸引桥或桥头引道范围内,搭设用于组装主桁结构的临时平台,在平台上逐段组装焊接空间钢桁架,组装一段,平移一段,如此循环,直至两岸的空间钢桁架在中跨合龙。如果桥梁不高,施工场地平整,可不采用平移施工,直接在满堂支架上进行主桁杆件结构的组拼,或采用在预制场先进行主桁节段的预制,然后利用塔式起重机或汽车式起重机将节段吊到支架上进行组拼;对于场地条件复杂的桥梁,可根据具体情况确定可行的施工方案。

下面以两座比较典型的钢管混凝土桁架桥为例,介绍该桥型主桁安装施工。

一、南海区紫洞大桥主桁安装

1. 桥梁概况

紫洞大桥主桥跨径为 69m+140m+69m 双塔三跨单索面斜拉桥,设计荷载为原来汽车-超 20 级、挂车-120,桥面纵坡 3%,横坡 1.5%,纵断面竖曲线半径 $R=6000m$,桥面用分隔带分成两幅,每幅三个车道,桥面净宽:0.5m(防撞护栏)+11.25m(行车道)+2.0m(中央分隔带)+11.25m(行车道)+0.5m(防撞护栏),桥面全宽 25.5m;索塔及斜拉索位于中央分隔带范围内,索塔采用单柱型,为钢管混凝土结构;主梁采用钢管混凝土空间桁架组合梁式结构,全高 3.0m;结构体系采用塔梁墩三者固结连续刚构体系。桥梁结构主要尺寸见图 14-10。

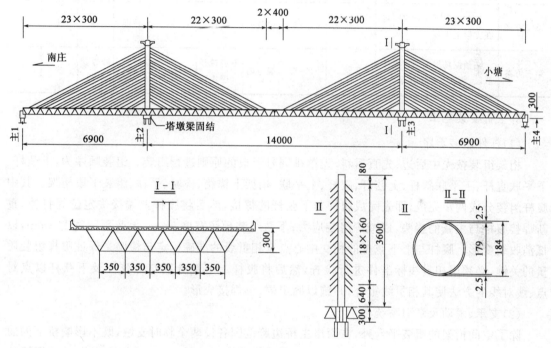

图 14-10 紫洞大桥结构尺寸(尺寸单位:cm)

2. 主桁安装方案

该桥主桁采用拖拉平移施工技术,平移施工工艺与以往 PC 箱梁的顶推施工工艺类似,即在两端引桥范围内设置临时支架,在支架上分段组装空间钢管桁架,分段向中跨跨中拖拉,如此循环,直至中跨跨中合龙。在两岸引桥范围内搭设长度 35m 长临时平台(图 14-11),每次组

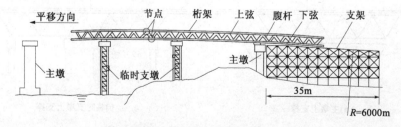

图 14-11 组装支架及临时平台

焊33m桁架,向中跨跨中平移30m,钢索塔分段焊接成型,然后在现场采用竖拼工艺,按89°19′53″向岸边倾斜的后倾角与桁架焊接成整体,并随桁架平移到主墩就位。

实施前,共拟定了散装方案、整装方案、W形标准件方案三种方案,并分别按三种方案组装9m长的桁架做比较,比较结果见表14-1。最后选择"散装方案"。

主桁三种方案对比　　　　　　　　　　表14-1

方案	安装方法	标准件变形(组装应力)	节头间隙(mm)	外观尺寸	上下弦杆接头错缝	构件质量(t)	运输	焊接	工期	经济性
第一方案	按顺序在支架上单根拼装;"散装"	几乎为0	0~2	规范内	错开	1	易	一般	一般	一般
第二方案	先做成W形标准件,再在支架上组装	大	0~5	规范内	错开	2	较难	一般	快	一般
第三方案	在预制场加工制作整体节段,再在支架上组装	大	0~5	规范内	不能错开(违规)	20	难	仰焊变平焊	快	差

3. 主桁安装施工

(1)杆件组装顺序

桁架组装按先中后边、先直后斜、先单排同号形成的原则进行组装。组装顺序为:下弦杆、下平联直杆、下平联斜杆、上弦杆、腹杆、上平联、桁架上锚箱、检验、平移、组装下段桁架。其中腹杆组装分成两步完成,即先完成腹杆与下弦杆的焊接,然后将腹杆上端接头定位焊打掉,重新焊接腹杆与主弦的接头,以减少组装应力;下弦组装预留宽度8mm,上弦预留宽度3mm,以抵消收缩变形。腹杆与上下弦杆的相交中心点及相贯线的准确标定与检验是保证腹杆组装质量的关键,必须用相贯线标准件进行检查,然后将腹杆上下端分别与上弦杆及下弦杆以点对点、线对线的方法使其相贯线重合,并施以固定焊,再焊接成形。

(2)支承、滑动及牵引系统

除了空间桁架的组装平台外,在两岸主桥边跨范围各设两个临时支墩,既不影响桥下的通航,又可减小平移时桁架悬臂跨度,改善桁架平移过程中受力状态,也可解决索塔拼装焊接的支承问题。为了避免空间桁架平移时产生的水平力使临时墩产生过大的纵向变形,将临时墩和主墩用钢索串联并张拉,张拉力50kN;临时墩分别由组合型钢(岸边)及直径600mm、800mm钢管桩(水中)构成。空间桁架在桥墩、临时支墩横桥向设4个滑动支点,见图14-12。

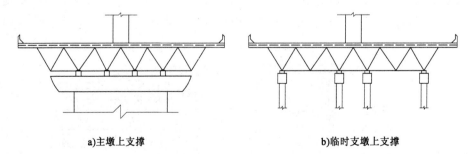

a)主墩上支撑　　　　　　　　b)临时支墩上支撑

图14-12　空间桁架平移施工横桥向支承布置

在主墩及临时支墩上各设置 4 个滑道,滑道顶面设不锈钢板,空间桁架平移时,由挂在下弦节点上的带四氟乙烯蘑菇头的滑块与滑道相对滑动,以减小平移过程的摩擦力,见图 14-13;空间桁架组装平台上不设集中滑道,采用分散滑块方式。

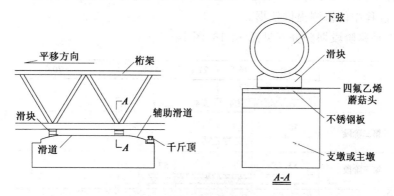

图 14-13 墩顶滑动系统

因滑块与滑道之间为四氟乙烯材料与不锈钢板接触,其摩擦系数小于 1.0,上坡平移纵坡系数取 1.03,最大竖向外荷载为 6000kN,再考虑牵引系统的摩阻力因素,经计算水平牵引力需 600kN。两岸采用了不同牵引方案,一岸由 2 台 50kN 的慢速卷扬机提供牵引力,卷扬机设在岸边,在主墩顶设置转向滑车,见图 14-14;另一岸采用千斤顶牵引方案,由分别设置在两个主墩顶的 4 台 YC-23 千斤顶张拉,牵引绳采用直径 15mm 钢绞线,见图 14-15。

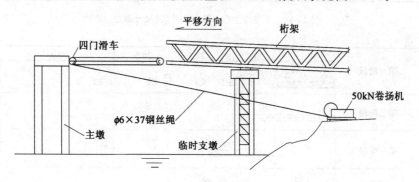

图 14-14 采用卷扬机牵引系统

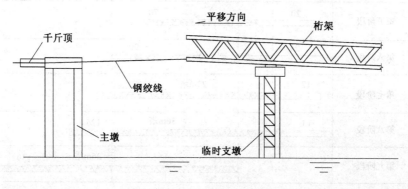

图 14-15 采用千斤顶牵引系统

4. 主桁安装过程阶段、工况划分

空间钢管桁架刚度相对较小，对平移牵引动力要求较低，但对外荷载、支承情况较敏感，为确保平移过程中桁架结构的受力安全，在正式平移前应进行工况划分，并根据工况进行相关计算，并为施工过程中的监测提供依据。

该桥两岸平移阶段划分分别见图 14-16、图 14-17。

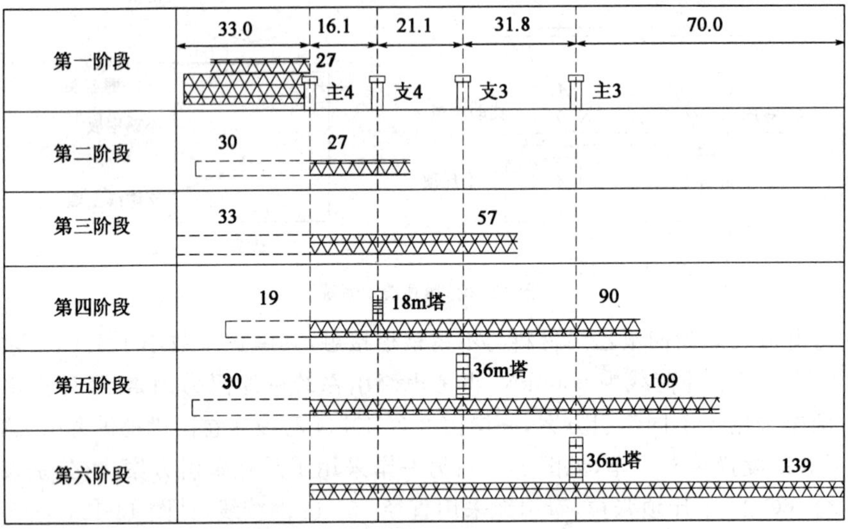

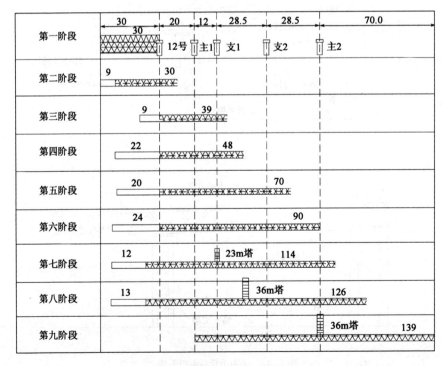

图 14-16 小塘岸主桁平移施工阶段（尺寸单位：m）

图 14-17 南庄岸主桁平移施工阶段（尺寸单位：m）

第十四章 钢管混凝土空间桁架组合梁式桥施工

空心钢索塔在临时墩上分两次竖拼并与空间桁架固结之后,此时桁架平移进入最后阶段,其悬臂长度不断增大,索塔附近的桁架杆件内力也越来越大,主2或主3墩的反力也越来越大,为改善空间桁架的内力及变形,有利于空间桁架在最大悬臂情况下在跨中合龙,利用斜拉索作为平移施工的临时工作索,在两案桁架中孔的悬臂长度各达到30m时,分别挂上1号(38号)、5号(34号)及13号(26号)等三对斜拉索(图14-18),并分别张拉到需要的拉力,使空间桁架顺利合龙。

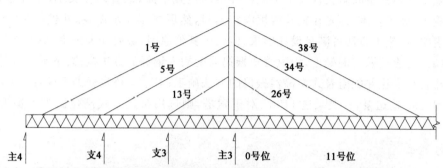

说明:1号、38号索在11号位对称张拉至900kN,在7号位先张拉5号、34号索650kN,再张拉13号、26号索分别至150kN和100kN。

a)小塘侧

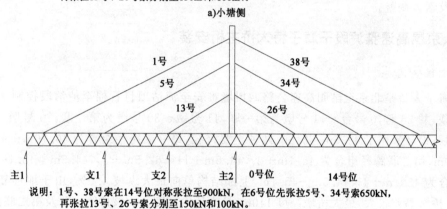

说明:1号、38号索在14号位对称张拉至900kN,在6号位先张拉5号、34号索650kN,再张拉13号、26号索分别至150kN和100kN。

b)南庄侧

图14-18 两岸斜拉索挂设

为确保安全,在确定施工阶段基础上,主桁每前进3m(一个节间)作为一个工况,进行主桁杆件内力的计算。

5.主桁安装过程监控

(1)施工监控内容

在整个平移过程中,特别是空间桁架合龙前,也即索塔上主墩之前的平移过程,应加强对空间桁架主要受力杆件的应变、挠度、轴线位置以及斜拉索索力、索塔塔顶水平位移等项目的观测。

(2)观测方法

轴线偏移:利用主墩墩顶的固定中心线及对岸的经纬仪进行观测;拉索索力:利用脉动索力计测试;空间桁架挠度:利用水平仪观测平移过程中桁架挠度,特别是平移最后阶段的悬臂挠度;空间桁架横桥向上下游高差:利用水平仪进行观测;空间桁架主要受力杆件的应变:采用手持式应变仪。

6. 钢管混凝土灌注施工

该桥主桥钢管混凝土有三类,均灌注C50混凝土。高36m的垂直索塔是$\phi1840\times25$的钢管;主桁下弦为$\phi299\times12$的钢管;互不贯通的空间斜腹杆及下平联杆件分别为$\phi140\times10$的钢管和$\phi140\times6$的钢管。对这三类钢管,采取不同的工艺施工。

由于互不贯通的空间斜腹杆及下平联杆件空间位置不同,钢管内径又小,原计划采用"预填核心混凝土"施工技术,即先在钢管内填满粗集料,然后再压注水泥浆,并进行了相关试验。试验结果表明,该施工方法可满足设计要求,但由于其他原因,最后并未采用;最终空间斜腹杆采用从顶端开孔直接灌注混凝土,用附着式振捣器配插入钢钎的方法振捣;下平联杆件则采用带压力漏斗直接灌注并配附着式振捣器振捣的方法施工;对于全桥贯通的下弦杆,由于内径较大,采用HBT60输送泵,一次泵送140m;对于索塔,则选用泵送立式高位抛落无振捣的施工方法。

7. 后续施工

在钢管混凝土浇筑完成后,浇筑桥面配筋混凝土及钢纤维混凝土桥面铺装层,进行斜拉索的挂设及索力调整。

二、京昆高速雅泸段干海子特大桥主桁安装

1. 工程概况

干海子大桥是北京至昆明高速公路四川境雅安至泸沽项目石棉至泸沽段控制工程,全桥共分三联,共36跨,0号台～11号墩为第一联,11号墩～30号墩为第二联,30号墩～36号台为第三联;设计采用了44.5m、62.5m两种主要跨径,第一联跨径组合为40.70m+9×44.5m+40.70m,第二联跨径组合为45.1m+3×44.5m+11×62.5m+3×44.5m+45.1m,第三联跨径组合为45.1m+4×44.5m+45.1m,上部结构单向最大纵坡4.0%,由于地形复杂,地质条件差,桥墩高差较大,最大桥墩高度110m,最小桥墩高度5m;该桥第一联及第二联前两跨位于半径$R=356$m的圆曲线,第二联第3至17跨位于半径为1130m圆曲线上,第二联18跨、19跨及第三联各跨位于缓和曲线和卵形曲线上,主梁桁架设计为桁架节间为直线,节点处为曲线变化点,即以直代曲的处理方式,上缘桥面板为确保上弦节点的悬臂径向长相同,采取节点间悬臂径向随曲线变化的构造处理措施,位于曲线内桥墩、盖梁、墩柱设计采取沿径向布置,主梁内、外跨长不等的处理措施。

下部结构采用钢管混凝土格构桥墩和钢筋混凝土柱墩,钢管混凝土格构桥墩由钢管混凝土墩身、承台、桩基组成。图14-19为其场地环境。

主梁为多种跨径钢管桁架连续梁,跨径小于50m时,中心梁高440cm,主梁节间间距为440cm,下弦管径813mm,腹管管径406mm,壁厚根据不同位置变化,钢管内灌注C60混凝土;跨径大于50m时,采用与小于50m桁梁相同梁高,

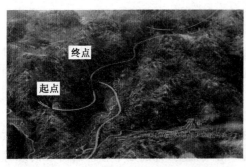

图14-19 干海子大桥场地环境

在桥墩处,加设托架,以便于主梁桁架的制造,保证外观协调美观。桥面板为厚度20cm的预应力钢筋混凝土(混凝土等级为C50)结构,腹杆节点处横向设置有高40cm的预应力钢筋混凝土肋,以方便设置横向预应力。

主梁横向为左、右分幅设计,每幅桥由钢管混凝土下弦、钢管腹杆及顶板组成三角形,标准节段顶板悬臂宽为311cm(曲线内侧为306cm),悬臂板两次倒角变高形成,顶板两腹杆间距为533cm,两侧纵肋处高为70cm,跨中高为20cm。主梁桥面板为多点腹杆支撑,受力情况复杂,所以桥面板选用纤维混凝土材料。主梁横截面一般构造见图14-20;两幅钢管桁架结构见图14-21。

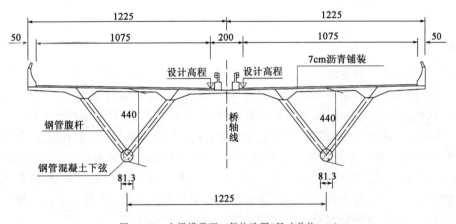

图14-20 主梁横截面一般构造图(尺寸单位:cm)

图14-21 主梁钢管桁架结构横截面

该桥每幅各为一个三角形组成桁架,为了提高主梁整体抗扭能力,在每跨支点和跨中附近处,设置钢管桁架横梁,伸缩缝处横梁对应竖直腹杆设置,呈"I"形,其余横桁梁呈"V"形布置。同时,在每幅桥内的三角形顶端,沿横向桁架对应位置设置横向连接杆。

主梁腹管纵横向倾角,兼顾了桥面板受力、钢束布置及张拉工艺、腹管本身应力水平等因素,腹管与桥面板的连接构造,采用钢管与开孔钢板、纵向无缝钢管焊接、钢筋横向贯通开孔钢板,或从开孔钢板下缘穿过,形成与桥面钢筋混凝土锚固连接,见图14-22;腹杆与下弦钢管,直接采用相贯焊缝连接。

主梁桥墩位置处,设置了主梁负弯矩钢束,由于设计桥面厚度为20cm钢筋混凝土结构,在桥面板内布置钢束困难,设置张拉齿板没有合适位置,因此,桥面板钢束直接锚固于桥面板纵肋内,张拉截面处设置施工缝,待钢束张拉后,再浇筑下节段桥面板混凝土。

a)腹杆上预留孔　　　　　　　　　b)桥面钢筋穿过预留孔

图 14-22　腹杆与桥面板连接结构

2. 桥位场地情况

干海子大桥桥位所处场地情况十分复杂,在设计文件中将此桥定为科研桥,设计图中未给出明确的主梁桁架安装方案,除第三联(30 号墩—36 号台)场地相对平整,可以采用现场节段拼装、整跨汽车式起重机吊装外,第一联、第二联由于场地原因,只有采取其他方法。

第一联及第二联前五跨线路右侧为狭窄林地,线路左侧为陡坡,根本不具备现场拼装、整体吊装的场地;第二联第六跨以后各跨场地相对平整,但桥墩高度基本在 90m 以上,最大墩高 110m,在 17 号墩—23 号墩线路右侧有 2 万 V 高压线路,若采用汽车式起重机、扒杆吊等施工需要穿越高压线。如何将主桁结构安全架设是当时影响该桥安全、顺利完工的关键。桥位场地效果见图 14-23;桥位现场场地情况见图 14-24～图 14-29。

图 14-23　桥位场地效果图

图 14-24　14、15 号桥墩所处场地情况　　　图 14-25　11、12 号桥墩所处场地情况

图14-26 从14号墩向大里程方向场地情况

图14-27 12号—13号墩间场地情况

图14-28 第一、二联连接处场地情况

图14-29 第一联场地情况

建成后第一联线形见图14-30,第二联卵形平面曲线见图14-31。

3. 钢管桁架主梁安装方案比较

由于没有可借鉴的成熟设计、施工经验,该桥在设计中确定为科研试验桥梁,设计图中对钢管桁架主梁安装方案没有具体给出，只给出了大概的施工程序，在施工过程中需要根据实际情况制订可行施工方案。

图 14-30　建成后第一联平面线型

图 14-31　建成后第二联卵型平面线型

在确定钢管桁架主梁安装方案过程中，对三个方案进行过比较优选，具体情况如下：

(1) 桥位处分段拼装、整跨提升

对于桥位场地比较平整的第二联，采取在桥位处将分段制作的主梁节段拼装成整跨，然后利用大吨位起重机吊装，此方案由于第二联线路右侧存在 2 万 V 高压线，大吨位起重机占用时间过长、成本过高，对最高 110m 桥墩处起重机不能实现，在第二联、第三联交界跨起重机不能就位，拼装无场地。

主梁吊装方案也曾经考虑过采用扒杆吊，也由于第二联线路右侧存在 2 万 V 高压线，在第二联、第三联交界跨起重机不能就位，拼装无场地、施工过程存在风险过大而没有采用。此方法也不能解决第一联钢管主梁安装问题。

(2) 制作架桥机逐跨安装

在方案制定过程中，曾考虑过采用架桥机从桥梁一端逐跨进行主梁架设，但安装完主梁后，由于过孔架桥机时结构受力需要，需要先灌注上、下弦管内混凝土及桥面板混凝土，每施工一跨需要至少 1 个月时间，施工完全桥需要 36 个月，即使从桥梁两端形成两个工作面，也需要 18 个月，施工周期过长，且此方法和设计要求的主梁骨架合龙后，再浇筑钢管内混凝土、桥面板混凝土的设计意图不符。

(3) 分区段分别采用整跨吊装、高位拼装拖拉、0 号台后拼装拖拉架设

第三联场地相对平整，具备整跨吊装条件；第二联 15 号墩—29 号墩间桥墩较高，设置有卵形曲线，线路右侧有高压线，可采用在卵形曲线切点附近设置高墩平台，在高位拼装、拖拉架设就位；第一联采用在 0 号台后设置组拼场，采用拖拉安装架设主梁。此方案可开设三个工作面，利于缩短工期，且可解决现场实际场地复杂情况下主梁安装问题，经比选后最终确定采用此方案。

4. 钢管桁架主梁安装总体方案

考虑工期、场地情况、结构特点后，经多次研究，确定以拖拉架设为主，分区域采取相应方案，形成三个工作面的总体施工方案，具体如下：

(1)桥位处节段拼装,整跨吊装就位

对于场地平坦,桥墩不高的第三联,采用桥位处现场节段拼装,形成一个整跨吊装跨后,利用吊车将一个单幅吊装跨吊装就位,临时固定,吊装相应跨的另外一幅,通过横向连接将两幅联结为整体,形成一个完整跨的主桁架,然后顺序施工完成一联的钢管桁架安装、架设。

第三联桥墩施工进度较快,在进行主梁钢管安装方案研究时,已施工完成,具备开展主梁安装条件,在主梁钢管桁架安装完成后,可尽快施工上、下弦管内混凝土的灌注、桥面板混凝土的浇筑工作,也可为后续大面积的钢管混凝土灌注及桥面板混凝土的浇筑积累经验。图14-32为单幅桁架的组拼;图14-33为单幅桁架的吊装;图14-34为两幅桁架间的横向联结及桥面板施工。

图14-32　第三联桥位处整跨拼装,单幅吊装

图14-33　第三联两台汽车式起重机单幅吊装

(2)设置高墩平台,在平台上进行节段拼装,形成拖拉跨后进行主梁拖拉就位

第二联桥墩最大高度110m,线路右侧存在高压线,第二联、第三联交界附近也不具备场地条件,采用桥位处节段拼装、整跨提升的钢管桁架安装方案存在困难,也存在很大的施工风险。

为解决第二联钢管桁架主梁的安装问题,在29号墩靠线路左侧搭设高墩平台,此平台位于第二联、第三联所在反向卵形曲线转点位置,平台平面位置设置于曲线内侧,其中心偏离29号

图14-34　安装完成的横向连接,第一次浇筑完成的桥面板

墩中心,位于曲线切线上,在此平台上进行第二联钢管桁架节段的拼装,形成拖拉跨后,向小里程方向下坡进行双幅整体拖拉、顶推施工。

此平台负责第二联15号墩—29号墩间共16跨各跨的拖拉架设,15号墩—29号墩间各跨基本位于一个平面曲线半径上,每个拖拉跨最大考虑6个整跨,以减小拖拉过程所需拉力,避免高、柔桥墩发生过大水平位移。拖拉节段划分为:6、5、3、1跨作为一个拖拉跨。

拖拉顺序为:先拖拉15号墩—21号墩间六跨,待此拖拉跨就位后,拖拉21号墩—26号墩间五跨,拖拉26号墩—29号墩间三跨,29号墩—30号墩间一跨直接在平台上平移就位,如图14-35~图14-38所示。

图 14-35 高墩拼装平台及横向连接系

图 14-36 平台上拼装拖拉跨

图 14-37 第二联高位平台拖拉第一个拖拉跨就位

图 14-38 第二联高位平台拖拉第二个拖拉跨就位

(3) 0 号桥台后设置节段组拼场,形成拖拉跨后拖拉主梁就位

在 0 号桥台后设置节段拼装场,形成拖拉跨后,向大里程方向进行拖拉跨的拖拉就位,此拼装场负责第一联各跨及第二联前四跨的节段拼装,拖拉时双幅整体拖拉,由于第一联纵向坡度达 4%,为减小拖拉过程中的拖拉力,基本以两跨作为一个拖拉跨。

拖拉节段划分为:2、2、3、3、5 跨分别作为一个拖拉跨拖拉,具体为:13 号墩—15 号墩 2 跨,11 号墩—13 号墩间 2 跨,8 号墩—11 号墩间 3 跨,5 号墩—8 号墩间 3 跨,0 号台—5 号墩间 5 跨分别作为一个拖拉跨。具体过程如图 14-39~图 14-42 所示。

图 14-39　0 号台后节段组拼场

图 14-40　主桁逐段推出

图 14-41　节段拖拉跨拖拉

图 14-42　节段拖拉就位后拆除导梁

5. 总体施工方案应用效果

根据桥位场地情况,确定了节段拖拉、现场节段拼装两种施工方法,形成了第一联各跨,第二联前四跨(11号墩—15号墩),第二联第5跨—17跨(15号墩—29号墩),第三联各跨三个工作面,各个工作面互不影响,前后工序可以相互借鉴,解决了采用架桥机架设需要时间过长及原位垂直起吊存在风险、受高压线影响、节段拼装存在困难等问题,为工程顺利进行提供了保证,该桥从正式安装到全部安装完成,总时间历时11个月,为确保线路通车作出了突出贡献。

通过该桥平面曲线上空间钢管桁架主梁安装的实践,也为今后类似桥梁的设计、施工提供了宝贵的经验。

参 考 文 献

[1] 中华人民共和国交通运输部.公路桥涵施工技术规范:JTG/T 3650—2020[S].北京:人民交通出版社股份有限公司,2020.

[2] 中华人民共和国交通运输部.公路钢筋混凝土及预应力混凝土桥涵设计规范:JTG 3362—2018[S].北京:人民交通出版社股份有限公司,2018.

[3] 中华人民共和国交通运输部.公路桥涵设计通用规范:JTG D60—2015[S].北京:人民交通出版社,2015.

[4] 中华人民共和国交通运输部.公路桥涵地基与基础设计规范:JTG 3363—2019[S].北京:人民交通出版社股份有限公司,2019.

[5] 中华人民共和国交通运输部.公路桥梁钢结构防腐涂装技术条件:JT/T 722—2008[S].北京:人民交通出版社,2008.

[6] 中华人民共和国住房和城乡建设部.建筑施工碗扣式钢管脚手架安全技术规范:JGJ 166—2008[S].北京:中国建筑工业出版社,2008.

[7] 中华人民共和国住房和城乡建设部.建筑施工承插型盘扣式钢管支架安全技术规范:JGJ 231—2010[S].北京:中国建筑工业出版社,2011.

[8] 中国铁路总公司.高速铁路桥涵工程施工技术规程:Q/CR 9603—2015[S].北京:中国铁道出版社,2015.

[9] 中国公路学会桥梁和结构工程分会.基桩静载试验 自平衡法:JT/T 738—2009[S].北京:人民交通出版社,2009.

[10] 中华人民共和国住房和城乡建设部.建筑基桩检测技术规范:JGJ 106—2014[S].北京:中国建筑工业出版社,2014.

[11] 四川省交通厅公路规划勘察设计研究院.公路钢管混凝土桥梁设计与施工技术指南[M].北京:人民交通出版社,2008.

[12] 黄邵金,刘陌生.装配式公路钢桥多用途使用手册[M].北京:人民交通出版社,2001.

[13] 周水兴,何兆益,邹毅松.路桥施工计算手册[M].北京:人民交通出版社,2005.

[14] 桂业昆,邱式中.桥梁施工专项技术手册[M].北京:人民交通出版社,2005.

[15] 郭智多.桥梁工程施工便携手册[M].北京:中国电力出版社,2006.

[16] 魏金明.深水大直径桩基础施工中泥浆及循环系统的设计及应用[J].铁道建筑,2018,58(9):31-33,112.

[17] 张贵忠.沪通长江大桥水上钻孔桩施工工效探讨[J].铁道建筑,2015,55(7):19-21.

[18] 祝良红,刘旭.宜昌香溪河大桥深水大落差基础施工技术[J].世界桥梁,2019,47(5):33-38.

[19] 于志兵,刘亮.三峡库区桥梁深水基础施工技术[J].中外公路,2017,37(2):135-137.

[20] 王东辉,韩冰.平潭海峡公铁两用大桥通航孔桥桥塔施工关键技术[J].桥梁工程,2019,49(3):1-5.

[21] 蒋本俊.国内现代桥梁高塔施工液压爬模系统应用现状及研究[J].施工技术,2015(14):

66-71.

[22] 徐天良.预应力混凝土连续梁桥合龙施工关键技术[J].铁道建筑,2017(4):37-39,55.

[23] 公新.跨越已运营高速公路变高度预应力连续箱梁施工技术研究[J].公路,2018(3):97-100.

[24] 王会永.双壁钢板桩围堰施工技术与工程运用[J].中外公路,2019,39(1):155-157.

[25] 张营,刘胜高,肖世钦.平塘特大桥高墩现浇支架施工技术控制[J].公路,2019(9):92-94.

[26] 周彦文,汪泉庆,孙鹏.大跨径连续梁0号块托架结构设计及预压施工[J].世界桥梁,2019,47(3):32-36.

[27] 高光品,何乔东.京张高铁土木特大桥连续梁墩顶专题施工技术[J].桥梁建设,2018,48(6):1-5.

[28] 杨胜,杨伟.城市桥梁短线法节段预制拼装关键技术控制研究[J].中外公路,2019,39(4):89-96.

[29] 田杰.大跨径曲线连续—刚构梁桥预制节段悬臂拼装技术实践[J].公路,2018(12):134-137.

[30] 牟廷敏,范碧琨,赵艺程,等.钢管混凝土桥梁在中国的应用与发展[J].公路,2017(12):161-165.

[31] 陈宝春,韦建刚,周俊,等.我国钢管混凝土拱桥应用现状与展望[J].土木工程学报,2017,50(6):50-61.

[32] 郑皆连.我国大跨径混凝土拱桥的发展新趋势[J].重庆交通大学学报(自然科学版),2016,35(增刊):8-11

[33] 刘自明.平潭海峡公铁大桥施工关键技术[J].桥梁建设,2019,49(5):1-8.

[34] 李军堂,潘东发.沪通长江大桥主航道桥施工关键技术[J].桥梁建设,2019,49(5):9-14.

[35] 王子文.非对称独塔混合梁斜拉桥转体施工关键技术[J].桥梁建设,2019,49(4):108-112.

[36] 陈文,孟庆春,林红真,等.跨京九铁路斜拉桥特大桥转体施工技术[J].施工技术,2017,46(15):70-74.

[37] 师建军.某跨线斜拉桥转体施工关键技术[J].施工技术,2017,46(5):80-82.

[38] 张联燕,李泽生,程懋方.钢管混凝土空间桁架组合梁式结构[M].北京:人民交通出版社,1999.

[39] 李元松,宋伟俊,陈宁贤,等.大跨径自锚式悬索桥斜拉法施工关键技术研究[J].桥梁建设,2018,48(4):108-112.